1 MONTH OF
FREE
READING

at

www.ForgottenBooks.com

By purchasing this book you are eligible for one month membership to ForgottenBooks.com, giving you unlimited access to our entire collection of over 1,000,000 titles via our web site and mobile apps.

To claim your free month visit: www.forgottenbooks.com/free1012163

ISBN 978-0-364-38996-6
PIBN 11012163

This book is a reproduction of an important historical work. Forgotten Books uses
state-of-the-art technology to digitally reconstruct the work, preserving the original format
whilst repairing imperfections present in the aged copy. In rare cases, an imperfection in
the original, such as a blemish or missing page, may be replicated in our edition. We do,
however, repair the vast majority of imperfections successfully; any imperfections that
remain are intentionally left to preserve the state of such historical works.

For support please visit www.forgottenbooks.com

Meine

Erlebniſſe als Schulmann

Verfaßt

und

zum Beſten ſchleſiſcher Lehrer-Wittwen- und Waiſen-
Unterſtützungs - Kaſſen

herausgegeben

von

Chriſtian Gottlieb Scholz,

Königl. Seminar=Oberlehrer z. D., Vorſteher einer höheren Töchterſchule
und Dirigent des Lehrerinnen=Seminars zu Breslau.

Mit dem Bildniß und Facsimile des Verfaſſers.

Motto: Wer thut, was er kann und darf,
iſt werth, daß er lebt.

Zweite, berichtigte und vermehrte Auflage.

Breslau,
Maruſchke & Berendt.
1862.

Meine

Erlebnisse als Schulmann.

Vorwort.

Wenn du mich tadelſt, mein Freund, ſo ſei der Tadel gegründet.
Willſt du mich meiſtern, ſo zeig', daß du es beſſer verſtehſt.
Setze immerhin aus an meinem Werke das Eine und das Andere,
Verſchweig' aber das Gute nicht!
Mäkle nicht Kleinigkeiten, denn dieſe entſpringen aus Irrthum;
Aber in Mäkelei'n ſpricht die Geſinnung ſich aus.

Dieſe Zeilen hatte ich der erſten Auflage dieſer Schrift als „Vorwort" mitgegeben. Sie ſcheinen Beachtung gefunden zu haben. Man hat Einzelnes nicht ohne Grund getadelt, auch wohl gemeiſtert und an dem Werke Dies und Jenes ausgeſetzt, aber auch das Gute nicht verſchwiegen; Mäkeleien jedoch bin ich nicht begegnet. Daraus entnehme ich zu meiner Ermunterung, daß man meine Geſinnung richtig erkannt und reſpectirt hat. —

Wie große Freude mir das in uneigennütziger Liebe geſchriebene Buch gemacht hat, vermag ich nicht mit Worten zu beſchreiben. Ich ſehe ab von den günſtigſten Recenſionen aus der Feder ſachkundiger Männer und gedenke hier nur der großen Menge auf brieflichem Wege mir zugegangener beifälliger Urtheile von Perſonen aus den verſchiedenſten Ständen und Berufsarten, von Bekannten und Freunden. Daß die Auflage ſchon nach ſechs Monaten vergriffen ſein würde, überſteigt meine Erwartungen und kann wol auch dem Umſtande zugeſchrieben werden, daß der Ertrag den Wittwen und Waiſen der Lehrer evangeliſcher und katholiſcher Confeſſion zufließt. Es sind bereits dreihundert Thaler in Pfandbriefen an drei Wittwenkassen abgeliefert worden. Ich kann nicht umhin, der Thätigkeit meiner katholischen Freunde für die Verbreitung der Schrift rühmlichst zu erwähnen. Mögen die Geistlichen und Lehrer beider Confessionen das gute Werk im Interesse der hinterlassenen Lehrer=Wittwen und =Waisen mit eben so ungeschwächtem Eifer fördern, in dem es von mir verfaßt wor=den ist. Ist das Urtheil eines unparteiischen Lesers dieser „Erlebnisse“, daß nämlich „das Buch eine Zukunft haben werde“, richtig, so erlebe ich vielleicht noch die Besorgung einer dritten Auflage. Freunde, verhelft mir zu dieser Freude und den Eurigen zu einer vergrößerten Unterstützung!

Die auf dem Titel enthaltene Andeutung: „zweite, be=richtigte und vermehrte Auflage“ wird man bestätigt finden. Wie gern hätte ich die Beschreibung des jüngsten schönsten und besten Erlebnisses: die viertägige und vielseitige Feier meines 50jährigen Lehrer=Jubiläums, ein Fest einzig in seiner Art, dieser Auflage einverleibt, wenn es sich räumlich thun ließe, und wenn mir nicht die Mittheilung gemacht worden wäre, daß ein mir nahestehender Augenzeuge in einer besonderen Broschüre das Fest möglichst vollständig beschreiben, und, ver=sehen mit allen Ansprachen, die dabei gehalten worden sind, zum Besten der Scholz=Jubiläums=Stiftung d. h. zum Besten der Lehrer=Wittwen und =Waisen im Druck erscheinen lassen wolle.

Gott segne auch diese schöne, meinem Herzen sehr wohl=thuende Absicht und führe ihr viele Theilnahme und viel Theilnehmer zu!

Breslau, im October 1861.

Chr. G. Scholz.

Inhalt.

Meine Gedanken und Bedenken vor dieser Arbeit.

Motto: Wer mit Verstand zum Ziele strebt, verfährt nach festem Plane.
Göthe.

Zu wiederholten Malen ist gegen mich die Bitte ausgesprochen
worden, daß ich meine **Erlebnisse**, soweit dieselben in meinen Beruf
schlagen, in möglichster Ausführlichkeit zu Papier bringen möchte.
So sehr ich mich dadurch geehrt fühle, so regen sich doch auch Be-
denklichkeiten in mir, die mich in nicht geringe Verlegenheit setzen.
Diese werden nicht dadurch gemindert oder behoben, daß man die
Voraussetzung ausspricht und die Hoffnung hegt, es müsse meine
Vergangenheit eine reiche Ausbeute an Belehrungen für Andere ge-
währen, da mein Lehrerleben einer Zeit angehört, in welcher das
Schulwesen mehr als e i n e Umgestaltung erhalten hat, die nicht ohne
Einfluß auf die innere Entwickelung meines Lehrerlebens geblieben
sein können. Ich muß die Wahrheit dieser Voraussetzungen aner-
kennen und zugeben, daß die Bestrebungen der p h i l a n t r o p i s c h e n
Schule, wie dieselbe sich in Schnepfenthal unter Salzmann und seiner
Mitarbeiter ausgebildet und veredelt hat, oder die v. R o c h o w'sche
Schule, wie dieselbe in Rekahne zum Muster für die preußischen
Lehrer aufgestellt und angepriesen wurde, dann die P e s t a l o z z i s c h e
Schule, die in den preußischen und besonders schlesischen Seminaren
durch unmittelbar von Pestalozzi gekommene Schüler ein treues Abbild erhielt, so wie endlich durch das R e g u l a t i v=Schulwesen der
allerneuesten Zeit, das noch keine bestimmt ausgeprägte Gestaltung
gewonnen hat, sondern noch im W e r d e n ist, — an mir nicht spurlos
vorübergegangen sind.
Dennoch erscheint mir die Aufgabe, den Einfluß dieser pädagogischen Ereignisse auf den Gang und die Gestaltung meines Lebens
wahrheitsgetreu darzustellen, für überaus schwierig. Es wird nicht

1

immer möglich sein, nachzuweisen, wie Dies oder Jenes an und in mir geworden; ich werde nicht im Stande sein, überall bestimmt zu sagen: „Dies oder das ist die Frucht von diesem oder jenem Keime, von dieser oder jener Einwirkung, dies die Ernte von jener Saat," da nicht Alles und Jedes so frisch und lebendig in meiner Erinnerung lebt und in dieselbe zurückgerufen werden kann.

Ernesti, der große Philolog, hat so unrecht nicht, wenn er sagt: „Man muß sich hüten, von sich zu schreiben. Wenn man auch weder eitel noch Heuchler ist, so entfällt Einem doch, auch bei guter Vorsicht, gar zu leicht etwas, das nach dem Einen oder Andern schmeckt." Klopstock, der fromme Verf. des „Messias", hat den Plan, sein Leben zu beschreiben, nicht zur Ausführung gebracht; er erklärte: „Ich kenne wenig Sachen, die schwerer sind, als sein Leben zu schreiben. Man soll umständlich sein, und zugleich den Schein der Eitelkeit vermeiden."

Ermuthigender ist der Vorschlag, den der originelle v. Steffens, Professor in Breslau und zuletzt in Berlin, gibt. Er verlangt von Demjenigen, der seine Biographie schreiben will, die Fähigkeit, sich von sich selbst zu trennen, und wenn das Subjective der Auffassung sich auch nicht verdrängen läßt, so sei dieses doch objectiv zu behandeln; er tröstet sich mit dem Gedanken, daß der Selbstbiograph selber doch besser als irgend ein Anderer wissen muß, was er gewollt habe, und wie er das geworden, was er ist.

Ich ziehe es allerdings auch vor, von mir selber zu schreiben, als einem Andern das Geschäft zu übertragen, und diesem zu überlassen, was ihm über mein Leben und Wirken zu sagen beliebt. Ueber meine Jugendjahre dürfte keiner meiner Zeit- und Lebensgenossen auch nur ein Wörtlein zu sagen wissen. Ich finde mich hierin mit Ludwig Kellner in Uebereinstimmung, wenn er sagt, „daß die Selbstbiographie das treueste Spiegelbild des eigenen Selbst sein kann, indem sie psychologisch bis in die geheimsten Herzensfasern ein treues Abbild des innern Anschauens und Erlebens liefert und insbesondere noch den Vorzug hat, daß sie in die Zeit der Jugend und frühesten Kindheit mit treuem Erinnern hineintauchen und Einzelheiten darstellen kann, welche eben nur der Selbstbiograph kennt und in ihren Erfolgen zu würdigen weiß. Dies ist aber gerade für den Erzieher von höchster Wichtigkeit." — „Ist es gleich immer ein Wagestück," sagte Dr. Paulus in Heidelberg, jener berühmte, erleuchtete Kämpfer in der Gottesgelahrtheit, „sich selber beschreiben zu wollen, so scheint man sich doch im Alter so sehr ein Anderer geworden zu sein, daß man seine eigenen Jugendjahre fast wie etwas Fremdes, gleichsam teleskopisch, und desto unparteiischer betrachten

kann." Dieser Fall läßt sich ganz und gar auf mein Kindheits-
leben anwenden, das in einen grauen Nebel gehüllt, hinter mir liegt,
aus dem mir selbst nur einige lichte Punkte hervorleuchten.

Wenn ich nun an die Arbeit: „**Meine Erlebnisse als Schulmann**" zu entwerfen, gehe und diese dem Druck übergebe: so geschieht es nicht ohne ernste Prüfung meiner Absicht, die keine andere
ist, als Denjenigen, die sich dafür interessiren, zu nützen; nicht
ohne gewissenhafte Erwägung der Schwierigkeiten, die sich mir in
der Wahl des Mittheilenswerthen, in der Beurtheilung des Wahren
und Richtigen entgegenstellen; nicht ohne den festen Vorsatz, der
Wahrheit treu zu sein.

Indem ich diese Worte schreibe, erinnere ich mich sehr lebhaft
des Tadels, dessen sich **Dinter** durch die Mittheilung solcher Züge
aus seinem Leben, die einen Schatten auf sein Wesen fallen lassen,
zuzog, und doch waren dieselben ein schönes Zeugniß seiner Aufrichtigkeit und seiner Liebe zur Wahrheit; er wollte nicht anders erscheinen als er wirklich war; aus den Schattenseiten seines Lebens
sollten Andere Lichtseiten für ihr Leben zu gewinnen suchen. Nun
bin ich zwar kein **Dinter**, der viel Anziehendes aus seinen Kindheitsjahren zu erzählen wußte; aber ich werde mich auch solcher Mittheilungen nicht entschlagen können, die mir Tadel zuziehen werden.
Mein Leben ist nicht minder reich an Erfahrungen eigenthümlicher
Art, als das des sel. **Dinter** gewesen ist. Göthe sagt: „Es ist gar
nicht nöthig, daß Einer untadelhaft sei oder das Vortrefflichste und
Tadelloseste thue, sondern es kommt darauf an, daß etwas geschehe,
was den Andern nützen oder ihn freuen kann." —

So sei es denn! Mit der Feder in der Hand will ich die
Vergangenheit an mir vorübergehen lassen und so mein Leben mit
seinen Freuden und Leiden noch einmal durchleben, durchleben mit Bewußtsein, durchleben mit der leuchtenden Fackel der Gegenwart in der
Hand. Möge der Geist Gottes, der heilige Geist, der mich auf
meinem Lebenswege überall und immer begleitete, auch bei diesem
zweiten Leben meines irdischen Lebens an seiner Hand führen und
meine Feder regieren zur Verherrlichung des allliebenden Vaters.
„Wie Er mich führt, so will ich gehen." Ich fühle, denke und spreche
mit Rückert:

> Nicht daß man lebe, sondern wie,
> Ist Mannes würd'ges Streben.
> So lang' mir Leben Gott verlieh,
> Will ich's lebendig leben.

II.

Mein Kindheits- und Schülerleben.

Motto: Die wahrhafte Erziehung und der beste Unterricht besteht weniger in Vorschriften als in Uebungen.

Rousseau.

1. Meine Wiege stand in dem Schulhause zu Groß=Neu= dorf, einem Dorfe ½ Meile nordöstlich von Brieg a. d. Oder. Hier war mein Vater, Namens Johann Caspar Scholz, Lehrer und Organist und hatte sich mit der Tochter eines hiesigen Bauerguts= besitzers verehelicht. Am 19. Juli des Jahres 1791 erhielt ich die Wiege als erste Lagerstätte meines irdischen Daseins. Ich war das zweite Kind meiner Eltern, denen 1½ Jahr früher eine Tochter, meine Schwester geboren worden war und erhielt bei der Taufe die Namen Christian Gottlieb, zwei bedeutungsvolle Namen, von denen die Pathen an dem Taufbecken, als sie ihre segnende Hand auf den kleinen Täufling legten, wohl nicht voraus zu verkündigen im Stande waren, ob der „Gottlieb" auch „Gott" recht „lieben" und in dem „Christian" sein Heiland „Christus" eine Gestalt gewinnen würde. Nach mir folgte noch ein Bruder und diesem noch zwei Schwestern. Meine Mutter war eine höchst einfache, sehr sanfte und gute Frau, eine zärtliche Mutter und tüchtige Hausfrau, die sich in ihrer Arbeit, Kleidung und Lebensweise von keiner Frau des Dorfes unterschied und unterscheiden durfte und konnte, wenn sie nicht von anderen ihres Geschlechtes über die Achsel angesehen sein wollte. So er= heischten es damals die Verhältnisse, so ist es zum Theil noch heute in vielen Dorfschaften. Anders ist in dieser Beziehung das Verhältniß zum Lehrer, der sich der Bauerntracht immerhin begeben, dessen Lebens= weise jedoch — ich meine den Haushalt — nicht über das Niveau eines Bauernhaushaltes erheben darf. Mein Vater, damals noch ein junger feuriger Mann, war ein intelligenter Kopf, der viel natür= lichen Verstand besaß, und der sich für das Neuere in jedem Gebiete sehr interessirte. Er gehörte keineswegs in jene Kategorie von Schul= lehrern, welche aus dem Bedienten=, oder Handwerker=, oder Sol= datenstande von dem Patronatsherrn zum Schullehrer erhoben worden waren, obgleich es damals noch Ueberreste solcher Schulmeister gab — war doch mein Vater aus der Schule eines solchen Mannes hervor= gegangen. Nein, mein Vater hatte einen kurzen Seminar-Kursus — ich glaube einen nur vierwöchentlichen — in Breslau durchgemacht

und war examinirt worden zu einer Zeit, wo man die Lehrer zum Unterschiede der Bauern, denen das „Ihr" zukam, mit „Er" anschnauzte, ich sage „anschnauzte". Dies ist der richtige „Ausdruck", denn ich war oft Ohrenzeuge, wenn mein Vater den Ton der Unterredung mit dem damaligen Regierungspräsidenten v. S. nachahmte und die Worte desselben rezitirte. Wenn gleich schon über Drei-viertel-Jahrhunderte hinter uns liegen, so scheint sich doch auf manche der heutigen Landräthe noch jener Ton vererbt zu haben; es fällt Einzelnen derselben wenigstens schwer, den Schullehrer mit dem zeitgemäßen „Sie" anzureden, wie das „man" zeigt, dessen man sich hie und da noch gegen den Lehrer als Gerichtsschreiber bedient. Ausnahmen gibt es überall. — Ueber die Charakter-Eigenthümlichkeiten meines Vaters schweige ich, aus Pietät; aber verheimlichen kann ich den beklagenswerthen Umstand nicht, daß mein Vater ein sehr hitziges Temperament besaß, das ihn, besonders gegen die Seinigen, selbst bei geringfügigen Veranlassungen, zu thätlichen Ausbrüchen des Zornes verleitete. Am meisten litt darunter die gute Mutter, die eine bewundernswürdige Nachgiebigkeit besaß. Uebrigens verstand es mein Vater, sich Freunde zu erwerben; er war gegen Andere immer sehr freundlich und zuvorkommend. Es fehlte ihm auch nicht an einer naiven Dreistigkeit im Benehmen gegen höhergestellte Personen, gegen die er sich immer mit anständiger Freimüthigkeit äußerte. Als Gerichtsschreiber trat er in Verkehr mit Personen aus verschiedenen Ständen, gegen die er sich in Respekt zu erhalten wußte, denn er führte eine gute Feder und stilisirte seine schriftlichen Arbeiten, sie mochten kirchlicher oder sonstiger geschäftlicher Art sein, mit ziemlicher Gewandtheit. Mit seinen Ortsgeistlichen, von denen er drei überlebte, stand er stets in freundlicher Beziehung; er wurde in deren Familienkreisen gern gesehen. Das heitere Wesen, das ihn, Andern gegenüber, zu einem angenehmen Gesellschafter machte, stand in einem grellen Gegensatz zu dem ernsten Wesen, das er im Kreise seiner Familie vorherrschen ließ. Als Hauswirth handelte er nach dem Sprichworte: „Des Herrn Auge macht die Pferde fett." Selbst außerordentlich arbeitsam, suchte er die Arbeiten dadurch zu vermehren, daß er neben seinem Schul-, Kirchen- und Gerichtsschreiberamte noch gewissen industriellen Zweigen Zeit und Kräfte widmete. Er trieb Vieh-, Bienen-, Obstbaumzucht und Ackerbau mit eifriger Sorgfalt. Das spärliche amtliche Einkommen mag ihn zu solchen Nebenthätigkeiten genöthigt haben. Mein Vater war ein guter Wirth, wenn nur nicht die Tugend der Sparsamkeit, wodurch er seinen Kindern als Muster diente, bis zur Kargheit ausgeartet wäre, die hauptsächlich die so arbeitsame Mutter schmerzlich empfand, welche gern für ihre Kinder mehr gethan hätte, wenn es ihr möglich gewesen wäre.' — So viel zur Charakteristik meiner Eltern!

Ich kehre zurück zur Erziehung des kleinen „Gottlieb". Was mit demselben als „Wiegling" vorgenommen, weiß ich natürlich nicht. Vermuthlich genoß ich einer Säuglingspflege, wie meine später gebornen Geschwister oder wie die Mutter selbst gepflegt worden war, oder wie sie andere Neugeborne hatte pflegen sehen, nämlich nicht nach bestimmten, wohlerwogenen Grundsätzen, sondern rein nach dem vererbten Erziehungs-Instinkte. Einen Erziehungs-Katechismus konnte weder die Mutter noch der Vater gelesen und studirt haben, weil es damals noch keinen gab; sie würden dann gewiß so viel Einsicht gehabt haben, die erste Erziehung nicht dem Zufall zu überlassen. Hufelands „Kunst, das menschliche Leben zu verlängern" existirte damals noch im Kopf des berühmten Arztes; aber wenn es auch durch die Presse gewandert gewesen wäre, in das Schulhaus nach Groß-Neudorf hätte es schwerlich den Weg gefunden. Hätten sie den „Gesundheits Katechismus" besessen, den ich später als vernünftiger Knabe in der Bibliothek meines Vaters, als ein neues Buch vorfand; so würden sie alle die Fehler vermieden haben, die der ersten körperlichen Erziehung von so großem Nachtheil sind, z. B. Einwickelung und Einschnürung des Neugebornen in Betten, wodurch der Bewegung der Glieder ein naturwidriger Zwang angelegt ward; dann Stellung der Wiege gegen das Sonnenlicht, die der Entwickelung der Sehkraft hinderlich gewesen ist; ferner Mangel an reiner Luft, wodurch die Bildung gesunden Blutes unmöglich war; dann das betäubende Schaukeln der Wiege, die Vernachlässigung der Reinlichkeit und die Darreichung von Nahrungsmitteln, die für den jungen Magen nicht zuträglich sein konnten. Kurz, die erste körperliche Erziehung war von der Art, daß der Knabe später das büßen mußte, was die Eltern absichtslos verschuldet hatten. Ich litt nämlich als Knabe ungemein viel an Hautausschlägen, Geschwüren, bald am Kopf, bald am Hals, bald da, bald dort. Die Schärfe des Blutes war meine Qual, ich war zu manchen Zeiten ein wahrer Lazarus. Die beschränkte Räumlichkeit des Schulhauses nöthigte die Eltern, ihren Kindern den Winter hindurch eine Schlafstelle auf Stroh in dem Kuhstalle, der sich in der fast unmittelbaren Nähe des Wohnstübchens befand, einzurichten. Wir lagen allerdings warm; aber ich kann die kolossalen Gebilde, die sich mir aufdrängten, heute noch nicht aus meiner Erinnerung verscheuchen; ich ging mit Furcht und Zittern zur nächtlichen Ruhe. Die riesigen Ochsenköpfe mit aufgerissenen großen Augen, die baumstammdicken Hörner, die mich aufzugabeln drohten, die lang heraus-

gestreckte rothe Zunge und das furchtbar starke Gebrüll, welches ich
zu vernehmen meinte, erfüllten mich mit Entsetzen. Sobald die größte
Kälte vorüber war, nahm ich herzlich gern wieder den Bodenraum
des Schulhauses zur Schlafstätte. Gegen eine Verweichelung des
Körpers war durch die Umstände gesorgt. Die Betten litten an
Federarmuth, und im Strohsack, der mein Unterbett war, befand
sich sogenanntes Strohflaum d. h. Wirrgebind. Die Wonne der
Langschläfer habe ich gottlob nicht kennen gelernt, ebensowenig wußte
ich etwas von der Vergeudung der Nächte. Mit dem Herannahen
der Sonne an den Horizont im Osten verließen wir ungeweckt das
Lager, und um zehn Uhr des Abends legten wir uns in die sanften
Arme des Morpheus. Die Kleidung deckte ihrer eigentlichen Be-
stimmung gemäß nur die Blößen, mit Ausnahme des Kopfes, des
Gesichts, der Hände und Füße. Schuhe, Strümpfe und Handschuhe
gab es für uns nur im Winter; ein Hut ist auf meinen Kopf vor
dem 18. Jahre nicht gekommen; ein dürftiges Mützlein schützte im
Winter vor der gröbsten Kälte. Ein kurzes Jäckchen und graue
Leinwandhosen, bisweilen auch Lederhosen, strumpf- und stiefel- oder
schuhlose Füße, baarhäuptig stellten den ältesten Sohn des Herrn
„Urgenisten“ mit den Bauerjungen des Dorfes auf gleiche Linie. Ich
erinnere mich nicht, daß ich eine Entbehrung gefühlt, oder daß mich ein
Mißbehagen über die Gleichstellung mit meinen Dorfjugend-Kameraden
beschlichen hätte. Das Gefühl, daß der Sohn des Organisten irgend
einen Vorzug vor den übrigen Kindern des Dorfes haben müßte, war
mir fremd. Selbst die Wahrnehmung, daß die Söhne des Pfarrherrn
stadtlich oder städtisch gekleidet einhergingen, erregte in mir kein
Verlangen nach besserer Kleidung, besonders da jene sich des ärmlich
gekleideten Organistensohnes im Umgange nicht schämten. Wie be-
klagenswerth erscheint mir die Jugend unserer Zeit, die mit dem
Kleiderluxus so vertraut gemacht wird, daß der später in höherem
Maße eintretenden Gefallsucht nur schwer Befriedigung gewährt werden
kann! Kinder können nicht einfach genug gekleidet werden; sie mögen
einem Stande angehören, welchem sie wollen, sie mögen reich oder
arm sein. Daß Kinder den Werth des Menschen nur nach der
Kleidung desselben bemessen, ist nicht ihre Schuld, sie sind dazu
erzogen worden. Es ist eine betrübende Wahrnehmung, daß
Kinder reicher Leute ihre Mitschüler von ärmeren Eltern darum geringschätzig behandeln, weil diese nicht in so kostbaren Kleidern zur Schule
kommen, obgleich die letzteren an Fleiß, Fortschritten und im Betragen jene bei Weitem übertreffen. Alles geht von den Eltern aus.
„Wie die Alten sungen, so zwischern die Jungen.“ — So einfach
wie die Kleidung in meinen Kindheitsjahren war, so einfach waren

auch die Nahrungsmittel. Kaffee zum Frühstück kam nur Sonntags auf den Tisch, aber so verdünnt, daß eigentliche Kaffeetrinker ihn schwerlich für ein solches Getränk gehalten hätten. Es war nicht einmal Blümel-Kaffee (so nennt man in Sachsen einen Kaffee, der so dünn ist, daß man die gemalten Blumen auf dem Boden der Tasse sehen kann). Die Einbildung that bei uns Kindern das meiste; sie würzte den Kaffee, und der Syrup versüßte ihn so, daß er uns aufs angenehmste mundete. An den übrigen Tagen bestand das Frühstück in einer Wassersuppe und in einem mager gestrichenen Butterbrot. Im Sommer genossen wir saure Milch. Semmel sahen unsere Teller nicht, aber Kuchen genossen wir reichlich in den hohen Festzeiten als Hausgebäck. Ebenso einfach war die Abendmahlzeit, die in Kartoffeln mit Salz oder in einer Milchsuppe bestand. Der Mittagstisch brachte höchst selten Fleisch, nur der Sonntag fand eine Ausnahme. Wir sättigten uns am Kartoffelbrei mit saurer Milch, oder an einem Hirse- oder Haidegrütze-Brei. Von Zeit zu Zeit wurde ein Schwein gemästet und geschlachtet, da galt das Wurstessen als eine Leckerspeise. Der Gänsebraten hatte auch seine Zeit. Wir brachten stets die gesündesten Magen an den Tisch, haben uns denselben nie verdorben; ich wenigstens kann mich nicht erinnern, daß mir die Ueberfüllung Magenbeschwerde verursacht hätte. Hunger war unser bester Koch, und meine Mutter hatte nicht nöthig, ein Kochbuch zu studiren. Sommerfrüchte wurden zur Genüge genossen: Aepfel, Birnen, Pflaumen, Kirschen bot der Garten dar; Rüben, Möhren standen uns zur Verfügung und erfrischten uns; an Heidelbeeren, Christ- und Johannisbeeren mangelte es ebenfalls nicht. — Diese Frische im Appetit wurde durch die Arbeitsamkeit, zu der wir unausgesetzt angehalten wurden, bewirkt. Unsere Eltern gingen uns in dieser Beziehung mit dem besten Beispiel voran; sie lebten uns die Wahrheit des Spruches vor: „Arbeit macht das Leben süß, macht es nicht zur Last; der nur hat Bekümmerniß, der die Arbeit haßt." Mein Vater erfreute sich eines so kräftigen Körpers, daß in der Ausdauer beim Arbeiten kein Anderer neben ihn gestellt werden konnte. Worin bestanden diese Arbeiten? — Nachdem mein Vater von Groß-Neudorf nach Tschöplowitz, einem von Brieg 1 Meile nordöstlich gelegenen ziemlich großen Dorfe, wo die Pfarrei ihren Sitz hatte, versetzt worden war, kaufte er zu seinem Schulacker noch fünf bis sieben Morgen Ackerland. Dieses kleine Besitzthum erforderte für einen Landschullehrer eine Menge Nebengeschäfte, die gar häufig die Hauptgeschäfte überflügelten. Es wurden Wirthschaftsgeräthe aller Art: Wagen, Pflug, Egge, Hacke, Sense, Sichel u. dgl. angeschafft und gehandhabt. Wenn mein Vater auch nicht selbst den

Pflug regierte und sich nicht das Sätuch umhing; so verschmähete er es doch nicht, in den Freistunden Holz zu spalten, das Grabscheit zu führen, den Acker zu düngen, den Stall auszumisten, Kartoffeln zu legen und mit der Hacke zu behäufeln, das Getreide und andere Feld-Früchte zu ernten und ersteres zu dreschen, zu fegen und das zur Mühle zu bringen, was nicht für den Verkauf bestimmt war. Zu allen diesen Arbeiten wurden wir Kinder sowohl, als auch die jungen Leute, die sich bei ihm für das Seminar vorbereiteten, herangezogen. Ich gedenke nicht der Geschäfte, die der Küsterdienst erheischte. Meiner Mutter lagen andere Arbeiten ob, die nicht selten ihre geschwächten Kräfte überstiegen: Fütterung der Kühe, Schweine, Gänse und Hühner, die Herbeischaffung der Sommerfütterung, des Grases und des Klee's [wie oft vernahm ich deren Seufzen unter der Bürde Grases!], die Bereitung der Butter, des Käses, die Besorgung der Küche, das Brotbacken u. dgl. Die Schwestern unterstützten sie nach Kräften in diesen Arbeiten. Großes Leben herrschte zur Zeit der Heu-, Getreide-, Flachs- und Kartoffelernte in der landwirthschaftlichen Schullehrer-Familie. Den größten Theil des Sommers waren die harten Schulbänke in den Ruhestand versetzt, nur wenn Regenwetter uns zu Hause hielt, wurden wir auf die Schulbank gebannt. Was ich etwa in den landwirthschaftlichen Arbeiten als 12—14jähriger Knabe geleistet, kann ich nicht genau angeben; nur so viel erinnere ich mich, daß meine ältere Schwester, die an Ausdauer dem Vater ähnlich war, mich ausschalt, wenn ich nicht gleichen Schritt mit ihr hielt; aber das fünfte Rad am landwirthschaftlichen Wagen war ich denn doch nicht. Daß ich keine Null sein konnte und durfte, beweist der Umstand, daß Vater, Tochter und Sohn auf der Tenne in der Führung des Flegels Exercitien anstellten und daß der ausgescholtene Bruder Gottlieb im Dreischlag: „Klipp, klapp, klapp!" Takt zu halten wußte. Mit besonderer Freude denke ich an die Kartoffelernten zur Herbstzeit, wo wir uns den ganzen Tag auf dem Kartoffelfelde befanden und Studien in den Anfängen der Kochkunst machten. Hier tritt recht lebhaft in meine Erinnerung eine Thatsache, die erzählenswerth sein dürfte. Der Acker meines Vaters lag in der Nähe eines Waldes, von dem man uns erzählte, daß er Wölfe enthalte, die zur Nachtzeit auf Raub ausgehen. Der Vater, der aber zweibeinigen Kartoffeldieben aus Brieg auf die Spur gekommen war, hatte Nachtwachen angeordnet, die wir Knaben übernehmen mußten. Es herrschte große Stille um uns her, als uns die Furcht beschlich, daß möglicherweise uns von den grausigen Wölfen ein unliebsamer Besuch abgestattet werden könnte. Einer meiner Kameraden hatte sich bereits so wichtige naturgeschichtliche

Kenntnisse erworben, daß er wußte, die Wölfe werden vom Feuer in die Flucht gesetzt. Da machte ich den Vorschlag, auf die am Acker stehende Eiche einige Reisigbündel, von denen ein Stoß sich in der Nähe befand, auf den Baum zu schaffen und dann in Flammen zu setzen, damit die Wölfe von dem Leuchtthurm abgeschreckt würden. Wie gesagt, so geschehen. Der beste Kletterer führte den Vorschlag aus, und es entstand ein Leuchte, ähnlich dem feurigen Busch, durch den dem Mose die Nähe Gottes angekündigt wurde. Der Wächter des nahen Dorfes aber setzte durch seinen Feuerruf das ganze Dorf in Alarm. Wir Buben geriethen in nicht geringe Angst und zählten schon in Voraus die Püffe, womit man unsere Sicherheitsmaßregel gegen die Wölfe vergelten werde. Gegen alle Erwartungen aber beehrten sie uns mit Titeln, die uns keine körperlichen Schmerzen verursachten, und auch der Vater begnügte sich mit Verleihung der Würde: „Ihr Schlingel!“ Es wurde uns aufs strengste untersagt, dergleichen „dumme Streiche“ fernerhin zu veranstalten.

Einer eigenthümlichen Thätigkeit, deren ich mich den Sommer hindurch unterzog, muß ich hier noch gedenken. Ich hatte eine besondere Neigung zur Anfertigung von Geräthen aus Holz in verjüngtem Maßstabe. In den freien Stunden schnitzelte ich kleine Grabscheite, Rechen, Schaufeln, Mist- und Heugabeln, Meisekasten und Mausefallen, und verstieg mich auch zur Anfertigung von Wägelchen, sogenannte kleine Düngerwagen. Wenn am grauen Morgen das Vieh (Kühe, Schafe und Pferde) ausgetrieben d. h. von dem Gemeindehirten auf die Weide geführt wurde; so war ich eifrig mit der Sammlung durch kleine Handschaufeln des auf der Straße d. h. auf dem Wege zurückgelassenen Düngers beschäftigt, den ich auf den Schulhof zu Seinesgleichen oder auf die Beete unseres Gartens brachte. Meinem Vater schien dieser Eifer im Sammeln solchen Goldes nicht zu mißfallen. Wie ich diese Neigung heute zu beurtheilen habe, ob dies etwa Keime eines in mir schlummernden Oekonomen gewesen seien, vermag ich nicht zu sagen. — Wie ich schon erwähnte, so war mein Vater ein kleiner Pomolog. Er hatte sich schöne Obstbäume aus Wildlingen zugezogen und pflegte diese mit großer Sorgfalt. Wir Knaben mußten ihn in den nahen Wald begleiten, wenn er junge wilde Bäumchen suchte. Der Behandlung dieser Stämmchen wohnten wir bei und lernten von ihm das Einsetzen, Beschneiden, Pfropfen und Oculiren. Um den kleinen Obstgarten vor dem lästigen Besuch der Hasen zur Winterszeit zu schützen, lag uns das Umhüllen der Bäumchen mit Stroh ob, eine Arbeit, der wir uns nicht gern unterzogen, weil sie unserer Ungeschicklichkeit wegen gar zu langsam vor sich ging und von dem Vater verworfen wurde.

Für die Bienenzucht intressirte sich mein Vater ebenfalls. Die Kultur dieses Industriezweiges stand damals freilich noch auf einer niedern Stufe. — einen Bienenvater, wie der Pfarrer Dzierzon bei Oppeln gab es damals noch nicht. Die Erfahrung ist der beste Lehrmeister; und zu diesem ging mein Vater in die Lehre. Die Zahl der Bienenstöcke meines Vaters nahm nach und nach zu. In der Zeit des Schwärmens hatte ich nicht selten das Amt des Aufpassens, was die Bienen gar nicht gern zu sehen schienen, denn ich wurde häufig von denselben geneckt; und wenn ich mich ihrer Liebeserweisungen mit den Händen wehren wollte, so mußte ich doppelt dafür leiden, an den Händen und am Gesicht. Es war daher der Auftrag für den Aufpassenden kein angenehmer. Noch schlimmer aber war es, wenn ein Schwarm das Weite suchte und derselbe verfolgt werden mußte. Erfreulicher dagegen war das Honigschneiden, in welchem wir dem Vater hülfreiche Hand zu leisten hatten. Soweit ich mich erinnern kann, hat die Bienenpflege niemals besonderes Interesse in mir erregt. Nach der damaligen Einrichtung der Bienenstöcke gewann man keinen Einblick in das Wesen und Leben dieser kunstvollen Honigbereiter. Es kam damals auch mehr auf den Nutzen, der von diesen Insekten gezogen wurde, an, als auf die Anerkennung der wunderbaren Thätigkeit, in der sich so viel Verstand und Kunstsinn zeigt, und die uns die Allmacht und Weisheit des Schöpfers offenbart. —

Das Mitgetheilte dürfte hinreichende Auskunft über das geben, was im elterlichen Hause für meine körperliche Erziehung durch die Verhältnisse geschehen ist; dieser verdanke ich unstreitig meine feste Gesundheit, die mir in der langen Zeit meines mit Anstrengung verbundenen Lehrerlebens die besten Dienste geleistet hat. — Abgerechnet die Kinderkrankheiten, deren ich bereits erwähnt, kann ich mich nur auf zwei Krankheiten besinnen, die mein Leben bedrohten; es waren dies die natürlichen Blattern, die ich als 10jähriger Knabe bekam und der Typhus, der mich als Lehrer an den Rand des Grabes brachte. Ich bin stets gesund gewesen und kenne kein leibliches Uebel, das mich an der Lehrthätigkeit auf die Dauer gehindert hätte.

2. Es liegt mir nun ob, darzulegen, was für meine geistige Ausbildung im väterlichen Hause unter väterlicher Leitung geschehen ist.

Wie ich das schulfähige Alter erreicht, was in der Vorschulzeit für meine Ausbildung mit Absichtlichkeit geschehen, das liegt außer dem Bereich meiner Erinnerung. Ich trat in die Reihe der Schulkinder ein und genoß mit den Dorfkindern gemeinschaftlichen Unterricht, und zwar zunächst im Lesen und in der Religion. Schreiben und Rechnen gehätten damals noch zu den Raritäten, die mir als dem Sohne des Lehrers nicht vorenthalten wurden; auch die gemeinnützigen Kenntnisse kamen an die Reihe. Mein Vater führte ein strenges Schulregiment; es herrschte selbst mitten im Sommer eine winterliche Luft in dem Schulzimmer. Selbst aus einer Schule hervorgegangen, in der der Ochsenziemer eine bedeutende Rolle spielte, verfuhr der Vater mit dem Sohne nach jenem Bibelworte: „Wer sein Kind lieb hat, der hält es stets unter der Ruthe, daß er hernach Freude an ihm erlebe" (Sir. 30, 1). Kenntnisse und Fertigkeiten wurden nach der damals sehr beliebten Kraft-Methode des „Einbläuens" beigebracht. Wie nachhaltig ist doch die Gewohnheit; sie wird zur andern Natur, auch in der Erziehung und im Unterricht. Ein Lehrer ohne Bakel und Ochsenziemer wäre in jener Zeit kein vollwichtiger Schulhalter oder Schulmeister gewesen; ein Schüler ohne Jammer, Seufzen und Thränen, ohne Widerwillen gegen die Schule gehörte zu den Unmöglichkeiten oder Seltenheiten. Hätte mein Vater das Glück gehabt, einen Kursus in der Unterrichtskunst zu genießen; wäre ihm eingeschärft worden, daß der schlechte oder geringe Erfolg des Unterrichts selten in der mangelhaften Befähigung des Schülers seinen Grund habe, sondern meist in der ungeschickten Behandlung des Lehrgegenstandes; daß durch körperliche Züchtigungen, wie Ohrfeigen, Kopfstücke, Haarzausen, Ohrenziehen, Handschmitze, Knien auf Erbsen, Ueberlegen u. dgl., die Fortschritte im Lernen nicht nur gehemmt werden, sondern unmöglich seien: wahrlich, er würde bei seiner Begabung das Jammerthal des Schulzimmers zu einem Freudensaal umgeschaffen und mit größerem Segen gewirkt haben. Wie es in der Schrift von den Vätern heißt: „Reizet eure Kinder nicht zum Zorn", so könnte auch den Lehrern, die das Zuchtmeisteramt meisterlich verstehen, jenes Wort in der Form: „Ihr Lehrer, reizet eure Schüler nicht zum Zorn, sondern ziehet sie auf in der Zucht und Vermahnung zum Herrn"—— vorgehalten werden. Und wenn den Schülern Ebr. 13, 17 eingeschärft wird: „Gehorchet euren Lehrern und folget ihnen; denn" 2c., so dürfte von den Lehrern der obenbezeichneten Art der Zuruf zu beachten sein: „Liebet eure Schüler und behandelt sie mild; denn ihre Seelen sind euch zur Bewachung und Bewahrung übergeben worden, worüber ihr dereinst Rechenschaft geben solltet, auf daß eure Schüler mit Freuden lernen und nicht mit Seufzen, denn das ist euch nicht gut." Der Stock und die Ruthe sind die größten Feinde des gedeihlichen Unterrichts, denn sie treiben die Liebe des Lernenden aus dem Herzen und die knechtische Furcht in dasselbe. Die Behauptung vieler Lehrer, daß ein Schlag mit dem Stock, ein Ruthenhieb oder ein derbes Kopfstück Wunder thue, dem Schüler den

Kopf aufschließe und das Verständniß eröffne, ist nun und nimmer
wahr. Die Züchtigungen an den Kindern ausgeübt, sind in den
meisten Fällen leidenschaftliche Erledigungen der Zorneswuth des
Lehrers. Wie auf den Blitz der Donnerschlag folgt, so auf das
entzündete Gemüth des Lehrers die Kraft des Armes, welche den
Schüler trifft, nur mit dem Unterschied, daß die Thränenfluth des
Schülers nicht mit dem fruchtbaren Regen, der den Donner begleitet,
zu vergleichen ist. Die Thränenfluth reißt die Liebe fort, Groll, ge-
heimer Groll, der sich später irgend wie Luft macht, tritt an deren
Stelle. Die geöffneten Thüren des Kinderherzens werden gewalt-
sam zugeschlagen, und nun beginnt das Räsonniren im Herzen
des Kindes, ein Räsonniren, das die bittersten Früchte trägt. Welchen
Täuschungen gibt sich der züchtigende Lehrer hin! Wenn sein von
Zorn entbranntes Gemüth den Tribut von den Schülern erhoben
und Windstille in seinem Herzen eingekehrt ist, so ist der Lehrer geneigt, den bessern Fortgang des Lernens bei seinem schluchzenden
Schüler als eine Frucht der vollzogenen Strafe anzusehen. Dieser
unheilvolle Irrthum findet sich noch jetzt in vielen Köpfen der Lehrer
vor. — Aus dem Prügelsystem, das damals in so großem Ansehn
stand, und aus dem Prügelgeist, der zu jener Zeit sein unheimliches
Wesen trieb, läßt sich's erklären, daß der Name Schule und Schulmeister zu einem Mittel benutzt wurde, um muthwilligen Kindern, die
der Schule zuwachsen, Artigkeit beizubringen. Die Drohung: „Nun
warte nur, wenn du zum Schullehrer in die Schule gehen wirst!"
reichte hin, ungezogene Büblein und Mägdelein in sittsame Kinder
verwandelt zu sehen.

Aber wie viele Erwachsene dürften zu zählen sein, deren Erinnerung an die erste Schulzeit sie nicht mit Schrecken erfüllte! Zu
diesen gehöre denn auch ich. Es gereicht diese Aeußerung meinem
Vater nicht zum Vorwurf. Er that, was er nicht lassen konnte.
Der Wunsch, aus seinem Erstgebornen einen Sohn zu bilden, der
seine Ehre erhöhe und seine Freude mehre, verleitete sein Temperament zu einer unväterlichen Strenge, die mich im ganzen Dorfe
zu einem Gegenstande des Mitleids machte. In wie vielen Fällen
hatte ich nicht zu büßen, was andere Mitschüler verschuldet; der
erweckte Zorn entlud sich an dem eigenen Sohne im vollsten Maße.

Es ist eine pädagogische Wahrheit, die ich, wenn ich nicht irre,
in einer der Schriften des Kirchenrath Schwarz gelesen, daß die
Väter die schlechtesten Lehrer ihrer eigenen Söhne sind. Den Vätern fehlt die Geduld mit dem Sohne, diesem das Vertrauen zu
seinem Vater. Ich habe diese Wahrheit auch an mir bestätigt gefunden. Mein Vater genoß bei andern Eltern der benachbarten pol-

nischen Dörfer ein so großes Vertrauen, daß einzelne ihm ihre Söhne
zur Erlernung der deutschen Sprache und zur Vorbildung für das
Seminar zuführten, denn mein Vater war der polnischen Sprache
mächtig. Einem dieser Präparanden wurde ich übergeben, und obgleich derselbe meiner mit Püffen in den Rücken und mit Ohren-
zausereien nicht schonte, so lernte ich bei einem solchen Burschen doch
mit weniger geängstigtem Gemüthe als beim Vater. — Der erste Lern-
gegenstand war das „Lesen". Die Anregung durch Basedow und
v. Rochow war noch nicht bis in die Tschöplowitzer Dorfschule vor-
gedrungen. Die Fibel mit dem Hahn (ob ohne oder mit dem Ball-
hornschen Sporn, weiß ich nicht) war mein erstes Buch. Anderen
Kindern spendete dieser Hahn bisweilen einen Dreier als Belohnung
für den Fleiß; ich erinnere mich nicht, jemals ein solches Ermun-
terungsmittel erhalten zu haben. Die alte Buchstabir-Methode behauptete ihren Standpunkt noch einige Zeit; die Fibellectüre zog sich
wohl länger als zwei Jahre hindurch. Jeder Buchstabirer trat einzeln an den Lehrer und leierte sein Pensum buchstabirend ab. Der
widerlich-monotone Leseton hatte sich auch in der Schule meines
Vaters so fest eingenistet, daß ich denselben auch später noch, als ich
selbst schon Lehrer war, vorfand. Was doch die Gewohnheit nicht
alles thut. Mein Vater glaubte, es könne nicht anders sein. Daß
man einem Kinde von der ersten Stufe an nichts lehren und einüben dürfe, was es später verbessern müsse: das erschien ihm als eine
ungeprüfte Neuerung, die keine Beachtung verdiene. Und doch hat
sich jene Ansicht in der neueren Zeit als Wahrheit bewährt; in den
fortgeschrittenen Schulen wird kein Leierton von Anfang an gestattet.
Die Kinder werden angehalten, betonte und tonlose Silben in einem
Worte richtig zu unterscheiden, ä nicht wie e, oder ö wie e, oder
eu wie ei zu lesen. Dadurch wird viel Zeit gewonnen, denn man
ist auf den spätern Lesestufen der Mühe, die oft erfolglos ist, überhoben, das Falsch-Eingeübte zu berichtigen. Die Kinder sind,
wie man sie unterrichtet hat. Man scheue die geringere Mühe nicht,
den Anfänger im Lesen daran zu gewöhnen, jedes Wort mit so richtiger Betonung zu lesen, wie es im Leben bei der Unterhaltung gebildeter Personen ausgesprochen wird, und man wird der größeren
Mühe späterhin überhoben sein. Manche haben mit den schlechten
Angewöhnungen das ganze Leben hindurch zu kämpfen; ja sie pflanzen
sich bis auf den Altar oder auf die Kanzel fort, wie dies aus dem
Vorlesen der Gebete, der Lieder und der Perikopen mancher Geistlichen herauszuhören ist. Die Bildung der menschlichen Stimme soll
nicht bis zum Gesangunterricht verschoben werden, sie muß vielmehr
schon beim ersten Leseunterricht beginnen. — Aus der Hahn-Fibel

wurde zum Lesen des kleinen lutherischen Katechismus oder des Evan-
gelienbuches mit den unkünstlerischen Bildern in Holzschnitten geschritten. Wie viel für das Verständniß der Lesepensen von Seiten
des Lehrers geschehen, darüber kann ich keine Auskunft geben. Aus
dem, was ich nach Jahren gesehen und gehört, ist zu entnehmen,
daß nur die Lesefertigkeit, das mechanische Lesen, erstrebt wurde.
An ein Denklesen war nicht zu denken. Den Höhepunkt des
Leseunterrichts erreichte die Leseübung in dem Bibellesen. Es war
auch hierbei nicht auf das Verständniß des Gelesenen abgesehen. Wir
wurden mit dem Lesen der schweren Namen, die in den Geschlechts-
registern enthalten sind, recht gequält. Ich erinnere mich nicht, daß
eine Auswahl im Lesestoff der Bibel getroffen worden war; die Abli-
schen Bücher wurden der Reihenfolge nach gelesen. Wir Bibelleser
blieben an verfänglichen Stellen, die unserer jetzigen aus Denken
und verstandesmäßige Lesen gewöhnten Jugend ein verstecktes Lächeln
abnöthigen, mit unsern Gedanken nicht kleben, ja, ich zweifle, daß
in uns irgend ein Gedanke dabei aufgestiegen ist. Wollte es mit
dem Lesen nicht gehen, so half die Bibel des Vaters am Kopfe des
Schülers nach. Die Bibel war uns deshalb kein liebes Buch, denn
es brachte uns nicht Trost, sondern Schmerz — Kopfschmerz — ausdauernden Kopfschmerz. — Welchen Fortschritt hat die Pädagogik
der Neuzeit darin gemacht! Die Bibel ist wieder zu Ehren gebracht,
sie ist zum Lehr- und Erbauungsbuch der Jugend wie der Erwachsenen erhoben worden; sie darf nicht mehr zum Leseübungsbuche herab-
gewürdigt werden, sondern dient höheren, religiösen Zwecken, gleichviel ob ein Lehrer die Bibel als ein Buch betrachtet, in welchem
Gottes Wort enthalten ist, oder ob es Gottes Wort ist. Was geht
die Kinder dieser Unterschied an, über den bei den Theologen, als
Gottesgelehrte, keine Einstimmigkeit herrscht und bei denen wol nie
eine Einstimmigkeit erzielt werden wird. Dem Laien ist die Bibel
beides: das Wort Gottes selbst, und das Buch, in welchem Gottes
Wort enthalten ist. Ich bekenne mich auch zu diesem Glauben. Aber
hat denn die Tschöplowitzer Dorfschule nie ein anderes Lesebuch
profaner Art kennen gelernt? Ist für v. Rochowls oder Wilm-
sen's Kinderfreund die Schule deiner Jugend eine terra incognita
geblieben? — Gewiß nicht!

Als nämlich der neue Superintendent Pastor Krautwadel dem
verstorbenen Ober-Konsistorialrath, Pastor Krickande, gefolgt war,
begann ein neuer Abschnitt in dem Schulleben des Dorfes. Die Bibliothek
meines Vaters erhielt durch den Einfluß dieses vortrefflichen Mannes,
der mit dem freien Geiste eine feine äußere Bildung verband, eine
bedeutende Vergrößerung durch Schriften, welche aus der Schule der

Philantropen: Basedow, Salzmann, Campe und v. Rochow hervorgegangen waren. Den neuen Pastor von Tschöplowitz sah ich oft in der Schule meines Vaters. In der Regel stand er am Ofen und sah dem Unterrichte schweigend zu. Ich habe niemals wahrgenommen, daß er Bemerkungen gegen meinen Vater ausgesprochen, oder sich am Unterricht lehrend betheiligt hätte. Kurz, die äußere Haltung dieses geistlichen Herrn war äußerst gemessen und Ehrfurcht einflößend. Mein Herz hatte er ganz erobert, ich erfreute mich auch seines Wohlwollens in nicht geringem Grade. Ich wurde nicht selten auf den Pfarrhof zu den kleinen Söhnen des Herrn Superintendenten gerufen und häufig als Bote der Briefe an den Herrn v. Kessel in Neudorf, meinem Geburtsorte, benutzt, wodurch ich mich sehr geehrt fühlte. Die erwähnten neuen Bücher beschäftigten meinen Vater viel, denn der neue Schulrevisor hielt darauf, daß sie fleißig benutzt wurden und im Bücher-Repositorium nicht einstaubten. Wenn ich die Sache heute richtig beurtheile, so schien der Herr Revisor dahin zu arbeiten, die Schule seines Ortes zu einer Musterschule seines Schulaufsichtskreises Kreuzburg erheben zu wollen. Im „Kinderfreund" von Rochow wurde fleißig gelesen und über das Gelesene eine das Lesestück zergliedernde Unterredung dem Inhalte nach angestellt, was man „Verstandesübung" nannte, die von da ab in den Stundenplan aufgenommen worden zu sein schien. Auf sprachlehrliche Uebungen kann ich mich nicht besinnen, meinem Vater fehlte dazu die Kenntniß der Grammatik; auch wären diese Uebungen ganz überflüssig gewesen. Das Schreibenlehren und -lernen begann erst nach erzielter Fertigkeit im Lesen. Schiefertafeln waren damals noch nicht allgemein gebräuchlich. Meine ersten Schriftzüge wurden auf einer Holztafel mit Kreide erlernt. Zum Schreibpulte wurden die Knie benutzt, da war freilich die richtige Haltung des Körpers, des Armes und der Hand schwer zu ermöglichen. Welcher Stufengang beim Schreiben eingeschlagen wurde, ist mir gänzlich unbekannt. Ich zweifle, daß mein Vater von einem solchen Kenntniß gehabt hat; die methodische Ausbildung des Schreibunterrichts war damals noch nicht eingetreten, und bei dem isolirten Zustande der Schulverhältnisse — Lehrvereine gab es nicht — gelangten die Ergebnisse des Fortschritts in der Methode sehr spät in die Dorfschulen. Man bediente sich in Stadtschulen schon lange der Schiefertafeln, als man noch in Dorfschulen die hölzernen Tafeln gebrauchte; man schrieb schon lange zwischen Linien, welche die Größe der Buchstaben begrenzten, ehe dieses so wichtige Erleichterungsmittel in der Dorfschule Eingang fand. Wie ich also das Schreiben erlernt, weiß ich nicht; es geschah aber nicht ohne Schmerzen, die meine

Finger zu erleiden hatten. Mein Vater und die Gehülfen desselben verstanden sich vortrefflich auf die Erzeugung solcher Gefühle! Da im Sommer weniger geschrieben wurde, als im Winter, so mußte in dieser Zeit das Versäumte eingebracht und das Vergessene von Neuem geübt werden. Ich muß in der Erlernung dieser Kunst nicht ganz ungelehrig gewesen sein. Mein Vater zog mich gar bald zum Gehülfen in seinen Schreibgeschäften heran. Sobald ein Landbragoner, so nannte man damals die heutigen Gensd'armen, dem Gerichtsschreiber eine Currende überbrachte — und das geschah nicht selten während der Schulstunden — mußte ich dieselbe in das Currendenbuch eintragen, eine Uebung, die mich im Schreiben zu fördern geeignet war. Vom Abschreiben aus gedruckten Büchern war mein Vater ein großer Freund. Das Junker'sche „Handbuch der gemeinnützigen Kenntnisse" wurde sorgfältig abgeschrieben und das Geschriebene, womöglich wörtlich, dem Gedächtniß anvertraut. Wie ich mich zu einem kleinen Schreibkünstler herangebildet und wer mir darin ein Vorbild gewesen, vermag ich nicht zu sagen; aber ich weiß, daß ich mit eisernem Fleiße die Fraktur- und Kanzleischrift übte, daß ich im Kleinschreiben der Currentschrift mir die Geschicklichkeit erworben hatte, das Vaterunser auf den Raum eines damaligen Sechsers zu schreiben; ich bediente mich dabei der Krähenfedern, die ich, da diese Vögel in außergewöhnlicher Menge umherflogen, sorgfältig sammelte. Die Pathenbriefe, die damals von meinem Vater gefertigt wurden, kalligraphirte der Sohn nach Kräften. Ich hatte mir durch diese Leistungen bei den Dorfleuten das Lob des „geschickten Organisten Gottlieb" erworben. Es versteht sich von selbst, daß diese Schreibkünsteleien nur dem Grad der ästhetischen Bildung jener Landleute entsprachen, die vor einem andern Forum schwerlich für mehr als unkünstlerische Schmierereien gegolten haben würden. „Man kann", sagt Lichtenberg, „sich selbst bis zum Erstaunen in einer Sache Genüge leisten, und der Erfahrne lacht über unser Werk."

Doch that dieses Lob der Leute meinem Herzen wohl, denn mein Vater enthielt sich jeglichen Lobes seiner Kinder; desto reichlicher floß der Tadel in Wort und That. Daß es ihm aber nicht gleichgültig war, wenn Andere seine Kinder lobten oder tadelten, davon hatte ich schon damals Spuren wahrgenommen. — Ob die Eltern klüglich handeln, wenn sie ihre Kinder mit maßlosem Lob gegen Andere überschütten, darüber herrscht keine Bedenklichkeit; es ist entschieden für die Sittlichkeit der Kinder von dem größten Nachtheil; aber eben so verwerflich ist es, dem guten strebsamen Schüler und Kinde jegliche Anerkennung seiner guten Eigenschaften zu versagen, oder sie wol gar geflissentlich herabzusetzen und dadurch das Kind in seinen Bestrebungen zu entmuthigen. Es ist allerdings schwer, hierin die rechte Mitte zu treffen. Kinder, die eine hervortretende Neigung zur Eitelkeit haben, werden durch das ihnen häufig gespendete Lob dünkelhaft; und Schüler, die sehr begabt sind, so daß ihnen eine Arbeit keine Anstrengung verursacht, sollten nicht auf Kosten derjenigen, die nur mit Anwendung des größten Fleißes etwas zu leisten vermögen, bevorzugt werden. Das jugendliche Rechtsgefühl ist zarter, als manche Eltern und Lehrer glauben; zwischen Ueberschätzung der Leistungen talentvoller und Geringschätzung der Bestrebungen minder begabter Schüler steht der Jugend das feinste Urtheil zu Gebote. Manche Lehrer könnten hierin von ihren Schülern viel lernen, wenn sie nur zu ihnen in die Schule gehen wollten, nämlich gerecht in der Beurtheilung ihrer Schüler zu sein. „Es ist doch recht verdrießlich", hörte ich einmal einen Knaben, der ein Muster des Fleißes war, gegen die Eltern die Klage aussprechen, „daß ich mich trotz der größten Mühe, die ich mir bei der Anfertigung meiner Schularbeiten gebe, nicht der Zufriedenheit meines Lehrers zu erfreuen habe, während mein Nachbar, dem jede Arbeit so leicht und schnell von der Hand geht, daß er dieselbe meist erst in der Schule vor Beginn der Lehrstunde fertigt, mit Lobeserhebungen überhäuft wird".

Darum habe ich es mir zum Grundsatz gemacht, den geringen Leistungen eines minderbegabten, aber mühsamen Schülers denen seines talentvollen Mitschülers den Vorzug zu geben, um jenen zur Gewinnung des ihm mangelnden Selbstvertrauens zu verhelfen, und diesen vor der sich steigernderen Dünkelhaftigkeit zu bewahren. — Mein Vater war in dieser Beziehung gegen seinen Sohn nicht gerecht. Es mußte seinem Blick nicht verborgen geblieben sein, daß mir alles Selbstvertrauen mangelte, daß mir eine grenzenlose Schüchternheit, als Folge der Erziehung und Naturanlage eigen war; und doch hütete er sich, auch nur die mindeste Freude über die beste meiner Leistungen zu äußern, oder mich ein zum Lernen ermunterndes Wort des Beifalls hören zu lassen. Ich traute daher meinen Ohren nicht, als mich mein Vater auf das Gymnasium nach Brieg brachte und sich in meiner Gegenwart gegen einen seiner ihm auf dem Markte begegnenden Bekannten stark lobend über mich aussprach; es war das erste aus seinem Munde über mich gesprochene und von mir vernommene Lob, das aber auch in meinem Innern auf einen so empfänglichen, weil empfangsbedürftigen Boden fiel, daß ich heute noch die Stelle angeben kann, wo jenes Lob gespendet wurde. Wer hieraus den Schluß zu ziehen Lust hat, daß aus diesem Geständniß das Vorhandengewesensein der Eitelkeit hervorguckt, dem gönne ich diese Freude. — Genug hievon!

So viel steht fest, daß ich zu den besten Schreibern der Schule meines Vaters gehörte. Aber auch zum Zeichnen hatte ich große Neigung. Ohne Anleitung irgend wie und wo dazu erhalten zu haben, reproducirte ich Bilder ohne Wahl, d. h. wie sie mir vor die Augen kamen, vorzüglich zogen mich Pferde mit Reitern und Vögel an. Wo sich mir ein Bild, auch der elendesten Art, darbot, da zeichnete ich es durch das Fenster ab; die Ausführung folgte nach. Niemand beurtheilte meine gewiß sehr grellen Zeichnereien, an denen ich selbst das größte Wohlgefallen fand. Nach dem, was später bei mir auf dem Gymnasium in die Erscheinung trat, wo mir im Schreiben und Zeichnen der erste Platz angewiesen wurde, dürfte zu schließen sein, daß sich die Keime zu diesen Fertigkeiten schon in der Dorfschule, wenn auch nur in ihren Spitzen gezeigt haben. Davon später. —

Im Rechnen wurde in der Schule meines Vaters geleistet, was nach dem damaligen Standpunkt dieses Unterrichtsgegenstandes geleistet werden konnte. Da es sowohl an geebneten Lehrgängen, als auch an Anschauungsmitteln gänzlich fehlte; so bestand der erste Rechenunterricht nur im Ziffernlesen, an denen das Zählenlernen geübt wurde. Auf dieses folgte das Numeriren in größter Ausdehnung ohne Kenntniß des Zehnersystems, dann die vier Grundrechnungsarten, Alles womöglich in recht großen Exempeln. Mein Vater besaß ein geschriebenes bogenreiches Rechen-Exempelbuch, in welchem die Aufgaben vollständig ausgerechnet enthalten waren; nach diesem Muster wurde gerechnet. Welche Bewandtniß es beim Addiren mit dem Unterschreiben der Ziffer der herausgekommenen Summe oder mit dem Borgen beim Subtrahiren, oder mit dem Einrücken der folgenden Reihe um eine Stelle von Rechts nach Links habe, darauf ging der Unterricht nicht ein; es wurde vorgemacht und gezeigt, und damit mußten die jungen Rechner sich begnügen. Am schwersten ging das Dividiren von Statten; warum hier von der höchsten Stelle des Dividendus ausgegangen werden mußte, und wie es sich mit den Resten verhalte, zu denen jedesmal eine Ziffer der Reihe nach aus dem Dividendus an das Ende rechts gesetzt werden mußte, blieb uns verborgen. Alles wurde mechanisch getrieben und gelernt. Ein Kopfrechnen, geschieden von dem Zifferrechnen, kannte man in jener Zeit noch nicht. An verstandesmäßige Rechnen mit Brüchen war gar nicht zu denken, und warum bei der Regeldetri gewisse Glieder (das 2te und 3te) mit einander multiplicirt und das Produkt durch das erste dividirt werden müsse, konnte unserer Einsicht nicht nahe gebracht werden. Als ein Fortschritt im Rechnen galt es, daß mein Vater die Junker'schen Rechentafeln für die Schule erhielt, die damals sehr beliebt und verbreitet waren; aber sie schlossen uns das Verständniß nicht auf, weil die

Grundlage fehlte. Wir rechneten d. h. manipulirten mit den Ziffern, verglichen das Herausgekommene mit der Zahl im Fazitbuche; fand eine Uebereinstimmung statt, so war die Freude nicht gering; im Gegentheil wurde die Aufgabe wiederholentlich von Neuem gerechnet, bis die zufällige Rechnerei es gefunden hatte. Daß es so war, ist eine beklagenswerthe Wahrheit, für die mein Vater nicht verantwortlich gemacht werden kann, da er selber keinen andern Unterricht empfangen hatte und die damaligen Lehrbücher ihm entweder nicht zugänglich waren, oder ihn in der Begründung im Stiche ließen. So war es nicht allein in der Tschöplowitzer Schule, sondern auch in allen Dorf- und Stadtschulen, ja auf den meisten Gymnasien. Wenn es dessenungeachtet Geschäftsleute gab, die sich als tüchtige Rechner auszeichneten, so waren dies Ausnahmen von der Regel, die das, was sie später darin geleistet, nicht in der Schule, sondern im Berufs- leben sich erworben hatten. Die äußere mechanische Fertigkeit wurde allerdings erzielt, aber ein den Verstand bildendes Mittel konnte jener Rechenunterricht nicht sein. Wer daher von dem, was ich später als Lehrer und Schriftsteller auf diesem Gebiete etwa geleistet, auf einen gründlichst empfangenen Rechenunterricht in der Schule schließen wollte, der würde sich gewaltig irren. Ich weiß am besten, mit wie großem Fleiße und mit wie großer Anstrengung ich als Lehrer über den neuen Rechenschriften lag, die zu der Zeit, als mein Lehrerleben begann, auf dem Büchermarkt dargeboten wurden. Eine besondere Vorliebe für die Beschäftigung mit Zahlen habe ich als Knabe niemals gehabt; aber es ging mir zu Herzen, wenn ich in den Büchern, die mir zu Gesichte kamen, fand, wie viel mir noch fehle, um mit Ehren ein guter Lehrer zu werden. Als ich den ersten Theil meiner „faßlichen Anweisung zum gründlichen Unterricht im Kopf- und Zifferrechnen" meinem Vater zum Geschenk machte, schrieb er mir, „daß er darüber freudenvoll erstaunt sei und nicht begreifen könne, woher ich die Leistungen habe und wie ich dazu gekommen sei." Ich gedenke hier dieser Aeußerung meines Vaters, um die Wahrheit meiner obigen Behauptungen zu begründen. Möchten durch diese Mittheilung Diejenigen, welche von dem Irrthume eingenommen sind, als müsse zu dem, was im spätern Alter in die Erscheinung getreten, der Grund in dem Kindesalter gelegt worden sein, davon befreit werden. Von dem Großartigen, was die beiden Humboldte, Wilhelm und Alexander, geleistet, haben ihre Hauslehrer keine Spur in ihrem Knabenalter gefunden; Wolfgang Menzel galt als Schüler auf einem der hiesigen Gymnasien als ein Duckmäuser, Trübe- tümpel — und doch ist der Mann Menzel ein anderer als der Gymnasiast Menzel. Von dem berühmten Bauherrn Zwirner,

der den Kölner Dombau fortzuführen die Ehre hat, erzählte mir
einer seiner Jugendfreunde, der mit ihm auf einer und derselben
Schulbank zu Jakobswalde in Oberschlesien gesessen, daß ihn sein
Lehrer Sander stets einen Dummkopf, einen trägen und stupiden
Buben gescholten; und doch steckte ein nicht geahnter Architekt in ihm,
den ein königlicher Architect, Friedrich Wilhelm IV., zu schätzen
gewußt. Wenn ich daher Aeußerungen von Eltern oder Schülern
vernehme, daß sie darum niemals „rechnen" lernen werden, weil sie
keine „Anlagen" dazu hätten; so bin ich jedesmal geneigt, diesem schäd-
lichen Vorurtheil durch die Hinweisung auf mich zu begegnen. Ich
zähle mich keinesfalls zu den Rechenmeistern im eigentlichen Sinne
des Wortes, aber ein nach Gründlichkeit strebender Rechenlehrer
zu sein, das glaube ich von mir behaupten zu dürfen, davon geben
meine Arbeiten das bestätigende Zeugniß. Wer nichts im Rechnen
leistet, dem fehlt es nicht an Anlage dazu, sondern an Willens-
kräftigkeit, die Schwierigkeiten zu besiegen. Ich habe immer in
meinem Lehrerleben die Erfahrung gemacht, daß der Sinn für die
Beschäftigung mit Zahlen — das Denken in Zahlen — bei denjenigen Kindern in geringerem Grade vorhanden ist, bei denen ein
Versehen in den Anfängen des Rechnens gemacht worden war, und
daß selbst Schüler von nur mittelmäßigen Anlagen durch eine gute
Anleitung zur verstandesmäßigen Behandlung der Zahlgrößen befähigt wurden. Wo nur der Sinn für die Zahlenbeschäftigung geweckt worden, da hat das Rechnen einen eigenthümlichen Reiz, da bestätigt sich die pädagogische Wahrheit, daß das verstandesmäßige
Rechnen das wirksamste Mittel zur Heilung der „Zerstreuung" der
Schüler, so wie zur Stärkung der „Aufmerksamkeit" ist. Ich be-
halte mir vor, mich in einem meiner „pädagogischen Briefe" darüber
ausführlicher zu äußern. —

Es ist oben schon des Handbuches der „gemeinnützigen Kenntnisse" von Junker gedacht worden. Aus diesem Buche schöpften wir
unsere nothdürftigen Kenntnisse in der Geographie, Naturgeschichte,
Naturlehre und Geschichte durch Abschreiben der kurzen Abschnitte.
Zu einer besondern Lehrstunde in diesen Wissenszweigen gab es in
dem Stundenplane einer Dorfschule keine Zeit. Was daher hierin
geleistet wurde, reducirt sich fast auf Null. Die Schulwände zierte
keine Wandkarte, weder von Schlesien, noch von einem andern Lande,
weil die Schulwelt der damaligen Zeit derselben gänzlich entbehrte.
Zehn bis fünfzehn Jahre später schossen Wandkarten, Handkarten,
Atlanten in fruchtbarer Menge wie die Pilze hervor, und jetzt dürfte
kaum in der Schule des allerärmsten Dorfes die Wandkarte der
heimathlichen Provinz oder des Staates, dem man angehört, fehlen.

Glückliche Jugend! — Für die Naturgeschichte gab es weder Herbarien, noch ausgestopfte Thiere. Dieser Lehrzweig beschränkte sich lediglich auf die Behandlung der „Giftpflanzen", um den Kindern Furcht (Ehrfurcht?) vor den Naturkörpern beizubringen. Die Naturlehre und Naturgeschichte war weniger geeignet, uns die Naturkräfte kennen und erkennen, sondern vielmehr verkennen zu lernen. Man zitterte und bebte bei einem Gewitter, in dem sich Gottes Zorn und sein Straf-gericht anbündigte. — Auf die Vernichtung der gefräßigen Sperlinge, die sich ein Recht auf die Hirsefelder anmaßten, wurden namhafte Preise gestellt; je mehr Sperlingsköpfe abgeliefert wurden, desto mehr Anerkennung, bis später den kecken Sperlingen wieder als Vernichter des Raupenvolkes die Berechtigung zum Leben ertheilt wurde. Auch zur Verfolgung der Maulwürfe, welche die Pflanzenbeete durch ihre Wühlereien verunstalteten, wurden wir angehalten, ohne zu wissen, daß diese Thiere den unliebsamen Engerlingen und nicht den Wurzeln der Gewächse nachgingen, um ihren Hunger zu stillen. Die meisten Gegenstände der uns umgebenden Natur, dem Pflanzen= und Thier-reich angehörig, wurde in der Natur selbst, nicht auf der Schul-bank, freilich nur zur gelegentlichen Anschauung gebracht. Die Baumarten lernten wir kennen, wenn in dem nahen Walde das Laub und die Nadeln zu Streu für das Vieh gesammelt und eingefahren wurde; die Getreidearten beschäftigten uns, wie die Blumen des Feldes, der Wiesen und der Gärten, den ganzen Sommer hindurch bis in den Herbst hinein. Wie Kartoffeln gelegt, behäufelt, aus-gegraben, eingesackt, in Gruben und Keller aufbewahrt; wie der Tabak gehegt und gepflegt, gefädelt, getrocknet und gewickelt; wie der Flachs gesäet, gejätet, ausgerauft, gebunden, gedroschen, geröstet, gedörrt, gebrecht, gesponnen, gezwirnt u. s. w. werden müsse, das lernten wir nicht aus dem Lesebuche, sondern ganz handgreif-lich, was man jetzt „praktisch" nennt. Ebenso wurden wir in die Gewerbskunde eingeführt. Mit den Vorrichtungen beim Brotbacken, Butter= und Käsebereiten, Stärkebereitung aus Kartoffeln, Wachs-bereitung aus Honigwaben u. s. w. waren wir vertraut. Ich gedenke dieser Thätigkeiten hier darum, weil man in der allerneuesten Zeit es dringlich gemacht hat, solchen Unterricht in die Schulen aufzunehmen, damit auf diese Weise die „Schule mit dem Leben" in die engste Ver-bindung trete. Es ist gegen diese Bestrebungen nichts einzuwenden, aber wenn jetzt mit Absichtlichkeit jene Kenntnisse gelehrt und geübt werden sollen, die wir uns früher nur gelegentlich aneigneten, so wird der Lehrplan doch ein ganz anderer sein müssen; denn zu jener Zeit geschah alles planlos, wie es die Jahreszeit erheischte.

Was meine musikalische Ausbildung betrifft, so beschränkte sich dieselbe auf das Klavier-, Geige- und Orgelspiel. Mein Vater besaß leider nur ein ganz elendes Klavier, wie es deren damals viele gab. Das Pianoforte oder einen Mozart'schen Flügel bekam ich nicht zu Gesicht. In welcher Weise die Notenkenntniß, die Fingerübung u. s. w. vorgenommen worden sind, kann ich nicht sagen. Ein im Klavierspiel schon geförderter Lehrling mußte sich der Unterrichtsplage mit mir unterziehen, und es geschah mit Strenge. Die Finger, denen durch mancherlei ländliche Handarbeiten die erforderliche Gefügigkeit mangelte, der so häufige durch häusliche Störungen unterbrochene Unterricht, und so manches Andere ermöglichten nur ein schneckenlangsames Fortschreiten. Im Geige- und Orgelspiel war mit denselben Hindernissen zu kämpfen. Bald fehlte es an Saiten, bald an brauchbaren Bogen. Ich brachte es denn doch so weit, daß ich später in Brieg mich bei den musikalischen Aufführungen des dortigen Kantors zur Noth betheiligen durfte. Die Uebung fehlte. — Die Erlernung des Orgelspiels hat mir viel Ach und Weh verursacht. Es wurde viel nach den Schulstunden geübt. Meines Vaters Absicht war darauf gerichtet, mich möglichst bald auf der Orgelbank beim Gottesdienst zu sehen. Versteht sich, daß nur Choräle geübt wurden; anfänglich ohne vorangegangene Accordenlehre und ohne Gebrauch des Pedals, für das meine Beine noch nicht lang genug waren. Was die 3, oder $\frac{6}{4}$, oder die 7, oder die 5 über einer Baßnote zu bedeuten habe, darüber erhielt ich später Aufschluß. Wie viel ich zur Entwürdigung des Choralgesanges durch mein fehlerhaftes Orgelspiel beigetragen haben mag, ist nicht auszusprechen, ebenso wie viel ich dabei gelitten, wie viel Thränen geflossen und wie sehr mir dadurch das Herannahen des Sonntags verleidet wurde. Möchten sich doch diejenigen Dorforganisten, welche junge Leute im Orgelspiel unterrichten, die Versündigung an einer heiligen Sache vorhalten, deren sie sich dadurch schuldig machen, daß sie aus Eitelkeit dem noch stümperhaften Schüler beim Gottesdienst die Orgelbegleitung übergeben. Von dem berühmten Orgelspieler Haßler wird erzählt, daß er erst dann beim Gottesdienst die Orgel spielen durfte, als er schon eine bedeutende Fertigkeit im Vortrage einer Fuge besaß. Wenn ich in meinen späteren Jahren auf der Orgel etwas leistete, so hatte dazu der Unterricht und die Uebung in Brieg und Breslau wesentlich beigetragen. Auch davon später noch ein Wort. —

So viel ich auch schon aus meinem Jugendleben mitgetheilt, so bleibt mir doch noch übrig, Bericht über meine religiöse Ausbildung im väterlichen Hause zu erstatten. Man pflegt wol nicht mit Unrecht, sich von der Berufsart, zu welcher das Haupt einer Familie gehört, von dem Geist, der in dem Hause herrscht, einen

Schluß zu bilden. Der Geist in einer Militär-Familie würde sich hiernach von dem in dem Hause eines Kaufmanns, Juristen, Guts-besitzers, Handwerkers und Tagearbeiters unterscheiden. Es wird stillschweigend vorausgesetzt, daß in der Familie eines Geistlichen oder Schullehrers der christliche, religiöse Geist und Sinn vorherrsche, daß dieser hier recht heimisch sein müsse. Ob diese Voraussetzung überall eine Bestätigung findet, will ich dahingestellt sein lassen. Aber wenn die Kundgebungen des religiösen Geistes in dem täglichen Zusammen-treten der Glieder einer Familie oder eines Hauses zu gemeinsamen Morgen- und Abendandachten bestehen, so ist in unserer Familie kein religiöser Geist vorherrschend gewesen; denn solche religiöse An-dachten waren hier nicht eingerichtet. Es ist darum das Gebet von Keinem unter uns verabsäumt worden. Man muß die eigenthüm-lichen häuslichen Verhältnisse in Betracht ziehen, wenn die Beur-theilung des religiösen Lebens in dem Tschöplowitzer Schulhause eine richtige und gerechte sein soll. Die Schulstunden fingen z. B. im Sommer schon früh um 5 Uhr an, und es wurde in diesen täg-lich Religionsunterricht ertheilt und mit Gesang und Gebet ange-fangen. Im Uebrigen lebte mein Vater nach dem Worte: Arbeite betend und bete arbeitend! Wenn daher in anderen Familien die Andachten in gewohnter Weise täglich angestellt wurden, so geschah deshalb hier nicht mehr für das religiöse Bedürfniß als bei uns. Meinem Vater waren die Worte unseres Herrn: „Es werden nicht Alle, die zu mir Herr, Herr! sagen, in das Himmelreich kommen, sondern die den Willen meines Vaters im Himmel thun," ins Herz geschrieben; denn es waren auch damals die Erscheinungen nicht selten, daß die täglichen Herr-Herr-Sager sich im Leben als „gott-lose Leute" zeigten. Seinen Kindern, eignen wie fremden, schärfte er durch Wort und Leben ein, was der Prophet Micha 6, 8 sagt: „Es ist dir gesagt, Mensch, was gut ist und was der Herr, dein Gott von dir fordert, nämlich: Gottes Wort halten, Liebe üben und demüthig sein vor dem Herrn, deinem Gotte." Auf reli-giöses Thun legte er den Werth des religiösen Lebens. Wenn bei anhaltender, für das Gedeihen der Feld- und Gartenfrüchte nicht zuträglicher Witterung eine Mißstimmung sich zeigte, ja der Unmuth sich Luft machte, so hielt er solchen Leuten das Wort vor: „Er hat noch niemals was versehn in seinem Regiment, und was er thut und läßt geschehn, das nimmt ein gutes End." — Wenn Unglücks-fälle eine Familie heimsuchten, und diese in trostlose Klagen aus-brach, so wies er sie auf die Bibelworte hin: „Denen, die Gott lieben, müssen alle Dinge zum Besten dienen," und „wen der Herr lieb hat, den züchtigt er", und „die Leiden dieser Zeit sind nicht werth der Herrlichkeit, die an uns soll offenbar werden", und „habe deine Lust an dem Herrn, er wird dir geben, was dein Herz wünschet; befiehl dem Herrn deine Wege und hoffe auf ihn, er wird's wohl machen." — Vergaß sich Einer, und zeigte er Neigung zur Verspottung des göttlichen Wortes, so hielt er ihm mit Ernst den Zuruf vor: „Irret euch nicht, Gott läßt sich nicht spotten; was der Mensch säet, das wird er ernten." Und meine Mutter hörte ich im Kuhstall oder am Butterfaß, oder am Waschschaff nicht selten das Lied Georg Neumarks singen, das mit der Strophe schließt: „Sing', bet' und geh' auf Gottes Wegen, verricht' das deine nur getreu und trau' des Himmels reichem Segen, so wird er bei dir werden neu; denn welcher seine Zuversicht auf Gott setzt, den verläßt er nicht." — Wir Kinder wurden durchaus nicht in der und zu der Heuchelei erzogen. Es wurde gebetet, ohne viele Worte zu machen. Die Schule forderte mit unerbittlicher Strenge das Lernen des Lutherischen Katechismus und der Sonn- und Festtags-Evangelien. „Das Aufsagen" derselben geschah freilich in monotoner Weise, wie das fast in allen Dorfschulen der Fall war. Die Katechisationen enthielten nichts, was das Gemüth ansprach oder ergriff; dazu fehlte uns das Verständniß des religiösen Stoffes. Die Katechesen waren durchweg biblisch gehalten und berührten wenig oder gar nicht das Leben, am wenigsten das Kinderleben. Auch besinne ich mich nicht, einen erbaulichen Confirmanden-Unterricht erhalten zu haben, obgleich mir noch der Tag lebhaft in Erinnerung steht, an welchem ich confirmirt wurde. Die Ansprache vom Altar an die Confirmanden ergriff und erschütterte das Gemüth und die Liebe zum Confirmator öffnete ihm Herz und Ohr. — Sehr feierlich erschienen uns immer die Sonnabend-Nachmittage und -Abende, an denen Alles für den Sonntag gesäubert und in Ordnung gebracht werden mußte. Schon an den Sonnabend-Abenden unterblieben die gewöhnlichen Tagesgeschäfte. Wir lasen in der Bibel oder im Gesangbuche, oder in einem anderen Nützliches enthaltenden Buche, zu denen das Becker'sche Noth- und Hülfsbuch, so wie das Mildheim'sche Liederbuch gehörten. Die Sonntage waren für uns heilige und geheiligte Tage. Nicht immer, sondern nur bisweilen wurde des Nachmittags eine Predigt aus der Postille, an deren Verfasser ich mich nicht erinnere, gelesen; aber das Predigtlesen war für uns Kinder höchst ermüdend und langweilig. Keines von uns Kindern, selbst die ältesten nicht, besaßen eine solche Fertigkeit im Lesen, daß es ohne Haspeleien von Statten gegangen wäre. Hiezu kam, daß der Stil einer Postille nicht für die Bildungsstufe der Jugend eingerichtet gewesen ist, und daß der Inhalt für ein Kindes-

gemüth und für den Kindesverstand außerhalb seines Erfahrungs-
kreises lag. Man wird daher über das offene Geständniß, daß es
sich mit unserem Gewissen vertrug, vollständige Seiten zu überschlagen,
um schneller an's Ende der Predigt zu kommen, nicht den Stab
brechen, umsoweniger, als ja selbst die zuhörenden Eltern die Lücke
im Zusammenhange nicht entdeckten. Daß dieses Predigtvorlesen
mit Furcht und Zittern geschah, darf ich wol nicht erst erwähnen,
denn es ging nicht ohne Ausscheltungen und selbst nicht ohne körperliche Strafen vor sich. Es gehörten diese Züchtigungen einmal zum täglichen Brote; ohne die Darreichung solchen unerquick-
lichen Brotes hätte ja dem Werke der Erziehung der Kern und die
Frische gefehlt. — Ueber die stereotypen häuslichen Familien-Andachten
kann ich meine Ansichten und Meinungen nicht unterdrücken. Es ist
die gute Absicht der Väter und Mütter nicht zu verkennen, aber als
das geeignetste Mittel, die Kinder dadurch zur Religiosität zu erziehen, kann ich es nicht betrachten. Ich bin vielmehr von der
größtentheils nachtheiligen Einwirkung gewohnheitsmäßiger
Hausandachten, soweit Kinder daran sich betheiligen, überzeugt. So
lange religiöse Betrachtungen nicht für das jugendliche Gemüth und
für die Bildungsstufe des Kindes eingerichtet sind, sollte man diesen
gar nicht den Zutritt und die Theilnahme an denselben gestatten.
Nach vollzogener Confirmation dagegen hat das junge Familienglied
eine Berechtigung zur Theilnahme an jenen Andachten, und in diesem
Alter aber auch nur dann, wenn das Verlangen darnach sich kund-
gibt; eine erzwungene Andacht ist keine Erbauung, sie führt zur
Heuchelei, an der weder wahrhaft religiöse Menschen noch Gott und
der Heiland ein Wohlgefallen haben. Es fehlt leider an solchen
religiösen Schriften, die dem religiösen Bedürfniß der Kinderherzen
entsprechen. Der Seminar-Oberlehrer Kriebitzsch in Halberstadt
hat hiezu einen Beitrag in seinen jüngst erschienenen „Schulreden
über Bibel- und Liedertexte" geliefert, die viel Brauchbares zu diesem
Zwecke enthalten. Erbauungsschriften für Kinder müssen kernige,
aber kindliche Gedanken enthalten und in einfacher, aber ansprechender Form verfaßt sein, Kopf und Herz des Kindes beschäftigen und
befruchten, daß eine Saat erblühe und eine gesunde Frucht für's
Leben reife, eine Frucht, die genossen, unsere Jugend „frisch, frei,
fröhlich und fromm" durch's Leben führe!

So viel über mein Jugendleben bis zur Confirmation.

Die Tugenden, die ich durch die Erziehung im väterlichen Hause
gewonnen, waren unbedingter Gehorsam, Pietät gegen meinen Vater,
Höflichkeit und Gefälligkeit gegen Erwachsene, Verträglichkeit mit
meinen Schulkameraden und Geschwistern, Ausdauer in der Arbeit

samkeit und Sparsamkeit im Gebrauch der Kleider. Die Strenge der Erziehung unterdrückte aber auch jedes Selbst- und Frohgefühl und erzeugte eine unüberwindliche Schüchternheit, die mir in vielen Fällen zur Qual wurde. Wenn nach Rousseau's Ansicht „derjenige am besten erzogen ist, der das Gute und Böse dieses Lebens am besten zu ertragen weiß", so hat mein Vater ein gutes Werk an mir gethan.

3. Nicht lange nach der Confirmation brachte mich der Vater auf das Gymnasium nach Brieg. Wie mein Vater auf diesen Gedanken gekommen, ist mir unbekannt geblieben. Unstreitig hat der Superintendent Krantwadel dabei mitgewirkt. Da mein Vater selbst junge Leute für's Seminar vorbereitet hat, die hier auch immer gern aufgenommen wurden, so muß er, wenn er die Absicht hegte, mich zum Schullehrer auszubilden, die Ausbildung unter seiner Leitung nicht für zureichend gehalten haben. Vielleicht verfolgte er andere Pläne. Das Letztere gewinnt dadurch an Wahrscheinlichkeit, daß ein Sohn des Schulzen seines Dorfes das Brieger Gymnasium schon längere Zeit besuchte und in Kurzem die Universität Königsberg beziehen sollte. Gewiß wollte der Organist hierin nicht dem Dorfschulzen des Ortes nachstehen. Ob mein Vater die zu einer höheren Ausbildung erforderlichen Fähigkeiten in mir verspürte, weiß ich nicht; und ob ich vielleicht gar ein begabter Knabe gewesen, das wage ich nicht zu behaupten. Aber aus folgenden Thatsachen dürfte zu entnehmen sein, daß ich eine nicht geringe Lernbegier besessen haben müsse. Wenn mein Vater durch Gerichtsschreiber-Geschäfte sich im landräthlichen Amt zu Brieg einfinden mußte, was in der Regel einen vollen Tag in Anspruch nahm; so pflegte sein ältester Sohn Gottlieb das Bücher-Repositorium des Vaters zu inspiciren. Eines Tages war das Verlangen, auch die im obersten Fache aufgestellten Bücher näher zu beaugenscheinen, sehr groß. Ich stieg vom Schemmel auf den Schultisch, von diesem auf das einbeinige Schreibpult, das an dem Repositorium stand. Ein Buch nach dem andern wurde herausgenommen, durchblättert und seitenweise gelesen. Zu meinem größten Schreck brach das Bein des Pultes zusammen und ich sah mich zu Boden gestreckt. Die Mutter sah mit Entsetzen dem Zorn des heimkehrenden Vaters entgegen, und ich — verlebte angstvolle Stunden, ja recht angstvolle Stunden. Zu meinem nicht geringen Erstaunen war es der Mutter gelungen, den Vater zu besänftigen; ich erhielt zum Andenken nur ein paar Maulschellen, die meine Wangen hoch rötheten. Auf dem Boden des Schulhauses lagen auf einem Haufen veraltete, eingestaubte Bücher, die von mir bisweilen einen Besuch erhielten und die mir Unterhaltung gewährten. Ich gestehe gern, daß ich den Verstand

der Minnet, die solche Bücher zu verfassen vermochten, bewunderte, und mag auch nicht verschweigen, daß schon damals der Wunsch in meinem Herzen sich regte, doch auch einmal ein so gescheidter und geschickter Verfasser eines Buches zu werden; allein dieser Wunsch trat nie mehr in den Vordergrund meiner Seele. Was indeß später an mir in Erfüllung ging, hat jenen leisen Gedanken wieder ins Bewußtsein gerufen.

In jener Zeit, da Oesterreich harte Kämpfe mit dem eroberungs= süchtigen Napoleon I. zu führen hatte, und der König von Preußen Friedrich Wilhelm III. durch die Uebergriffe und Rechtsverletzungen Napoleons zur Kriegsführung mit diesem Sohne des Glückes gezwungen wurde, im J. 1806, wurde ich von meinem Vater dem Gymnasium zu Brieg zugeführt und hier als Schüler aufgenommen. Das Gymnasium war durch den weltberühmten Gelehrten, den Rector Dr. Scheller zu großem Ansehen gelangt. Scheller hatte durch sein umfassendes, gelehrtes und gründliches lateinisches Lexikon, wie durch seine Grammatik Außerordentliches geleistet. Es war eine reiche Fund= grube für die späteren Verf. und Herausgeber von lat. Wörterbüchern und Grammatiken. Wie Wittenberg durch Luther und Melanchthon, Goldberg durch Trotzendorf, Thorn und Frauenburg durch Coper= nikus, Weimar durch Göthe, Schiller, Wieland und Herder in die Weltgeschichte getragen ward, so wurde Brieg durch Scheller gehoben; Scheller war der Stolz der Brieger.

Die Verhältnisse meines Vaters waren nicht so günstig, daß er mich hätte zu einem der Lehrer am Gymnasium geben können. Mein Aufenthalt wurde mir bei dem Organisten Flögel an der katho= lischen Schloßkirche, dessen Amtswohnung sich in der Nähe des Gymnasiums mitten unter den Amtswohngebäuden der Gymnasial= lehrer befand, angewiesen, jedoch nicht so, daß ich bei ihm in Pension gegeben worden wäre und am Familientische gespeist hätte. In der Holzkammer fand ich neben dem aufgeschichteten Holze meine Schlaf= stelle, die sich durch nichts von der heimathlichen Schlafstätte aus= zeichnete. Am Tage hielt ich mich in der Stubenkammer bei den beiden Söhnen dieser Familie auf. In der Besorgung der Nahrungsmittel war ich zur Selbstständigkeit erhöht. Aus dem elterlichen Hause empfing ich wöchentlich ein sogenanntes großes Bauerbrot, das Viertel eines Quartes Butter, Kartoffeln, Hirse und Haidegrütze. Der Koch war ich selber. Von der Schulbank gings an den Herd der Küche oder vor das Ofenloch, wo durch die Gefälligkeit der Madame Flögel ein Töpfchen kochenden Wassers meiner harrte. Was in dieses Töpf= chen gehörte, blieb mir überlassen. Mein Magen machte keine großen Ansprüche, er war gottlob nicht verwöhnt, sondern vielmehr daran

gewöhnt, auf die Mittagsmahlzeit zu verzichten oder sich mit einem
Stück kräftigen Brotes zu begnügen. Die duftenden Speisen auf
dem Tische der Familie machten mich nicht lüstern. Zum Frühstück
genügte, wenn die Milch aus der mütterlichen Kanne ausblieb, eine
sogenannte Wassersuppe, gewürzt mit hinreichendem Salz, oder spär-
licher Butter. Fleisch bekam ich die ganze Woche hindurch weder
vor die Augen, noch in den Magen, nur des Sonntags versah mich
damit die mütterliche Sorgfalt. Dennoch war ich so frisch und
munter, als lebte ich alle Tage herrlich und in Freuden. Warum
mich mein protestantischer Vater in eine katholische und dazu
noch in eine kath. Lehrer- oder Kirchenbeamten-Familie gegeben, darüber
ist mir kein Aufschluß zu Theil geworden. Vermuthlich war es die
Nähe des Gymnasiums, die Billigkeit der Aufenthaltskosten und die
gute Gelegenheit, mich in der Musik auszubilden, denn als gewissenhafter Musiklehrer galt Flögel. Leider aber ertheilte er mir nur
sehr spärlich Unterricht im Klavierspiel und im Generalbaß. Flögel
gab viel Musikstunden und hatte auch seine beiden Söhne darin zu
fördern. Zu seiner Erholung spielte er täglich in einer freien Stunde
auf der Stubenorgel; ich hatte die Ehre, ihm bei diesem Spielen
die Blase-Bälge zu ziehen und die ernsten Choraltöne und kirchlichen
Harmonien unentgeltlich anzuhören. An den sonntäglichen Musikaufführungen mußte ich hörweise Theil nehmen. Meinem Vater ist
es nicht verborgen geblieben, daß die musikalische Ausbeute für mich
doch gar zu gering gewesen, und er hielt es für nöthig, mich anderweitig unterzubringen. Davon später. Herr Flögel war übrigens
ein zwar ernster und sehr strenger Mann und Vater, aber durchaus
rechtschaffen, tief religiös und als Katholik tolerant. Noch recht
lebhaft steht der Mann vor meiner Seele, als er in der Karfreitagswoche seiner Familie und mir die „Leidensgeschichte Jesu" vorlas und
bei den Mißhandlungen, die man an dem Heilande vornahm, so ergriffen wurde, daß ihm die Thränen in die Augen traten. Eine
solche Rührung des Gemüthes hatte ich zu Hause nie gesehen, sie
machte darum einen tiefen Eindruck auf mein Gemüth. —

In die Zeit meines Aufenthaltes daselbst fiel auch die Belagerung von Brieg im Winter nach der unglücklichen Schlacht bei
Jena und Auerstädt am 14. Octbr. 1806. Ich hätte gern Brieg
verlassen und wäre ins väterliche Haus nach Tschöplowitz gegangen,
aber der Vater gab es nicht zu. Es war eine Zeit der Angst und
des Schreckens. Der Kanonendonner, das Sausen der Kugeln war
entsetzlich, das Leben in Gefahr. Wie groß diese gewesen, das zeigte
sich erst in voller Größe, nachdem der Schnee auf den Dächern und in
der Dachrinne geschmolzen, und eine entsetzliche mit Pulver gefüllte

Bombe auf der Dachrinne gefunden wurde, die unser Haus, wenn der brennende Zunder nicht vom Schnee gelöscht worden wäre, gewiß zertrümmert hätte. Gott hatte uns gnädig beschützt.

Nachdem die äußere Ruhe der Stadt dadurch wieder einigermaßen hergestellt war, die Besatzung das Gewehr gestreckt hatte und die feindlichen Truppen — Würtemberger — eingezogen waren, wurden die Lehrstunden auf dem Gymnasium mit den aufgeregten Knaben und Jünglingen fortgesetzt, die einander von den jüngsten Erlebnissen, von dem Aufenthalt in Kellern, von den Kugeln, die dieses oder jenes Haus getroffen, von der Noth, die sie während der Belagerung gelitten, von den Eigenthümlichkeiten der neuen Truppen, ihrer Sprache 2c. zu erzählen hatten.

Mein Vater war darauf bedacht, mich zu dem Kantor Fischer an der St. Nikolai-Kirche in Wohnung und Unterricht in der Musik zu geben. Dieser Wechsel war ein für meine weitere Ausbildung sehr ersprießlicher. Fischer war ein in der Stadt sehr beliebter Mann, ein musikalisches Genie, ein Sänger, Organist, Klavierspieler, Geiger und Pfeiffer, d. h. Flöten-, Fagott-, Klarinetten- und Hornbläser und — ein aufgeräumter Kopf, der in den angesehensten Häusern aus- und einging. Er leitete die Kirchenmusiken, die öffentlichen Konzerte und die musikalischen Soireen in den vornehmen Familien. Als Musiklehrer am Gymnasium gewann er die singfähigsten Knaben für die sonntäglichen Musikaufführungen in der Kirche. Diese Chorknaben hießen Rekordanten, welche in einzelnen Chorabtheilungen an den Sonntagen des Vormittags in bestimmte Häuser der Stadt zogen und daselbst den frommgesinnten Familien für eine kleine Gabe an Geld eine Arie religiösen Inhaltes vorsangen. Fischer hatte für die Rekordanten die Gesänge selbst komponirt und für den vierstimmigen gemischten Chor eingerichtet. Die einzelnen Familien hatten ihre Lieblingsgesänge. Jedes Rekordanten-Chor stand unter einem Präfekten, einem Gymnasiasten aus den obern Klassen, welcher es sich angelegen sein ließ, mit seinem kleinen Chor von 8 Gymnasiasten die Gesänge einzuüben, die dann am Sonnabend Nachmittag dem Kantor vorgetragen werden mußten. Es versteht sich von selbst, daß ich bald in dieses Rekordanten-Chor eingereiht wurde; ich schwang mich bis zur Präfekten-Würde empor, und war im Einüben von Gesängen unermüdlich, was nicht unerfreuliche Folgen hatte. Die Geldgaben wurden in einer Büchse gesammelt, von allen Chören zusammengethan und monatlich unter die Rekordanten vertheilt. O, wie beglückte mich diese kleine selbsterworbene Geldeinnahme!

An den öffentlichen Konzerten, welche unter Fischers Leitung von Zeit zu Zeit stattfanden, durfte ich als Bratsche-Spieler mit eintreten. Unterricht im Generalbaß, wie im Klavierspiel empfing ich in lückenhaftester Weise. Alles Nothwendige mußte ich mir gelegentlich aneignen. Wenn ich auf dem Klavier übte, ertheilte mir der Herr Kantor vom Schreibpult aus durch Bemerkungen einige Anweisungen. Die Orgeln der Kirche standen unter der Aufsicht des Organisten Arndt, eines Greises. Die Hauptorgel in der St. Nikolaus=Kirche gehört zu den größten und berühmtesten Orgelwerken Deutschlands, und wurde nur von dem Organisten Arndt gespielt. Die kleinere oder die Nebenorgel derselben Kirche wurde bei dem wöchentlichen Gottesdienste, besonders des Nachmittags, in den Gebeten den Gehülfen abgetreten, zu diesen wurde auch ich gefälligerweise gezählt. Da hatte ich Gelegenheit, mich im Orgelspiel mehr auszubilden. In der That waren meine damaligen Fertigkeiten nicht gering anzuschlagen, obgleich ich nicht behaupten kann und darf, daß ich mit bewußtvoller Gründlichkeit die Orgel gespielt hätte. — Ich erwähnte oben, daß Kantor Fischer ein Sänger gewesen sei. Ich habe die Gefügigkeit seiner Stimme beim Choralgesange in der Kirche bewundert. Fischer sang selten die einfache Melodie, sondern verzierte dieselbe durch die verschiedensten Bewegungen der Stimme. Was würden Bach, Händel, Naumburg, Naue, Türk u. A. zu diesem modernen Choral=Melodien=Sänger gesagt haben! Im Orgelspiel leistete er so Außerordentliches, daß er zu den schlesischen Berühmtheiten gezählt wurde. Schummel gedenkt seiner in seiner Reise durch Schlesien in ehrenhafter Weise. Aber das damalige Orgelspiel war ein ausgeartetes zu nennen, wie das unter den Söhnen des alten Berner zu Breslau, die bekanntlich als Orgelmeister galten. Die Zwischenspiele des Kantor Fischer widersprachen der Würde des Chorals, und waren nur geeignet, die Fixfingerigkeit des Spielers zu zeigen. Wie ganz anders steht heut die Sache. Aber schon zu jener Zeit fehlte es nicht an Kantoren, die in der größten Einfachheit des Orgelspiels die höchste Kunst erblickten, nach dieser Einfachheit strebten und die Effectmacherei bekämpften. Davon weiter hin! ——

In die Fischersche Familie waren Heimsuchungen seltener Art eingekehrt. Fischer selbst wurde von einem Nervenfieber befallen, das in den Typhus überging und den glücklichen Familienvater und Gatten zur Leiche machte. Ich war zu der Zeit des in Brieg graffirenden Nervenfiebers wegen ins elterliche Haus geflüchtet, kehrte aber nach erhaltener Nachricht von seinem Tode zurück, fand hier die Gattin, die nahe daran war, wieder Mutter zu werden, ebenfalls von der inzwischen erfolgten Entbindung und in Folge der Erschütterung, die der Tod ihres Mannes verursacht hatte, aufs Todtenbett gebannt. Das neugeborne Kindlein war schon vor seiner Geburt todt. So befanden sich also drei Leichen in einem Hause und in einer Familie. Außer einem sehr alten Mütterchen und mir war Niemand weiter in der Kantorwohnung. Wie schauerlich mir da zu Muthe war, kann ich nicht beschreiben. Ich wurde zum Hüter der Leichen bestimmt. Diese Todesfälle einer so beliebten Familie hatten weit und breit die größte Theilnahme erregt.

Nachdem die Kantorwohnung so verödet geworden, hätte ich dieselbe doch auch verlassen sollen. Aber das würde meinen Vater in große Verlegenheit gebracht haben. Ich blieb, und meine Gesellschafterin war jenes alte Mütterchen, die aber am frühen Morgen ausging und Abends spät heimkehrte. Schlimm sah es um die Besorgung meiner Küche aus. Ich war in der That in einen Nothzustand versetzt, in dem mancher andere zu Grunde gegangen wäre. Um 12 Uhr aus den Lehrstunden kommend, mußte ich selbst mein eigener Koch und Kellner sein. So schlecht die zubereiteten Speisen auch waren — ich ging dabei nicht zu Grunde. Brot und Salz besaß ich zur Genüge, und das frischeste und beste Wasser lieferte der „Kreuzhof“, wo damals die Pfarr- und Kantorwohnungen waren. Der nebenan wohnende Diakonus Ander hatte Mitleid mit dem herrenlosen Gymnasiasten Scholz und ließ diesem bisweilen die Brocken, die von seinem reichen oder reichlicheren Mittagstische gefallen waren, darreichen, — „Junge,“ sagte dieser oft, „du bist ein Gegenstand meiner Bewunderung; du sitzest an keinem gedeckten Tische, lebst wie ein Gefangener von Wasser und Brot, und blühst wie eine Rose, als wenn du dich der besten Kost erfreutest.“ Das war der Segen Gottes. „Was Er will erhalten, das läßt Er nicht erkalten.“ —

Die Besetzung des Kantorats wurde eingeleitet und nach verstrichener gesetzmäßiger Gnadenfrist wurde ein damals in Südpreußen amtirender Herr Jeltsch, der kein Schulmann und auch kein Musikus von Amt und Beruf, sondern ein glücklicher Dilettant des Gesanges gewesen war, zum Kantor erwählt, der keineswegs geeignet war, seinen Vorgänger zu ersetzen oder in den Hintergrund zu drängen. Er litt es, daß ich meine Wohnung bei ihm behielt und zeigte sich gegen mich von der freundlichsten Seite, was mir wohl that. Der durch Fischer in Brieg erregte musikalische Geist verlor seine Frische. Jeltsch war ein einseitiger Musiker, der nur so viel für Musik that, als sein Amt als Kantor erheischte. Meines Bleibens in seiner Familie war nicht von langer Dauer. —

So viel über mein äußeres Leben in Brieg! —

Ich erwähnte oben des sprachkundigen Rektors Dr. Scheller, den ich leider nicht mehr kennen lernte. An seine Stelle wurde Dr. Schmieder (wenn ich nicht irre aus Schulpforte) berufen, ein

Mann, der auf mich, als ich ihm von meinem Vater vorgestellt wurde, einen ermuthigenden Eindruck machte. Ich besinne mich nicht darauf, ob er mit mir eine Prüfung angestellt habe oder nicht; es ist zu bezweifeln, denn es würde nicht ganz aus meiner Erinnerung verschwunden sein.

Das Brieger Gymnasium hatte damals eine Verfassung, nach welcher die Schüler nach der Bildungsstufe, die sie in den verschiedensten Lehrgegenständen erlangt hatten, in die Klassen genommen wurden. Wer im Latein für Prima reif war, mußte vielleicht im Griechischen in Secunda sitzen. Ein und derselbe Gymnasiast war vielleicht Schüler drei verschiedener Klassen. Es fand daher allstündlich ein Klassenwechsel statt. Diese Einrichtung beruhte auf einer sehr richtigen psychologisch-pädagogischen Ansicht und auf der Berücksichtigung der individuellen Ausbildung der Jugend. Auch auf den Geist — den Ton der Schüler übte diese Anordnung den heilsamsten Einfluß aus. Späterhin hat man es für zweckmäßiger gefunden, diese Einrichtung aufzugeben. —

Was mich betrifft, so wurde mir ein Platz in der Sexta angewiesen. Das Latein fing erst in der Quinta an; ich wanderte also aus der Sexta in die Quinta und umgekehrt.

Das Lehrerpersonal bestand damals außer dem Rector Dr. Schmieder aus den Professoren Heuser, Müller, Sauermann; aus den Lehrern Lotheisen, Kurz und Fiebig; außerdem unterrichteten im Französischen und in der Kalligraphie ein Herr Desmarais, im Zeichnen Türkheim, im Gesange Fischer. Heuser und Müller waren schon bejahrte Männer, die mit den muthwilligen Primanern und Sekundanern große Umstände hatten. Müller unterrichtete hauptsächlich in der Physik und Mathematik, aber in keiner anregenden Weise; es wurde in den Fächern nichts gelernt. Heuser hatte hauptsächlich Latein in Secunda; seine undeutliche Aussprache, das leise Sprechen ꝛc. ließ die Schüler theilnahmlos; Sauermann dagegen imponirte durch seine ganze Gestalt, wie durch sein Wesen, das uns immer sehr nobel erschien. Kein Schüler hätte es gewagt, durch eine unanständige Haltung, durch eine unschickliche Aeußerung, durch ein vorlautes Wort oder durch eine verdrossene Miene den Unwillen des hochverehrten Mannes zu erregen. In seinen Lehrstunden herrschte die schönste Stille und die anständigste Haltung. Er pflegte frei vorzutragen und ging dabei bei den Reihen der Schüler auf und ab. Es wurde bei ihm Tüchtiges gelernt. Lotheisen hatte viel Possirliches in seinem Wesen; er imponirte nicht durch seine äußere Erscheinung; er war klein und nicht wohlgestaltet; seine große Beweglichkeit ergötzte die Schüler.

Aber er lehrte vom Katheder herab mit großer Entschiedenheit und
Gründlichkeit, namentlich im Latein. War die Präparation des
Schülers ungenügend, oder gewahrte er Hintergehungen und Täuschungen, so verließ er im Zorneseifer das Katheder und versetzte dem
Strafbaren einige empfindliche Streiche mit dem Buche. Wir hatten
den Mann sehr lieb, denn wir waren von seinem Wohlwollen überzeugt und lernten Tüchtiges. Kurz, eine lange hagere und magere
Gestalt, zeichnete sich durch sein Phlegma aus. Sein Religionsunterricht ließ uns kalt, weil er selbst gar nicht in Wärme dabei kam.
Seine Kränklichkeit mochte Ursache von seiner Reizbarkeit sein. Er
hatte beständig Bonbon bei sich und in seinem Munde. Fehlte es
ihm daran, war er ihm ausgegangen, so schickte er einen Knaben
aus der Klasse in die Conditerei nach Bonbon. Doch hielt er ziemlich gute Disciplin. Der College Fiebig trug schon silberweißes
Haar, war grinselig und ungeduldig, dabei genau und streng in seinen
Forderungen. Der Schnupftabak war ihm so unentbehrlich, wie
Friedrich dem Großen. Wenn er ausschnäuzen wollte, breitete er
sein eben nicht sauber gehaltenes Schnupftuch vom Kinn an aus. Er
ist der einzige Lehrer des Gymnasiums, von dem ich das Andenken
einer völlig unverschuldeten Ohrfeige mitnahm, die mir zu Theil
wurde, als ich in das Klassenzimmer, in Gedanken kommend, eintrat,
und bei ihm, ohne ihn zu beachten an der Thür vorbeiging. Wie treu
ist doch das Gedächtniß, das nicht einmal eine unverdiente Maulschelle
vergessen mag! Der Schreiblehrer Desmarais, ein Franzose, trieb
Jokus mit den Knaben und vermochte daher nicht die erforderliche Disciplin aufrecht zu erhalten; es wurde nur Geringes geleistet; ich gehörte
Uebrigens zu seinen Lieblingen, weil ich im kalligraphischen Schreiben
von keinem meiner Mitschüler übertroffen wurde, womit nichts gesagt wird, da die meisten Gymnasiasten keinen Werth auf eine gute
Handschrift legten, und sich schon als Buben um so gelehrter hielten,
je schlechter sie schrieben. Wie die Alten sungen, so zwitscherten die
Jungen. „Mein Vater ist ein hochgestellter und geachteter Mann
und schreibt doch so schlecht, daß man den Namen kaum zu entziffern
vermag," so dachten die Meisten. Der Zeichenlehrer Türkheim
war sanft und gut; er war treu und fleißig in seinem Unterricht.
Ich erfreute mich seiner besonderen Gunst. Mein ausdauernder Fleiß
im Schraffiren erwarb mir sein Wohlwollen. Es ist keine Uebertreibung, keine Ueberschätzung, wenn ich hier erwähne, daß von mir
große in Kupferstich herausgegebene Jagdstücke mit Krähenfedern und
Tusche abgezeichnet wurden, darüber brachte ich ganze Sonntag=,
Sonnabend= und Mittwoch=Nachmittage zu. Ohne daß ich etwas
davon ahnte, sprach man in der Stadt von meinen Leistungen; denn

man ließ sich die Arbeiten zur Ansicht ausbitten, ja man hielt mich damit auf offener Straße an. Der Zeichenlehrer Türkheim hatte viel mit künstlerischen Darstellungen von Lehrbriefen zu thun. Die Köpfe und künstlerische Umrandung zeichnete er selbst, mir ward die Ehre zu Theil, die übrige Schrift einzutragen.

Ein Urtheil über die Methode des Unterrichts auf dem Gymnasium maße ich mir nicht an; nur soviel weiß ich, daß von einer entwickelnden Lehrform in den Sprachen keine Spur vorhanden war. Für die Geographie gab es damals noch keine Wandkarten, eine gewöhnliche Handkarte an der Wand mußte wenigstens die Stelle ausfüllen, zur Anschauung kam auf derselben nichts. Einen Atlas habe ich auf dem Gymnasium gar nicht kennen gelernt. Welcher Fortschritt in unserer Zeit! — Beim Unterricht in der Naturgeschichte habe ich weder eine Abbildung von dem Naturgegenstande zu Gesicht bekommen, noch den Naturgegenstand selbst. Ob damals schon Herbarien oder Mineralsammlungen oder ausgestopfte Thiere vorhanden waren, weiß ich nicht; ich habe keine gesehen. Die Physik beschränkte sich auf Vorführung physikalischer Lehrsätze und zeigte höchstens ein Experiment an der Luftpumpe und Elektrisirmaschine. Es gereicht dies den Lehrern keineswegs zum Vorwurf. Das Gymnasial-Schulwesen war damals einmal nicht anders. Auch das heutige hat noch seine eigenthümlichen Schattenseiten, wenn gleich es in vieler Beziehung einen Fortschritt gemacht hat, namentlich wird die entwickelnde Lehrform von den Gymnasiallehrern noch zu wenig beachtet und angewendet. Man docirt meist und — examinirt über das Docirte. Unterricht im Deutschen erhalten zu haben, besinne ich mich nicht, wenigstens nicht in der von dem Gymnasial-Director Etzler zu Breslau angebähnten Weise. Die Etzler'schen deutschen Lehrbücher waren damals noch zu neu und der Sinn für diesen Unterricht nicht vorhanden. — Das Zeichnen bestand in einem rein mechanischen Abzeichnen. Welch erfreulichen Fortschritt hat das Zeichnen nicht gemacht, überall wird auf das Verständniß der Verhältnisse hingearbeitet!

Einer Verfügung des damaligen Unterrichtsministeriums zufolge wurden diejenigen Gymnasiasten, welche nicht die Universität besuchen wollten, aufgefordert, die Sprachstudien einzustellen. Mein Vater, der die Kosten scheute, machte mir bemerklich, daß ich mich für einen anderen Beruf entscheiden möchte. Der Rector Dr. Schmieder rieth mir, der Kupferstecherei mich zu widmen. Der Rath gründete sich vermuthlich auf meine Leistungen im Zeichnen, von denen ich schon oben gesprochen. Mir erschien die Sache bei dem gänzlichen Mangel an den Kenntnissen, die zur Erlernung dieser Kunst erforderlich seien, als eine in dichte Nebel gehüllte. Mein Vater, dem die Absicht des Rectors zu Ohren gekommen war, sprach darüber mit dem Superintendenten Krautwadel, der ihn auf das Mißliche in der Wahl dieses Berufes, der Kupferstecherei, aufmerksam machte. Diese Kunst geht betteln oder sie erzieht Bettler. Die meisten Kupferstecher nagen am Hungertuche, und wer nicht eine hohe Meisterschaft darin erreicht — und die wenigsten erreichen sie — erwirbt sich kaum so viel, daß er sich am trockenen Brote satt essen könne; ein geschickter Zeichner sei immer noch nicht zu einem glücklichen Kupferstecher geeignet. Mein Vater traute dem Rath seines verehrten Superintendenten mehr als jenem des Dr. Schmieder und bestimmte, daß ich mich zum Lehrfache entschließen möchte. Ich folgte nicht nur der Aufforderung des Vaters, sondern mehr noch dem innern Drange. Die Kanzel erschien mir zwar ein angenehmerer Lehrstuhl als der Katheder; aber, wenn ich fort und fort mit so großen Schwierigkeiten — der äußern Roth und Sorge — wie bisher zu kämpfen haben sollte: da dürfte es vorzuziehen sein, dem Berufe des Geistlichen und überhaupt dem Studiren auf der Universität zu entsagen.

Ich verließ nun das Gymnasium und lebte noch eine Zeit lang als Privatlehrer in Brieg. Einige Familien gebildeter Stände übergaben mir ihre Kinder zum Unterricht im Klavierspielen. In den Freistunden setzte ich das Zeichnen als Lieblingssache fort und beschäftigte mich viel mit Notenabschreiben. Nachträglich muß ich hier erwähnen, daß ich schon während meines Aufenthaltes bei Kantor Fischer viel Gelegenheit zum Notenschreiben hatte. Da Fischer in den vornehmsten Familien Klavier- und Gesangunterricht ertheilte, so brachte er nicht selten Notenhefte nach Hause, mit dem Auftrage, aus denselben dieses oder jenes Stück für die Familie X. oder Y. oder Z. abzuschreiben. Jedes dieser Stücke betrachtete ich von vornherein, weil von Fischer ausgewählt, von besonderem Werthe und schrieb es auch für mich ab. Wenn hiezu die Tageszeit nicht ausreichte, so wurde der Abend und die Nacht zu Hülfe genommen. Das war im Sommer gar oft der Fall, und ich darf es hier als Beweis von meiner kräftigen Gesundheit nicht unerwähnt lassen, daß ich nicht selten die Nacht hindurch arbeitete und nur, wenn ich ganz erschöpft war, mich unter die Nußbäume, die auf dem Kreuzhofe standen, legte und hier im frischen Grase bis zum Anbruch des Tages ein wenig schlummerte. Um mich in der Nacht munter zu erhalten, versah ich mich mit Schnupftabak, durch den ich den Schlaf verjagte, ein Mittel, das mich hätte zum Schnupfer machen können. Glücklicher Weise habe ich bis auf den heutigen Tag nie eine Dose geführt. Um nichts zu versäumen, bat ich meinen Gönner in der unmittelbaren Nachbarschaft, Herrn Diakonus An der, der immer seine Predigten und Reden in den frühesten Morgenstunden studirte, mich durch seinen Dienst boten wecken zu lassen. Zu diesem Behufe befestigte ich eine von der Bodenkammer durch das Bodenfenster herabreichende Schnur an eine meiner Hände. Der Bediente mußte dann so lange an dieser Weckschnur ziehen bis ich am Bodenfenster erschienen war und ge antwortet hatte. — Mit dieser Nebenbeschäftigung des Notenschreibens erwarb ich mir eine nicht unbedeutende Einnahme, deren ich so be dürftig war. Es war der Arbeit nicht selten so viel, daß ich sie kaum zu bewältigen vermochte. Ich war darin „beliebt" geworden, wenn auch nicht in dem Grade, wie es einst Rousseau in Paris war. Durch diese Notenschreiberei hatte ich mir eine nicht unbedeutende Fertigkeit im Notenlesen erworben, die mir dann beim Klavierspiel gute Dienste leistete. Da ich mit keiner meiner Arbeiten für das Gym nasium im Rückstande bleiben durfte und wollte; so wird man keinen Zweifel darein setzen, wenn ich versichere, daß ich mit der Zeit sehr haushalten mußte, um fertig zu werden. Den zerstreuenden Ver gnügungen und Erholungen, denen die meisten meiner Mitschüler sich hingaben, entsagte ich gern, und ließ mir ohne Verdruß den Spitznamen „Stubenhocker" gefallen. Ob ich den Forderungen meiner Lehrer entsprochen, mag die Thatsache beweisen, daß ich zweimal bei dem öffentlichen Examen zu Denjenigen gehörte, an die Bücher als Prämien vertheilt wurden. Meine Bibliothek bewahrt die Bücher mit der Inschrift von Rector Schmieder noch. —

Zum Vorbild am Brieger Gymnasium nahm ich mir den Pri maner Kühnel, den Sohn unseres Dorfschulzen, der aber binnen Jahresfrist die Universität zu Königsberg bezog und daselbst Theo logie studirte.

Von der großen Anzahl der Gymnasiasten, mit denen ich mich wahrhaft, d. h. auf die Dauer befreundete, will ich nur einen nennen. Es war dies Karl Klein, der Sohn armer Landleute im Kreise Oppeln — ein Muster des Fleißes, der unter gleichem Mangel an äußeren Mitteln lebte und lernte. Er studirte dann in Breslau — die Universität war von Frankfurt a. d. O. nach Breslau verlegt worden — und widmete sich der Kanzel. Obgleich heiteren Sinnes, war er doch sehr zum Ernst geneigt. Unsere gegenseitige Anhäng lichkeit zeigte sich in jeder Lebenslage — als Jüngling — Mann und Greis. Klein war Pastor in Kaltwasser bei Liegnitz und viele Jahre hindurch Superintendent. — Von andern Jugendfreunden will ich nichts sagen, aber nicht unerwähnt darf es bleiben, daß ich einen derselben schamlos in einem geheimen Orte, den der Anstand zu nennen verbietet, eine geheime Sünde ausüben sah, die mich in Erstaunen setzte. Wie reinen Sinnes ich — Gott sei Dank — war, bewies der Umstand, daß ich dem oben genannten Kühnel auf einem Gange nach Tschöplowitz unbefangen davon erzählte. In größter Entrüstung forderte dieser mich auf, ihm zu gestehen, ob ich dergleichen ebenfalls gethan. Wie groß war seine Freude, als er aus meiner Unbefangenheit die Gewißheit erhielt, daß ich meine Keuschheit bewahrt hatte. Seine warnenden Worte vor diesem Laster, die Darstellung der Folgen desselben machten einen tiefen, bleibenden Eindruck auf mich. Jener Verführer schalt und höhnte mich, wenn ich ihn nicht mehr in jenen Ort begleitete. Wie mir heute die Sache erscheint, muß ich jenen Freund als einen Engel betrachten, den mir Gott sandte. Nimmer hätte ich geglaubt, daß solche geheime Sünden schon von Knaben von 16 Jahren ausgeübt werden könnten, aber aus späteren Mittheilungen erfahrener Lehrer und Väter weiß ich, daß schon in viel früherem Alter dem Laster der Selbstbefleckung gefröhnt wird. Es gab eine Zeit in meinem Lehrerleben, da betrachtete ich jeden Knaben, der auf der Schulbank irgend eine auffällige Bewegung machte, mit Mißtrauen. Die über das Laster erschienenen pädagogischen Schriften trugen zu diesem Mißtrauen nicht wenig bei. Man kann darin leicht zu weit gehen, aber die Erinnerung an jene Erfahrung an meinem Jugendfreunde bestimmte mich, ein wachsames Auge auf die Knaben, besonders bei Gängen auf geheime Gemächer, zu haben. Auf die Besorgniß, es möchte ein mehrstündiges anhaltendes Sitzen in der Schule auf die körperliche Entwickelung nachtheilig einwirken, gründete sich in meiner Schule die Einrichtung, daß ich die Kinder von Zeit zu Zeit in Lehrstunden, wo es sich thun ließ, zum Stehen veranlaßte — Knaben sowohl als auch Mädchen.

Mit einer anderen Schüleruntugend — dem Tabakrauchen der Gymnasiasten — hatte ich keinen Kampf zu bestehen. Ich habe nicht wahrgenommen, daß meine Mitschüler eine Passion dazu gehabt hätten. Es ist möglich, daß „geraucht" worden ist, daß mir aber die Sache deshalb verborgen blieb, weil ich sehr eingezogen lebte und im häuslichen Kreise mit meinen Mitschülern keinen Verkehr hatte. Uebrigens war das Rauchen damals — wo noch keine Cigarre existirte — mit mehr Umständlichkeit verbunden. Die Jugend — ich meine die männliche — hat in unserer Zeit leider traurige Fortschritte gemacht, die von thörichten Vätern und Vettern noch gefördert werden.

Unter den Brieger Gymnasiasten zeichnete sich zu jener Zeit aus: Kunisch, der spätere Geschichtsforscher und Professor am Friedrichs-Gymnasium; Jäkel, ein ehemaliger Schullehrer, der das Schulamt quittirte, in Brieg das Versäumte nachholte, dann in Breslau Theologie studirte, aber in Berlin als tüchtiger Gymnasiallehrer wirkte, hat bereits das Zeitliche gesegnet; Grüttner, auch ein ehemaliger Schullehrer, der dem Drange zum Studiren folgend nach Brieg zu seinem Freunde Jäkel kam, durch angestrengten Fleiß seine Gesundheit zum Opfer brachte, in Breslau Theologie studirte und sich zeitig in's Grab bettete; Breßler, das Wunderkind des Brieger Gymnasiums, der Sohn eines Schneiders, der schon als Knabe in den untersten Klassen durch seine Leistungen, besonders durch sein Declamationstalent Aufsehen erregte, wirkte bis Ende 1860 als hochgestellter Geistlicher, Consistorialrath in Danzig; Modl, der in Polen — in Kalisch (?) — Consistorial- und Schulrath war, aber auch nicht mehr zu den Lebenden gehört, Kosog, jetzt noch Pastor und Superintendent in Giersdorf bei Löwenberg.

Wenn ich von meinem gegenwärtigen Standpunkte aus einen Rückblick auf mein Schülerleben in Brieg thue; so steigt in mir darüber kein Zweifel auf, daß ein fünfjähriger Aufenthalt in einer intelligenten Stadt und auf einem Gymnasium, das den schönen Beinamen illustris führte, für einen in beschränkten Verhältnissen erzogenen Dorfknaben von großem Einfluß gewesen sein muß; ja ich bin von der Ueberzeugung, daß ich in Brieg sehr gefördert worden bin, durchdrungen und betrachte mein Leben daselbst als die Grundlage der späteren Gestaltung meiner Zukunft. Zwar war mein äußeres Dasein ein armseliges, denn ich hatte mit Entbehrungen aller Art zu kämpfen; aber ich wurde durch edlere Genüsse entschädigt. Schon der Umstand, daß die Einschüchterung im väterlichen Hause unter einer überaus strengen äußerlichen Zucht ihr Ende genommen hatte — wenigstens fand sie nicht mehr in dem Grade und Umfange wie zu Hause statt — förderte die Entwickelung des Selbstgefühls und führte zur Selbstständigkeit im Wollen und Handeln. Das Zusammenleben mit geistgeweckteren Mitschülern, als deren in der Dorfschule zu finden sind, wirkte auf meinen Lerneifer vortheilhaft ein. Der Unterricht in ganz neuen Lehrgegenständen, von verschiedenen Lehrern, deren Gelehrsamkeit Respect einflößte, regte die Kräfte mehr an, als dies zu Hause möglich war und stärkte sie. Der Verkehr mit andern Personen der Stadt, die mich ihrer Aufmerksamkeit würdigten, flößte mir Selbstvertrauen ein, dessen ich so sehr benöthigt war, und spornte mich zu größerem Eifer an. Obgleich ich nach meinem heutigen Begriffe keineswegs hinreichende Kenntnisse und Fertigkeiten besaß, so übertrug man mir dennoch den Unterricht in einzelnen Familien gebildeter Stände, ja selbst in der dasigen Mädchenschule, durch Hofrath Dr. Glavnig gegründet, hatte ich, wenn auch nur interimistisch, Unterricht zu geben.

III.

Meine Seminar-Bildungszeit in Breslau.

Motto: Ein Lehrer-Seminar ist ein lebendiges Zeugniß
von dem Grade der Bildung des Volkes, für dessen
Jugend die Lehrer gebildet werden. — Sch.

Die Zeit rückte immer näher, da ich Brieg mit Breslau meiner weitern Ausbildung wegen vertauschen mußte. Vorher schon war ich behufs der Anmeldung zur Aufnahme in die Bildungsanstalt für Lehrer in Breslau gewesen. Im Jahre 18^{10}/$_{11}$ wurde aus dem Brieger Gymnasiasten ein Breslauer Seminarist. Das Seminar war ein offenes, d. h. die Zöglinge durften sich wohnlich in einzelne Familien der Stadt begeben. Das Seminar befand sich auf der Junkern-straße in einem Privatgebäude. Die Anstalt stand unter der Leitung des Consistorialrath Fischer. An derselben fungirten noch der Probst Rahn, der Pred. Hoffmann, der Prof. Dr. Stäubler am Elisabetan, Kantor Herrmann zu St. Elisabet und Richter. Fischer ertheilte Unterricht in der Moral, Probst Rahn in der Religion des Katechismus, Hoffmann im Deutschen, Stäubler in der Katechisirkunst, Richter im Schreiben, Rechnen, und in den gemeinnützigen Kenntnissen.

Der Prediger Hoffmann, dem die Seelsorge der Hospitaliten zu Allerheiligen oblag, war ein bewegliches Männchen, der gewiß viel Kenntnisse in seinem Fache besaß; er stand bei den Zöglingen nicht in so vollem Ansehen, als Fischer und Rahn. Er war ein großer Freund von Naturgegenständen und bevorzugte denjenigen, der ihm irgend einen Schmetterling, Käfer oder Vogel überbrachte. Die Schlauköpfe des Seminars mißbrauchten die Schwächen dieses lieben, guten Mannes. Ihm lag der Unterricht im Deutschen ob, so wie die Controlle der von den Seminaristen am Sonntage nachgeschriebenen oder ausgearbeiteten Predigten. Es war dies eine Hauptarbeit, die fast den ganzen Sonntag in Anspruch nahm. Auf die fleißige Ausarbeitung der Predigten wurde großes Gewicht gelegt. Leider gingen dabei manche Seminaristen nicht ehrlich zu Werke; es wurde viel abgeschrieben und nicht Alles von Allen selbst gearbeitet. Die Kirchen wurden uns nicht zugewiesen, sondern man überließ uns die Wahl. Es verstand sich von selbst, daß viele Seminaristen die Hospital-Kirche zu Allerheiligen besuchten.

Der Professor Stäubler zeichnete sich durch ein äußerst anständiges, ich möchte sagen, vornehmes Wesen aus, ein musterhaftes Vorbild für die Seminaristen, die den Anstand nicht kannten und verstanden. Die gemessene Haltung dieses Mannes verhinderte aber auch eine zutrauliche Annäherung. Seine Vorträge waren klar, überzeugend, geistreich. Bei den katechetischen Uebungen, die fast allwöchentlich angestellt wurden, war er streng in der Beurtheilung, aber er beschämte keinen Unterrichtenden vor den Kindern. Sein Urtheil war immer gerecht und darum genoß Stäubler die Achtung und Verehrung Aller. Richter hatte die Rechen- und Schreibübungen. Es fehlte dem Manne nicht an Frische und Lebendigkeit und er leistete in beiden Fächern, was ihm möglich war. Ob ich im Rechnen durch ihn gefördert worden war, des kann ich mich nicht mehr erinnern, nur so viel weiß ich, daß ich im Rechnen Ungenügendes leistete. Im Schönschreiben hatte mich Richter aufgegeben, d. h. davon befreit.

Der Kantor Herrmann ist ganz aus meiner Erinnerung verschwunden. Wie das kommt, daß ich über dessen Unterricht im Singen, Klavier- und Orgelspiel nichts zu berichten vermag, das weiß ich leider nicht. Vielleicht geht es vielen meiner Seminargenossen nicht besser. Im Orgelspiel unterrichtete mich der äußerst geschickte Organist an der Salvatorkirche, Neugebauer, aber zu einer höchst ungünstigen Zeit. Später nahm ich Unterricht bei dem Unterorganisten Berner, der aber auch so mit Stundengeben überladen war, daß ich mit einer Stunde mich begnügen mußte, die er lieber in heiterer Gesellschaft zugebracht hätte; man fühlte den Ueberdruß und war froh, daß er nicht zum Verdruß ausartete.

Der Seminar-Kursus dauerte etwa $^8/_4$ Jahre. Wie viel in dieser kurzen Zeit erzielt werden konnte, besonders bei denjenigen, die eine sehr dürftige Vorbildung erhalten hatten, kann man sich leicht denken. Dennoch zählte das Seminar unter seinen Zöglingen tüchtige Leute. Wenn ich mein Album durchblättere, da finde ich manche Namen von damaligen Mitzöglingen, die bei mir durch ihre Leistungen in gutem Andenken stehen. Viele derselben waren mir, sowohl in musikalischen, wie in andern Kenntnissen und Fertigkeiten überlegen. Hier lernte ich es recht schätzen, daß mich mein Vater auf das Gymnasium gegeben hatte. Es waren außer mir noch einige, die denselben Bildungsgang zurückgelegt hatten und zu den besten der Anstalt gehörten; sie zeigten durchweg mehr Gewandtheit im Denken und im Benehmen. Wenn in meinem späteren Lehrerleben, besonders in der Zeit, da ich selbst als Bildner von Lehrern mitthätig war, eine Abneigung meiner Collegen gegen solche Seminaristen wahrnahm, die eine Stadtschule oder ein Gymnasium besucht hatten, so konnte ich die Meinung, daß diese Leute schwieriger zu behandeln seien, größere Prätensionen machten und sich über Andere erhöben, nicht unbedingt theilen. Freilich war ihr Geist ein mehr emancipirter als der jener, die von der niedrigen Landschulbank unmittelbar ins Seminar eintraten. Aber daraus folgt nicht, daß sich die ehemaligen Gymnasiasten weniger zum Schulfach geeignet hätten, als die andern, in der Landschule vorgebildeten. Es ist uns damals von keinem Lehrer zum Vorwurf gemacht worden, daß wir das Gymnasium besucht hätten. Wenn aber junge Leute deshalb zum Schulfache übergehen und ins Seminar eintreten, weil sie auf dem Gymnasium nichts taugten, so ist solchen verkommenen Gymnasiasten mit Recht die Aufnahme ins Seminar zu erschweren, wenn nicht gar zu verweigern. Mir ist ein solcher Fall nicht vorgekommen. Und was mich betrifft, so stand ich auf dem Brieger Gymnasium in ehrenhaftem Andenken und durfte jenen Vorwurf nicht fürchten.

Unter meinen Mitzöglingen im Seminar befand sich ein ehemaliger Müllergesell von etwa 35—40 Jahren, ein Mann ernsten Wesens, der das Bibelstudium sehr eifrig betrieben hatte, denn er war in der Bibel so heimisch, wie ein guter Fibelschüler in seiner Fibel; er übertraf in seiner Bibelkenntniß das ganze Seminar, die Lehrer nicht ausgeschlossen. Er war enorm fleißig, lebte ganz zurückgezogen und zeigte sich überhaupt als ein Sonderling. Wo er seinen Wirkungskreis gefunden, habe ich nie erfahren können.

Das Leben in Breslau war für mich von großem Nutzen. Der frühere enge Anschauungskreis erhielt eine bedeutende und bedeutsame Erweiterung. Wohin ich auch ging und wo ich auch stand, gab es viel Neues zu sehen, zu hören und zu behalten, in den Kirchen z. B. treffliche Kanzelredner und ausgezeichnete Orgelspieler, u. s. f. Was boten die Schaufenster, das lebendige Treiben auf den Straßen, Marktplätzen und vor den Thoren nicht dar!

Ich habe schon erwähnt, daß das Seminar ein offnes war. Die Seminaristen erhielten weder freie Wohnung noch Kost; sie mußten sich bei anständigen Bürgern einmiethen und da für Alles selbst Sorge tragen. Die meisten erhielten allwöchentlich eine Zusendung von Nahrungsmitteln aus dem elterlichen Hause. Einzelnen sehr armen, aber würdigen Seminaristen gewährte die Regierung eine wöchentliche Geldunterstützung von etwa 15—20 Sgr., Adjutum genannt. Das Privatstundengeben war weder geboten, noch verboten. Ich genoß das Glück, mir durch Privatunterricht einige Groschen zu erwerben. Die entlassenen Seminaristen waren immer so freundlich gegen die zurückbleibenden Brüder gesinnt, auf diese die Privatstunden zu vererben.

In der Zeit, als ich das Seminar frequentirte, war es im Werke, eine Reorganisation mit der Anstalt vorzunehmen. Mit der Verlegung der Frankfurter Universität nach Breslau sollte auch ein neues Schullehrer-Seminar erblühen. Als wir von den Hundstagsferien zurückkehrten, wurde der Unterricht schon im neuen Seminar d. h. im dazu vorläufig eingerichteten alten Franziskaner-Kloster fortgesetzt. Es beehrten uns zwei Männer, der Konsistorialrath und Prof. Dr Gaß und Prof. Dr. Bredow, jener berühmte Verf. der Weltgeschichte für Schulen. Beiden Männern wurde jeder einzelne Seminarist vorgestellt und an jeden Fragen gethan. Die Art und Weise, wie dies geschah, die spitzigen Bemerkungen, die bei den Antworten gemacht wurden, jagten uns einen gewaltigen Schreck vor der Zukunft ein; mit Sehnsucht harrten viele Seminaristen der Zuertheilung einer Schulstelle. Obgleich Bredow bei meiner Antwort die ermuthigende oder zweideutige (?) Bemerkung gemacht hatte: „und das ist einer der besseren", so freute ich mich doch, daß es mir freigestellt wurde, als Hülfslehrer nach Primkenau, Sprottauer Kreises, zu gehen, wohin man einen auch musikalisch-gebildeten Lehrer verlangt hatte, — Ich wählte. Das Loos war gefallen. Ich verließ das Seminar, hatte aber vor meinem Abgange noch Gelegenheit, einem Vortrage des in Brünn angestellt gewesenen und wieder nach Breslau zurückgekehrten Schulmannes, Benjamin Bog, beizuwohnen. Dieser führte nämlich die Lautirmethode im Lesen an seiner von ihm erfundenen Lesemaschine vor. Die Sache zog meine ganze Aufmerksamkeit auf sich, schon deshalb, weil ich den Leseunterricht in meiner Schule zu ertheilen hatte, zu dem mir aber keine Anleitung im Seminar gegeben worden war. Von der „Lautirmethode" hatte ich keine Vorstellung, nicht einmal die dunkelste. Der Vortrag Bog's zündete mir hierzu ein Lichtlein an, das allmählich immer heller leuchtete, wie ich weiter unten zeigen werde. Wenn mich damals ein sachkundiger Mann gefragt hätte, wie ich den Unterricht im Rechnen, in der biblischen Geschichte, im Schreiben u. s. w. zu geben gedächte, — ich würde ihm die Antwort schuldig geblieben sein. Denn wenn ich auch ein wenig rechnen konnte, so lag der Weg, den ich beim Unterricht einschlagen würde, doch als eine terra incognita vor mir; und wenn Fischer uns auch das „Leben Jesu" von Heß anempfohlen hatte, so besaß ich doch diese 2 Bände starke Schrift noch nicht, und würde sie gewiß auch nicht zum Leitfaden geeignet gefunden haben, ebensowenig als heute. Im Schreiben leistete ich etwas, aber die Methode, der Lehrgang, war mir eben so fremd, wie der im Lesenlehren. So in allen andern Fächern des Unterrichts. Ein volles Maß guten Willen trug ich in mir — aber — aber. Nun, wem

Gott ein Amt gibt, dem gibt er auch Verstand." Ich kannte damals dies Sprichwort noch nicht, aber ich habe die Wahrheit an mir erfahren. Freilich kam mir der Lehrverstand nicht über Nacht, und er kommt keinem über Nacht. Das will sagen: Der Lehrverstand muß erworben werden; ohne Fleiß und Anstrengung, Ausdauer und Mühe, Anregung und Pflege von Außen und Empfänglichkeit von Innen hat seine Entwickelung keinen Fortgang. Der Lehrverstand hat wie der ganze Mensch, das Individuum, seine Entwickelungs-Epochen. Man kann bei ihm ein Embryo-Leben, einen Geburtstag, eine Säuglingszeit, ein Kindheits- oder Knabenleben, ein Jünglings- und Mannesalter und so Gott will, ein Greisenalter auffinden und deutlich unterscheiden. Ich könnte an meinem Lehrerleben diese Entwickelungsstufen meines Lehrverstandes nachweisen. Wie die Erziehung des Individuums, um mit Rückert zu sprechen, abhängig ist von drei Gaben: „1. von Oben her, 2. aus sich und 3. auch von Außen" d. h. von der Fähigkeit, der Lust und der Gelegenheit; so kann auch die Entwickelung und Ausbildung des Lehrverstandes nur dann einen erfreulichen Fortgang haben, wenn ihn Gott mit Anlagen und Fähigkeiten ausgerüstet hat, wenn die eigene Lust und Liebe zum Lehren stark, kräftig und ausdauernd in ihm vorhanden ist, und wenn „Gelegenheit von Außen zum Besuch ihm kommen in Gestalt von Lehrer und Buch," und „fehlt in der Nähe ihm die Gelegenheit zum Lernen, der Trieb zu lernen wird ihn treiben in die Fernen". — Wer in das Amt des Lehrers nicht eher eintreten will, als bis der Lehrverstand zur Ausbildung gelangt ist, der gleicht jenem thörichten Menschen, der erst dann sich ins Wasser begeben will, wenn er wird schwimmen können. Schwimme und du lernst schwimmen, wirst ein Schwimmer; predige und du lernst predigen, wirst ein Prediger; lehre und du lernst lehren, wirst ein Lehrer. So denke ich heute.

Diese Grundsätze leiteten mich damals, als ich in das Lehramt nach Primkenau berufen wurde, noch nicht. Eine entsetzliche Bangigkeit bemächtigte sich meiner, je näher der Zeitpunkt kam, daß ich beginnen sollte; und verzeihlich ist es wol, wenn ich unter allerlei Vorwänden den Zeitpunkt meiner Ankunft in Primkenau ungewiß ließ und weiter hinaus schob. Ich hatte vernommen, daß der Pastor ein ausgezeichneter Klavier- und Orgelspieler nach „der Kunst des reinen Satzes" von Türk, Albrechtsberger und Bach wäre, und daß ihm der Kantor hierin nicht nachstehe, dazu noch ein geübter Katechet nach den Regeln der Katechetik von Dinter, Müller, Gräff sei, da war bei meinem geringen Wissen und Können viel zu fürchten. Aber ich war weit entfernt, meine Vergangenheit anzuklagen und am allerwenigsten dem Seminar darüber einen Vorwurf zu machen, daß es mich als einen Ignoranten in der Methodik entließ, und mir so gar viel nachzuholen überließ. Es ist wahr, kein Seminar kann „fertige" Leute bilden, so fertige, daß sie selber nichts mehr zu lernen hätten; aber das Seminar hat nicht blos die Bestimmung, die Lücken im Wissen zu ergänzen und dem Seminaristen eine kleine Gabe von Kenntnissen wie einem Bettler darzureichen, sondern es muß dem Lehranfänger in dem großen und weiten Lehrgebiete auch die Lehrwege zeigen und mit denselben so weit vertraut machen, daß der junge Mensch sich nicht bald zu Anfange seiner Wanderung verirre und mit Furcht und Zittern sein Lehrerleben beginne. Wenn ich aufrichtig gestehe, daß mir, troß des vielen Lobes über meine Leistungen, das mir wahrscheinlich unverdient, sowohl in Brieg als in Breslau gespendet wurde, das Selbstvertrauen gänzlich mangelte; so wird jeder sich in die Stimmung versetzen können, in der ich meine Reise von Brieg aus nach Primkenau, das mir am andern Ende der Welt zu liegen schien, begann.

Jeder Leser wird hiernach den Inhalt des kleinen Sates, der an die Spitze dieses Abschnittes gestellt ist, zutreffend auf das Lehrer-Seminar jener Zeit finden. Obgleich schon damals die Sonne, welche in der Schweiz aufgegangen war, ihre Strahlen nach Schlesien — freilich nicht in gerader Richtung, sondern über Berlin, also in gebrochener Richtung — warf; so schien doch keiner derselben das hiesige Seminar erreicht zu haben, wenigstens verspürten wir Zöglinge nichts von jenem Lichte. Wir wurden von den noch nicht genügend gezeitigten Früchten, die von den Tafeln der philantropisch-rochowschen Schule aus Sachsen und der Mark gewonnen worden waren, genährt, freilich auch nur kümmerlich; denn die kurz zugemessene Zeit von $\frac{1}{2}$ höchstens $\frac{3}{4}$ Jahren reichte nicht einmal hin, das mangelhafte Wissen der Zöglinge durch Aneignung der nothwendigsten Kenntnisse und Fertigkeiten zu regeln und zu erweitern. An die Erweckung neuer Ideen, an eine Begeisterung zum Lehrerberufe durch anregende Vorträge über Unterricht und Erziehung war nicht zu denken. Ein Seminar aber, das seine Zöglinge, die Lehrer der nächsten Zukunft, nicht für ihr Berufsleben zu inflammiren oder zu enthusiasmiren vermochte, hat eine der Hauptaufgaben ungelöst gelassen. Selbst wie man lehren müsse und solle und warum man so und nicht anders lehren dürfe — das konnte nicht vorgeführt werden, denn es fehlte an einer Musterschule und an praktischen Musterlehrern für die Elementarlehrfächer. Habe ich doch selbst nur ein einziges Mal ein religiöses Thema mit Kindern zu behandeln Gelegenheit gehabt. Aus der Anregung aber, welche mir durch den oben erwähnten Vortrag des Herrn Bog über die Lautirmethode zu Theil wurde, schließe ich, wie groß der Segen bei dem kurzen Aufenthalt im Seminar für die jungen Lehranfänger gewesen wäre, wenn sie ähnliche Vorführungen aus andern Lehrfächern gesehen und gehört hätten. Aber die Zeit war dazu nicht angethan, die Schulen und die Bildung des Volkes kannte kein höheres Ziel, und darum entsprachen die Leistungen des Seminars den Anforderungen jener Zeit. So urtheile ich heute, fünfzig Jahre später — im Jahre 1861 — meine jedoch, daß eine Bildungsanstalt für Lehrer über dem Bildungsstandpunkte des Volkes stehen müsse, für dessen Jugend sie die Lehrer bildet. Diese Hoffnung ging in Erfüllung.

IV.

Mein Berufsleben in Primkenau.

> **Motto:** Der praktische strebsame Lehrer betrachtet sich als einen Schüler seiner Schüler, von denen er die Lehr- und Bildungsgesetze lernt. Je aufmerksamer, fleißiger und eifriger er — vom Beginn des Berufslebens an — seine Schüler beobachtet, desto früher entwickelt sich bei ihm der Lehrverstand, welcher ihn nach erlangter Reife auf die Stufe der Lehrweisheit führt. *Sch.*

Die Reise begann. Die Journaliere brachte mich von Brieg nach Breslau. Von hier aus mußte ich auf Schusters Rappen wandern, von einem Dorf zum andern, von einer Stadt zur andern, und war höchst beglückt, wenn ich von einem Fuhrwerk eingeholt wurde, dessen Kutscher so freundlich war, dem ermüdeten jungen Pilger ein bescheidenes Plätzchen auf dem Kutschersitz zu gewähren. Der Schlachtort „Leuthen" interessirte mich am meisten und die mit Kugeln gespickte Kirche zog meine ganze Aufmerksamkeit auf sich. Neumarkt machte durch seine freundliche Außenseite einen guten Eindruck auf mich, aber von seinem berühmten Zwieback habe ich keine Probe gesehen, noch weniger genossen. Das Städtchen Parchwitz, an der Katzbach gelegen, bot mir nichts Betrachtenswerthes dar, ebensowenig als Lüben, wohin der Weg entsetzlich langweilig, weil so sandig war. Die Lübener Haide, ein ziemlich langer Wald, stand schon damals in dem üblen Rufe, daß darin verwegene, nach fremdem Eigenthum lauernde Raben hausen. Mein Reiseränzchen, das eine leere Börse barg, hätte den lüsternen Burschen keine Genüge geleistet. Eilendes Schrittes näherte ich mich dem Städtchen Polkwitz, von dem ich schon so manches possierlich klingende Stückchen gehört hatte, und war nicht wenig begierig, ob sich nicht etwas Andenkenswerthes, ein sogenanntes „Polkwitzer Stückel", während der Anwesenheit eines reisenden Schulgehülfen zutragen würde. Hier amtirte mein Vorgänger als Kantor. Es versteht sich von selbst, daß ich bei ihm einsprach und mir von ihm eine Instruction über meine Stellung erbat. Jungnickel, so hieß der Herr Kantor, nahm mich sehr freundlich auf, schilderte mir die Persönlichkeiten, mit denen ich es in Primkenau zunächst zu thun haben würde, von der vortheilhaftesten, und wie ich später erfahren, von der zutreffendsten Seite, verhehlte mir auch die Schattenseiten der mich zu erwartenden Verhältnisse nicht, sprach von den Forderungen, die an einen Hülfslehrer daselbst gestellt würden, die in gar keinem Verhältnisse zu dem enorm niedrigen Einkommen von jährlich fünfundzwanzig Thalern, freier Wohnung in einer Kammer und Kost und Wäsche ständen, und rühmte die große Achtung, die ihm von allen Seiten während seines mehr als vierjährigen Wirkens erwiesen worden wäre. Die Darstellung war honigsüß und mundete mir gar trefflich. Ich hörte dem beredten Munde theilnehmend zu und dachte bei mir selbst: „Hätte ich wie Moses einen Aaron!" dessen ich sehr benöthigt sein werde, um diesen Vorgänger zu ersetzen. Der Gedanke, daß es in jedem Lebensverhältniß schwer sei, einen beliebten Vorgänger, der Zeit und Gelegenheit gehabt hat, sich in die Herzen von Jung und Alt einzuleben, zu ersetzen, quälte mich bei meiner Unerfahrenheit damals nicht. Nur „die Erfahrung macht weise Leute", und „durch Schaden wird man klug."

In diese Schule der Erfahrung war ich nun berufen. Den sandreichen zwei Meilen langen Weg von Polkwitz nach Primkenau legte ich unter vielem Seufzen zurück. Als ich mich ihm näherte, winkten mir die rothen Dächer — Primkenau war nämlich ein paar Jahre vorher von einer Feuersbrunst heimgesucht worden, welche das ganze Städtchen in Asche gelegt hatte — freundlich zu. Ich ging zunächst in ein Gasthaus am Rathhause, um mich äußerlich so herzustellen, daß ich anständig erscheinen konnte. Man erkannte bald in mir den neuen Hülfslehrer — und beäugelte den Neuling von allen Seiten und aus allen Fenstern.

Bevor ich über den Empfang berichte, will ich noch von dem Orte selbst einiges mittheilen. Primkenau ist nur ein Städtchen, welches gegenwärtig über 1200 Seelen zählt. Es gehört in den Kreis Sprottau, liegt 2½ Meile von seiner Kreisstadt und 3½ Meile

von Gr.-Glogau. Seit des großen Brandes, bei welchem die evangelische Kirche und Schule verschont blieb, ist es regelmäßig wieder
hergestellt; aber die Bürger, welche größtentheils auch Acker besitzen,
kämpfen mit der Armuth. Der Boden, meist sandig, liefert einen
kärglichen Ertrag, nur der Buchweizen d. h. das Haidekraut gedeiht
vorzüglich und gibt den Bienen Nahrung. Die Stadt war damals
Eigenthum des Baron von Bibran auf Modlau, ein Johanniter-
Ritter. Der evangelischen Kirche, die keinen Thurm hat, sind über
12—14 Dörfer eingepfarrt. Es hat daher der einzige evangelische
Geistliche einen großen Wirkungskreis der Seelsorge. Die katholische
Gemeinde ist klein, hat aber doch eine Kirche mit einem Curatus.
Die Umgegend Primkenau's ist einförmig, besonders nach Osten hin;
im Westen dagegen beginnt die große Sprottauer Haide, ein schöner
Wald mit künstlich eingerichteten, schattigen Plätzen, zum Vergnügen
der Sprottauer. Zu meiner Zeit war keine Spur eines solchen
Vergnügungsplatzes. Ein Forstinspector wohnte auf dem alten Schloß,
das jetzt auch nicht mehr vorhanden ist, sondern mit einem andern Gebäude gewechselt hat. Kirche und Schule liegen an der nordöstlichen Ecke
der Stadt. Die Schule bestand damals aus zwei getrennten Klassen.
Die erste Klasse zählte über 80 Schüler und Schülerinnen, die zweite
Klasse, deren verantwortlicher Lehrer ich war oder werden sollte,
faßte etwa 120 Knäblein und Mägdlein im Alter von 5—10 Jahren
in sich. Die Schulzimmer waren ziemlich geräumig. Der Kantor
war der Hauptlehrer, ein mäßig großer, blaß aussehender, wie es
schien, leidender Mann, der mich durch sein freundliches zuvorkommen-
des Wesen sehr für sich einnahm; seine junge Frau, die seine Schülerin
gewesen war, zeigte eine große Schüchternheit. Der Pastor Engwitz
war ein von Person kleiner Mann, aber sehr rasch in den Bewegungen und in der Rede kurz und bestimmt. —

Die Zutraulichkeit, mit welcher mich der Kantor behandelte,
that meinem beklommenen Herzen recht wohl. Seine Frau, die wol
einige Besorgnisse in Bezug auf ihren neuen Tischgenossen haben
mochte, hatte recht bald erkannt, daß ich kein Kostverächter sei;
und ich — ich hob dankbar meine Hände zu Gott empor, daß er
mich in eine Lage geführt, die mich der Nothwendigkeit überhob,
für die Befriedigung meines genügsamen Magens alltäglich 2 bis
3 Mal Sorge zu tragen. Die Beköstigung übertraf Alles, was ich
bisher genossen hatte. Wer, wie ich jahrelang mit einer Kost vorlieb
nehmen mußte, die einem Tagelöhner nicht genügt hätte, und wer
sich, wie ich, die dürftige Kost selbst besorgen mußte: dem wird
das glückliche Gefühl begreiflich sein, von dem ich in meiner neuen
Lage erfüllt war. —

Am folgenden Tage begab ich mich in die Klasse des Kantors und wohnte hier ein paar Stunden dem Unterrichte bei. Es überraschte mich, daß ein blutjunger Mensch, der sich für das Seminar vorbereitete, mit so vielem Geschick eine Katechese über einen Bibelspruch hielt, die wohl über $1/2$ Stunde dauerte und wunderte mich über die Fertigkeit im Rechnen der Kinder. Hierauf wurde ich in die 2. Klasse geführt, wo der vorige junge Mensch, ein Präparand Namens Jäkel*), die Kinder beschäftigte. Am folgenden Sonntage hatte ich Gelegenheit eine Probe von meinem Orgelspiel abzulegen. Es wurde mir ein Choralbuch vorgelegt, in welchem die Choräle in zerstreuter vierstimmiger Harmonie nach den Regeln des reinen Satzes ausgeschrieben waren. Bisher hatte ich Choräle nur nach bezifferten Bässen gespielt. Ich spielte mit Verlegenheit, blieb aber gottlob nicht stecken, und war nicht wenig erfreut, als mir der Kantor mittheilte, daß der Pastor mit dem Orgelspiel zufrieden gewesen sei, nur die Zwischenspiele seien ihm zu modern (d. h. zu bernerisch).

Meine Einführung ins Amt ging am nächsten Montage vor sich. Es versammelten sich dazu der Pastor, der Forstinspector und der Bürgermeister in der Kantor-Klasse. Vorher schon wurde mir gesagt, daß ich nach dem Choralgesange das Gebet zu sprechen und die Katechese über den Wochenspruch zu halten hätte. Auf Beides suchte ich mich nach Möglichkeit vorzubereiten; aber ich war in solcher Angst, daß ich die Nacht vom Sonntag zum Montag schlaflos zubrachte. Und als die verhängnißvolle Stunde herannahte und ich vor einer derartigen Versammlung stand und reden sollte, war mir zu Muthe, wie einem, der auf dem Schaffot stehe. Verzeihlich war es da wol, daß ich beim Gebet das Vaterunser so abtheilte: „Vater unser, der du bist —— im Himmel geheiligt werde dein Name." Ich fühlte das Unrichtige während des Gebets und hätte vor Scham zu Boden sinken mögen. Die guten Herren mochten mit meinem Zustande Theilnahme empfunden haben, denn sie reichten mir die Hand, und wünschten mir, nachdem ich noch ein wenig katechesirt und gerechnet hatte, Glück und Segen zu meinem Wirken. Der Pastor aber klopfte mich auf die Achseln und sagte: „Aller Anfang ist schwer" lieber Scholz.

Aber in welche Stimmung war ich durch dieses Auftreten versetzt! Wie vor den Kopf geschlagen, zermalmt und zerrissen in meinem Gefühl begab ich mich in meine Kammer, warf mich auf das Bett und ein Strom von Thränen quoll aus meinen Augen auf das Kissen. Hunger und Durst waren gebannt, ich lehnte die Aufforderung zu

---

*) mein späterer Schwager.

Tische zu kommen; ab, worüber der Kantor höchlich verwundert war. Erst als er mir erzählte, daß es ihm bei seinem ersten Auftreten nicht besser gegangen, ward das mich vernichtende Gefühl schwächer und schwächer. Dies war die erste Erschütterung in meinem Amte — die Geburtswehen meines Lehrverstandes.

Es trat eine bessere Zeit ein, als ich in meiner Schule unter meinen Kindern selbstständig schalten und walten konnte und durfte. Diese schöne Zeit begann am folgenden Tage. Das Gemüth war ruhiger geworden, das Denken besonnener. Mit den Kindern war ich bald bekannt, und sie mit mir. Meine Sorge war jetzt allen Ernstes darauf gerichtet, mir in allen Lehrgegenständen zur Betreibung derselben eine gute Methode anzueignen. Das Lehrenlernen, die Nährung des Lehrverstandes, der das Licht der Welt erblickt hatte, war die Aufgabe, die ich mir selber stellte, zu der ich einen ungemein starken innern Trieb fühlte. Da es mir an Vorbildern ganz und gar mangelte, denn den Kantor hörte und sah ich nie lehren, eben so wenig als er mich; so mußte ich andere Wege ausfindig machen, den Lernbetrieb zu befriedigen. So wenig meine damaligen Verhältnisse es gestatteten, ein Buch in die Hände zu bekommen, selbst nicht einmal ein Schulbuch, um es zu lesen; so war ich damals doch schon von der pädagogischen Luft angeweht, die theils von Rekahn herüber, theils von Ifferten herab in das liebe Schlesien eingedrungen war. Der Bog'sche Vortrag über die Lautirmethode führte mir den Namen Stephani vor meine Ohren, mit v. Rochow und seinen Schriften hatte mich die Bibliothek meines Vaters bekannt gemacht, Niemeier's damals weit verbreitetes „Handbuch der Erziehung und des Unterrichts" hatte ich schon als Gymnasiast zu Brieg auf der Bücher-Auktion des Prof. Kurz an mich gebracht, ohne zu ahnen, welch ein Schatz von pädag. Grundsätzen diese Schrift enthalte; die Namen Dinter, Pestalozzi, Zerrenner begegneten meinen Augen allaugenblicklich, besonders von der Zeit an, da mir allmonatlich das „Schles. Provinzialblatt," herausgegeben vom Reg.=Rath Streit, später vom Ober=Reg.=Rath Sohr, in die Hände kam, das Zeugniß von dem in Deutschland herrschenden und dem in Schlesien erwachten pädag. Leben gab, in Schlesien, wo auch ein Geistlicher, der Pastor Holenz (später Superint. in Tschöplowitz) seine pädagogische Feder durch Herausgabe einer pädag. Zeitschrift in zwanglosen Heften in Bewegung gesetzt hatte. Wie viel verdanke ich nicht dem „Schles. Provinzialblatte", das so reich an Aufsätzen über Schule und Kirche war, in dem die Reorganisation des Breslauer Seminars, wie die des Bunzlauer Waisenhauses verhandelt wurde. — Der Pastor Engwitz fragte mich, ob ich die Lautir-

methode von Stephani kennen gelernt? „Ihr Vorgänger," sagte er,
hat die Buchstabir=Methode bei seinem Leseunterricht angewendet, es
wäre mir lieb, wenn Sie mit der Lautirmethode einigermaßen vertraut
wären." Meiner Erzählung von dem Bog'schen Vortrage hörte er
mit Theilnahme zu; er erwiederte: „wir brauchen die Bog'sche
Stab=Maschine nicht," Stephani's „Wandtafeln zum Lesenlernen"
genügen, und ich werde Ihnen dieselben auf Rechnung der Schulkasse
besorgen. Die „Anleitung" zur Behandlung derselben finden Sie in der
Schrift von demselben Verfasser, die Sie sich anzuschaffen haben."

Gedacht, gethan! Die Anleitung war früher in meinen Händen,
als die Wandtabellen. Engwitz schien es bei dieser Anregung be=
wenden zu lassen; er drang nicht auf die sofortige Einführung der
Lautirmethode, sondern billigte es, daß ich mit den Schülern, welche
schon auf den Buchstabir=Weg geführt worden waren, auf demselben
verbliebe. Ich that dies unter mannigfachen Modifikationen und
Variationen, welche in das monotone Buchstabiren ein größeres
Leben brachten, worüber sich selbst der Revisor freute. Da mir in=
zwischen kleine Rekruten zugeführt wurden, so schritt ich zur An=
wendung der Lautirmethode. Unter den kleinen Neulingen befand
sich ein sehr munterer, aufgeweckter Knabe, der Sohn eines Bürgers
des Orts, Namens Eckert, den ich zu gewinnen suchte, um mit und
an ihm allein die Lautirmethode zu erproben. Nach einer Rück=
sprache mit den Eltern durfte ich den kleinen Buben nach der Schule
zurückbehalten. Es ging vortrefflich — der Knabe war in sechs
Wochen weiter, als jene Buchstabirer nach einem einjährigen Buch=
stabir=Unterricht. Die andern Schüler blieben allerdings zurück,
allein nach einem halbjährigen Lautiren hatte ich die Kinder schon
auf der Stufe und in der Abtheilung der einjährigen Buchstabirer.
Der kleine Leseschüler war durch seine raschen Fortschritte zum Stadt=
gespräch geworden, und der Umstand erwarb mit das Vertrauen
der Eltern. Der Pastor selbst war darüber so erfreut, daß er an
mich mit den Worten herantrat: „Unterrichten Sie meinen kleinen
Julius, den ich Ihnen zuführen werde, ebenfalls nach der Lautir=
methode!" Dieser Julius Engwitz war der spätere Rector der
neuen großen vereinigten Bürgerschule zu Liegnitz. Engwitz ging noch
weiter. Er veranstaltete eine Konferenz mit den Lehrern seiner
Parochie, in welcher ich die Lautirmethode vorzuführen hatte. Engwitz
wollte, daß die Lehrer von dieser Methode Kenntniß nahmen und
in ihren Schulen einführten. Es geschah. — Leider genoß ich die
Früchte meiner Erstlingsaussaat nicht. —

Der zweite Gegenstand, dem ich mein besonderes Studium zu=
wandte, war der Unterricht im Rechnen. Ich sah mich nach einem

praktischen Führer um und fand ihn in dem bayerschen Schulmanne Pöhlmann, von dem ein katechetisch durchgeführter Lehrgang für solche Lehranfänger, die lehren lernen wollten, im Druck erschienen war. Mein Lehrverstand fand an diesem Buche eine gesunde Säugamme. So langweilig es für manchen meiner Berufsgenossen sein mag, ein derartiges katechetisch ausgesponnenes Buch zu lesen, für meinen durstigen Geist fand ich darin befriedigende Nahrung. Ich las das Buch nicht blos, — ich durchdachte es mit meinem noch wenig gewachsenen und geübten Lehrverstande und that, was ich nicht lassen konnte: ich wandte das Gelernte gewissenhaft an; und da der Erfolg die Arbeit lohnte, so wuchs mit der Erkenntniß auch der Lehreifer. Meinen kleinen Rechenschülern schien der Unterricht zu gefallen, denn sie zeigten sich dabei lebendiger als wünschenswerth war. Auch der Pastor E. weilte gern in der Rechenstunde. Eines Selbsttadels aber machte ich mich schuldig, darin bestehend, daß ich einigemal wörtlich nach dem Lehrbuch Frage auf Frage las, und die Schüler antworten ließ. Ich fühlte das Unnatürliche, Gezwungene und Unstatthafte eines solchen Unterrichts und emancipirte mich rasch von dieser Fessel. Aber ohne Nutzen ist dies für die Entwickelung meines Lehrverstandes nicht gewesen. Zur Einsicht gelangt, habe ich nie mehr einen solchen Mißbrauch mit dem Buche getrieben. Des Gängelbandes bedurfte ich später nicht mehr. Bei meinen kleinen Schülern verlor ich dadurch nicht an Achtung, Liebe und Vertrauen, selbst bei Erwachsenen nicht; denn ein Lehrer ohne Buch galt damals weniger als heute, wo man einen Lehrer mit einem Buche vor den Schülern zu bespötteln geneigt ist. Ich gehöre selbst zu denjenigen, die es nicht dulden, daß aus dem Buche vorgetragen werde, nach dem Buche, als dem Leitfaden — ja, dagegen läßt sich nichts einwenden; der Lehrer muß der Kommentar des Leitfadens sein. An das Lehren mit dem vorliegenden Buche kann man sich so leicht gewöhnen, wie der Geistliche, der ohne das Manuscript seiner Predigt nicht auf die Kanzel geht. Und doch führt dies zu einer Verwöhnung, die den Lehrer und Prediger in die größte Verlegenheit bringen kann, da Fälle eintreten, wo der Gebrauch eines Buches unstatthaft und unmöglich ist. Ich will hier nur des Falles gedenken, der bei öffentlichen Prüfungen eintritt, und kann es nicht bergen, daß es einen widerlichen Eindruck macht, wenn der Lehrer die Rechenaufgaben vom Blatte liest. Es wird den Kindern zugemuthet, was der Lehrer selbst nicht leistet, das Auffassen und Behalten der Aufgaben. Wie viel sich der Lehrer an Ansehen bei Eltern und Vorgesetzten, wie bei den Kindern vergibt, scheinen diese Männer nicht zu ahnen. — Dies nebenbei. —

Ein Hauptgegenstand in der Primkenauer Schule bildeten die besondern „Verstandesübungen", auf die ein großer Werth gelegt wurde. In der That, die Primkenauer Kinder waren dieser Verstandesübungen bedürftig, denn sie standen in ihrer Intelligenz nicht merklich über denen der Landschulen jener Parochie. Diese Uebungen gehörten übrigens zu den unerläßlichen. Wie dieselben am zweckmäßigsten zu betreiben seien, das war für mich jungen unerfahrenen Lehranfänger ein Problem. Ich sah mich im Niemeier um und fand in dessen Buche eine Anzahl von Schriften empfohlen. Eine Anleitung, aus der Rochow'schen Schule hervorgegangen, zur Behandlung des „Kinderfreundes", die „Funk'schen" Schriften, und die „katechetische Anleitung zu den ersten Denkübungen der Jugend" von M. Dolz in Leipzig suchte ich mir zu verschaffen und machte diese zu meinem Lehrer und Führer, so lange, bis ich andere Lehrmittel kennen gelernt hatte.

In großem Ansehen stand damals die Katechisir-Kunst. Ein guter Katechet zu sein und zu werden, das war das Ziel, wornach jeder Lehrer zu streben hatte. Wer hierin schwach befunden wurde, galt nicht viel, und hätte er auch noch viel andere Geschicklichkeiten und Fertigkeiten aufzuweisen gehabt. Da man zur Erlernung dieser Kunst, wie bei jeder andern nur durch viele Uebungen gelangt, mir aber zu jeglicher Uebung die Gelegenheit fehlte; so war ich darin als Anfänger zu betrachten, und ich selbst hielt mich für nichts mehr. Mit größter Aufmerksamkeit und Lernbegierde hörte ich den kirchlichen Katechisationen des Pastors zu, mit dem zähesten Fleiße studirte ich die mir zugänglichsten Werke über Katechetik und las nächtelang praktische Schriften der Art, wie z. B. das Handbuch von Beyer, in dem der Katechismus katechetisch behandelt ist; auch M. Dolz's „neue Katechisation über religiöse Gegenstände" schaffte ich mir auf eindringliche Empfehlungen an, fand aber, daß diese noch über der Entwickelungsstufe meines damaligen Lehrverstandes standen. Später gewährte mir diese Schrift große Belehrung und förderte meinen katechetischen Sinn und meine katechetischen Bestrebungen. Dinter's kleine Schrift: „Regeln der Katechetik" blieb mir nicht unbekannt; aber die Regeln allein verhalfen nicht zur Katechisir-Kunst. Es ist hieraus zu entnehmen, daß ich jede Stunde aufs sorgfältigste ausbeuten mußte, und ich kann mir heute noch das Zeugniß geben, daß ich keine Stunde verlebt, ohne in derselben arbeitend gelebt zu haben. —

Selbst auf dem Gebiete der Musik war ich nicht unthätig. Der Kantor Geisler gab seinen Schülern Privatunterricht im Klavierspiel und im Generalbaß. Für diesen Zweig hatte er das Lehrbuch von Türk zum Grunde gelegt, die beste damalige Grammatik des Generalbasses. Die schriftlichen Arbeiten, welche die jungen Leute, unter diesen ganz besonders der oben genannte Jäkel, der Sohn eines Huf- und Waffenschmiedes, zu fertigen hatten, verschafften mir die Ueberzeugung, daß ich doch noch sehr viel zu lernen hätte. Der Kantor kam meinem Wunsche entgegen und erbot sich, mit mir einen Kursus im Generalbaß durchzumachen. Doch mit welchem Erfolge! Es ist kaum glaublich — aber es ist wahr, was ich bekennen werde: ich verlernte das Spielen auf der Orgel. Die frühere Zuversichtlichkeit verlor sich, und es trat an ihre Stelle ein ängstliches Umhertappen auf der Klaviatur der Orgel, das selbst dem Kantor mißfiel. Es gründete sich diese Erscheinung auf die Peinlichkeit des Kantors, der mit beängstigender Gewissenhaftigkeit jeden kleinen Verstoß gegen die Türk'sche Grammatik zu vermeiden suchte. Die geringste fehlerhafte Fortschreitung, sogar die verdeckte Quinten- und Oktaven-Fortschreitung verstimmte ihn, und hörte er sie nicht, so sah er sie doch. Viertelstundenlang saß er bei der Correctur einer musikalischen Arbeit, die verborgenen und offenbaren Versündigungen gegen seinen abgöttisch verehrten Türk aufsuchend. Dieselbe Peinlichkeit ging auf einzelne Schüler über. Er bildete tüchtige Klavier- und gründliche Orgelspieler. Ich erwähne nur meinen Schwager, den Kantor Jäkel in Guhrau, der zu den geschicktesten Orgelspielern, wie überhaupt zu den intelligentesten, belesensten und praktisch tüchtigsten, selbst der franz. Sprache kundigen Schulmännern gehört. — Geisler war nach meiner heutigen Beurtheilung denjenigen philologischen Gelehrten zu vergleichen, die bei der kleinsten Darstellung ihrer Gedanken, erst bei der Gedächtniß-Grammatik anfragen, ob auch jedes Wörtlein an der rechten Stelle stehe oder nicht. Von diesem ängstlichen Wesen war bei mir vor jenem Unterricht keine Spur wahrzunehmen, so daß der Kantor selbst gestand, daß ich früher mit größerer Zuversichtlichkeit und dennoch richtig den ausgesetzten Choral gespielt hätte. — Wie manchen Menschen ein natürliches Gefühl auf das Wahre, Rechte, Gute und Schöne leitet, ohne sich des Grundes dafür bewußt zu sein; so mag es gewiß auch im Bereich der Tonkunst ein musikalisches Gefühl geben, das den ausübenden Musiker das Richtige gleichsam instinktmäßig fühlen und finden lehrt.

Die Verhältnisse gestalteten sich indeß so, daß im Unterricht abgebrochen werden mußte.

V.

Ein kurzes Interregnum in meinem Berufsleben.

Motto: Es ist dem Menschen oft nützlich, wenn ihm widerwärtige Dinge begegnen, da sie ihn gewöhnlich zu
sich selbst bringen, so daß er in sein Herz einkehrt.
Thomas von Kempis.

Von den Begebenheiten des Jahres 1812 brauche ich nicht viel zu erzählen. Primkenau blieb von den Heereszügen nach Rußland nicht unberührt. Die Stadt war mit Einquartirungen so bedacht, daß die Schulräume dazu hergegeben werden mußten. Die Vorgänge in Rußland, die Niederlage der Franzosen, die Rückmärsche der übrig gebliebenen Truppentheile, die Jammergestalten der heimkehrenden Franzosen und Italiener, welche dem Städtchen ein typhöses Nerven-fieber zurückließen, das viele Opfer forderte: alles dieses hatte störende Rückwirkungen auf die Schulverhältnisse zur Folge. Hieran reihten sich die Bewegungen im Innern des preußischen Volkes, zu der Ge-neral v. York durch seine That in Rußland den Anstoß gab; der „Aufruf" des tiefverletzten Königs von Preußen: „An Mein Volk" (14. März 1813), die Rüstungen zum „deutschen Freiheitskriege" im Jahre 1813, die Schlacht bei Bautzen am 20. Mai, deren Ka-nonendonner die Primkenauer fühlten, wenn sie sich mit dem Ohr zur Erde legten, das Herannahen fremder Truppen: das waren nicht Zeiten, die der Schule günstig waren. Nach eingetretenem Waffenstillstande (5. Juni 1813) erhielt Primkenau mehr Einquar-tirung als die Stadt beherbergen konnte; auch mein Kämmerchen wurde in Anspruch genommen. Ich sah und fühlte, wie lästig der Frau Kantor meine Gegenwart in ihrem Wohnzimmer war und entschloß mich nach einer Berathung mit dem Herrn Kantor und Pastor in meine Heimath zu reisen, da an eine Amtirung unter Monaten nicht zu denken war. Aber ohne Paß war eine Rückreise nicht zu unternehmen. Ich mußte mir diesen in Sprottau, wo der Stab der Franzosen lag, erwirken. Von Herodes zu Pilatus geschickt, erhielt ich den Paß, und trat bald darauf den verhäng-nißvollen Weg, zunächst über Liegnitz nach Breslau, von hier aus nach Brieg und Tschöplowitz an. Die Wege führten mich durch Wälder und Felder, wo ich überall Truppen antraf. Verlangt man von mir eine Schilderung meiner Gefühle, die mich auf meiner Fuß-reise durchbebten, besonders wenn ich an die Wachen, die bei den Demarkationslinien aufgestellt waren, kam, um mich zu legitimiren,

so verlangt man zu viel, ich vermag sie nicht zu geben. Glücklicherweise hielt man mich nirgends für einen Spion, sondern ließ mich
zunächst durch Liegnitz und Neumarkt wandern. In Breslau angekommen, mußte ich einen neuen Paß lösen, um über die Demar-
kationslinie nach Brieg zu kommen, die von Russen bewacht wurde.
Auf dem Polizei-Büreau sprach man seine Verwunderung darüber
aus, daß ich Breslau erreicht hatte, und händigte mir eine Karte
ein, die der Wache vorgezeigt werden sollte. Nach den Mittheilungen
Anderer genügte bei den Russen eine solche Karte nicht, Taback und
Branntewein müssen mitwirken. Die letzten Zehrpfennige, die ich
noch besaß, opferte ich zum Ankauf eines Päckchens Tabacks und eines
Fläschchens Branntewein. Der Russe zeigte sein bärbeißiges Gesicht
und weigerte mir die Weiterreise. Aber der zweite Paß hatte Gül-
tigkeit. Ein freundlicher Bauer aus einem Dorfe bei Ohlau war
mein Begleiter, der mir ein Nachtquartier anbot. Wieder ein Stein
vom Herzen! Je näher der Heimath, desto leichter der Pulsschlag.
Ich sah mein liebes Brieg wieder, fand hier die freundliche Aufnahme bei alten Bekannten und setzte nun meine Reise nach Tschöplowitz fort, wo Vater, Mutter und Geschwister, bekümmert um
mich, erfreut waren, ihren Gottlieb im Hafen der Ruhe zu wissen.

Im Hafen der Ruhe? Es traf mich in dieser unfreiwilligen
Lage, die mich von meinem Lehramte auf ungewisse Zeit unliebsamer
Weise entfernte, manches Ungemach. Dahin rechne ich nicht das
Verhältniß, in welches ich zu dem Königl. Superintendenten Herrn
Pastor Holenz in Tschöplowitz zu treten Gelegenheit hatte. Dieser
Mann übte einen bedeutsamen Einfluß auf mich, den jungen an-
gehenden Lehrer, aus. Selbst thätig in der Pädagogik, besonders auch
bekannt durch die Herausgabe eines Schulblattes in zwanglosen Heften,
gewann derselbe durch sein äußerst humanes Wesen und durch die
lehrreichen Unterhaltungen meine ganze Liebe und mein volles Vertrauen. Da hatte es sich denn ereignet, daß in seiner Superintendentur im Königl. Landarmenhause zu Kreuzburg die Stelle als
Lehrer und Erzieher der dortigen Jugend vakant geworden war,
welche die Königl. Regierung zu besetzen hatte. Holenz machte mich
auf dieselbe aufmerksam und eröffnete mir, daß er mich zur Besetzung derselben in Vorschlag bringen werde, falls ich dazu gewillt
sei. Was er mir über die Obliegenheiten in diesem Amte mittheilte,
war geeignet, mich zu begeistern und einen in mir still gehegten
Wunsch zu realisiren. Ein Naturereigniß — die große Oder-Ueberschwemmung im Jahre 1813 — die Vorgänge in der politischen
Welt — man rüstete sich zu neuem Kampfe — hinderte die schnellere
Betreibung der Besetzung jenes Amtes. Die Oder-Ueberschwemmung

brachte mein Leben in Gefahr. In meinen Kindheitsjahren bin ich nicht selten Zeuge von Ueberschwemmungen gewesen, da Tschöplowitz stets dabei stark betheiligt war; aber eine Ueberschwemmung, wie sie das Jahr 1813 brachte, hatte ich noch nicht gesehen und erlebt. Das ganze Dorf — das Schulhaus wurde so unter Wasser gesetzt, daß ich mich auf den Boden des Hauses flüchten mußte; nur der höher gelegene Kirchhof blieb als Rettungsort übrig. Entsetzlich war der Hülferuf aus einzelnen Häusern des Dorfes, deren Schornsteine bereits eingestürzt waren. Drei Tage lang erhielt sich das Wasser auf seiner Höhe. Kähne aus Brieg erschienen in Tschöplowitz; eines derselben erlöste mich aus meinem Wasser-Exil und nahm mich mit nach Brieg. Noch lebt der Eindruck frisch in mir, den der Anblick auf die unendliche Wasserfläche hervorbrachte. Und als die Oder wieder in ihre Ufer zurückgekehrt war, stellten sich bösartige Krankheiten ein, von denen ich jedoch verschont blieb.

Inzwischen wurde ich nach Breslau zur Ablegung einer Prüfung einberufen, um sich von meiner Befähigung zur Uebertragung des Amtes im Kreuzburger Königl. Landarmenhause zu überzeugen. Ich folgte; mit welchen Gefühlen der Bangigkeit, das vermag ich nicht zu schildern! Vor Harnisch — dem gefürchteten Manne und vor Gaß — dem scharf urtheilenden Professor und Konsistorialrath — sollte ich darthun, ob mein Wissen und Können ausreichend für jene Stelle sei. Wenn ich Harnisch den „gefürchteten Mann" nannte, so gründete sich dieses Urtheil auf seine erste Schrift: „Die deutsche Volksschule", welche er, vor seiner Berufung nach Breslau zum Seminar-Oberlehrer, in Berlin, als er noch an der Plamann'schen Schule, einer nach den Grundsätzen Pestalozzi's eingerichteten Anstalt, wirkte, herausgegeben hatte. Diese Schrift hatte ich gelesen; die körnige Sprache fesselte mich, aber die Schärfe des Urtheils über die Männer, welche damals auf dem Gebiete des Schulwesens thätig gewesen waren und sich einen weit verbreiteten Ruf erworben hatten, flößten mir mehr als Respect vor dem Verfasser ein. In meiner Vorstellung von Harnisch hatte sich das Wesen eines Bramarbas gebildet, eine Vorstellung, die durch die Schilderung meines Bruders, der damals Zögling des Seminars — aber zu Felde war — wenig gemildert wurde. Ein auffallenderer Kontrast zwischen dem Geiste einer Schrift und dem persönlichen Wesen des Verfassers ist mir nie begegnet, als in dem vorliegenden Falle. — Harnisch, damals ein junger Mann im Alter von etwa 25 Jahren, empfing mich, den Fremdling, mit jener Freundlichkeit, die alle, welche mit ihm in Verkehr traten, bezauberte; er redete mich in so sanfter, herzgewinnender Weise an, daß das frühere Bild von ihm ganz und gar in Hintergrund gedrängt und später ganz und gar vermischt wurde. Er verstand es wie keiner dem Schüchternsten das Herz zu erschließen und den fest geschlossenen Mund zu öffnen und beredt zu machen. Von dem gemessenen Ernste, mit welchem die höher gebildeten und höher gestellten Personen diejenigen, deren Zukunft größtentheils in ihren Händen liegt, empfangen und behandelt werden, war bei Harnisch keine Spur anzutreffen, keine Vornehmthuerei, kein amtlicher Pedantismus, keine Einschüchterung des Zaghaften. — „Sie werden,“ redete Harnisch mich an, „ein Amt bekleiden, das mehr als ein Schulamt ist, ein Amt, das Ihnen Gelegenheit gibt, nicht nur ein guter Lehrer, sondern auch ein guter Erzieher zu werden. Es sind Waisen aus allen Ständen, mit denen Sie es zu thun haben werden, zum Theil vernachlässigte, zum Theil verzogene Kinder; die richtige Behandlung derselben erfordert Erfahrung und Einsicht, die bei ihnen, als einem Anfänger, noch nicht in dem benöthigten Grade vorauszusetzen ist, die Sie sich aber bei einigem guten Willen schon sammeln werden. Sie sind einberufen worden, Ihre Lehrbefähigung darzuthun, und werden heute Nachmittag in diesem Zimmer einen kleinen Aufsatz schreiben und dann, wann Herr Konsistorialrath Dr. Gaß gekommen sein wird, in der Uebungsschule eine Lehrprobe ablegen. Nehmen Sie die Fabel von dem „Bienchen, das in Gefahr war, im Wasser zu ertrinken rc.“, und unterhalten Sie sich mit den Kindern darüber.“ — Ich fand mich pünktlich ein; es wurde mir ein Viertelbuch Papier, Feder und Dinte und das Thema: „Wie muß eine gute Schule beschaffen sein?“ vorgelegt. Ich hatte kaum eine Stunde nachgedacht und einige Zeilen geschrieben, als Harnisch mich aufforderte, mit ihm in die Seminar-Schule zur Abhaltung der Lehrprobe zu gehen. Dr. Gaß war noch nicht erschienen, es mußte aber die Lection noch vor 4 Uhr erledigt werden. Ich that, was ich vermochte, und war mit meinem Stoffe bereits fertig, als Dr. Gaß eintrat und mich aufforderte weiter fort zu fahren. Meine Verlegenheit war groß, denn ich fühlte die Endschaft einer Kunstfertigkeit, die noch auf einer sehr niedern Stufe stand. Harnisch aber trat an mich mit den freundlichen Worten: „Wiederholen Sie das Durchgenommene mit dieser Abtheilung der Kinder.“ Nachdem mich Gaß nach allen Richtungen hin verfolgt hatte, trat er mit Harnisch in einen Winkel des Schulzimmers und besprach sich mit demselben längere Zeit, während ich meine Unterredung in freierer Bewegung fortsetzte. „Es genügt,“ sagte dann Gaß, „die Regierung wird Ihnen auf meinen Antrag zwar die Stelle an der Schule des Königl. Landarmenhauses zu Kreuzburg übertragen; aber Sie müssen sich dazu verstehen, vier bis sechs

Wochen dem Unterrichte im Seminar und in der Seminarschule beizuwohnen, um die Art und Weise des neuen Unterrichts kennen zu lernen. Herr Dr. Harnisch wird Ihnen das Weitere sagen." Mit nicht zu beschreibender Freude vernahm ich diesen Bescheid und diese Weisung, ich suchte mich nun in der unmittelbaren Nähe des Seminars wohnlich einzurichten. Mit unausgesetztem Fleiße sog ich wie die emsige Biene Saft und Kraft aus den frischen Blüthen des Seminars und eignete mir an, was Zeit und Umstände mir in unterrichtlicher Beziehung darboten. Die Unterrichtsmethode in der deutschen Sprache des Dr. Harnisch fesselte mich am meisten; die Lesemethode in der Uebungsschule, ausgeführt von den Seminaristen nach Anleitung des Dr. H., war mir völlig neu, der Rechenunterricht des Pestalozzianers Kräz erschloß mir eine neue Welt des Denkens, der Gesangunterricht nach Nägeli und die Weltkunde, wie sie der Pestalozzianer Henning gab, öffneten und schärften Auge und Ohr. Die Frische und Lebendigkeit, mit der hier Alles und Jedes getrieben wurde, regten mich im höchsten Grade an und spannten je länger, je mehr meine Lernkräfte und meinen Lerneifer an. Am Tage weilte ich entweder im Seminar und in der Uebungsschule, des Nachts schrieb ich Hefte von den Heften der Seminaristen. Gedruckte Leitfäden waren damals noch nicht herausgegeben. Für's Rechnen nach Pestalozzischen Grundsätzen und in Joseph Schmidt'scher Methode waren allerdings schon gedruckte Anleitungen vorhanden, z. B. die Rothweil'sche, die ich mir anschaffte; aber wie Harnisch den Sprachunterricht betrieb und betrieben wissen wollte: das suchte man vergeblich in den Bücherläden, das war nur in den Heften der Seminaristen zu finden und in den Unterrichtsstunden des theuern Mannes zu hören. Harnisch trug sich damals mit dem Gedanken, den „Schulrath a. d. Oder" herauszugeben und darin „Leitfäden für den Unterricht" zu liefern. — Die Zeit der Sechswochen war mir allzuschnell verflossen, aber der Hauptzweck meines hospitirenden Aufenthalts — die Anregung zur Selbstthätigkeit — war vollständig erreicht. Mit einer nicht zu beschreibenden Begeisterung und den schönsten Vorsätzen verließ ich Breslau, um mich nach Kreuzburg in meine neue Stellung zu begeben. Leider führte mich die Reise an das Kranken- und Sterbelager meiner guten Mutter, die zur Unterstützung der verheiratheten Tochter, meiner ältesten Schwester, nach Grünigen bei Brieg gereist war, wo sie am Typhus erkrankte und — starb. Die jüngere Schwester befand sich ebenfalls daselbst und erkrankte am Nervenfieber. Entsetzlich war der Anblick der beiden Leidenden. Die Schwester war völlig besinnungslos, nur die Mutter vermochte mich in lichten Augenblicken zu erkennen und mir ihren mütterlichen Segen in meinen neuen Wirkungskreis zu geben. Den grassirenden Typhus verdankten wir den Russen, mit denen die Umgegend Briegs während des Waffenstillstandes bis zum 26. August angefüllt war: Ach, wie fehlte mir die Mutter im väterlichen Hause vor meiner Abreise nach Kreuzburg. Wie ein Verarmter verließ ich das väterliche Haus, entbehrend der benöthigten Wäsche, Betten und Kleidungsstücke, die noch in Primkenau lagen, wie ein Landarmer zog ich in Kreuzburg in das „Landarmenhaus“ ein. Auf einem Einspänner-Wägelchen, durchnäßt von dem Regen, hielt ich meinen Einzug.

VI.

Mein Berufsleben im Kreuzburger Königl. Land-Armenhause.

Motto: Erziehung und Unterricht sind keine Lehrthätigkeiten, die einander anschließen. Beide gehen Hand in Hand, unterstützen und ergänzen einander, und machen das Lehrgeschäft zu einer ganzen That. Aber nur in Waisen-Erziehungsanstalten ist die unbeschränkte Ausführung möglich. Sch.

Der Director Schott empfing mich mit gemessener amtlicher Freundlichkeit, führte mich durch den langen Corridor des Anstaltsgebäudes und wies mir meine Wohnung an, die auf mich zwar einen großartigen, aber auch wehmüthigen Eindruck machte, denn ich fühlte mich in den großen, leeren Räumen sehr verlassen, kein Tisch, auf den ich den Hut ablegen, kein Stuhl oder Schemel, auf dem ich mich niederlassen, keine Bettstelle, in die ich das dürftige Federbett beherbergen, kein Glas, mit dem ich einen Trunk Wasser schöpfen, kein Werkzeug, das mir seine Dienste beim Erledigen der durchweichten Fußbekleidung leisten konnte — arm wie eine Kirchmaus nahm ich Sitz in dem Kreuzburg, das mir als eine Kreuzburg erschien. Eine schauerliche Nacht umgab mich; sie durchlebte und durchwachte ich mit Thränen in den Augen im Andenken an meine todtkranke Mutter und todtkranke Schwester. Aber Gott erweckte mir theilnahmvolle Herzen; dem trüben Tage folgte ein heller Sonnentag nach dem andern. Die Familie des Directors Schott war der Engel, der mir zur Seite in dieser trostlosen Lage stand; sie versah mich vor der Hand mit dem unentbehrlichsten Haus- und Stubengeräth, und bewirthete mich fast acht Tage lang in der zartesten Weise. Wie glücklich machte es mich, daß ich an den Kindern dieser Familie, die meine Schüler wurden, meine Dankbarkeit bethätigen konnte und durfte. Schon am zweiten Tage ward ich durch die Auszahlung des ersten Monatsgehaltes, bestehend in 16²/₃ Thlrn., beglückt, denn so viel Geld hatte ich noch niemals in meinen Händen gehabt. Am dritten Tage wurde ich in die Schule eingeführt. Dem Prediger der Anstalt, Herrn Weidling, stellte ich mich bald nach meiner Ankunft selbst vor, und durch diesen wurde mir die Schule übergeben. Bevor ich auf mein Wirken hierselbst näher eingehe, will ich das Wichtigste über das Landarmenhaus mittheilen.

Das Königl. Landarmenhaus zu Kreuzburg ist eine der vielen wohlthätigen Schöpfungen Friedrichs des Großen. Es wurde behufs der Aufnahme und Verpflegung theils muthwilliger, heimatsloser Bettler, theils unverschuldeter Armer — Pauvres honteux genannt — und Gebrechlicher (Blinder, Tauber, Taubstummer, Lahmer) in den Jahren 1777 bis 1779 erbaut. Das Gebäude imponirt durch seine Ausdehnung. Es finden sich darin 12 Schlaf-, 5 Arbeits-, 2 Speise-, 1 Betsaal, außerdem 1 Krankengebäude. — Die Erwachsenen werden mit Woll- und Flachsspinnen beschäftigt und zum Erwerb angehalten; nur die Pauvreshonteur, welche gegen Kosten der Uebersender aufgenommen werden, sind von diesen Arbeiten ausgeschlossen. Die Verwaltung geschieht durch einen Inspector, welcher den Titel Director führt, dem ein Kontrolleur zur Seite steht. Ueberhaupt zählte die Anstalt damals wol an 12 Unterbeamte, einen Prediger, Lehrer und einen Hausarzt, eine Speisemutter. Da die Bewohner des Landarmenhauses zur Hefe der Menschheit gehörten, so war die Leitung mit eigenthümlichen Schwierigkeiten und mancherlei Verdrießlichkeiten verbunden. Es gab zu meiner Zeit keine geringe Anzahl frommer Arme, aber der größte Theil war unverbesserlich schlecht, Mancher auch irrsinnig, die Seelsorge daher größtentheils eine vergebliche. Der beste Theil der Landarmenhäusler bestand aus den Kindern. Die Anstalt war einem Departementsrath der Breslauer Regierung, dem humanen Regierungsrath Streit untergeordnet.

Herr Schott, Director der Anstalt, gehörte früher dem Lehrstande an. Es war ein Mann, der in der Erfüllung seiner Pflichten mit strengster Gewissenhaftigkeit verfuhr. Ein äußerst guter Wirth, war er darauf bedacht, den Etat der Anstalt nicht zu überschreiten. Dieser mochte wol für die Schule spärlich ausgestattet sein, denn die Mehrausgaben auf Schulbedürfnisse erregten seinen Unwillen in nicht geringem Grade, so wohlwollend er sonst auch gesinnt sein mochte. — Der Prediger **Weidling**, ursprünglich in einer Brüdergemeinde erzogen und später Lehrer am Gymnasium zu Hirschberg, war ein Mann von mancherlei Eigenthümlichkeiten. Sein äußeres Wesen hatte wenig anziehendes oder einnehmendes; es trug die Spuren der herrnhutischen Erziehungsweise an sich: Steifheit, Gedrücktheit und Peinlichkeit. Aber seine wissenschaftliche Bildung überschritt das Maß des Gewöhnlichen. Klarheit im Denken, Gewandtheit in der Darstellung, Rechtschaffenheit in der Gesinnung und im Handeln, Aufrichtigkeit im Benehmen und Gewissenhaftigkeit in der Amtsführung zeichneten den an sich sonderbaren Mann aus und erwarben ihm die Hochachtung und Verehrung aller Redlichen. Seine Predigten wurden von den gebildetsten Personen der Stadt besucht, waren aber für einen nicht unbedeutenden Theil der Armenhausbewohner nicht populär genug, wiewol darunter auch recht gebildete Personen waren. Der Schule nahm er sich mit außerordentlicher Vorliebe an, er war ein Kinderfreund und ein tüchtiger Lehrer. Zu meinem nicht geringen Befremden machte er mir die Mittheilung, daß er nach wie vor zwei Nachmittage den Unterricht in der Schule übernehmen und fortsetzen wolle, und zwar in der **Kalligraphie** und in der **Orthographie**. Warum gerade in diesen technischen Fertigkeiten und nicht lieber in der **Religion**? Der Grund war der, daß mein Vorgänger in der Kalligraphie wenig und Weidling viel zu leisten vermochte; daß ferner der Religionsunterricht zu den Lieblingsgegenständen meines Vorgängers gehörte, durch den er auf die Gemüther der Kinder mehr Einfluß hatte, als durch die anderen Lehrgegenstände. In der That leistete W. durch seine Schreibunterrichts = Methode Vorzügliches. In der Anwendung des alten steifen sächsischen Duktus war er Meister. Er schrieb sehr schön vor und hielt auf Sauberkeit im Schreiben. Die Kinder erwarben sich bald eine feste Handschrift, die sich durch ansprechende Eigenthümlichkeit auszeichnete. Damals hatte ich eine andere Meinung von diesem Duktus der Sachsen als heute. Abgesehen davon, daß er den Charakter der Deutschen richtiger kennzeichnet, als der allgemein verbreitete kaufmännische Schriftzug, so dürfte er auch an Deutlichkeit und an Leichtigkeit im Erlernen desselben unsern jetzt so beliebten spießigen Duktus übertreffen. Für den alten sächsischen Duktus ist der Schreibmeister Zschille in Dresden in die Schranken getreten und in Breslau versuchte ihm der Maler **Bräuer** Eingang zu verschaffen, aber ohne Erfolg. — Doch zurück zu meinem lieben Kreuzburg.

Weidling, dem Anstaltsprediger, blieb meine Begeisterung für das Neue in der Unterrichtsmethode nicht verborgen; aber es fehlte ihm das Vertrauen zu mir in Betreff der richtigen Auffassung und Anwendung derselben, was sich darin bekundete, daß er mich veranlaßte, Lehrgänge für die verschiedenen Lehrfächer nach dem alten Zuschnitt à la Baumgarten, Junker 2c. zu entwerfen, ihm vorzulegen und seine Genehmigung abzuwarten. Das machte mich stutzig, aber der angelegte Hemmschuh entmuthigte mich nicht. W. kontrollirte mich fleißig in der Schule, mischte sich aber nie in den Unterricht, sondern theilte mir jedesmal seine Wahrnehmungen und Ausstellungen schriftlich mit. Diese Bevormundung wollte dem jungen, von neuen Ideen und Plänen erfüllten Lehrer der Königl. Landarmenhaus-Jugend durchaus nicht gefallen. Wozu war er verpflichtet worden, die neuen Lehrwege und Methoden in dem neuorganisirten Seminar zu Breslau kennen zu lernen und sich anzueignen, wenn er davon, aus Caprice des Revisors, keinen Gebrauch machen durfte? Glücklicherweise war dieser Zustand nicht von langer Dauer.

Was die Jugend betrifft, die den vierten Theil der Bevölkerung des Landarmenhauses ausmachte; so bestand diese aus etwa 50 bis 60 Kindern im Alter von 9 bis 14 Jahren, zur Hälfte Knaben, zur Hälfte Mädchen. Es waren darunter einige Adlige, die meisten aber theils aus dem höheren, theils aus dem niederen Bürgerstande, einzelne körperlich und geistig verwahrlost. Die Geschlechter hatten in dem Anstaltsgebäude in von einander getrennten Abtheilungen ihre Zimmer, also auch die Kinder. Die Knaben standen unter der speziellen Aufsicht eines sogenannten „Vaters", einem ehemaligen Lehrer, die Mädchen ebenso unter einer bejahrten Frau als „Mutter". Meine Amtswohnung befand sich in der unmittelbaren Nähe der Knaben in der Männerabtheilung, die Wohnung des Anstaltspredigers in der Nähe der Mädchen in der Frauenabtheilung des Gebäudes. Das Zeichen zur Versammlung in dem Bet-, Eß-, Arbeits- und Schulsaale wurde durch eine Glocke gegeben. Die Schulstunden fielen in die Zeit von 8—12 und von 2—4 Uhr. Außer den Schulstunden arbeiteten die Kinder unter Leitung ihrer Aufseher im Zimmer. Zur Morgen- und Abend-Andacht, die an den Wochentagen von dem Lehrer, an Sonntagen vom Prediger gehalten wurde, versammelte sich das ganze Haus in dem Betsaale, in dem auch der Gottesdienst — die Predigt gehalten wurde.

Nach Verlauf einer einjährigen Wirksamkeit schrieb ich an Dr. Harnisch in Breslau Folgendes:

„Ich lebe ganz meinem Berufe — ich webe und bin in ihm. Er nur ist der Gegenstand meines Nachdenkens. Mein Wirkungskreis ist meinen Kräften angemessen, und die mir noch

fehlenden suche ich durch Fleiß, durch Aufmerksamkeit in der Führung und Verwaltung meines Amtes und durch Berichtigung und
Erweiterung meiner Begriffe über Unterricht und Erziehung zu ergänzen, damit ich das einmal ganz zu leisten im Stande bin,
wozu ich mich berufen fühle und wornach mein Geist rastlos strebt.
Dabei bin ich stets heiter und vergnügt und arbeite in meiner
jungen Pflanzschule sorgfältig mit frohem und liebevollem Herzen. Die Kinder zeigen schon viel Zuneigung zu mir und finden
sich heiter und vergnügt in dem Schulzimmer ein; sie freuen sich,
wenn sie mich von der Ferne erblicken und kommen mir mit
kindlicher Herzlichkeit entgegen. Unter ihnen verlebe ich die glück-
lichsten Stunden des Lebens. — Verstimmt auch zuweilen eine
trübe Wolke an dem Schulhimmel meine Seele, so kehrt doch bald
wieder durch den Gedanken an die Wichtigkeit meines Berufes
und Standes meine vorige natürliche Heiterkeit zurück und jeder
Unmuth und jede Unlust verschwindet plötzlich. Auch erfreue ich
mich des Zutrauens meiner Umgebung, der Hausgenossen, wie
der Stadtbewohner. Meine äußere Lage ist daher keine beklagenswerthe. Ich glaube den Zweck meiner Bestimmung richtig auf-
gefaßt zu haben, wenn ich Ihnen versichere, daß ich es als eine
Gnade betrachte, Schulmann sein zu dürfen. Das Verhältniß
zu meinem nächsten Vorgesetzten, dem Prediger der Anstalt, ist
ein so freundliches, wie man es nicht allenthalben findet. Er
sorgt für die Schule nach Kräften und sucht mir mein Amt nach
Möglichkeit zu erleichtern. Mit meinem Unterricht nimmt er es
genau, und wenn manche seiner Bemerkungen mir unlieb und unangenehm erscheint, so habe ich ihn doch recht lieb, weil ich weiß,
er meint es mit mir und vorzüglich mit der Sache, deren Betreibung uns obliegt, gut. Und so arbeite ich denn mit Lust
und Liebe, an mir selbst, wie in meiner Schule.

An der Ausübung der verbesserten Lehrmethode behinderte
mich anfänglich der Prediger, weil er die Ansicht hatte, daß ich
mit derselben wol nicht hinreichend vertraut sei. Erfahrung aber
ist die beste Lehrmeisterin; wie aber ist es möglich, den Werth
einer Methode kennen zu lernen, wenn man sie nicht in Anwendung bringt und bringen darf? Kann man schwimmen lernen,
ohne in's Wasser zu gehen? — Doch lasse ich mich nicht behin-
dern, so viel als ich vermag in Ausübung zu bringen, und ich
erfreue mich eines glücklichen Erfolges. Seit einem Vierteljahre
habe ich den in Ihrem „Schulrathe a. d. Oder“ vorgezeichneten
Gang des Rechnens eingeschlagen. Es geht besser als ich Anfangs glaubte. Die Schwierigkeiten, welche sich mir beim ersten

Versuch aufthürmten, haben sich durch ein langsames Vorwärts= schreiten bei den ersten Uebungen von selbst gehoben. Die Denk= kraft der Kinder wird, finde ich schon jetzt, durch diese Rechen= methode ungemein geübt. Aufgaben wie folgende:

$(15 \times 3) + (21 - 16) = ?$

$(22 \times 4) + (72 : 18) + 8 - 11$ ist wie viel Mal 1?

$(21 \times 4) + (96 : 12) - 12$ ist wie viel Mal 2, 5, 6, 10, 16, 20 u. s. w.

rechnen meine Schüler schon recht schnell. Ich halte sie zu lau= ten und vollständigen Lösungen an, und es geht damit so vor= trefflich, daß es einem Freude macht, den Kindern zuzuhören. Dabei sind sie selbst so fröhlich und heiter, daß gern jeder Schü= ler zuerst antworten möchte. Sie würden sich mit mir gefreut haben, wie erst gestern ein Knabe seiner Schwester folgende, von ihm selbst, mit einer Art Lehreransehen gethane Frage, ohne daß ich ihm einhelfen durfte, lösete. Er fragte nämlich: (12×5) $+ 14 - 12$ ist wie viel Mal 1? Da sie nicht sogleich zu ant= worten wußte, so sprach er: 12 besteht aus 10 und 2; 10×5 $= 50$ Mal 1, und $2 \times 5 = 10 \times 1$; 50×1 und $10 \times 1 =$ 60×1; 14 besteht aus 10 u. 4; 60×1 u. $10 = 70 \times 1$, 70×1 u. $4 = 74 \times 1$; 74 u. 12 aber macht 86×1. — Ist eine solche Lösung nicht ein hinlänglicher Beweis, daß der Knabe mit Nachdenken rechnet? Ein anderer Knabe verwandelte seine Aufgabe: $43 - 9$ in folgende Frage: Welche Zahl macht 43, wenn ich 9 dazu zähle? Alle diese mannigfachen Veränderungen von Fragen und Antworten sind unverkennbare Entwickelungen des Verstandes der Schüler. Ich gestehe offen, daß auch in mir schon viel Licht durch diese Methode zu rechnen aufgegangen ist; und wie ganz anders wird es erst sein, wenn ich dieses Feld ganz durchgearbeitet haben werde. Ich lerne mit meinen Schülern. Viele Abtheilungen im Rechnen habe ich nicht, weil ich von An= fang an dahin arbeitete, deren so wenig als möglich zu haben. Mit den schwachen Köpfen beschäftigte ich mich am meisten; ihnen suche ich mich durch sinnliche Dinge ganz zu verdeutlichen, wäh= rend die Fähigeren entweder blos zuhören und an schwierigeren Aufgaben arbeiten. Schon jetzt habe ich die Erfahrung gemacht, daß die anfänglich schwachen Rechner auf diesem Wege späterhin schnelle Fortschritte machten, manche sogar die guten Köpfe über= flügelten. Wenn mancher Kollege, besonders auf dem Lande, die Meinung hegt, daß diese Rechenmethode in seiner Schule nicht anwendbar sei, wegen der verschiedenen Fähigkeiten seiner oft stum= pfen Kinder; so muß ich mit der Behauptung entgegentreten, daß dies möglich ist, sobald der Lehrer nur Lust und Liebe zu seinem Fache hat, und auf eine geduldige und verständige Weise das Denkvermögen der Kinder zu wecken versteht. Denn in keiner Schule kann es wohl eine gemischtere Anzahl von Kindern geben, als in der meinigen. Mit Kindern aus den verschiedensten Gegenden hierhergebracht, nach verschiedenen Lehrmethoden oder gar nicht unterrichtet, sondern im höchsten Grade vernachlässigt oder verwahrlost, verschiedenen Ständen angehörig — mit solchen Kindern habe ich es hier zu thun, und doch geht Alles recht gut.

Den Unterricht im Singen betreibe ich, wie ihn Nägeli und Pfeiffer, und die in Rothweil erschienene Anweisung lehren. Die Vortrefflichkeit derselben hat sich auch an meinen Schülern bewährt. Ich hatte es doch schon mit 8 Schülern dahin gebracht, daß ich sie beim Gottesdienste zum Absingen von Tonstücken recht gut brauchen konnte. Besonders sangen sie Choräle, Stärke und Schwäche beim Steigen und Fallen der Noten berücksichtigend. Der Beifall der Zuhörer belohnte meine Bemühungen. Jetzt geht der Unterricht darin wieder von Anfang an, und alle Kinder, groß und klein, nehmen Theil daran, die älteren singend, die jüngeren zur Einübung des Taktes und zur Bildung des Gehörs.

Das Lesen und Schreiben nach der „faßlichen Anweisung" habe ich in meiner Schule noch nicht treiben können, weil die eintretenden Kinder gewöhnlich schon einen Anfang im Lesen gemacht haben; aber in meinen Privatstunden unterrichte ich eine Schülerin darnach, kann aber über den Erfolg noch wenig berichten. Uebrigens leistet mir Ihr „Sprachbuch" beim Schreibunterricht, wenn er auch nicht mit dem Lesen verbunden wird, die besten Dienste.

Von dem Werthe des Zusammenlesens überzeuge ich mich immer mehr und stelle die Uebung täglich an. Daß ich nicht sillabiren lasse, sondern auf das tonmäßige sehe, darf ich wol nicht erst versichern.

Eine Abschrift Ihrer „Wortlehre" habe ich kürzlich erhalten und mache vortheilhaften Gebrauch davon. Ein Buch, worin eine gute Erklärung sinnverwandter Wörter zu finden ist, fehlt mir noch.

In der Erdkunde habe ich den Kindern eine kurze Uebersicht von der Erde gegeben, dann Europa etwas näher durchgenommen, und in demselben Deutschland am ausführlichsten behandelt, und zwar nach Zeune's „Göa". In der hiesigen Schüler=Bibliothek sind blos Gasparis Charten, welche aber beim Unterricht viel zu klein sind, und die ich daher, wenn ich

sie gebrauchen wollte, größer nachzeichnen mußte. So ist Deutschland 6 Mal größer gezeichnet worden; es fällt dadurch alles den
Kindern leicht in die Augen. Auch die Kinder üben sich im Charten-
zeichnen, was ihnen Vergnügen macht. Bei der letzten Prüfung
war ich im Stande, 10 Stück solcher Schülerarbeiten vorzulegen,
was den Eltern und dem Schulvorstande eine überraschende Freude
machte, so wie auch die Fertigkeit im Kopfrechnen, Lesen und
Schreiben, die richtigen Antworten in der Erdkunde und besonders auch der Choralgesang.

Geschichte treibe ich erst seit kurzer Zeit, aber nicht als
zusammenhängende Geschichte, sondern in „Erzählungen der wichtigsten Begebenheiten unsers Vaterlandes", von „Personen", die
sich durch Lehre und Beispiel, durch große Handlungen und Tapfer-
keit merkwürdig gemacht haben. So wissen meine Schüler schon
von Winfried, Karl dem Großen und Luther mancherlei
zu erzählen. Die Kinder haben diesen Unterricht außerordentlich
gern.

Beim Unterricht in der Religion benutze ich den „Bibel-
Katechismus" von Krummacher viel; es ist ein herrliches Büchlein.

Jahns „Turnübungen" sind zwar hier noch unbekannt, aber
ich übe die Kinder, so oft ich ins Freie mit ihnen gehe, im
Laufen, Springen und Ringen. Sobald die nothwendigen Geräthschaften angeschafft sind, was die Direction nicht genehmigen will, soll auch im Hofe der Anstalt fleißig geturnt
werden. —

Was ich Ihnen hier in Kürze mitgetheilt, ist das Ergebniß meines einjährigen Wirkens hierselbst."

Diesen Brief schrieb ich im Jahre 1815, also vor 46 Jahren und Harnisch würdigte ihn in demselben Jahre der Aufnahme
in die 4. Lieferung des „Schulraths a. d. O.". Was sagt der Scholz
von 1861 zu dem von 1815? Nun, er freut sich, daß er
schon damals Ansichten ausgesprochen, die er noch heute als richtige anerkennt. Zwar lächelt er heute über die Zahlenverbindungen, auf die er damals so großen Werth legte; aber er durfte
sie so lange nicht verwerfen, bis eine bessere Ueberzeugung gewonnen worden war. Es vergingen Jahre, ehe dieser unfruchtbare For-
malismus auf dem Zahlgebiet beseitigt werden konnte. „Klimpern gehört zum Handwerk", und als eine solche Klimperei im Rechnen erscheinen mir heute jene Rechenübungen, die im praktischen Leben
keine Stelle finden. Schon damals machte der Vater einer Tochter, die
meine Schule frequentirte und der mir sehr befreundet war, die
lakonische Bemerkung, daß man mit diesen Zahlenverbindungen „keinen

Hund vom Ofen locke". „Während mir", setzte er hinzu, „bei der folgerichtigen Lösung Ihrer Aufgaben fast die Sinne vergehen, will es meiner in der Lösung jener schwierigen Aufgaben so fertigen Tochter nicht in den Sinn, wenn sie berechnen soll, wie viel Zucker-nützchen sie beim Zuckerbäcker für 1½ Sgr. erhalten müsse, wenn für 4 Stück 3 Pfennige gefordert werden."

Merkwürdig, daß der Pred. Weidling diesem Rechenunterrichte damals seinen vollen Beifall schenkte. So wenig er mir anfäng-lich zutraute, daß ich das pestalozzische Rechnen begriffen, und mir entschieden abrieth, damit in meiner Schule vorzugehen; so war er doch von dem Resultat meines im Geheimen betriebenen Unterrichts außerordentlich überrascht. Noch stehen mir die Worte in Erinnerung, die er an mich richtete, als ich ihm bei der Prü-fung die Abtheilung im Rechnen vorführte, welche ich nach der neuen Methode unterrichtet hatte. „Nun hindere ich Sie nicht mehr, den Unterricht nach Ihrer Ueberzeugung zu ertheilen, denn ich habe gefunden, daß es Ihnen weder an Beharrlichkeit, noch an Geschick-lichkeit dazu fehlt," sagte er.

Ein Jahr später gab ich Herrn Dr. Harnisch wieder in zwei Briefen von meinem Wirken in Kreuzburg Nachricht. Dieselben fanden in der 7. Lieferung des „Schulrathes a. d. Oder" S. 159 ff. Aufnahme. Ich schäme mich des Inhalts dieser Briefe nicht. In-sofern sie ein Zeugniß von der allmählichen Entwickelung meines pädagogischen Lebens, von dem Bestreben im Fortschreiten meiner Ausbildung geben, kann ich nicht umhin, wenigstens einen derselben dieser Selbst-Biographie einzuverleiben.

„Erlauben Sie gütigst, daß ich Sie von dem Fortgange der verbesserten Lehrgrundsätze in meiner Schule benachrichtige. Schon früher hätte ich dieses thun wollen, allein der Gegen-stand des Unterrichts, von dem ich Ihnen einige Erlebnisse mittheilen wollte, waren noch nicht so weit gediehen, daß ich Ihnen davon etwas Wichtiges hätte mittheilen können; die Sprache meine ich. — Von einigen Unterrichtsgegenständen habe ich Ihnen schon Manches mitgetheilt, von diesem aber noch nichts. Zwar bin ich in demselben mit meinen Schülern noch nicht so weit vorgerückt, doch sind schon jetzt erfreuliche Früchte sichtbar. Ich mache mir das Vergnügen, und übersende Ihnen hier einige Arbeiten meiner Schüler und Schülerinnen zur Ansicht. Ich bin nicht im Stande, Ihnen auf dem Papiere zu beschreiben das Leben und die Geistes-thätigkeit der Kinder in der Sprachstunde; davon können Sie sich nur durch persönliche Gegenwart überzeugen. Sichtlich zeigt sich da, daß die Sprache kein trockener Gegenstand für Kinder ist, sondern wie mächtig sie in das Leben derselben eingreift. Der Gang, welchen ich eingeschlagen habe, und treulich verfolge, ist, wie Sie schon wissen, der von Ihnen vorgezeichnete — Ihre Wortlehre. — Jedoch weiß ich nicht, ob ich nicht in Hinsicht der Unterrichtsweise in manchen Stücken Ihren Sinn verfehlt habe; deshalb erlaube ich mir, Ihnen hierüber Einiges mitzutheilen, und Sie zugleich um Ihre gütigen Bemerkungen zu bitten.

Von den Uebungen, welche das Finden der Regeln bezwecken, erwähne ich nur so viel, daß sie mündlich noch viel weitläufiger angestellt worden sind, als Sie diese in den mitfolgenden Büchern schriftlich finden, und daß ich keine Regel den Kindern vorgesagt habe, sondern daß jede von ihnen selbst gefunden, aufgeschrieben und von mir berichtiget worden ist; auch selbst da, wo Sie die Uebung erst hinter der Regel finden. Diese Uebungen sind leicht; schwerer fielen den Schülern die Begriffsbestimmungen, zumal die schriftlichen, weil diese wohl schon eine Fertigkeit im Gedanken-Ausdrucke voraussetzen. Doch mit Muth und Ausdauer habe ich diese Uebungen betrieben, und es ist gegangen, am Ende besser, als ich Anfangs glaubte; denn ich ging von dem Grundsatze nicht ab: wer sich mündlich gut und richtig ausdrücken kann, der muß es auch schriftlich im Stande sein. Meine Methode bei Begriffsbestimmungen ist diese: ich lasse mir von dem Gegenstande, welchen die Kinder beschreiben sollen, alle Merkmale und Eigenschaften von den Kindern angeben, dann leite ich die Kinder durch Fragen dahin, daß sie die angegebenen Merkmale so ordnen und zusammenstellen, wie ich den Gegenstand beschrieben wissen will, daß also daraus ein vernünftiges Ganze entsteht. Bei der Beschreibung einer Kartoffel würde ich mir also von den Kindern alles angeben lassen, was sie von derselben wissen; nämlich: daß sie ein Gewächs sei, daß sie saftig sei, daß sie eine runde oder länglich runde Gestalt und eine feine Haut habe, daß sich auf derselben Vertiefungen finden, daß aus den Vertiefungen Keime hervorsprießen, vom Safte getrieben re. Dann würde ich das Angeführte durch Fragen auf folgende Weise zusammenstellen lassen: daß a) die Kartoffel ein rundes oder länglich rundes Wurzelgewächs sei, b) mit einer feinen Haut umgeben (überzogen), c) und mit mehren Vertiefungen versehen, welche man Augen nennt, aus welchen d) Keime hervorsprießen, welche der Saft hervortreibt re. — So müssen sie Satz an Satz ordnen, und dann würde ich fragen: Kinder, was ist eine Kartoffel? Diese Frage bei Unwissenden vorne an aufstellen, ohne darüber vorher gesprochen zu

haben, halte ich für unzweckmäßig und für die Kinder zu schwer.
— Können die Kinder jetzt mündlich sprachrichtig die Kartoffel
oder sonst Etwas beschreiben, dann lasse ich es zu Papier bringen;
sehe es dann durch, streiche die gemachten Fehler mit rother Dinte
an, lasse es noch ein Mal umarbeiten, sehe es wieder durch und
dann wird es ins Uebungsbuch eingetragen. Daß dieser Weg
ein wenig langsam ist, das weiß ich; aber ich kann doch von
einer Begriffsbestimmung zur andern nicht eher übergehen,
bis ich mich überzeugt habe, daß die Kinder den Begriff
ganz gefaßt haben, und davon mündlich und schriftlich Rede
und Antwort geben können. Uebrigens bleibe ich dem Grund=
satze treu: übe nicht viel; was du aber übest, das übe
so ein, daß es den Schülern stets bleibend ist! Das
Wenige gut wissen, ist besser, als Vieles nicht gut
wissen!

An diese Uebung reiht sich die Uebung: verwandte Ge=
genstände zu unterscheiden. Hier lasse ich zuerst auf=
suchen, was die von einander zu unterscheidenden Dinge mit ein=
ander gemein haben, oder worin sie übereinstimmen. Dann lasse
ich die Kinder den Begriff jedes einzelnen auffinden, alles durch
gegenseitiges Fragen und Antworten, und dann springt aus der
Erklärung wie von selbst der Unterschied in die Augen. Ge=
nügende Dienste leistete mir: Eberhards kleine Synonymik.
Diese Uebung schien mir ungemein wichtig, weil sie den Scharf=
sinn sehr übt; deshalb habe ich sie ein wenig ausgedehnt. Auch
die Kinder liebten diese Uebung sehr.

Aber noch größere Freude machte ihnen die Aufsuchung
der Hauptbegriffe mit den abgeleiteten Reben=
begriffen und einiger Redensarten, woraus diese
hervorgehen. Mir fiel diese Uebung sehr schwer, weil ich gar
keine Hülfsmittel besitze, und ich auf mehre Bedenklichkeiten stieß.
Ich wußte nämlich nicht, wie ich diesen Unterricht am zweck=
mäßigsten ertheilen sollte; ob mit der Erklärung des Haupt=
begriffes anzufangen sei, oder ob nicht aus der Darstellung der
abgeleiteten Rebenbegriffe, Zusammensetzungen und Redensarten,
der Hauptbegriff und die Erklärung des Wortes, den
Kindern wie von selbst entgegenspringen müsse. Ich fand ersteres
für Kinder leichter; deshalb stellte ich mir bei diesem Unterrichte
folgende 4—5 Punkte fest:

1) Die Aufsuchung des Haupt=Begriffes, welcher
durchaus etwas Sinnliches bezeichnen muß;
2) die sinnlichen Rebenbedeutungen;

3) die von dem Sinnlichen übergetragenen unsinnlichen Bedeutungen;

4) Zusammensetzungen, und

5) sprüchwörtliche Redensarten und die des gemeinen Gesellschaftslebens.

Z. 4 kann auch weggelassen werden, da solche Zusammensetzungen in der Wortbildelehre vorkommen. Ich will hiervon eine Anwendung auf das Eigenschaftswort lang machen.
Die Eigenschaft lang ist eine Gesichts-Anschauung, und wird,
dem Hauptbegriffe nach, demjenigen Körper beigelegt, dessen Bestandtheile sich nach einander ausdehnen, so daß der eine dem
andern nachfolgt, oder sich mit seinem Endpunkte an den An-
fangspunkt des andern dicht anschließt, oder kurz: lang heißt
der Körper, dessen eine Richtung die andere oder das gewöhnliche
Maaß weit übertrifft. z. B. langes Band, langes Kleid, langer
Faden, langer Spieß, langer Mensch, langer Schnabel, langer Weg,
langer Hals, langer Rock, langer Schritt, langes Kinn, lange
Haare, langer Bart, lange Tanne, lange Verse rc. — Die Bedeutung ist dann auch auf unsinnliche Gegenstände übergetragen
worden. In dieser Hinsicht spricht man von einer langen Zeit,
langem Jahr, langen Schmerzen, langen Erzählung, langen
Stunden, langen Rede, langen Weile, langen Muße, langen Vergnügen, langem Gedächtniß rc. Ferner: lange weinen, lange nach-
grübeln, lange denken, lange schwitzen, lange zuhören rc. Mit
andern Worten können folgende Zusammensetzungen statt finden:
armlang, ellenlang, fingerlang, gliedlang,, lebenslang, klafterlang,
meilenlang, stundenlang rc. Sprüchwörtliche Redensarten: a) Ehrlich währt am längsten. b) Wer's lang hat, läßt's
lang hängen. c) Was lange währt, wird gut. d) Lange
Finger machen, d. i. stehlen. e) Je länger, je lieber.
f) Tugend ist eine lange Gewohnheit. g) Ueber Lang
oder Kurz. h) Lange aufgeschoben ist noch nicht aufgehoben. In dieser Uebung kommt außerordentlich viel auf
eine richtige Bestimmung oder Erklärung des Hauptbegriffes an,
wenn man sich die unsinnlichen Nebenbedeutungen oder Redensarten leichter erklären will. Auch unterlasse ich nicht, bei der
Aufsuchung des Hauptbegriffes die Gegentheile oder Gegensätze zu
erwähnen, denn diese helfen den Begriff näher bestimmen und
erklären. Die Aufsuchung des Hauptbegriffes finden meine Schüler
ohne viele Schwierigkeiten, wenn ich das zu erklärende Wort in
mannigfaltige Wortverbindungen bringe.

Genug von dieser Uebung! Die darauf folgenden Uebungen:

Begriffe auffuchen, welche fich durch verfchiedene Vorfetwörter von einander unterfcheiden; — die Eintheilung der Dingwörter in drei Gefchlechter und die Regeln, welche bei Auffuchung derfelben leiten können, nach ihrem Wefen und ihren Endfilben 2c. 2c. find fo leicht, daß ich faft nicht zweifeln kann, Ihren Sinn nicht getroffen zu haben. — Erlauben Sie mir jedoch hier noch eine Anfrage: Ift es durchaus nothwendig, daß die Uebungen, welche fich mit Erklärungen und Befchreibungen, mit der Unterfcheidung finnverwandter Wörter, und dem Hauptbegriff mit ihren abgeleiteten Nebenbegriffen 2c. befchäftigen, durchaus in der vorgezeichneten Ordnung betrieben werden müffen; oder können fie nicht, da fie nicht ganz leicht find, am Schluffe der Wortbegriffslehre vorgenommen werden? Dann würden die Kinder doch fchon durch die verfchiedenen Wortverbindungen, welche bei den 10 Redetheilen ftatt finden oder angeftellt werden, mehr im Denken geübt fein, und größere Fertigkeit, fich fchriftlich weniger fehlerhaft auszudrücken, erlangt haben, und dann würden auch die Schüler nach meiner geringen Einficht, fchnellere Fortfchritte in der Rechtfchreibekunft erlangen, welche ich mit der deutfchen Sprache genau verbinde.

Das Zeichnen ift nun in meiner Schule als ein feftftehender Gegenftand des Unterrichts eingeführt, und ich befolge den vorgezeichneten Gang im „Schulrath." Es geht, wie im Rechnen, herrlich. Die Kinder lieben diefes Zeichnen fehr und bemühen fich, immer weiter fortzufchreiten. Zu feiner Zeit werde ich Ihnen auch hiervon einige Arbeiten fchicken. Im Rechnen leben und weben meine Schüler. Ich habe jetzt fchon vier Abtheilungen, welche mir ein Paar Hülfslehrer befchäftigen helfen." —

Zur Zeit meines Amtirens in Kreuzburg trat ich in Verkehr mit zwei Männern, die mir in meiner Entwickelung als Lehrer recht förderlich waren. Der eine war Hausgenoffe der Anftalt, ein Gelehrter im wahren Sinne des Wortes, der fich durch feine fchriftftellerifchen Arbeiten auf dem Gebiete der deutfchen Literatur, befonders durch die Herausgabe feiner „Hodegetik" einen Ruf erworben hatte. Es war dies der ehemalige Prediger Dr. Koch aus Berlin, der neben Schleiermacher an der Dreifaltigkeitkirche das Wort Gottes verkündet hatte. Durch feinen anftößigen Lebenswandel wurde er feines Amtes enthoben und nach Breslau an die Univerfität gefchickt, wo er neben Steffens, Paffow, Schneider, K. v. Raumer, Gaß, Wachler 2c. lehren und auf beffere Wege gebracht werden follte. Aber auch hier vermochte er nicht dem Alkohol zu entfagen. Da wurde ihm denn ein Aufenthalt als Landarmer in dem Königl

Landarmenhause zu Kreuzburg angewiesen, wo er sich nach Belieben wissenschaftlich beschäftigen durfte und unter specieller Aufsicht des Directors und des Predigers der Anstalt stand. Dieser Mann flößte durch seine Persönlichkeit, durch seine äußere würdevolle Haltung, durch die Gewandtheit der Rede Jedermann Respect ein. Gar oft erfreute ich mich seines Besuches; ich kann nicht sagen, daß ich an ihm etwas Anstößiges gefunden hätte. Seine Unterhaltungen waren höchst geistreich und für mich höchst belehrend. Die Sprachschriften von Dr. Harnisch, die erst aus der Presse hervorgegangen waren, beschäftigten mich viel. Dr. Koch (Prediger durfte er sich nicht mehr nennen) erbat sich dieselben zur Ansicht, und stellte sie mir mit einer Menge kritischer Bemerkungen zurück, die von der gründlichen Sachkenntniß des Mannes zeugten, namentlich erstreckten sich seine Ausstellungen auf die vielen neugebildeten Wörter und auf die neue Schreibung vieler Wörter, die er aus historischen Gründen verwarf. Der Sprachlehrmethode des Dr. Harnisch zollte er volle Gerechtigkeit. Wenn ich bei meinen damaligen Studien in irgend einem Gebiet in Ungewißheit war, so bedurfte es bloß einer zeilenlangen schriftlichen Bitte um Aufschluß, und Koch gab mir denselben in seitenlangen Auseinandersetzungen. Am meisten bewunderte ich seine Schriftenkunde, die sich so weit erstreckte, daß er Kapitel, Paragraphen und Seiten eines Citates irgend einer ihm bekannten Schrift, die er aber nicht vor sich hatte, anzugeben vermochte. — Wie Schade, daß eine so tüchtige Geisteskraft, eine so eminente Gelehrsamkeit dem Alkohol erlegen war! So lange Koch keinen Groschen Geld in der Tasche hatte, war er der liebenswürdigste Mensch. Leider trat seine Leidenschaft auch im Armenhause an den Tag, was zur Folge hatte, daß er mit der Direction in Konflikt gerathen mußte, weil er sich den Anordnungen, der Beschränkung seiner Freiheit, nicht fügen wollte.

Der andere Mann, mit dem ich in lebhaften Verkehr trat, war der neuangestellte Rector an der Stadtschule zu Kreuzburg, ein junger, in dem Seminar zu Breslau gebildeter Lehrer und enthusiastischer Anhänger und Verehrer des Dr. Harnisch. Wir kamen fast täglich zusammen und wetteiferten in der Besprechung und schriftlichen Bearbeitung der Lehrgänge von Harnisch. Röhricht, so heißt der junge Mann, entwickelte ein besonderes Geschick in der methodischen Darstellung der Lehrzweige, so wie in der Zusammenstellung des geeigneten Stoffes zu praktischen Uebungen. Wir legten einander unsere Arbeiten vor und mein Eifer im Arbeiten war in solchem Maße gesteigert, daß die Nachtruhe geopfert wurde. Rechnen und Sprache waren die Lehrgegenstände, die unsere Geisteskräfte anspannten; aber auch die Geographie und das Kartenzeichnen nahmen unseren Thätigkeitsbetrieb in Anspruch. Es bildete sich durch unsere gemeinsamen Bestrebungen ein Freundschaftsbund, der bis auf den heutigen Tag fortbesteht, und der von Zeit zu Zeit erneuert wurde, als Veränderungen durch Versetzungen in andere Orte eintraten und Trennungen stattfanden. Röhricht wurde nämlich als Conrector an die Bürgerschule nach Landeshut berufen.

Auf welche Stufe wissenschaftlicher und praktischer Tüchtigkeit sich ein Mann, der nur den Elementar=Unterricht einer Dorfschule genossen hatte, durch strebsames Selbststudium empor schwingen kann: davon ist Röhricht ein lebendiges Beispiel. Er arbeitete sich in die höhere Arithmetik (die Buchstabenrechnung, Algebra) ein und lehrte darin mit dem besten Erfolge, was ich an Schülern der Lan=deshuter Bürgerschule, die sich ins Seminar zu Breslau aufnehmen ließen, wahrnahm; er trieb mit Eifer die französische Sprache und schrieb ein kleines Lehrbuch für Schüler, in dem man den Pesta=lozzischen Methodiker erkennt; er beschäftigte sich mit der Erlernung der griechischen Sprache und las das neue Testament in derselben; auch die englische Sprache machte er zum Gegenstande seines Studiums. In schriftstellerischer Hinsicht lieferte er 1) Aufgaben zum Ziffer=rechnen, 2) eine Anleitung zur Betreibung der Orthographie, 3) eine Aufgaben=Sammlung für den Unterricht im Deutschen, 4) einen Leitfaden zum biblischen Geschichtsunterricht. Noch jetzt ist er prak=tisch thätig, obgleich er sich vor etwa 9 Jahren pensioniren ließ, weil er bei seinem kränklichen Körper mit seinen physischen Kräften nicht mehr mit dem erwünschten Erfolge ausreichen zu können glaubte. Der Geist ist nach wie vor willig und kräftig, aber das Fleisch schwach, hinfällig. —

Mir hatte die Vorsehung auch anderwärts einen Wirkungs=kreis angewiesen. Ueberhaupt gingen um diese Zeit in der Anstalt mancherlei Veränderungen vor. Der Prediger Weidling verließ die Anstalt und nahm ein geistliches Amt an der Kirche zu Strehlen an. Seitdem ist die Prediger=Stelle im Armenhaus nicht wieder besetzt worden. Meine Berufung zum Rector der Stadtschule zu Reisse erfolgte im Herbst des Jahres 1817, doch trat ich mein neues Amt erst Ostern 1818 an. Ich hatte mich um diese Stelle nicht beworben, sondern wurde für dieselbe neben drei andern jungen Schulmännern von Dr. Harnisch empfohlen. Die Annahme der=selben ging nicht ohne Kampf vor sich. Die Königl. Regierung wünschte, mich der Anstalt zu erhalten, und ich fühlte mich aus andern Gründen verpflichtet, in der Anstalt zu verbleiben und da=durch meine Dankbarkeit an den Tag zu legen. Die Hoffnung, eine Verbesserung im Einkommen zu erhalten, realisirte sich nicht;

aber die Aussicht, in Neisse einen ausgedehnten Wirkungskreis zu erhalten, entschied über den Wechsel im Amte. Es wurde mir schwer, mich nicht nur von den Kindern der Anstalt, die große Anhänglichkeit an mich an den Tag legten, so wie von Kreuzburg selbst, wo ich in Betreff des Klavier- und des Gesangunterrichts willkommen zu sein schien, zu trennen. Was den letzten Umstand betrifft, so muß ich gestehen, daß meine Leistungen wol von den Kreuzburgern überschätzt wurden. Wenn ich mich auch wol mit der Tonkunst befaßte und mir zu meiner Fortbildung einen neuen werthvollen Flügel anschaffte — obgleich ich so arm wie eine Kirchenmaus war — so war ich gewiß nicht so tüchtig im Klavierspiel, als die Kreuzburger glauben mochten. Bei meinen vielen andern wissenschaftlichen Arbeiten, die ich mir selbst auferlegte, blieben mir nur einzelne Nachtstunden zur Uebung übrig, und wie weit ich darin gegangen, beweist der Vorwurf, der mir von dem unter mir wohnenden Controlleur gemacht wurde, den meine Uebungen in der nächtlichen Ruhe störten und der da behauptete, ich spiele bis zu solcher Ermüdung, daß ich von dem Stuhl gefallen sei. Es mag etwas Wahres daran sein. — Mein Abgang wurde mir von mehreren Seiten her recht erschwert, d. h. nicht äußerlich, sondern innerlich durch Kundgebungen von Anhänglichkeit.

Mein Lehrverstand mochte durch meine Wirksamkeit in Kreuzburg aus dem Knabenalter in das Jünglingsalter übergegangen sein.

VII.

Mein Berufsleben als Rector der evangelischen Stadtschule in Neisse.

Motto: „Was man ist, soll man ganz sein; man soll treu, ganz treu erfunden werden in seinem ganzen Hause also auch in seinem irdischen Beruf und Stand; was man lernt, soll man gut lernen; was man macht, soll man gut machen, und das Beste zu leisten, soll Einem gerade gut genug sein."

(Brandenb. Schulblatt.)

1. Mein Einzug, Empfang und meine Einführung ins Amt.

Motto: Der erste Eindruck ist der bleibendste.

Ueber meinen Umzug von Kreuzburg nach Neisse kann ich Interessantes nicht berichten; er ging, so viel ich weiß, ohne Unfall vor sich. Nur der Gefühle, welche zwischen Hoffnungen und Befürchtungen und Zweifel wechselten, bin ich mir noch erinnerlich. Zu Hoffnungen berechtigte mich der freundliche Briefwechsel, in welchem ich mit Superintendent Handel stand und der mich über die dortigen Schulverhältnisse einigermaßen aufklärte. Die Befürchtungen und Zweifel mochten aus den Vorstellungen von dem Orte selbst entstanden sein. Neisse stand damals keineswegs in einem guten Rufe. Es sei, so berichtete man, die Temperatur einem häufigen Wechsel unterworfen, weshalb Fieber an der Tagesordnung wären; das Militärwesen dominire und lasse einen vertraulichen Verkehr mit den Bürgerlichen nicht eintreten; der Katholicismus sei im Uebergewicht und arte in Fanatismus aus; die kleine evangelische Gemeinde erscheine dort mehr als eine geduldete und könne nicht zu Kräften kommen; die evangelische Schule aber habe gar keinen Ruf. Als ich daher, noch $\frac{1}{4}$ Meile entfernt, von der Grottkau-Falkenberger Höhe aus, die Stadt mit ihren eigenthümlich gestalteten Thürmen und die dunklen Dächer der Häuser vor mir ausgebreitet erblickte, überwältigten trübe Ahnungen die Regung hoffnungsreicher Gefühle, die bis hierher vorherrschend gewesen waren, je näher ich der Stadt kam, desto mehr stieg die Bangigkeit, die durch den Anblick der Festung mit ihren hohen Wällen, tiefen gemauerten wasserlosen Gräben, düstern Kasematten und engen Zugbrücken den höchsten Grad erreichte. Von dem freundlichen Inneren der Stadt bekam ich bei meinem Einzuge nichts zu sehen, da das Schulgebäude zwischen einer langen Reihe von Kasernen unmittelbar am Stadtthore lag. Weder die Kasernen noch das Schulgebäude, ein ehemaliges Franziskanerkloster, hatten ein einladendes Aeußere. Der freundliche Empfang des Superintendenten H a n d e l, die erste persönliche Begrüßung mit diesem Herrn, die betuliche Art und Weise seiner Familie verscheuchte einigermaßen den Alp der Bangigkeit, der mich so schwer gedrückt hatte.

Man sagt, der erste Eindruck, den irgend etwas, sei es eine Person, oder ein Ort, oder eine Ansprache u. dergl. auf Einen macht, sei der bleibendste. An mir bestätigte sich die Wahrheit dieser Behauptung. Jene Ansprache Handel's: „Seien Sie mir herzlich willkommen, lieber Rector! Ihre längst ersehnte Ankunft erhöht meine Festfreude (es war das Fest der Ostern, in der Karfreitagswoche); ich bedaure nur, in dieser Woche von meinem geistlichen Amte so stark in Anspruch genommen zu werden, daß ich mich Ihnen nur viertelstundenlang widmen kann. Doch auch Sie werden mit Ihrer häuslichen Einrichtung so viel zu thun haben, daß wir einander um so weniger vermissen werden" — lebt noch mit aller

Frische in meiner Erinnerung. In der That war der Zeitpunkt meiner Ankunst ein überaus günstiger. In der Karwoche pflegte Handel seine Confirmanden öffentlich zu prüfen (Mittwoch von 2—6 Uhr), zu confirmiren (am Donnerstag, Vormittags) und große allgemeine Abendmahlsfeier zu halten (Freitag Vormittags) und Nachmittags zu predigen. Ich hatte also Gelegenheit, diesen Herrn in diesen amtlichen Functionen in kürzester Zeit näher kennen zu lernen.

Am dritten Osterfeiertage 1818 erfolgte die amtliche Einführung, die in Anwesenheit des Magistrats, der Schulendeputation und der Schulkinder mit den beiden Lehrern der evangel. Schule, so wie vieler Gemeindeglieder, vor sich ging. Dieser Akt war nicht allein für die Person des neuen Rectors von Wichtigkeit, sondern erregte auch das besondere Interesse der ganzen evangel. Gemeinde; denn mit diesem Tage begann sowohl ein neuer Abschnitt des Schulwesens der evangelischen Gemeinde zu Reiffe, als auch ein neues Leben derselben. Beides verdankte sie der erfolgreichen Thätigkeit ihres Seelsorgers. Ein Mann wie Handel, einsichtsvoll, wohlwollend, willenskräftig und echt evangelisch, that der kirchlich vernachlässigten evangelischen Kirchen= und Schulgemeinde in Reisse Noth.

In Betreff des oben erwähnten feierlichen Schulaktes kann ich hier die Bemerkung nicht unterdrücken, daß die Verordnung der Staatsregierung, wornach jeder neu angestellte Lehrer in sein Amt feierlichst eingeführt werden soll, von dem größten Einfluß auf die Wirksamkeit des betreffenden Lehrers ist. Hier wird demselben die gewissenhafteste Wahrnehmung seiner Amtspflichten ans Herz gelegt, der Amtseid abgenommen und das Berufungsschreiben d. h. die von der Regierung bestätigte Vokation eingehändigt. An die Schüler, sowie an die anwesenden Eltern der Kinder werden ermahnende Worte gerichtet; ersteren wird unbedingter Gehorsam und Lerneifer zur Pflicht gemacht, letzteren die bereitwilligste Unterstützung der Bestrebungen des Lehrers anempfohlen. Die ganze Handlung ist geeignet, das Ansehn des Lehrers zu begründen, das Vertrauen desselben zu seinen Vorgesetzten zu befestigen und den Muth zum Beginn seines schweren Werkes zu beleben. Ich spreche hier aus eigner Erfahrung; es war das dritte Mal, daß mit mir ein solcher Schulakt vollzogen wurde. Die dabei von heiliger Stätte herab laut gewordenen Segenswünsche und die Gelöbnisse des in sein Amt so feierlich Eingeweihten kamen aus dem Herzen und drangen wieder zu Herzen. Die Folgezeit wird darthun, daß jene Worte des würdigen H. nicht in den Wind gesprochen worden waren und die Gelöbnisse durch die That zur Wahrheit wurden.

2. Die Organisation der evangel. Stadtschule in Neisse.

Motto: Alles muß in einander greifen, Eines durch das
Andre reifen.   (Novalis.)

Bevor ich zur Darlegung meiner Lehrerwirksamkeit in Neisse
übergehe, will ich nicht unterlassen, einen geschichtlichen Rückblick
auf das evangel. Schulwesen der Stadt Neisse zu werfen.

1. Die Errichtung einer evangel. Schule zu Neisse fällt in
die Regierungszeit Friedrichs des Großen. In dieser siedelten sich
nach und nach evangelische Bürger hier an, welche anfänglich in
Ermangelung einer Bürgerschule ihre Kinder theils von Privat-
lehrern, theils von den Regimentsküstern der hiesigen Garnison im
Lesen, Schreiben und Rechnen und in der Religion von den Feld-
predigern unterrichten ließen. Als sich aber in den Jahren 1768
und 1769 die Glieder der evangel. Bürgergemeinde und dadurch
die Schuljugend bedeutend vermehrt hatten, wendeten sich die ersten
Vorsteher der Gemeinde an den König und baten um Errichtung
einer eignen evangel. Schulanstalt und um Anstellung eines Lehrers
bei derselben. Sie wurden aber länger als ein ganzes Jahrzehend
mit Vertröstungen hingehalten, bis endlich 600 Thlr. Unterstützungs-
gelder zum Aufbau eines Schulhauses für Evangelische bewilligt
wurden. Der nun angestellte aber nicht förmlich berufene Lehrer
Bergmann mußte sich außer 4 Klaftern Holz, die er zur Be-
heizung der Schulstube erhielt, mit dem festgesetzten monatlichen
Schulgelde von 2 bis 5½ Sgr. von jedem Kinde begnügen. —
Späterhin brachten die Vorsteher eine früher gegebene hoffnungs-
volle Verheißung Sr. Majestät des Königs durch den Minister
v. Hoym abermals in Anregung. Dies hatte den glücklichen Erfolg,
daß Allerhöchstdieselben ein Gnadengeschenk von 2000 Thlrn. be-
willigten, von dessen jährlichen Zinsen von 100 Thlrn. ein Schullehrer besoldet werden sollte. Es wurde nun, da in der Zwischen-
zeit der vorige Lehrer abgegangen war, ein Kandidat des Predigtamtes mit 100 Thlrn. festen Gehaltes und 8 Klaftern Deputatholz berufen. Unter welchen Umständen dieser Mann hier gewirkt
hat, geht so ziemlich aus seinem Entlassungsgesuche hervor, worin
er erklärt, daß ihm sein Schulposten nur ein sehr geringes mittel-
mäßiges Auskommen gestatte, daß er keine Unterstützung erhalte
und nur Verdruß und Aergerniß von pflichtvergessenen Eltern erfahren müsse, die ihre Kinder nach eigenem Gefallen zu Hause be-
hielten oder in Winkelschulen schickten. — Der Schulposten ward
noch in demselben Jahre (1788) durch den Kandidaten Klemens

besetzt, dem 1790 zugleich das Amt eines evangel. Seelsorgers übertragen wurde. Die damaligen kriegerischen Zeitumstände erheischten bei dem hohen Preise der Lebensmittel aller Art eine Gehaltsverbesserung, die ihm auch mit 50 Thlrn. gewährt wurde. Einige Jahre später (1800) erhielt er nochmals. eine Gehaltszulage von 50 Thlrn. von den Zinsen eines der Kämmereikasse zugefallenen Vermächtnisses und 4 Klaftern Holz. So entstand allmählich ein Schullehrergehalt von 200 Thlrn. nebst 12 Klaftern Deputatholz. Klemens wirkte hier 20 Jahre mit lobenswerther Berufstreue und starb im Jahre 1808. Sein Andenken steht bei Vielen im Segen. Nach erfolgtem Ableben des Klemens blieb der hiesige Schulposten 2½ Jahr unbesetzt. Die bestandene Bürgerschule löste sich nun wieder von selbst auf, die gottesdienstlichen Verrichtungen aber gingen an die Garnisonprediger über. Die besser gesinnten Eltern, welche ihre Kinder nicht ganz wollten verwildern lassen, schickten sie bald zu diesem, bald zu jenem zum Unterricht im Lesen, Schreiben und Rechnen. — Im Jahre 1810 wurde die so lange erledigt gebliebene Schul- und Predigerstelle wieder besetzt, und zwar durch den Kandidaten Peter Hermes, Sohn des ehrwürdigen und berühmten Konsistorialrath und Pastor Hermes in Breslau. Hermes, ein tüchtiger Mann von vielen Fähigkeiten und Kenntnissen, arbeitete zu Anfange mit vielem Fleiß in seiner Schule und suchte sie zu heben. Leider ließ er darin bald nach und behandelte sie, bei seinen in den Kriegsjahren 1812, 13 und 14 durch die Uebertragung des hiesigen Garnisonpredigeramtes sich vermehrenden geistlichen Amtsgeschäften nur als Nebensache, wodurch die Schule sehr vernachlässigt wurde und zurück kam. Dazu kam, daß sich bis hieher die Anzahl der evangel. Schulkinder so vermehrt hatte, daß sie kaum von einem Lehrer übersehen und bei der eingerissenen Unordnung hinlänglich und nützlich genug beschäftigt werden konnte, ungeachtet Hermes sich einen Hülfslehrer hielt. Rühmlichst sorgte deshalb der hiesige Magistrat für die Verbesserung der Schule, und stellte bei derselben einen zweiten Lehrer an, Namens Heider, welcher schon eine Zeitlang an dieser Schule gewirkt hatte, früher bei der Garnisonschule Lehrer und zuletzt Feldküster gewesen war; er bezog einen Gehalt von 150 Thlrn. nebst freier Wohnung. Ein übler Umstand und eine für die Schule nachtheilige Einrichtung war es jedoch, daß Herr Heider den bisher verwalteten Küsterdienst beider Gemeinden beibehielt, welcher ihn nicht selten von seiner Schule ganz abzog, und ihn verhinderte, sich mit ungetheilter Anstrengung seiner Jugend widmen zu können, was damals um so nöthiger gewesen wäre, da Hermes seinen Schulposten ganz aufgab und seine Thätigkeit auf sein Predigeramt beschränkte. Somit war also der Schule durch die Anstellung eines zweiten Lehrers nicht sonderlich viel geholfen; denn nun befand sich wieder eine bedeutende Anzahl von Kindern von allen Altern und Kenntnissen durch einander beisammen, die ein Lehrer beschäftigen mußte. Daß diese, vom ersten Anfänger bis zum ersten Bibelleser bei so bewandten Umständen nicht weit fortgeschritten sein konnten, ist ziemlich einleuchtend. — Fast nicht besser stand es mit der hiesigen aus zwei Klassen bestehenden Militärschule, an deren Unterricht die Kinder der gesammten dienstpflichtigen und undienstpflichtigen Kriegsleute Theil nahmen. Außer dem sehr beschränkten, dunkeln und feuchten Schulhause machte ihre ganze Verfassung, die übermäßig große Schülerzahl, die Unzulänglichkeit des Unterrichts, das dürftige Gehalt der zwei Lehrer und die Unbestimmtheit ihrer Einkünfte eine durchgreifende Verbesserung oder gänzliche Umschaffung derselben höchst nothwendig. Um beide Schulen — die Bürgerschule sowohl, als auch die Militärschule — in eine bessere Verfassung zu setzen, wurde schon viel früher von der damaligen hohen Landesregierung der Vorschlag gemacht und der Wunsch gehegt, beide Anstalten zu vereinigen u. s. w. Allein viele zu beseitigende Schwierigkeiten setzten der Ausführung der guten Sache lange Zeit große Hindernisse in den Weg, worunter vor andern die Aufbringung des nothwendigen Unterhaltes für mehrere Lehrer und die Ausmittelung eines zu diesem Zwecke erforderlichen großen Gebäudes gehörte. Dem letzteren wurde dadurch abgeholfen, daß Se. Majestät der hiesigen evangel. Bürgerschaft das ehemalige Franziskanerkloster zur Einrichtung eines zweckmäßigen Schulgebäudes und die Klosterkirche zum Gottesdienst huldreichst schenkte. Beide Gebäude wurden ihrem Zwecke gemäß in Stand gesetzt; die Bürgerschule kam nun in das neueingerichtete Schulhaus. Auch eine eigne evangelische Pfarrthei ward errichtet, die Kirche 1816 eingeweiht und der Pastor Handel:*) aus Rudelsdorf bei Nimptsch zum evangelischen Stadtpfarrer hierher berufen.

Handel sah bald die Mängel und den niedrigen Stand seiner Bürgerschule, die nicht einmal einer mittelmäßigen Dorfschule gleich kam. Mit Liebe und ernstlicher Thätigkeit nahm er sich der Schule an, bemühte sich den Krebsgang derselben zu hindern und suchte sie vorzüglich dadurch zu heben, daß er selbst in der Religion Unterricht ertheilte, auch eine Zeitlang den Sprachunterricht übernahm, mehr Plan und Ordnung in Alles brachte und überhaupt auf sorg-

---

*) Ein Rheinländer, Saarbrücken.

fältigeren und geregelteren Schulunterricht sah. Eine durchgreifende Verbesserung war aber vor der Hand nicht sogleich zu bewerkstelligen möglich. — Inzwischen ward von Seiten der Stadtbehörde sowol, als auch von dem Pastor Handel mit rühmlichem Eifer daran gearbeitet, unter Vermittelung der Königl. Regierung zu Oppeln die Vereinigung der beiden evangelischen Schulen in Wirklichkeit zu setzen und einen neuen besondern Rector zu berufen. Wie dieses geschehen, das hat der Herr Pastor Handel im Märzstück der schlesischen Provinzialblätter vom Jahre 1818 zur Oeffentlichkeit gebracht. Jene Nachrichten, als in die Geschichte der Reisser evangel. Schule gehörig, füge ich hier bei.

Reisse, den 12. Februar 1818.

„Was der Freund der Jugend hier längst wünschen mußte, ist endlich am 29. Dezbr. vor. Jahres erfolgt: die Vereinigung der hiesigen Civil- und Militärschule. Längst schon hatte dieser Gegenstand die hiesige städtische Schulendeputation beschäftigt; aber eine nie zu besiegende Schwierigkeit trat immer hindernd dagegen: die Aufbringung des Gehalts für drei Lehrer, die nothwendig angestellt sein mußten, wenn die bezweckten Vortheile ganz erreicht werden sollten. Denn die städtischen evangelischen Schulfonds sind nur gering, und unerachtet die Bürgerschaft beider Konfessionen jährlich 1200 Thlr. zuschießt, wovon die evangelische Schule 1/7 erhält, so langen sie doch bei weitem nicht hin, zwei Lehrer zu besolden, viel weniger die nothwendigen Schulgeräthschaften und Bücher anzuschaffen und die vorkommenden Baureparaturen zu bestreiten. So mußte denn die evangelische Stadtjugend von einem einzigen Lehrer unterrichtet werden; Groß und Klein fand sich im bunten Gemisch beisammen, und es war unmöglich, daß die Kinder die gehörigen Fortschritte machten. Die Militärschule war zwar in dieser Hinsicht besser berathen, indem sie zwei Lehrer hatte; aber auch diese waren theils gering besoldet, theils in ihrem Wirken noch immer zu getheilt, indem auch sie Kinder von zu verschiedenen Erkenntnißstufen zu unterrichten hatten, als daß sie viel mehr, denn in einer mittelmäßigen Dorfschule hätten wirken können. Denn es war hier so weit gekommen, daß die Eltern ihre Kinder zu diesem oder jenem Lehrer in die Schule schickten, auch wol sie dem einen aus unerheblichen Gründen wegnahmen, und dem andern übergaben. So fiel hier das nothwendige Ineinandergreifen des Unterrichts gänzlich weg, und an Einheit, Plan, Zusammenhang und Gleichheit der Methode war nicht zu denken. — Sobald nun bei so bewandten Umständen die Vereinigung der Militär- und Civilschule zur Sprache kam, hegte man von Seiten der hiesigen Schulendeputation die Hoffnung, daß, da die Militärschule einmal zwei Lehrer zu unterhalten hatte, von Seiten des Militärs wenigstens so viel zum Besten der vereinigten Anstalt würde beigetragen werden, als die Unterhaltung zweier Lehrer kostet. Es wurde darüber viel und lange unterhandelt, bis endlich unter Vermittelung einer Hochlöblichen Königl. Regierung zu Oppeln, durch den Königl. Ober-Kriegskommissarius Herrn Koch auf den Fall der Vereinigung auf mehre Jahre das bisherige etatsmäßige Schulgeld der hiesigen Garnison mit 391 Thlr. 16 Gr., weiterhin aber nur das jedesmalige etatsmäßige Schulgeld der Garnison zugesichert wurde. Im Vertrauen theils auf diese Verheißung, theils auf die väterliche Fürsorge, mit welcher in unserm Staate von oben herab die Bildungsanstalten gepflegt und gestützt werden, wurde denn das lange besprochene Vereinigungswerk zu Stande gebracht. — So wurden aus drei disparaten Schulen drei eng verbundene Klassen; die Kinder wurden nach ihren Kenntnissen gesondert, und jedes der ihm angemessenen Klasse zugewiesen. Freudig sah man sie schon am folgenden Tage in die ihnen bestimmten Klassen eilen; freudig begannen die Lehrer ihr Werk, weil sie schon den Segen vor sich sahen, mit welchem nun bei der Gleichheit ihrer Schüler ihr Fleiß belohnt werden würde. Jeder Klasse wurde sofort ihr Stundenplan zugetheilt, der darauf berechnet ist, daß ein Lehrer dem andern in die Hand arbeitet, und so der Unterricht des einen in den des andern unmittelbar eingreift. Da hierzu Uebereinstimmung in der Methode unumgänglich nöthig ist, so haben sich die Lehrer willig finden lassen, diejenige Methode sich zu eigen zu machen, welche jetzt in dem Schullehrer-Seminar in Breslau gelehrt wird, und welche Herr Dr. Harnisch in seinen Schriften so faßlich vorträgt, daß jeder Schulmann, der nur guten Willen hat, sie durch einiges Studium sich aneignen kann. Besonders aber erwartet die vereinigte Schulanstalt ihre vollständige Organisation mit der Ankunft des neu vocirten Rectors und ersten Lehrers, der in die einzuführende bessere Lehrmethode ganz eingeweiht ist, und unter dessen thätiger Mitwirkung sich die Schule zu einem harmonischen Ganzen gestalten soll. Dazu werden wöchentliche Konferenzen, welche Unterzeichneter mit den Lehrern zu halten gesonnen ist, und in welchen sowol über Methode als über Lehrgegenstände selbst gesprochen werden soll, hoffentlich das Ihrige beitragen. Sie werden Lehrern nicht allein dazu dienen, sich ihre Erfahrungen gegenseitig mitzutheilen, sondern auch sie immer auf dem rechten Wege zu erhalten, und ihr gemeinsames Wirken in einer bestimmten Richtung fortzuleiten. Da dies nun aber erst geschehen soll, so mag diese ganze Relation blos der Vorläufer einer künftigen sein, in welcher über die innere Einrichtung unserer vereinigten Militär- und Bürgerschule, so wie über ihr Gedeihen und Wachsthum, so Gott will, weitere Rechenschaft abgelegt werden wird."

Handel, dem inzwischen die Superintendentur über mehrere Kreise Oberschlesiens, so wie 1821 der Kreise Münsterberg, Glatz und Habelschwerdt übertragen worden war, hatte mir, als dem Rector, schon vor meinem Amtsantritt aufgetragen, einen vollständigen Lehrplan und Stundenplan für die neue vereinigte evangel. Militär- und Civilschule zu entwerfen und ihm denselben baldmöglichst zuzufertigen. Es war dies für meinen damaligen Standpunkt keine leichte Aufgabe; aber ich unterzog mich der Lösung derselben bereitwilligst und war im hohen Grade überrascht, als ich die Schule nach jenem Lehr- und Lectionsplane organisirt vorfand, ein Beweis dafür, daß jene Arbeit die Zustimmung meines Revisors erhalten hatte, was mir, dem Zweifelnden, zur großen Ermunterung gereichte.

Aber der Lehrplan ist noch nicht die Sache selbst; zwischen Lehrplan und Ausführung desselben liegt eine große Kluft. Fehlt es an den für das Verständniß der Sache geeigneten Lehrkräften, so kann der beste Lehrplan in den Erfolgen scheitern, während ein schlechter Lehrplan von tüchtigen, für die Sache begeisterten Lehrkräften die erfreulichsten Resultate liefert.

2. Die Frage, wie es um die bei der neu organisirten Reisser evangel. Schule mitwirkenden Lehrkräfte stand, liegt nahe. Was für Kollegen fand ich vor, ihren Fähigkeiten, Leistungen und Gesinnungen nach? Leider kann ich darüber nicht viel Erfreuliches berichten. Ich traf hier zwei Kollegen, die mir weder dem Namen, noch ihren früheren Lebens- und Amtsverhältnissen nach bekannt waren. Sie erwiesen mir die Ehre nicht, mich als einen Fremden, der ihnen als Kollege so nahe stehen würde, zu begrüßen.

Herr Heider, dessen schon oben erwähnt wurde, bekleidete die zweite Lehrerstelle. Der Mann war nicht ohne Schulkenntnisse, hatte auch eine Schule der Erfahrungen hinter sich und besaß ziemliche Gewandtheit im Lehren und Unterrichten; aber man vermißte an ihm die Berufsfreudigkeit, die Liebe zur Schule, den Eifer zur Fortbildung, den Sinn für häusliches Leben und die Enthaltsamkeit im Genuß verderblicher Getränke. Unglücksfälle in seinen Finanzen (er beklagte den Verlust eines bedeutenden Theils des ihm durch seinen Frau zugebrachten Kapitals) erzeugten bei ihm eine Ver-

6*

stimmung, die mit dem schweren Werk des Jugendbildners sich nicht verträgt. In den Bierstuben fand er seine Gesellschaft, in denselben war ihm wohler als in der Schulstube unter der Kindergesellschaft, die er tyrannisirte. Mit albernen Witzen unterhielt er die Kinder; von den alten Untugenden, während der Lehrstunden Nebengeschäfte zu treiben, konnte er sich nicht trennen. Das Tabakrauchen war ihm zum Bedürfniß geworden. Ich war Augenzeuge von folgendem possierlichem Vorfall. Als ich eines Tages in das Schulzimmer trat, bemerkte ich eine Bewegung an Herrn Heider, die mir ver= dächtig schien. Wenige Minuten reichte ihm ein am Ofen sitzender Knabe die Tabakspfeife mit den Worten: „Herr H., die Pfeife wird Ihnen ausgehen." Die Verlegenheit des Herrn Lehrers war groß und ein Schlag auf die darreichende Hand des schuldlosen Knaben die schmerz= liche Vergeltung. — Die Klagen der Eltern über die maßlosen kör= perlichen Züchtigungen ihrer Kinder häuften sich, die Beschwerden darüber, daß die Schüler so wenig Fortschritte machten, wiederholten sich und das Verlangen vieler Eltern, ihre Kinder nicht in die zweite Klasse zu versetzen, nahm kein Ende. Durch die Zänkereien mit seiner Frau gab er den Schülern ein Aergerniß; es ist vorgekommen, daß er seiner Frau vor den Schülern den Geldbeutel vor die Füße warf. Wenn er spät zu Hause kam, drang der Spektakel, das Toben und Wüthen des Mannes und Vaters, und das Keifen, Weinen und Heulen der Frau und der Töchter bis in die obere Wohnung des Rectors. Dennoch war Herr H. im zurechnungs= fähigen Zustande ein herzensguter Mann, zuvorkommend und über= aus gefällig und dienstfertig. Ich lebte mit ihm in Frieden und hatte nur mit der Unterdrückung des Widerwillens über sein devotes Wesen zu kämpfen. Die bedientenmäßigen Aeußerungen: „was wünschen der Herr Rector? wie der Herr Rector befehlen!" waren ihm in seinen früheren Lebensverhältnissen zu solcher Geläufigkeit geworden, daß er davon nicht abzubringen war. Wollte man den Ton der Vertraulichkeit in der Unterredung anstimmen, so ließ er (Herr H.) sich gehen und man bekam Triviales zu hören und zu sehen, das kaum zu ertragen war. Mit einem gemessenen Verhalten gegen ihn schützte man sich am sichersten gegen die Erregung wider= wärtiger Eindrücke. Kein Wunder, wenn in unserm Verhältniß eine kalte Höflichkeit zur Nothwendigkeit wurde, an die ich mich im Laufe der Zeit gewöhnen mußte.

Geisler, der dritte Lehrer, war jüngeren Alters als Herr Heider, aber älter als der neue Rector. Er imponirte weder durch sein Aeußeres, noch durch seine Lehrbegabung, hatte ein sanftes, stilles Wesen, entwickelte aber in der schülerreichen Klasse der Lern=

anfänger zu wenig Energie, war überaus mühsam, aber ohne be=
sondern Erfolg. In religiöser Beziehung neigte er sich zum Herrn=
huterianismus — seine Frau stammte aus Gnadenfrei, zeigte aber,
im Widerspruch zu jenem Pietismus, einen eitlen, weltlichen Sinn.
Unser Verhältniß war in amtlicher Beziehung ein freundliches, und
ist es bis zu seinem Abgange, der nach 1½jährigem Wirken mit
ihm erfolgte, geblieben. G. kündigte aus eignem Antriebe seine
Stellung; er fühlte, daß er den gesteigerten Anforderungen nicht
gewachsen war, und hoffte als Privatlehrer im Klavierspiel, worin
er Tüchtiges leistete, in Breslau sein Fortkommen zu finden. Er
täuschte sich gewaltig. Bevor ich mich von diesem Mann trenne,
muß hier noch eines Umstandes erwähnt werden, der in mir be=
dauerliche Erinnerungen erweckt.

Als mir der Sup. Handel das neue Rectorat antrug, erwähnte
er in seinem Briefe, daß bei der evangel. Kirche das Amt eines
Organisten und Chor=Dirigenten definitiv zu besetzen sei, das gegen=
wärtig interimistisch verwaltet würde. Wenn der neue Rector des
Orgelspiels in erforderlichem Grade kundig wäre, so dürfte ihm die=
ses Kirchenamt übertragen werden, das ihn meist nur Sonntags
beanspruchte. Da ich mich dem Studium des Generalbasses
mit besonderem Eifer in Brieg, Breslau, Primkenau und Kreuz=
burg gewidmet und mir auch einige Fertigkeiten im Orgelspiel —
war doch die Orgel mein Lieblingsinstrument — erworben hatte;
so durfte ich es wagen, meine Bereitwilligkeit zur Uebernahme die=
ses Nebenamtes auszusprechen. Die Besetzung dieses Kirchenamtes
hing von dem Kirchenkollegium ab, während der Rector vom Ma=
gistrat vocirt wurde. Eine schriftliche Zusicherung des Kirchenamtes
war vor meiner Ankunft nicht zu erlangen. Wahrscheinlich wollte
man meine Befähigung im Orgelspiel erproben. Als ich hier an=
kam, überraschte es mich sehr unangenehm, daß der dritte Lehrer G.
das Amt eines Organisten bekleidete; ich sah den Conflict im Vor=
aus, in den ich mit diesem Manne gerathen würde, wenn ich auf
die Verwirklichung der mir gegebenen Hoffnungen dränge. Behielt
G. dieses Amt, so hatte ich das Vergnügen, demselben die Sänger
zur Ausführung der Liturgie vorzubilden u. s. w. Diese Lage der
Sache war, da ich mich einen passionirten Orgelspieler nennen durfte
und die Herstellung eines Chorgesanges zu meinen Lieblingswünschen
gehörte, wozu sich in Reisse in meiner neuen Stellung die beste Ge=
legenheit darbot, ein Stein des Anstoßes, ein Wurm, der an mei=
nem Herzen nagte. 'Einen Mann, gegen den nichts vorliege, ver=
drängen zu wollen, konnte und durfte ich nicht, und die Verzicht=
leistung auf eine kirchliche, mit meinem Schulamte in so natürlicher

Verbindung stehende Wirksamkeit glaubte ich kaum zu verschmerzen. Es entstand ein Kampf unvergeßlicher Art in mir, der eine Miß- stimmung zur Folge hatte, die ich nicht zu unterdrücken vermochte. Handel, dem die Veränderung meines Wesens und Aeußeren auf- fiel, forschte nach dem Grunde dieser Erscheinung. In der Ueber- arbeitung meiner Kräfte suchte er ihn nicht. Schon war ich kör- perlich so herabgekommen, daß der Ausbruch einer Krankheit nahe bevorstand. Da erscheint Handel mit der Nachricht, daß mir das Kirchenkollegium das verheißene Kirchenamt anvertrauen wolle, doch möchte ich mich zu einem Probe=Orgelspiel verstehen, um dadurch der Form zu genügen. „Mit einer befremdlichen Gleichgültigkeit," äußerte H. später einmal, „hätte ich diese Nachricht aufgenommen." Ich fügte mich der Zumuthung, fand daß Kirchenkollegium in Be- gleitung sachkundiger Männer in der Kirche und führte aus, was man von mir verlangte und zwar mit einer Resignation, die Auf- merksamkeit erregte. Ich war schon krank, recht sehr krank, und für's Krankenlager reif. Mit Riesenschritten ging die Ausbildung eines Nervenfiebers vor sich, das im Typhus seinen Kulminationspunkt erreicht hatte. Handel besuchte mich täglich einigemal und suchte meine Frau auf das Schwerste vorzubereiten, wie mir nach meiner Genesung von derselben mitgetheilt wurde. In einer der lichten Stunden meiner Krankheit benachrichtigte mich H., daß die Voca- tion zu dem in Rede stehenden Kirchenamte bereits an die Regie- tung zur Bestätigung abgegangen wäre. Diese Nachricht soll ohne Erwiderung von meiner Seite aufgenommen worden sein —, ein Beweis, wie abgestumpft die Empfänglichkeit für dergleichen gewor- den war. Sechs Wochen lang entzog mich die Krankheit meiner Schule, die inzwischen auch viel gelitten hatte, da es an einem geeig- neten Stellvertreter mangelte.

G. war auf das Abtreten des Chor=Dirigenten=Amtes an mich vorbereitet. H. stellte ihm unter Anerkennung seiner Leistungen vor, daß es das Interesse der Kirche und Schule erheischte, mit dem Rectorat jenes kirchliche Amt zu vereinigen, daß ihm, als dem Leh- rer der untern Klasse, es unmöglich sein würde, sich ein Sänger= Chor zur Ausführung der liturgischen Gesänge zu bilden, daß ihm ja selbst die Gesangsfähigkeit abgehe, und man dem Rector nicht zumuthen könne, jenem kirchlichen Amte die Sängerkräfte zuzuziehen. Nur in dem Falle, daß der neue Rector nicht fähig und geneigt wäre, das Kirchenamt zu übernehmen, müßte es bei der bisherigen Einrichtung sein Bewenden haben. Obgleich·G. sich in das Un- vermeidliche fügte, so hat er doch die Kränkung zu überwinden ge- habt, und offenbar hat der Umstand, seinen Plan, aus dem Verhältniß überhaupt zu scheiden, zur Reife gebracht. In Wahrheit, die Schule hatte seinen Abgang nicht zu beklagen, denn sie erhielt nun eine tüchtigere Lehrkraft. (S. w. u.)

3. Wenn denn bei so ungenügenden Lehrkräften die Schule doch einen neuen Aufschwung nahm, so fragt es sich, wie dies möglich gewesen? Die Antwort ist leicht. „Unsere nächste und Hauptarbeit ist", sagte Superintendent Handel in dem ersten Gespräch über Schulangelegenheiten zu mir, „die beiden Lehrer H. und G. in den Stand zu setzen, d. h. auf den Standpunkt zu erheben, daß sie nach der jetzigen durch Pestalozzi begründeten und durch Harnisch so trefflich ausgeführten Lehrmethode unterrichten können. Auf Ihre Schultern, l. Rector, lege ich ein schweres Stück Arbeit. Ich beabsichtige nämlich, von nun an allwöchentlich eine Konferenz anzuberaumen, in welcher Sie Ihre Kollegen mit den neuen Lehrwegen und Lehrweisen vertraut machen sollen. Die Lehrpensen müssen ausgearbeitet, den Lehrern übergeben und von denselben executirt werden. Obgleich wir gute gedruckte Anleitungen besitzen, so genügen diese doch nicht für Mitarbeiter der Art. Vieles in jenen Anleitungen ist nur angedeutet, Ausführungen thun noth. Uebernehmen Sie diese. Sie haben, das weiß ich, viel Vorarbeiten hinter sich. Machen Sie von diesen Gebrauch. Ich will Sie, was die richtige Anwendung in unserer Schule betrifft, nach Kräften unterstützen, werde zu diesem Behufe die Lehrstunden fleißig besuchen und dann das Beobachtete und Wahrgenommene in den Konferenzen, sowie in unseren Privat-Zusammenkünften zur Besprechung bringen. Wir müssen nicht nur eine gut organisirte Schule auf dem Papier haben, Ihr so sorgfältig ausgearbeiteter Lehrplan muß auch zur Wirklichkeit sich gestalten. Alles muß in einander greifen, Einer dem Andern in die Hände arbeiten, im Ganzen und Einzelnen muß Einheit und Harmonie herrschen. Zu unserem Privat-Verkehr steht Ihnen die Thür meines Zimmers jederzeit geöffnet; es wird mich freuen, Sie recht oft in Angelegenheiten unserer Schule bei mir zu sehen."

Der milde und doch bestimmte Ton, in welchem diese Worte an mich gerichtet wurden und der freundliche Blick, der sie begleitete, machten auf mich den besten Eindruck. Ich erwiderte, „daß ich mich ganz in Uebereinstimmung mit den so eben vernommenen Wünschen fände, und daß ich alle meine Kräfte zusammen nehmen würde, um den Erwartungen möglichst zu entsprechen; aber ein Bedenken trüge ich, und zwar in Bezug auf die beiden Mitlehrer, deren Gesinnungen gegen mich ein williges Eingehen auf die den Unterricht betreffenden Bemerkungen und Rathschläge in Zweifel stellten, zumal ihnen meine Befugniß, sie in ihren Schulstunden zu besuchen, nicht bekannt zu sein schien. In den Augen derselben sei der Rector nichts weiter als der erste Lehrer der Schule, dem das Recht nicht zustehe, die anderen Lehrer zu kontrolliren. Ein bloßer Nominal-Rector aber möchte ich nicht sein. In der Einführungsrede sei mir vom Altar herab allerdings die Wahrnehmung der ganzen Schule ans Herz gelegt und zur Pflicht gemacht worden, und eine Stelle in der Vocation verleiht mir die Befugniß, auch auf die andern beiden Klassen zu achten. Um unliebsamen Erörterungen im Voraus zu begegnen, dürfte es räthlich sein, in der ersten Konferenz dieses Umstandes zu gedenken. Ich werde nur mäßigen Gebrauch von diesem Recht machen können, da meine Klasse darunter leiden würde; aber so oft ich die andern Klassen besuchen kann, soll es geschehen. Ohne die Lehrer vor den Schülern zu kompromittiren, würde ich auch bisweilen den Unterricht übernehmen, was die Herren Kollegen immerhin als ein Vorlehren betrachten können. Lieb wäre es mir, wenn mich die Herren selbst dazu in Gegenwart der Kinder aufforderten. Die gründlichsten Anleitungen in den Konferenzen sind dem Mißverständniß ausgesetzt, ein kurzes Vorlehren führe schneller und sicherer zum Ziele, als lange mündliche oder schriftliche Erörterungen. Anfänglich würde ich nur den stummen Beobachter machen, um die Eigenthümlichkeiten der Lehrer kennen zu lernen. Selbst der Bemerkungen über Mißfälliges werde ich mich in der Schule während des Unterrichts enthalten; Unterbrechung des Unterrichts durch besondere, wenn auch noch so wichtige Mittheilungen, dürfe nicht stattfinden. Zu Ermunterungen für Lehrer und Schüler wird sich anderwärts Gelegenheit darbieten. Unser Verhältniß muß, den Kindern gegenüber, die Physiognomie erhalten, als herrsche zwischen uns das schönste Einvernehmen. Zu einem Unterrichtsverfahren gegen die Ueberzeugung des Lehrers möchte ich keinen meiner Kollegen bestimmen oder verleiten; es wäre mir daher sehr lieb, wenn sich dieselben in vorkommenden Fällen mit mir in Privat-Unterredungen, ohne die Konferenz abzuwarten, zu verständigen suchten. Einwendungen, ohne schlimme Absichten und in angemessener Form vorgetragen, werden bei mir immer Eingang finden, denn sie werden meine Ansichten berichtigen und mich in meinen Ueberzeugungen befestigen. Wenn die Kollegen guten Willen und ein aufrichtiges Streben nach dem Bessern an den Tag legen, so dürfen sie allezeit der Nachsicht von meiner Seite versichert sein. Kein Meister fällt vom Himmel. „Jeden Tag nur eine Linie" im Fortschritt, und wir werden nach Jahr und Tag unser Werk in erfreulicher Weise gefördert sehen. Es ist schwer, sich von dem Alten, das mit Einem verwachsen ist, zu trennen und Neues, das Einer noch nicht kennt und zu würdigen weiß, sich anzueignen. Vorurtheil, Irrthum ist es, das Alte für das Beste zu halten und das Neue für das Schlechteste zu erklären. Das Neue soll das Alte nicht ganz verdrängen, sondern restauriren, läutern, verbessern. Aus dem fruchtbaren Boden des Alten ist das Neue hervorgegangen. Das Alte war auch einmal neu, und das jetzige Neue wird auch wieder alt werden. Die Lehrer haben die Aufgabe, das Alte durch das Neue zu pflegen. Wer am Alten hängen bleibt und dem Neuen den Rücken zuwendet, der ist in den Stillstand gerathen. Der geistige Stillstand aber ist der erste Schritt zum Rückgange. Unsere Schule hat diesen Rückgang betreten weil sie nicht fortschritt. Und warum schritt sie nicht fort? Offenbar deshalb, weil die Pfleger derselben der geistigen Anregung und Erfrischung entbehrten. Diese Anregung und Erfrischung sollen den Lehrern unsrer Schule durch die Konferenzen dargeboten werden. Wir wollen uns ihrer im Interesse der Schule annehmen, und wenn wir auch nicht Alles an ihnen erreichen, was wir beabsichtigen, so wird das Geringe doch der Schule zum Segen gereichen. Schon der Gedanke, daß ihr Arbeiten in der und für die Schule von ihrer nächsten Umgebung mit Aufmerksamkeit verfolgt wird, wird ihnen ein Ansporn sein, sich der Schule mit größerem Eifer zu widmen und sich auch sorgfältiger auf die Lehrstunden vorzübereiten."

Diese Gedanken lebten damals in meiner Seele, die bei dem trefflichen Handel die beifälligste Aufnahme fanden.

In überaus zarter Weise wußte er schon in der ersten Konferenz meine Kollegen über meine Stellung zur Schule und über unser gegenseitiges Verhältniß aufzuklären. Die Lehrer fanden unsere Anordnungen in der Ordnung und erhoben auch nicht den mindesten Wider-, ja nicht einmal Einspruch. Die Konferenzen, welche gewöhnlich Sonnabend von 3 Uhr ab in dem Amtszimmer des Superintendenten gehalten wurden, gestalteten sich zu einer Schule für uns. Handel, der an dem Sonnabende Vormittag seine Sonntagspredigt meditirte, brachte der guten Sache der Schule ein nicht geringes Opfer an Zeit. Mit unbeschreiblicher Ruhe und Gelassenheit leitete er den Gang der Konferenzen; mit liebenswürdiger Anspruchlosigkeit machte er uns mit seinen Gedanken, Ansichten und Wünschen bekannt und nahm mit der größten Freundlichkeit jede der Einwendungen entgegen. Es herrschte ein Geist der Milde in diesen Konferenzen, der ein zwiespältiges Wesen fern hielt. Mir lag die Hauptarbeit ob, nämlich die Ausarbeitung der Vorlagen zur Konferenz, bestehend in Entwürfen der Lehrwege für die verschienen Lehrgegenstände, in methodischen Ausführungen einzelner Partien des Unterrichts für den nächsten Gebrauch in der Schule und endlich in der Berichterstattung über die Leistungen in der Schule während der verflossenen Woche. Meine Kollegen wurden veranlaßt zu berichten, was im Laufe der Woche in jedem Gegenstande behandelt, wie es ihnen dabei ergangen, mit welchen Schwierigkeiten sie dabei zu kämpfen gehabt, welche Erfahrung sie überhaupt dabei gemacht hätten. Alles wurde der Besprechung unterworfen, auf das Geringfügigste geachtet und Schwieriges in Berathung genommen. Die meiste Arbeit verursachten der Lese=, Anschauungs=, Rechen= und Sprachunterricht. Die Einführung einer bildenderen Methode in diesen Disciplinen ging langsam vor sich, weil es den Lehrern schwer fiel, die alten Wege zu verlassen und neue zu betreten, namentlich kostete es dem dritten Lehrer große Anstrengung, den Unterricht in den Elementen in entsprechender Weise zu betreiben. Die Vorbereitung für den Unterricht in meiner Klasse und die oben erwähnten Arbeiten für die andern Klassen, sowie für die Konferenz nahmen meine Freistunden ganz in Anspruch. Niemand wird es für unglaubhaft halten, wenn ich berichte, daß ich zum geselligen Verkehr, zu Spaziergängen u. dergl. in den ersten Jahren meines Wirkens in Neisse keine Stunde übrig hatte. Ich entbehrte dadurch nichts, gewann aber an Zeit zur Befriedigung werthvollerer Bedürfnisse. Fand man mich auch nicht in öffentlichen Gärten oder auf Vergnügungsplätzen, so verspürte man doch mein stilles, zurückgezogenes Leben an den Kindern.

4. Nach einem zweijährigen Bestehen der neu organisirten vereinigten Civil= und Militärschule erschien (1820) im „Erziehungs= und Schulrath a. d. Oder" (19. Heft) folgender Bericht aus meiner Feder.

— — „Die Schule befindet sich, wie schon oben erwähnt worden, in dem ehemaligen Franziskanerkloster. Das Gebäude ist 3 Stock hoch, massiv gebaut und eignet sich seiner Lage nach ganz vorzüglich zu einem Schulhause, trotz der Nähe des Schlachthofes und einer Mühle. Vor dem Gebäude befindet sich ein im Sommer mit Rasen bewachsener, mittelmäßig großer eingeschlossener Hof, neben welchem die Bielau vorbei und unter dem Hause fortfließt. Auf beiden Seiten hängt das Gebäude mit den Kasernen, und die eine Vorderhälfte mit der evangel. Pfarrkirche zusammen. Die Wohnungen der drei Lehrer sind gut eingerichtet; die Lehrzimmer sehr geräumig, und lassen nichts weiter zu wünschen übrig, als eine zweckmäßigere Einrichtung und Stellung der Tische und Bänke in den beiden untersten Klassen. So befinden sich z. B. in der mitt=

lern Klasse noch lange doppelsitzige Tische mit beweglichen Bänken, und in der untern sind nicht einmal für alle Kinder Tische vorhanden, so daß die Kleinen beim Schreiben und Zeichnen ihre Tafeln entweder frei halten oder auf die Knie gelegt schreiben und zeichnen müssen, wodurch die erforderliche schöne Haltung des Körpers bei diesen Uebungen leidet. Am besten eingerichtet ist die obere Klasse, wo Tische und Bänke so gestellt sind, daß alle Schüler den Lehrer im Gesicht haben können und er sie alle auf ein Mal übersehen kann. Auch stehen Tische, Pulte und Bänke so, daß in der Mitte durch das ganze Lehrzimmer ein Gang gebildet wird, welcher die Knaben von den Mädchen sondert. An der Wand vor dem Angesicht der Schüler steht auf einem etwas erhöhten uneingeschlossenen Platze der Sitz und Tisch des Lehrers. Diesem zur Rechten und Linken hängen in zwei Nischen zwei große schwarze Wandtafeln, die eine für die Erdkunde, die andere für das Rechnen und die Gesanglehre bestimmt, die übrigen Wände sind mit eigens gezeichneten Länderabrissen, und mit einigen Schreibmustertafeln, die den Gang des Schreibunterrichts bezeichnen, versehen. Ein Bücherschrank mit abgetheilten Fachwerken und ein Waschbecken mit Schwamm und Wasser befinden sich in jeder Klasse. Die Schule besteht aus beinahe 200 Schülern, die weder nach Alter und Geschlecht, sondern nach ihren Fähigkeiten und Kenntnissen in drei Klassen eingetheilt sind. Die erste Klasse hat der Rector Scholz; die zweite der Lehrer Heider, und die dritte der Lehrer Geisler. Es wird Unterricht ertheilt in der Gottseeligkeit, in der Sprache, im Lesen, Schreiben, Rechnen, Zeichnen, Gesang und in der Weltkunde, und zwar täglich 5—6 Stunden. Die Raumlehre ist bis jetzt noch weggelassen worden, wird aber das nächste Mal mit in den Unterrichtsplan aufgenommen werden. — Die Lehrgegenstände bilden unter sich ein zusammenhängendes und in einander greifendes Ganze. Die nothwendigsten Lehrmittel, als Lesebücher, Bibeln und Anweisungen sind für alle drei Klassen aus der städtischen evängel. Schulkasse angeschafft, und Eigenthum der Anstalt. In den Händen der Kinder ist: das erste Sprachbuch (in der 3. Klasse) und das zweite Sprachbuch (in der 2. und 1. Klasse) von Harnisch; Luthers kleiner Katechismus (nach Schraders Herausgabe); kurzer Inbegriff des christlichen Glaubens in einer Auswahl von biblischen Geschichten, Bibelsprüchen und Liedersprüchen; die biblischen Geschichten von Lange und die Bibel. In den Händen der Lehrer ist außer diesen noch die „erste und zweite faßliche Anweisung" von Harnisch; dessen

„Leitfaden beim Unterricht im Rechnen", nebst den „Mückeschen Rechentafeln"; „Natorps Leitfaden beim Unterricht im Gesang", „Schichts 3—4stimmige Choräle und Nägeli's Gesänge", Kawe= rau's treffliche Arbeiten im Schulrath, der herrliche Leitfaden beim Zeichenunterricht in der 5ten, 6ten, 7ten Lieferung des Schulraths v. Harnisch, wobei benutzt werden: die Tappeschen Zeichenvorlege= blätter, und die Mückeschen und Schallschen Blumen und Land= schaftsstudien; „die Weltkunde von Harnisch", und „Kanabichs Lehrbuch der Geographie". „Der Zeunesche Erdball" ist noch nicht angekommen.

Der Religionsunterricht besteht in der untern Klasse: in einer herzlichen und ganz einfachen Unterhaltung des Lehrers mit den Kindern, über Gegenstände aus ihrem Kreise, Umge= bungen und Verhältnissen, die der Fassungskraft der Kinder an= gemessen sind. Aus dem oben erwähnten kurzen Inbegriff des christlichen Glaubens wird wöchentlich der ganz abgedruckte Bibel= spruch und der beigefügte Liedervers durch tägliches Vor= und Nachsprechen in der Schule eingeübt, und durch eine passende faßliche Erzählung erläutert und erwecklich gemacht. In der zweiten Klasse werden aus dem kurzen Inbegriff wöchentlich 2—3 Bibelsprüche und der Liedervers auswendig gelernt; auch wird das Sonntagsevangelium oder die Epistel gelesen und zum Theil gelernt. Vorzüglich aber wird hier die biblische Geschichte des alten Testaments (nach Langes biblischer Geschichte) behandelt und der Katechismus Luthers genau auswendig gelernt. In der obern Klasse nimmt der Lehrer das Leben Jesus ausführlich durch, in steter Verbindung mit Luthers Katechismus, wo die wichtigsten Grundwahrheiten des Christenthums angeknüpft werden. Der kurze Inbegriff wird hier ganz auswendig gelernt. Der Lehrer knüpft darüber am Schlusse der Woche mit den Kindern eine herzliche Unterredung an, wobei der Liedervers erbaulich gesungen wird.

Der Sprachunterricht begreift die Sprech=, Lese= und Sprachübungen, sowie die eigentliche Sprachlehre, grammatische Elementarversuche. — Die Sprechübungen werden in einem elemen= taren Stufengange nach der „ersten faßlichen Anweisung und dem ersten Sprachbuch" angestellt und mit Zeichenübungen abgewechselt. Diese Uebungen gehen gut. Das Lesen und Schreiben tritt ein, nicht erst nach vollendeten Sprechübungen, sondern bald nach Erlernung der Stimmlaute, so daß die Sprechübungen diesem Unterricht immer um einige Uebungen vorangehen. Das Lesen wird auf Harnischens „Lesetafeln" geübt, das Schreiben an der schwarzen Schultafel. Die größern Schüler dieser Klasse lesen im „ersten Sprachbuche". Die

Kleinen schreiben auf der Schiefertafel, die andern mit Feder und Tinte auf Papier. In der mittlern und obern Klasse wird das Lesen im „zweiten Sprachbuche" fortgesetzt. Das zu lesende Stück wird erst einzeln, dann einigemal zusammen von allen Kindern und auch bankweise gelesen, bis es mit Fertigkeit geht. Hierauf werden alle Bücher zugemacht und weggelegt, und die Schüler müssen von dem Gelesenen genaue Rechenschaft geben. In der obern Klasse wird alles noch schärfer genommen. Hier werden die Kinder mit den beim Lesen zu beachtenden Pausen und Regeln näher bekannt gemacht; es wird auf ein langsames, richtig betontes und ausdrucksvolles Lesen gehalten, und überhaupt das Lesen zur möglichsten Fertigkeit erhoben. — Auch das Auswendiglernen und der mündliche Vortrag wird in der ersten Klasse mit dem Lesen verbunden, wodurch die Gedächtniß- und Redekraft außerordentlich gebildet wird. —

Das Schreiben wird in der mittlern Klasse theils noch in Doppellinien geübt, theils werden Vorschriften vorgelegt, die kurze Sätze enthalten, und dem „zweiten Sprachbuche" größtentheils entlehnt sind. Um Gleichheit in die Handschriften zu bringen, sind die Vorschriften von dem Rector angefertigt worden. In der ersten Klasse wird das Schreiben noch weiter ausgebildet, und zugleich die lateinische Handschrift geübt. Das Rechtschreiben wird in beiden Klassen mit dem Schönschreiben und mit den eigentlichen schriftlichen Sprachübungen verbunden. — Die Uebungen der Anschauung werden in den beiden untern Klassen betrieben, wie es in der ersten faßlichen Anweisung vorgezeichnet ist. Es geht hierin recht gut, und die Kinder lieben diesen Unterricht außerordentlich. In der Folge fallen diese Uebungen in der zweiten Klasse weg. — Die eigentliche Sprachlehre oder Grammatik kommt nur vor in den beiden obern Klassen und wird genau nach der zweiten faßlichen Anweisung von Harnisch getrieben. Die Uebungen gehen herrlich. Die Form des Unterrichts ist durchgängig die katechetische*), doch wird sie so angewandt, daß dem Schüler mehr Gelegenheit zum Nachdenken und Sprechen gegeben wird, als dies gewöhnlich geschieht, wo Lehrer dem Schüler gleichsam die Antwort mit der Frage in den Mund legen. Keine Erklärung in der zweiten faßlichen Anweisung wird dem Schüler vorgesagt, jede wird durchkatechisirt. Es wird dabei strenge auf vollständige und mit der Frage im genauesten Zusammenhange

---

*) Hier in der Sprache ist der rechte Ort zum Katechisiren; denn hier soll der Verstand arbeiten. D. H.

stehende Antworten gesehen, kein Stolpern und Holpern, oder undeutliches Aussprechen, auch keine falsche Stellung der Wörter gestattet. — Daß da in der Frage selbst kein überflüssiges Wort vorkommen dürfe, und daß dabei der Lehrer auf sich selbst sehr aufmerksam sein, und sehr bestimmt zu fragen sich befleißigen muß, ist das erste Erforderniß. Auch muß alles so im genausten Zusammenhange stehen und nichts weggelassen werden, was zum Ganzen gehört und ein solches ausmacht. Wie belehrend und bildend diese Unterrichtsweise ist, und mit welcher gespannten Aufmerksamkeit und reger Geistesthätigkeit die Schüler auf den Lehrer hören, das erfahre ich zu meiner innigen Freude und Belohnung an meinen Schülern, die sich bemühen, stets zusammenhängend und sprachrichtig zu antworten nud zu sprechen. Daß hier, wie wol bei jedem Unterricht, vorzüglich viel auf die Eigenthümlichkeiten des Lehrers, auf seine Lehrgeschicklichkeit und auf den Geist, der ihn belebt und durchdringt, ankommt, ist einleuchtend.

Schriftliche Aufsatzübungen werden nicht vernachlässigt, denn es wird den Kindern aufgegeben, ein Märchen, oder eine Erzählung, welche sich ihnen durch das oftmalige Lesen im zweiten Sprachbuch eingeprägt hat, in der Schule aufzuschreiben; auch werden sie aufgefordert, irgend eine Begebenheit, die sich mit ihnen selbst oder anderswo zugetragen hat, und wovon sie Augenzeugen waren, oder die ihnen von andern erzählt worden ist, zu Papiere zu bringen, auch kleine beliebige Briefe werden ihnen erlaubt aufzuschreiben, die dann in der Schule von den Kindern selbst verbessert werden.

In der Zahllehre wird nach Harnisch's und Mücke's Rechenbuche verfahren; jedoch weichen wir von dieser Anweisung in einigen Stücken ab, ohne dem Ganzen zu schaden. Denn es kommt ja doch weniger auf die Form, als hauptsächlich auf den Geist an, der in jedem Unterrichtsgegenstande herrscht. — Die unterste Klasse besteht aus vier Rechenabtheilungen, die gleichzeitig in fünf Stunden wöchentlich beschäftigt werden, und wovon die erste Unterabtheilung d. h. die besten Rechner bei der Vervielfältigung, auf der dritten Stufe steht; das Zu- und Abzählen ist gleichfalls schon durchgenommen, und sollen die Schüler bis zur nächsten Versetzung die vier ersten Rechnungsarten inne haben. — Die II. Klasse begreift auch 2 Unterabtheilungen, wovon die erste beim gebundenen Subtrahiren, die andere beim ungebundenen Dividiren steht. Die I. Klasse theilt sich ebenfalls in 2 Abtheilungen, wovon die erste bei den Brüchen steht, wobei jedoch bemerkt werden muß, daß auch schon die Verhältnißrechnung sehr gründlich und genau geübt worden ist; die zweite Unterabtheilung steht beim gebundenen Dividiren. Es wird in allen Klassen auf sehr gründliche Eintheilung des Rechenunterrichts gesehen, vorzüglich werden die Kinder geübt, die Aufgaben zu beweisen, und es giebt in allen drei Klassen recht fertige Rechner; aber auch langsame und sehr schlechte. — Das Kopfrechnen wird in steter Verbindung mit dem Tafelrechnen getrieben. Zu letzterem werden die Mücke'schen Rechentafeln benutzt. Die Rechentafeln sind ganz gut, denn sie verlangen durchaus sehr aufmerksame und denkende Rechner, die zugleich sehr gründlich unterrichtet sein müssen. Zu tadeln aber sind die ungeheuren falschen Auflösungen, auf die man sich durchaus nicht verlassen kann. Es ist zu wünschen, daß Herr Mücke auf einem besondern Bogen die Druckfehler nachweiset und verbeßert, wenn dem Lehrer durch diese Rechentafeln der Unterricht erleichtert werden soll.

Der Zeichenunterricht wird nach dem Leitfaden von Harnisch betrieben, wobei die Tappe'schen Vorlegeblätter und die Mücke'schen Zeichnungen benutzt werden. Die besten Zeichner stehen bei den Schattenübungen. Es werden schon recht nette und saubere Zeichnungen geliefert. Daß nicht alle Kinder gut zeichnen, und nicht alle gleiche Fortschritte machen, liegt nicht am Lehrer, noch weniger am Leitfaden, sondern an den verschiedenen Anlagen der Kinder. Alle aber zeichnen mit vieler Liebe und Ausdauer.

Die Gesanglehre wird nach Natorp's Anweisung ausgeführt in zwei Stunden wöchentlich. Die untere Klasse übt ganz kleine Lieder ohne Noten, die mittlere übt die Rhytmik und die Tonleiter ein, immer abwechselnd mit kleinen, leichten zweistimmigen Liedern. Die obere Klasse setzt diese Uebungen weiter fort, läßt viel nach und ohne Noten singen, und berücksichtigt ganz vorzüglich den Kirchengesang. So werden in den sonntäglichen Gottesverehrungen die Responsorien u. s. w. von den Kindern 2= bis 3stimmig mit schwacher Orgelbegleitung gesungen, welche den Sonnabend vorher in einer freiwillig festgesetzten Gesangsübungsstunde eingeübt sind. Auch größere vierstimmige Kirchengesänge (Chöre) sind schon bei der Gottesverehrung abgesungen worden. Leider! daß diesem Unterrichtsgegenstande, der so das Gemüth des Kindes anregt und anspricht, nur wöchentlich 2 Stunden gewidmet werden können.

In der Weltkunde, welche die Erd=, Stoff=, Thier=, Pflanzen=, Mineral=, Staatenkunde und die Geschichte begreift, richten wir uns nach dem Leitfaden von Harnisch. Die mittlere Klasse beschränkt sich blos auf die Kunde der Heimath, d. i. die Kreiskunde und Schlesien. — Die obere Abtheilung bringt es so weit als möglich, und hat bis jetzt die Heimaths=kunde (welche auch die Geschichte Schlesiens begreift, der vier Monate gewidmet wurden), die Kunde von den preußischen Landen und Deutschland genau durchgenommen.

Um das in der Erdkunde Erlernte in den Schülern mehr zu befestigen, wurden sie angewiesen, fleißig Länderabrisse oder Karten von der schwarzen Schultafel, woran die Karte gezeichnet ist, zu entwerfen, und es gewährt Freude zu sehen, wie gern dies die Knaben thun, und welch saubre Abrisse sie liefern. — Als ein besonderer in die Weltkunde gehöriger Unterrichtsgegen=stand ist seit dem Frühling dieses Jahres auch die Pflanzen=kunde hinzugetreten. Sie wird nicht als ein trockener Gegen=stand in der Schule blos gelehrt, sondern die Kinder müssen die Natur mit eignen Augen sehen und die Pflanzen betrachten. Deshalb werden die Kinder bisweilen in die Schöpfung geführt und geschickt, um dort auf grünenden Fluren, Wiesen, Hügeln und Thälern, an Flüssen, Teichen, Sümpfen und Gräben Pflan=zen aufzusuchen und näher zu betrachten.

So viel über die einzelnen Unterrichtsgegenstände! Es geht daraus hervor, daß die seit 1½ Jahren neu eingerichtete Schule zwar noch nicht da ist, wo sie sein soll, daß sie aber auf einem guten Wege und im Streben dahin ist. — Da nun auch die andern Lehrer die bessere Lehrart durch die wöchentlichen Kon=ferenzen, durch die Ausübung derselben und durch die ermun=ternden Fortschritte ihrer Schüler, immer lieber gewinnen, und von ihnen zu erwarten ist, daß sie sich darin allmälig immer mehr durch eignes Nachdenken und Forschen vervollkommnen, und so die todte Form in einen lebendigen Geist umschaffen werden, so kann man hoffen, daß sich mit ihrer eignen Vervollkommnung auch die Schule ihrer Vollkommenheit nähern wird. Viel ist in dem kurzen Zeitraum schon geschehen, aber auch gar sehr viel giebt es zu thun. Wir wollen muthig fortarbeiten! dies müssen wir um so mehr, da uns bis hieher von Seiten der Eltern wegen der Einführung einer neuen Lehrart, keine wesentlichen Schwierig=keiten entgegengesetzt worden sind, welche wir zu besiegen gehabt hätten. Dies verdanken wir zunächst dem Superintendent Handel, der hierzu allmälig die nothwendigen Einleitungen getroffen hatte. Auch war die Schule früher in einem Zustande, daß redliche und besorgte Eltern eine durchgreifende Verbesserung von ganzer Seele wünschen mußten."

So berichtete ich vor vierzig Jahren. Wenn mir heute (1861) eine solche Beschreibung von einer Schule zuginge, ich würde nicht umhin können, dieser Schule meinen Beifall zu zollen. Es kommt mir vor, als könnten daraus viele Lehrer der Neuzeit Manches lernen. Der richtigen Würdigung jenes Berichtes wegen muß ich zur Charakterisirung der Schulkinder selbst Folgendes nachtragen.

5. Die Schule war zu einer vereinigten Civil= und Militärschule umgestaltet worden und bestand aus Kindern der evangel. Civil= und Garnisongemeinde, aus Kindern des mittleren und niederen Bürgerstandes und der Soldaten. Das höhere Militär und der höhere Bürger= und Beamtenstand schlossen vorläufig ihre Kinder von unserer Schule aus. Außerdem wurden Knaben und Mädchen in jeder Klasse, wenn auch getrennt sitzend, gemeinsam in jedem Gegenstande unterrichtet. Die Kinder mußten schlecht disciplinirt gewesen sein. Bei meinem Amtsantritt verursachte mir die schreckliche Verwilderung, die Zuchtlosigkeit der Knaben große Arbeit. Die Kinder des Königl. Landarmenhauses erschienen mir im Vergleich mit der Reisser Jugend wie Lämmer, bei denen körperliche Züchtigungen wenig oder gar nicht ausgeübt werden durften. Hier dagegen hatte ich mit einem ungebildeten, rohen Benehmen, mit Neckereien aller Art, Angeberei, Widersetzlichkeit, Murrköpfigkeit bei Zurechtweisungen, Mangel am häuslichen Fleiß, Unsauberkeit in den schriftlichen Arbeiten harte Kämpfe zu bestehen. Ich schäme mich nicht, aufrichtig zu gestehen, daß ich nicht selten das Schulzimmer verließ, um in meiner Wohnung der Gemüthsaufregung durch einen Erguß von Thränen Luft und Erleichterung zu verschaffen. Wie viel hatten hierbei die Lehrer verschuldet! Einer derselben, Namens Vieweg, der nicht an der neuen Schule angestellt wurde, sondern entlassen worden war, konnte des Branntweins selbst während des Unterrichts nicht entbehren; er soll bisweilen hinter dem Ofen einen Schluck dieses Getränkes genommen haben. Handel hatte mir den schlechten Geist, der in der Schule geherrscht, in mildester Form angedeutet, indem er mir nach Kreuzburg schrieb: „Sie werden hier ein wüstes Feld zu bearbeiten finden.“ Sicher haben diese trüben Erlebnisse auch zu der schon oben erwähnten Niederlage beigetragen. Ich war genöthigt, mich mit einem Gehülfen zur Austreibung und Vertilgung des bösen Geistes in Verbindung zu setzen. Dieser Gehülfe war der Bakel, vor dem die Jungen einen heillosen Respekt hatten, und der mir eine Zeit lang in meiner Klasse die besten Dienste leistete. Ich war damals von dem philantropischen Geiste beseelt und wollte allein durch Liebe und durch liebevolle Worte meine Schüler an mich ziehen, für mich gewinnen; aber dieses

7

Mittel wirkte nur bei den Mädchen, die mir sehr zugethan waren, und bei einzelnen gut gearteten Knaben, an die ich heute noch mit Bergnügen denke. Einzelne Rangen, die einen äußerst bösen Einfluß ausübten, verließen nach Jahr und Tag die Klasse; mit ihrem Abgange war die Klasse wie umgewandelt. Mein Eliaseifer, der am liebsten Feuer vom Himmel herabgezaubert hätte, war inzwischen zur Milde eines Elisa umgewandelt, aus dem Saulus war ein Paulus, wenn auch nur ein kleiner, geworden, wozu offenbar jene Läuterungskrankheit das ihrige beigetragen hatte. Es ist keine vereinzelte Erfahrung, daß neue Lehrer bei Schülern, die sie vorgefunden, einen schwereren Standpunkt haben, als bei eben erst zugetretenen, und daß erst dann ein erfolgreiches Wirken eintritt, wenn sich die alten Schüler mit dem neuen Lehrer eingelebt, gewissermaßen verständigt haben. Ich räume gern ein, daß auch ich damals Mißgriffe gethan und daß, wenn mir damals die heutigen Erfahrungen zu Gebote gestanden hätten, mancher Berdruß erspart worden wäre. Lehranfänger mögen sich das merken.

Meine Klasse zählte bei meinem Amtsantritt etwa 40 Schüler und Schülerinnen; sie mußte sich aber einen guten Ruf erworben haben, denn schon nach der ersten halbjährigen Prüfung wurde sie stärker frequentirt. Knaben und Mädchen des höheren Beamten- und Militärstandes wurden ihr zugeführt, so daß das zweite Semester mit einer Zahl von 60 Schülern begonnen wurde. Viel trug dazu auch der Umstand bei, daß der Superintendent H. seine älteste Tochter und seinen ältesten Sohn (jetzt Pastor in Bohrau bei Strehlen) der Schule zuführte. Mit jedem Semester besserte sich der Geist, vermehrte sich die Zahl der Schüler und Schülerinnen. Wir erlebten die Freude, daß die Rectoratsklasse von Kindern aus Familien der höchsten Stände bis zum niedrigsten Bürger- und Soldatenstande besucht wurde. Die Kinder des Fürstenthums-Gerichtspräsidenten, v. K., des Oberst v. S., v. P., so wie die des Schneidermeisters, Schlossers X und Tagearbeiters Y, des Korporals Z saßen auf den Schulbänken der ersten Klasse, die Tochter des Zolleinnehmers oder Schneidermeisters neben der des Obersten v. Pochhammer, die Söhne des Fürstenthumsgerichts-Präsidenten neben dem Sohn des armen Bürgers A. u. s. f. — Ich spreche hiervon nicht aus eitler Ruhmsucht, sondern um der Wahrheit die Ehre zu geben. Eine zweite Schule von so verschiedenartigen Schülern, dem Stande und der Bildung nach ist mir nicht vorgekommen. Die gehobene Schule mußte in irgend etwas ihren Grund haben. Ich betrachte sie als den Segen eines so einmüthigen Zusammenwirkens der Lehrer mit dem Revisor, dem Superintendenten und jener Konferenzen, die unermühlich fortgesetzt wurden. Die gehobene Schule hob auch uns Lehrer. Eine wahre Herzensfreude verursachte die Wahrnehmung an dem Superintendenten H., der bei jeder Gelegenheit über das Gedeihen der Schule seine Freude ausdrückte. Der pädagogisch-heilsame Einfluß der Kinder aus so verschiedenen Ständen trat in glänzender Weise ans Licht. Es herrschte ein anständiges Wesen bei den Kindern verschiedenen Geschlechts und Standes, verschiedenen Fähigkeiten und Leistungen. Die Tochter des Justizrathes ließ sich schwesterlich von der simplen Tochter eines Schuhmachers belehren, und der Sohn einer armen Wittwe wurde von dem Sohn eines Baron zum Gespielen erkoren. Die Kinder der Vornehmen lernten die Gaben und Kräfte der Mitschüler aus den niedern Ständen kennen und schätzen, diese aber verfeinerten ihr Benehmen und ihre Sprache im näheren Umgange mit den vornehmeren Kindern. Ueberaus segensreich war auch der Einfluß der Mädchen auf die Knaben. Es ist mir nicht vorgekommen, daß der Anstand verletzt worden wäre. Die rohen Ausbrüche der Knabennatur wurden durch die gesittete Haltung der Mädchen gemildert. Die Vorurtheile mancher Eltern der höheren Stände, daß der milde Sinn ihrer Tochter durch die wilde Natur der Knaben aus den verschiedenen Ständen in der Schule gefährdet werden möchte, schwanden von Jahr zu Jahr. Daß nicht auch einzelne lose Vögel unter den Knaben gewesen seien, welche die Grenze des Zulässigen zu überschreiten versuchten und z. B. verstohlen eine Correspondenz einzuleiten trachteten, will ich nicht in Abrede stellen; aber diese Neckereien prallten an dem ernsten Sinn der Mädchen ab. Ja, ich könnte Namen von noch lebenden ehemaligen Schülerinnen nennen, die durch ihre Haltung, gleich einer Priesterin, dem keckſten Knaben Achtung einflößten. Ein Erlebniß muß ich hier erzählen. Ein Major v. Tiedecke führte meiner Klaſſe seine jüngste Tochter zu, die vorher die katholische Mädchenschule besucht hatte, aber hier nicht gebändigt werden konnte. Dem Vater selbst machte die wilde Natur dieser Tochter große Sorge, und mir wurde die Aufgabe gestellt, diesem Mädchen mit der Jungennatur eine bessere Richtung zu geben. Der Vater zweifelte selbst, daß seine Tochter in Gesellschaft von Knaben sich in den Schranken der Anständigkeit halten würde. Ich nahm das 10—12jährige Mädchen nicht ohne Besorgniß auf, stellte sie unter meine besondere Aufmerksamkeit und freute mich, in den ersten Wochen keine Spur von ihrer Wildheit zu finden, nur eine große Lebendigkeit und Beweglichkeit nahm ich an ihr wahr. Ich ließ sie lange Zeit nicht aus den Augen. Trau, schau, wem? Eines Tages findet sie sich eine halbe Stunde früher in der Schule ein,

7*

wo sie einen kampf- und streitlustigen Knaben antrifft. Sie neckt ihn, er sie durch Worte. Dem Wortgezänke folgte die That. Mit dem Lineal in der Hand finde ich sie auf der einen, den Burschen auf einer andern Tafel in der Position zwei sich Duellirender. Bei meinem ganz zufälligen Erscheinen entfällt ihr vor Schreck das Lineal. Sie stürzt zu meinen Füßen und fleht um Verzeihung. Ohne ein Wort der Erwiderung verließ ich das Schulzimmer, zeigte den Vorfall dem Vater, unserer Verabredung gemäß, an, und schickte sie mit dem Billet nach Hause. Diese Maßregel brachte sie außer sich; sie bestürmte mich mit Bitten um Verzeihung und gelobte Besserung. Daß ich nicht nachgab, versteht sich von selbst. Diese Festigkeit trug herrliche Früchte. Das Mädchen ging in sich, kämpfte zwar fort und fort mit ihrem lebhaften Temparamente, war aber außerordentlich gefügig und recht anständig. Ein ernster Blick genügte, um sie zu bändigen. Sie wurde mir eine liebe Schülerin, und der Vater ein dankbarer Freund. Schon war sie der Schule entwachsen, als sie mir in ihrer offenen Weise gestand, daß sie gewiß ihrer Wildheit keinen Zaum angelegt hätte, wenn sie nicht mit Knaben zusammen gewesen wäre, vor denen sie sich nicht wie „ein Junge gebehrden" wollte. Ich hatte ihr nämlich gedroht, daß ich sie wie einen Jungen behandeln würde, wenn sie sich wie ein Junge gebehrdete. —

Damals wurde in öffentlichen Blättern und in Privatzirkeln viel über die Nothwendigkeit der Trennung der Geschlechter in Schulen verhandelt und der Wunsch ausgesprochen, daß auch die evangelische Schule, wie die katholische, in eine Knaben- und eine Mädchenschule umgestaltet werden möchte. Handel und ich nahmen die Sache in gewissenhafte Ueberlegung, indem wir uns die Frage vorlegten: 1) Bedürfen die Mädchen ein geringeres Maß von Kenntnissen und Fertigkeiten als die Knaben bis zu ihrer Konfirmation? 2) Hat der bisherige vereinte Unterricht einen nachtheiligen Einfluß auf die Sittlichkeit der Kinder gehabt? 3) Ist ohne Vermehrung von Lehrkräften eine Trennung und ein wohl geordneter Unterricht, wie wir ihn jetzt haben, möglich, oder 4) sollen die Kinder in der untern Klasse dem Geschlechte nach vereint bleiben, und nur die beiden obern Klassen in eine Mädchen- und in eine Knabenklasse zerfallen? Wenn letzteres auszuführen wäre, würde für die Bildung der Kinder Gewinn oder Nachtheil entstehen, da dann jede Klasse in eine mittlere und in eine obere Abtheilung zerfiele und zerfallen müßte. — Diese Erwägungen bestimmten uns zu der Erklärung, daß für unsere Schule in keinerlei Beziehung ein Grund zur Trennung der Geschlechter vorhanden sei, ja daß die gegenwärtige Verfassung gefunden pädagogischen Grundsätzen entspreche und der naturgemäßen Entwickelung des kindlichen Geistes förderlich und dienstlich sei. Wenn Söhne und Töchter an demselben Tische in der Familie gespeist werden, Männer und Frauen, Jungfrauen und Jünglinge in der Kirche zur gemeinschaftlichen Erbauung sich versammeln: warum sollen in der Schule die Knaben und Mädchen in gesonderten Räumen unterrichtet werden? Auf die Reisser evangelische Schule ließ sich die Berliner bekannte Redensart: „Es ginge wohl, aber es geht nicht", anwenden. — Ich hätte hier Gelegenheit, noch ein Wort über das Bestreben, besondere Knaben- und besondere Mädchenschulen einzurichten, zu sagen, wenn es mir nicht überflüssig erschiene. Aber zurückhalten darf und will ich doch den Gedanken nicht, daß, wenn Sittlichkeitsrücksichten die Trennung der Geschlechter in unseren Volksschulen nothwendig erscheinen lassen, man überall, also auch auf dem Lande, mit der Trennung vorgehen müsse. Halten Lehrer aus demselben Grunde eine solche Trennung für pädagogisch wichtig und heilsam, so beweisen sie die Ohnmacht ihrer Wirksamkeit, und stellen sich selbst ein Armuthszeugniß aus. Erblicken Eltern in dem Zusammenleben von Knaben und Mädchen in der Schule eine Gefahr für die Entwickelung des Geschlechtstriebes und dadurch für die Sittlichkeit ihrer Kinder, so zweifeln sie selbst an der Reinheit des Sinnes ihrer Kinder oder schließen von sich auf ihre Kinder. Darin sind wol die meisten Lehrer einig, daß die Schulerziehung bei vereinten Geschlechtern leichter und vortheilhafter erzielt werde, als bei der Trennung, was sich pädagogisch und psychologisch begründen läßt. —

In Reisse glückte es bis ein Jahr vor meinem Abgange nicht, eine sogenannte höhere Privat-Töchterschule zu Stande zu bringen; die gute Einrichtung der katholischen Mädchenschule und die gehobene evangelische Schule ließ anderweitige Unternehmungen der Art nicht aufkommen. Dazu kam, daß ich selbst einen täglich zweistündigen Privatunterricht einrichtete, an dem mehrere Kinder der vornehmeren Familien Theil nahmen, und in dem auch der Unterricht im Französischen eine Stelle fand. Und doch besaß Reisse bei meinem Abgange 1834 eine höhere Töchterschule. Wie ging das zu? So!

Der Professor Pätzold, der Mitglied der Schulen-Deputation war, hatte ein paar Töchter, denen er gern eine höhere Schulbildung zu geben wünschte. Zu diesem Behufe richtete er eine Privatstunde ein, und ließ die beiden Töchter einer andern befreundeten Familie an diesem Unterrichte Theil nehmen. Nach und nach vermehrten sich diese vier Mädchen um zwei. Dies brachte den sehr betriebsamen Herrn, dem es geglückt war, in Reisse eine Knaben-

Realschule zu gründen, auf den Gedanken, auch für die Mädchen höherer Stände eine Realschule einzurichten; er verschmähete es nicht, seine Schule aus der katholischen Mädchenschule und aus der ersten Klasse der evangelischen Schule zu rekrutiren, indem er sich bei der öffentlichen Prüfung die Schülerinnen notirte, deren Eltern für seine Zwecke leicht zu gewinnen waren. Die Sache machte Aufsehen, das Unternehmen ging glänzend vor sich und würde gewiß gediehen sein, wenn es nicht an guten Lehrkräften gemangelt hätte, war doch selbst Pätzold kein Mädchenlehrer; das Anregende des Unterrichts wurde bei ihm ganz vermißt; er war ein trockner und vertrockneter Mathematiker und Mineraloge. Die erste Prüfung, der ich beiwohnte, lieferte ein klägliches Resultat. Matte Fragen, kärgliche, kaum hörbare Antworten. Unter den Probezeichnungen befanden sich Blätter, die nicht in der neuen Schule, sondern bei mir gefertigt worden waren. Mütter, deren Töchter meiner Klasse angehört hatten, äußerten sich gegen mich in einer Weise, daß daraus entnommen werden konnte, sie seien von dem Ergebniß dieses Unterrichts und der Prüfung nicht sonderlich erbaut. — Die neue Schule erhob sich zu keinem frischen Leben. Pätzold war der Leitung einer solchen Schule nicht gewachsen; überdies nahm das Directorat der Realschule, so wie die Gewerbschule seine Thätigkeit so vielseitig in Anspruch, daß eins der Institute leiden mußte. Ich bin von dem Schicksal der neuen Töchterschule nicht Augenzeuge gewesen, da ich im Jahre 1834 nach Breslau gerufen wurde. Nach dem Untergange derselben unternahm es Herr Jäkel, der in Glaz ein Privat-Institut leitete, nach Neiße zu übersiedeln; Verhältnisse begünstigten sein Unternehmen. Jäkel wurde freilich von seinen Kollegen, katholischer und evangelischer Confession, nicht gern gesehen; aber die Offizier- und Beamtenfamilien führten ihm freudig ihre Kleinen zu. Dazu kam, daß Jäkel ein gewandter Lehrer war, dem auch die Gewandtheit in den geselligen Formen nicht abging. Das Institut besteht noch, jedoch unter wechselnder Frequenz, da die Bestrebungen des Töchter-Instituts der „grauen Schwestern" — auch eine Schöpfung der neuesten Zeit — die Zahl der Schülerinnen jenes Instituts beeinträchtigen, freilich nur so lange, bis man sich überzeugt haben wird, „man koche im Institut der grauen Schwestern auch nur mit Wasser". —

6. Ich bin in meiner Darstellung über die Zeit meines Berufslebens in Neiße hinaus gekommen, und muß deshalb wieder zurückkehren. Die evangelische Schule in Neiße hat sich nicht allein auf dem oben beschriebenen Standpunkt behauptet, sondern strebte einem höher gesteckten Ziele zu. Die Konferenzen, welche in den ersten

Jahren allwöchentlich gehalten wurden, fanden später nur alle vier Wochen statt. An die Stelle des freiwillig zurückgetretenen Lehrer Geisler hatte uns Harnisch mit einem jungen Mann, Namens Löfler, versorgt. Dieser zeichnete sich nicht nur durch seinen robusten Körperbau, sondern auch durch seine Lehrgeschicklichkeit, wie durch seinen musterhaften Lehrfleiß und Lehreifer aus. Es gelang ihm recht bald, die nicht geringe Schaar kleiner Lehranfänger, die G. nicht in Ordnung zu bringen vermochte, zu zügeln und die kleinen Lärmer und Störenfriede zu eifrigen Lernern und stillen, aufmerksamen Hörern zu verwandeln. Löflers Leistungen übertrafen unsere Erwartungen. Bei G. zeigte es sich, wie wenig der redlichste Wille vermag, wenn die geistige und physische Kraft nicht ausreicht, eine gute Disciplin herzustellen; bei L. dagegen, wie viel ein mittelmäßiger Geist durch entschiedenes mit Freundlichkeit und Liebe gepaartes Handeln zu Wege bringt. Die Disciplin in der dritten Klasse war musterhaft. Die Kinder sangen allerliebst, schrieben mit ihren Händchen so mühsam und eifrig, als hätten sie ein Kunstwerk auszuführen, rechneten mit einer Lust, die jeden Zuhörenden ergötzte, und antworteten bei den sogenannten „Uebungen im Anschauen, Denken und Reden" so freudevoll, naiv und zusammenhängend, daß man seine Freude an der Thätigkeit des sich entwickelnden Denkvermögens der Kleinen nicht bergen konnte. Die Lesemethode nach Harnisch's faßlicher Anweisung, die genaue Verbindung des Lesens mit dem Schreiben habe ich niemals in solcher Vollendung und mit solcher Befriedigung in den Erfolgen ausführen sehen, als bei diesem Manne; Harnisch selbst kann die Sache nicht geschickter behandelt haben. Auch die oben getadelte Zergliederung der Wörter in Silben und Laute, die zu einem gedankenlosen, zeittödtenden Plapperwerk führte, hörte sich bei den Löflerschen Leseschülern gut an. Wenn die kleinen sechsjährigen Leseschüler das Wort „Kaufmannschaft" in folgender Weise im Chor einstimmig wie ein aufgezogenes Uhrwerk zergliederten:

Das Wort „Kaufmannschaft" hat drei Silben. Die erste Silbe heißt „Kauf" und besteht aus dem zusammengesetzten Stimmlaut „au", aus dem einfachen Vorlaut „K" und aus dem einfachen Nachlaut „f". — Die zweite Silbe heißt „mann" und besteht aus dem einfachen Stimmlaut „a", aus dem einfachen Vorlaut „m" und aus dem gedoppelten Nachlaut „nn". — Die dritte Silbe heißt „schaft" und besteht aus dem einfachen Stimmlaut „a", aus dem einfachen Vorlaut „sch" und aus dem zusammengesetzten Nachlaut „ft";

so lag in der Freudigkeit, mit der die Kinder die Zergliederung

vortrugen, für den Zuhörenden etwas Bestechliches. Abgesehen von
der bewundernswerthen Geduld, mit der von Seiten des Lehrers
eine solche Arbeit an den Kindern vollzogen wurde, so war das Ergebniß dieser Anstrengung doch nur eine äußere Sprechfertigkeit mit
allzu geringem Gewinn für die Entwickelung des Sprach- und Denkvermögens. Und welche Vergeudung der kostbaren Zeit. Wenn
sich Löffler darauf viel zu Gute that, so finde ich die Freude an
solcher Erstlingsfrucht seines Wirkens als selbstständiger Lehrer ganz
gerechtfertigt. Solcher Arbeit unterzieht sich ein für die Sache be-
geisterter junger Lehrer wol einige Mal. Auch bei Löfflern gewann
der Gedanke Raum, daß ein einfacheres, weniger anstrengendes Verfahren für den Lehrer die Schüler auch zu dem beabsichtigten Ziele
führe und daß die Angabe der Laute in der Reihe, wie sie im
Worte beim Aussprechen gehört werden, jener Zergliederung vorzuziehen sei, und daß die Lautirung der Buchstaben beim Lesen in
Anwendung treten müsse. Zu dieser Ueberzeugung gelangte L.
durch die Besprechung der Sache in der Konferenz. Auch für die
Trennung des Lesen- und Schreibenlehrens stimmte L. Wir
kamen darin mit einander überein, daß das Lesen durch das Schreiben
auf einfachere und natürlichere Weise zu erzielen sei. Durch Sprechübungen müsse das Kind mit den Bestandtheilen einer Silbe oder
eines Wortes vertraut gemacht werden. Mit diesen abwechselnd seien
die Kinder im Zeichnen solcher Striche zu üben, die den Schreib-
buchstaben zum Grunde liegen. Allmählich gehe man zum Schreiben
der Laute in der bekannten Folge: i, ü, u, e, o; ö, a, ä, ei, eu,
au u. s. f. über, die für die Kinder keine werthlosen Zeichen sind,
da sie deren Vorkommen in den Sprechübungen, die fortgesetzt
werden müssen, erkannt haben. Das Vorführen der Druckbuchstaben
unterbleibt. Die Druckschrift tritt überhaupt zurück, bis die Kinder
die Schreibschrift so weit inne haben, daß sie Selbstgedachtes und
Vorgesprochenes zu schreiben im Stande sind. Löffler betrat diesen
Weg mit einem Erfolge, daß Handel für die Methode ganz begeistert war, und für sie durch Wort und Schrift in die Schranken
trat. Wesentlich trug zur Förderung dieser Methode die Herausgabe zweier Schriftchen von mir: 1) der „Schreib-Leseschüler" und
2) der „Leselehrer" bei, wovon ich weiterhin zu sprechen Gelegenheit haben werde. — Hier erwähne ich nur noch, daß L. auch im
Zeichnen bei den Kleinen Erfreuliches erzielte. Man nannte es
damals das Pestalozzische Zeichnen, darin bestehend, daß die
Kinder nach Einübung der elementaren Striche, Linien und Winkel
allerlei Figuren durch Zusammenstellung von Linien u. s. w. bilden,
hauptsächlich aber dergleichen Figuren selbst erfinden lernen.

Die Ueberraschung war groß, und L. verdiente mit Recht das Prädikat eines „Musterlehrers" für Anfänger.

Herrn Heiders, des zweiten Lehrers, Lage war eine eigenthümliche. Von Oben gezogen, von Unten geschoben, war es da wol möglich, im lethargischen Zustande zu verharren? Allerdings erhob er die lahm gewordenen Flügel seines Geistes zu einem Fluge, aber es blieb beim Flattern. An der schmerzlichen Erfahrung, daß die Eltern ihre Kinder nicht in die zweite Klasse versetzt haben, sondern sie so lange in der dritten Klasse lassen wollten, bis sie reif zur ersten Klasse wären, waren wir nicht schuld. Dem Verlangen der Eltern konnte nicht gewillfahrt werden. Die Folge war, daß die in die zweite Klasse versetzten Schüler entweder die Privatstunden des Herrn Löffler und bei mir besuchten, was zu allerlei Konflicten führte. Der Hemmschuh, welchen die erste Klasse an der zweiten hatte, wurde immer fühlbarer. Was hätte nicht geleistet werden können, wenn die zweite Klasse nicht der faule Fleck in unserer nach unten und oben hin lebensfrischen Schule gewesen wäre. Heider war nicht zu beseitigen; aber es wurde dahin gewirkt, daß ihm, zum Theil auf seine Kosten, ein Hülfslehrer an die Seite gesetzt wurde, dem er Wohnung und Kost gewähren mußte. Er fügte sich in das Unvermeidliche. Herr Tix (jetzt Rector der Schule) war der neue Hülfslehrer. Es wurde aber die Anordnung getroffen, daß T. die dritte Klasse übernahm und L. in die zweite Klasse rückte. Ich athmete nun leichter, Heider dagegen schwerer.

Wie so ganz verschieden die Lehrer-Naturen doch sind, das zeigte sich so recht auffällig an den beiden Lehrern Löffler und Tix. Letzterer war in seinem Wesen völlig das Gegentheil von ersterem, und doch wirkten beide unter den Kindern mit Erfolg. Anfänglich äußerte H. sein Bedenken, indem er meinte: „das schüchterne, jungfräuliche Wesen des Herrn T. würde den Kindern nicht genug imponiren und es stehe zu befürchten, daß die Disciplin erschlaffen werde." Ich läugne nicht, daß ich dieselben Befürchtungen hegte. Gottlob, wir täuschten uns. Trotz des wortkargen Auftretens des Herrn T. wußte er doch beim Unterrichte die muntern Kleinen in erfreulicher Stille und Lebendigkeit zu erhalten. Alles ging geräuschlos vor sich. Er fand die Kinder stets auf ihren Plätzen, und waren sie munter und laut vor dem Beginn der Lehrstunden, so herrschte die größte Stille bei seinem Eintreten. Was geschehen sollte, deutete er durch verschiedene Handbewegungen an, z. B. das Aufstehen, Hervortreten, Niedersetzen u. s. w. Die Denk- und Sprechübungen waren anfänglich minder anregend, da etwas Langsames und Schwerfälliges in der Sprechweise des Herrn T. lag; aber die Kinder hatten sich bald

an das Wesen ihres neuen Lehrers gewöhnt und verhielten sich aufmerksam; auch nahm T. an Redefertigkeit sichtlich zu, und entwickelte je länger je mehr geistige Lebendigkeit. Auffällig war es,
daß Herr L. in der zweiten Klasse mit minderem Glück unterrichtete;
er selbst fühlte sich in der Klasse nicht heimisch. Ich sprach mich
darüber gegen Handel aus, indem ich meinte, L. sei unübertrefflich
als Lehrer der untersten Klasse, in der zweiten stehe er nicht an
seinem Platze, worin mir H. beistimmte. Wir hofften, L. würde
sich hineinarbeiten; aber die Sehnsucht nach seiner lieben dritten
Klasse wich nicht. —

Die Stadtbehörde sah sich genöthigt, Herrn H. vollständig in
Unthätigkeit zu setzen d. h. zu pensioniren. Die Ueberfüllung der
untern Klasse — sie zählte über 150 Schüler — machte die Errichtung einer vierten Klasse nothwendig. Tix wurde vierter, Löfler
dritter Lehrer, und die zweite Klasse übernahm ein Herr Steinhorst, der das Neisser Gymnasium vollständig absolvirt und sogar
das Abiturienten-Examen bestanden hatte. St. hatte sich aber für
das Elementar-Schulfach entschlossen und bereits als Hülfslehrer in
Pommerswitz bei Neustadt gewirkt. Es fehlte dem jungen Manne,
der übrigens älter als T. war, nicht an gründlichen Kenntnissen
und an einem geübten Geiste; nur die Vertrautheit mit der Ele-
mentarmethode, wie sie damals in den Seminarien gelehrt wurde,
dürfte bei ihm vermißt worden sein. Ein gebildeter Geist aber
eignet sich dieselbe leichter und früher an. Das war bei Herrn
Steinhorst der Fall, der, beiläufig gesagt, ein auffallend stilles,
zurückgezogenes Leben führte, und mit einem fast zu ernsten Wesen
unter den Kindern schaltete und waltete. Ich war nur kurze Zeit
Augenzeuge seines Wirkens, da ich dem Rufe nach Breslau an's
Seminar Folge leistete. (Steinhorst wurde Rector nach der Pen-
sionirung meines Nachfolgers Jätel und starb 1859 allgemein
betrauert.)

7. Von meiner Wirksamkeit als Rector habe ich schon Manches
mitgetheilt; aber ich muß noch mehr darüber sagen.

Daß ich mit der Zeit hausgehalten und jede Stunde zum
Besten meiner Schule ausgebeutet habe, das Zeugniß darf ich mir
mit gutem Gewissen ertheilen; in dieser Beziehung hoffe ich vor dem
ewigen und gnädigen Richter dermaleinst zu bestehen. Ob ich aber
immer das Rechte getroffen, ob ich immer gottwohlgefällig gehandelt,
wage ich kaum zu denken, noch weniger auszusprechen. Ich will
nicht davon reden, daß mir von Seiten meiner Behörden wiederholentlich ermunternde Anerkennung meines Strebens zu Theil geworden ist, daß die gewachsene Frequenz meiner Klasse, die bei

meinem Amtsantritt nur 40 Schüler, bei meinem Abgange deren
115 und zwar Kinder beiderlei Geschlechts aus allen Ständen zählte,
einen Schluß auf das Vertrauen der Bewohner Neisse's zu meiner
Wirksamkeit zuläßt, und daß die unzweideutigen Beweise von Liebe
und Anhänglichkeit meiner Schüler und Schülerinnen vom ersten
Jahre meines Lehrerlebens in Neisse an bis zum letzten und über
diese Zeit und diesen Ort hinaus, mir die Beruhigung gewährt,
daß meine Lehrthätigkeit nicht spurlos vorüber gegangen ist. Ich
habe nicht darnach gestrebt, meine Klasse zu einer „Musterklasse"
zu erheben, aber das in größtmöglicher Vollkommenheit zu leisten,
was menschliche Kräfte nach der erweiterten und geläuterten Einsicht
zu leisten vermochten: das hielt ich für meine Pflicht, das Gegentheil aber für Gewissenlosigkeit. „Der Mensch wächst mit seinen
Zwecken." Wenn sachkundige Freunde meinen Leistungen Beifall
zollten, wenn von Nah' und Fern unsere Schule sich des Besuches
Fremder erfreute; so mag das meinen Gefühlen recht wohl gethan
haben; aber ich blieb fern von Ueberschätzung des Werthes meines
Wirkens, sondern fand darin vielmehr einen Sporn, noch nach
Höherem zu streben und noch Höheres zu erreichen. Ist dies Eitelkeit, so trifft mich dieser Vorwurf in vollstem Maße. Diese Eitelkeit
erfüllt noch heute, in den ersten Tagen meines 71sten Lebensjahres,
meine Seele; — ich zweifle auch, daß sie mich auf dieser Scholle
verlassen wird.

Wenn ich oben behauptete, mit meiner Zeit hausgehalten
zu haben, so muß ich mich darüber näher aussprechen.

Wer mich des Morgens im Bette hätte antreffen wollen, der
müßte mich vor 4 Uhr besucht haben; und wer mich am Abend
nicht mehr am Schreibtisch finden wollte, hätte sich die Zeit gegen
12 Uhr wählen müssen. Von 4 Uhr an bis nach 6 Uhr arbeitete
ich am Schreibtisch mit der Feder, mich auf meine Schulstunden
vorbereitend. Um 6 Uhr fanden sich Schüler ein, denen ich Privat-
Unterricht ertheilte, und von 8 Uhr bis 12 Uhr, und von 1 Uhr
bis 4 Uhr wurde in der Schule gearbeitet. Von 4 bis Abends
9 Uhr wieder Privatunterricht und Vorarbeiten für die Schule.
Dann wieder Schreibtisch-Arbeit. Das leidige Federschneiden (damals
gab es noch keine Stahlfedern) schloß sich an den Mittagstisch an.
Abweichungen von dieser Tagesordnung wurden durch besondere Umstände veranlaßt. —

Die Schreibtisch-Arbeiten bestanden zunächst in den schriftlichen
Entwürfen und speziellen Ausführungen von Lehrwegen und Lehr-
stoffen für die beiden andern Klassen, die in den Konferenzen als
Grundlage zur Besprechung dienten. Außerdem pflegte ich mich auf

meine Lehrstunden für jedes Lehrfach schriftlich vorzubereiten, wobei die dahin einschlagenden Hülfsmittel, die besten gedruckten Schriften, studirt und erprobt wurden. Nicht selten meditirte ich blos und brachte nach abgehaltenem Unterrichte in den Abendstunden nach 9 Uhr die Sache zu Papiere. Ich muß hier bemerken, daß mich fast regelmäßig nach 9 Uhr eine Müdigkeit in dem Grade beherrschte, daß ich nicht unterlassen konnte, 1/2 bis 1 Stunde mich in Morpheus Arme zu legen. Dann aber besaß ich wieder eine Frische des Geistes und Körpers, daß ich noch stundenlang arbeiten konnte, besonders wenn ein interessanter Abschnitt vorlag. Am meisten ermüdeten die Korrekturen, die ich dann vornahm, wenn die geistige Aufregung mir den Schlaf fern hielt, der dann durch die Korrekturen herbeigelockt wurde. — An Arbeit habe ich nie Mangel gelitten. Da ich niemals denselben Lehrstoff in der schon einmal durchgenommenen Weise behandelte, sondern jedesmal auf Modifikationen sann, so war des Arbeitens kein Ende.

3. Mein Geistesleben d. h. mein Fortbildungsbestreben in Neisse.

> Motto: Es soll nicht genügen, daß man Schritte thue, die einst zum Ziele führen, sondern jeder Schritt soll Ziel sein und als Schritt gelten. Göthe.

Um Andern einen Einblick in mein Geistesleben zu Neisse zu eröffnen, will ich es unternehmen, Folgendes aus meiner Erinnerung dem Papiere anzuvertrauen.

1. Auf meine Fortbildung in religiöser Erkenntniß und dadurch zugleich im Religionsunterricht verwendete ich den sorgfältigsten Fleiß. Viel Unterstützung gewährte mir zu diesem Werke das intime Verhältniß zu dem lieben, guten Superintendenten Handel. Von ihm gilt das schöne Wort des Herrn über Nathanael: „Siehe ein echter Israelit (Christ), in dem kein Falsch ist." Handel hielt die damals erschienenen besten theologischen Zeitschriften von Schuderoff, Röhr, Hanstein u. A. für eigene Rechnung mit, die er mir gegen Austausch pädagogischer Zeitschriften: die Allgemeine Schulzeitung von Zimmermann, das Wochenblatt von Rossel u. A., die ich anschaffte, zum Lesen verabreichte. Ich durfte mich jederzeit offen gegen ihn aussprechen, ohne die Besorgniß zu hegen, unfreundlich abgewiesen zu werden. Damals führten die Rationalisten, Supranaturalisten, Orthodoxen, Pietisten, Unions-Freunde und Gegner (Scheibelianer) einen hartnäckigen Kampf. Handel stand mit seiner christlichen Gesinnung über diesen Parteien; er war ein entschiedener

Gegner dieser Partei-Namen und äußerte sich nicht selten dahin, daß wir vor Allem ächte und rechte Christen, wahrhaft bibelgläubig zu sein, uns bestreben sollten. Er war in seinem Herzen der Union zugethan und dabei ein strenggläubiger Christ und ein erleuchteter Theologe. Von den erbitterten und erbitternden Zänkereien der Theologen war er kein Freund; er fürchtete, daß unter dem Theologen der Christ leiden möchte. Ich hatte mich damals so hineintheologisirt, d. h. war von allen Vorgängen auf diesem Gebiete in so genaue Kenntniß gesetzt, daß jeder Theologe, dem mein Bildungsgang unbekannt geblieben war, glauben mußte, ich sei ein ihm ebenbürtiger Theologe. Ich gedenke hier in Liebe und Achtung zweier Kandidaten, die nach einander in einer angesehenen, hohen Familie als Hauslehrer fungirten und mit Handel in geistlichem und mit mir in pädagogischem Verkehr standen. Wir unterhielten uns oft und recht lebhaft über religiöse Dinge. Beide liebenswürdige Männer sind schon lange lange in einen höheren verklärten Wirkungskreis abgerufen worden. Unvergeßlich ist mir ein Traum, den ich in der Nacht zu der Stunde hatte, als einer jener Freunde von Gott abgerufen wurde, und der in diesem Traume von mir durch einen Kuß schied. — In meine Erinnerung tritt noch eine andere geistliche Persönlichkeit, die mit Handel sehr befreundet war und von dessen Familie geschätzt und geliebt wurde. Es war dies der Divisionsprediger Dr. Riedel, eine wunderschöne Gestalt, ein wahrer Apollo, geistig begabt, außerordentlich beredt, angenehm gesellig und fein in seinem Benehmen. Auch ich erfreute mich seines freundlichen Umganges. Riedel war bei weitem nicht so gelehrt und belesen als Handel, aber er imponirte auf der Kanzel durch seine Beredsamkeit und durch sein schönes Organ, und in geselligen Kreisen durch seinen Humor. Ueberall wurde Riedel gern gesehen. Von den geistreichen Unterhaltungen beider Geistlichen war ich oft Zeuge. Die Stellung Riedels als Militärprediger war bei seiner Liebenswürdigkeit und Neigung zu geselligen Genüssen für ihn gefährlich; er vergaß in Gesellschaften leider nur zu oft die Würde seines Standes und Berufes, worüber Handel, da er Riedeln der Vortrefflichkeit seines Herzens wegen liebte, nachdenklich wurde. Ich bin Zeuge von folgendem Vorgange gewesen. Handel, Riedel und ich waren in der Familie Baron v. B. zu Tische. Eine Amtsverrichtung, die Trauung eines Unteroffiziers, rief Riedeln vom Tische an das Altar. Handel und ich begaben uns in die Kirche und waren über die treffliche Trauungsrede recht erfreut, besonders da sie nach Riedels Versicherund eine Stegreif-Rede war. Niemand hatte den argen Verstoß bemerkt, den Handel dem Riedel ganz still aber ernst vorhielt, indem er leise sagte: „Riedelchen, Sie haben das Paar auf die linke Hand getraut!" „Warum nicht gar!" antwortete dieser, „still Handelchen!" — Ob dieses Versehen Folgen für Riedel gehabt hat, weiß ich nicht. Leider nahm Riedels Verhältniß zu großem Schmerze Handels und Vieler eine traurige Wendung; er wurde entlassen und nahm seinen Aufenthaltsort in Berlin, wo er als Privatgelehrter eine kummervolle Existenz führte. —

Wie hoch stand Handel in dieser und in jeglicher Beziehung! Meine Frömmigkeit wurde durch die Predigtweise dieses ehrwürdigen Mannes sehr gefördert, denn Geist und Herz empfingen durch diesen Verkündiger des reinen Wortes Gottes die gedeihlichste Nahrung. Selten findet man bei einem Geistlichen Wort und That in solcher Uebereinstimmung. Das verkündigte Wort bekräftigte er durch sein Leben; er brüstete sich mit seiner Würde eben so wenig, als daß er derselben im Leben irgend etwas vergab. Was sein braver Sohn, der Pastor Otto Handel in Bohrau, in dem Nekrolog seines seligen Vaters im „Schulboten" III. Abth. 21. Bdchn. 1843, berichtet, ist ohne alle Uebertreibung Wahrheit. „Ohne gründliche Vorbereitung betrat H. die Kanzel nur in den wenigen Fällen, wo ihm alle Zeit dazu durch unvorhergesehene und einander drängende Berufsgeschäfte geraubt wurde. Er pflegte zu sagen: „„wenn ich nicht Freitags Abends schon weiß, worüber ich Sonntags predigen werde, so gehe ich nicht ruhig zu Bette."" Darum entwarf er sich Freitags die Disposition, die er dann Sonnabends durchdachte — welchen Tag er selten einem andern Geschäfte, wenn es sich vermeiden ließ, nie aber dem Vergnügen widmete." Schon der Umstand, daß ich wußte, Handel halte keine auswendig gelernte Predigt — er hatte ein so schlechtes Gedächtniß, daß er wörtlich zu memoriren nicht im Stande war — machte das Herz empfänglicher für seine Worte. H. sprach langsam — aber nicht gedehnt, laut und deutlich mit scharfem rheinländischen Nachdruck, frei von jeglicher störender äußerer Manier, darum kein sentimentaler Ton, kein bombastischer Pathos, keine schönrednischere religiöse Phrasenmacherei, — sondern Alles und Jedes einfach und natürlich. „Das Gebet", sagt H. in dem Nekrolog sehr richtig, „mit welchem er seine Predigten zu beginnen pflegte, gelang ihm vorzüglich gut; als freier Erguß seines Herzens drückte es ganz die christlichen Gefühle aus, von denen die Herzen seiner Zuhörer bewegt wurden. Im Eingange benutzte er gewöhnlich einen Bibelspruch, der mit dem Inhalt seiner Predigt in Beziehung stand. Seine Disposition entwarf er zwar auch streng logisch, aber er ordnete diese Rücksicht, wenn sie sich nicht gut mit der textgemäßen Behandlung vereinigen ließ, dieser

letztern Anforderung unter. In seinen Predigten war fast immer
die ganze Perikope behandelt, was allerdings bei den Episteln am
schwersten durchzuführen ist. Von allzu großem Zwange war er
kein Freund; aber wo ihm die Möglichkeit einleuchtete, den Text zu
benutzen, da sagte er immer: „warum hast du denn diesen schönen Vers des Textes nicht mit hineingeflochten?", eine Predigt,
die nicht textgemäß war, lobte er nie. Er war ein großer Freund
der sonntäglichen Perikopen, über die er 35 Jahre predigte, und
denen er doch immer wieder eine neue Seite abzugewinnen wußte,
ohne sich auszupredigen oder eine frühere Predigt zu wiederholen.
Seine Kunst bestand in der glücklichen Wahl eines textgemäßen und
praktischen Themas. Unpraktische, aufs Leben nicht anwenbare Themata verschmähte er gänzlich; daher auch seine Festpredigten, wo
der Erlöser der Mittelpunkt und Gegenstand der Betrachtung war,
und die Passionspredigten, die für den leidenden und sterbenden Erlöser begeistern sollten, sich nicht in metaphysischen Begriffen und Vorstellungen bewegten, sondern stets das lebenskräftige Bild seiner Gesinnung, seines göttlichen Lebens und Wirkens dem Geiste vorführ-
ten, um dadurch das christliche Gemüth zum Streben nach gleicher
Liebe, gleicher Gottähnlichkeit anzufeuern. Strenge, consequente und
allseitige Durchführung des Themas machte er sich bei allen seinen
Predigten zur Pflicht; kein Ausweichen aus dem Gleise strenger
Ideenordnung, kein Sichgehnlassen in die Region unbestimmter Gefühle, auch wenn die Begeisterung ihn zu einem höheren Schwunge
der Rede fortriß, ist mir jemals bei ihm bemerkbar geworden. Seine
Predigten wirkten mehr durch den Verstand als durch das Gefühl
auf den Willen ein; auch ging er nie darauf aus, zu rühren; aber
oft war sein eignes Gemüth so tief ergriffen von dem Gegenstande,
daß sich sein Gefühl auch den Zuhörern mittheilte." — Ich kann und
muß alles hier Gesagte bestätigen, und füge nur noch hinzu, daß
es in Handels Predigten niemals auf ein Zerschmettern oder Ver-
dammen des Menschen abgesehen war; er schonte das Verwerfliche
im und am Menschen nicht, noch weniger beschönigte er es; aber
er vermied es in christlicher Liebe, den fehlenden Menschen als einen
Verworfenen darzustellen. Erbauen — einen Bau im In-
nern des Menschen errichten — das wollte er durch seine Predigten, selbst durch die Strafpredigten. Wegen der Einfachheit und
Klarheit seines Vortrages prägten sich seine Worte dem Geist und
Herzen der Zuhörer leicht ein. Ich habe viele seiner Dispositionen
gesammelt, die mir dann bei meinem Religionsunterrichte, z. B. bei
der Behandlung der Perikope die besten Dienste leisteten. In meiner Klasse war die Einrichtung getroffen worden, daß die Montags-

Religionsstunde zur Erklärung des Sonntags-Evangeliums bestimmt wurde., wobei ich mich nach der Disposition der Handel'schen Predigt richtete und den Hauptinhalt derselben, so weit ich vermochte, bei den Kindern zur Anwendung brachte. Obgleich die dialogische Form bei diesem Unterricht vorherrschte, so wendete ich mich doch auch mit kürzerer oder längerer Ansprache an die Kinder. Einer solchen Lehrstunde wohnte einmal ein Mitglied der städt. Schulen = Deputation bei (— man hatte es für nöthig erachtet, einen der Herren aus dieser Deputation den Schulen von Zeit zu Zeit einen unverhofften Besuch machen zu lassen); er hielt die ganze Stunde aus und trat am Schluß an mich heran, drückte mir die Hand und sagte: „Das war ja eine recht erbauliche Kinderpredigt." Der Mann hieß Bär und war Buchdruckereibesitzer. Ob er noch lebt? —

Großen pädagogisch = religiösen Genuß gewährten mir auch die „Katechismuslehren," welche Handel allsonntäglich Nachmittags den Sommer hindurch in der Kirche mit der gesammten evangel. Schuljugend hielt, und an denen auch zuhörend die Erwachsenen nach Belieben Theil nehmen konnten. Diese Katechismuslehren wurden durch Singen eines kurzen Liedes mit Orgelbegleitung eingeleitet, worauf denn Handel ein für die Kinder ganz geeignetes kurzes erbauliches Gebet sprach. Hier zeigte sich H. als tüchtiger Katechet; ohne trockene Begriffsspalterei verstand er es in der einfachsten Weise den Kindern richtige Antworten zu entlocken und durch praktische Beispiele, namentlich aus der biblischen Geschichte zu veranschaulichen. Er ging von einer Klasse zur andern und unterhielt sich mit den jüngsten Kindern in dem kinderfreundlichsten Ton, besonders gern verweilte er bei den schüchternen, denen er durch seine Freundlichkeit Muth einflößte und die Zunge löste. Die drolligen Antworten der Kleinen versetzten die Kinder der andern Klassen in eine recht anständige Heiterkeit, die der Katechet nicht unterdrückte. Verfehlte Antworten wurden nicht bitter getadelt oder barsch zurückgewiesen, mit der größten Gelassenheit versetzte sich H. in die kindliche Seele und wußte die Berichtigung durch geschickte Fragen von den Kindern selbst zu bewirken. Diese Katechismuslehren hatten ein so eigenthümliches Gepräge, daß ich sie nicht anders als eine Verbindung des katechetischen, sokratischen, examinatorischen und vortragenden Unterrichtsform zu bezeichnen vermag. Hier lernten nicht allein die jüngeren und jüngsten Schüler von den älteren durch Zuhören, sondern auch umgekehrt diese von jenen durch veranschaulichende Erklärung. Wir Lehrer aber blieben fort und fort in Kenntniß von dem Standpunkt in der religiösen Erkenntniß unserer Schüler und wußten nun, wem und worin von der

Schule nachzuhelfen wäre. Ich habe keine dieser Katechismuslehren versäumt.

Noch sichtlicher trat der Segen dieser Katechismuslehren hervor, als Handel auf meinen Vorschlag einging, und uns Lehrern die Bibelsprüche, Liederverse und bibl. Geschichten notirte, die am nächsten Sonntage die Grundlage der Unterweisung in der Kirche bilden würden, die wir im Voraus einübten. Ich sprach wiederholentlich den Wunsch aus, daß für den Religionsunterricht in unserer Schule ein Büchlein eingeführt werden möchte, das in jeder Klasse gebraucht werden könnte, wodurch es möglich würde, eine Einheit in diesem Unterrichte herzustellen. Der „kurze Inbegriff" von Hornung genüge nicht, denn er enthalte keine Erklärung, die jeder Lehrer sich selbst machen oder aus irgend einem Buche entlehnen müßte. So stellte sich denn der Uebelstand heraus, daß der dritte Lehrer denselben religiösen Begriff anders definire als der zweite, dieser wieder anders als der erste, und dieser wieder abweichend vom Superintendenten im Konfirmandenunterrichte. Welche Verwirrung da in den Köpfen der Kinder entstehen müßte, das liege auf der Hand. Diesen Bemerkungen verdankten wir die Verfassung jenes vortrefflichen Büchleins: „die evangel. Christenlehre mit und nach den Hauptstücken des Katechismus, Breslau bei Joseph May 1822." Nun war Einheit in unserem Religionsunterrichte. Das Büchlein ist höchst übersichtlich, enthält die wichtigsten und nothwendigsten Sprüche, die ein Kind auswendig kennen und verstehen muß, wenn es zur Konfirmation reif erkannt werden soll; viele schöne Liederverse aus dem Gesangbuche, die ihm die Lehre des Christenthums noch unvergeßlicher machen sollen, und gibt dem Lehrer die hauptsächlichsten religiösen Begriffe an, die er mit den Kindern entwickeln soll. Handel hatte das Büchlein mit Rücksicht auf einen dreistufigen Lehrgang verfaßt. Die Kinder der untersten Klasse hätten nur die ganz ausgedruckten Bibelsprüche und den Liedervers, die Kinder der zweiten Klasse außerdem noch ein paar der blos angedeuteten Bibelsprüche und die der obern Klasse das Ganze ohne Ausnahme zu lernen. In jeder „Katechismuslehre" gab H. das Pensum für den nächsten Sonntag jeder Klasse speciell auf. Wir Lehrer sorgten für die Einprägung des Stoffes ins Gedächtniß der Kinder und erläuterten, jeder in seiner Weise, das Pensum. Alles ging dann vortrefflich in der Katechismuslehre von Statten; Handel gab durch die Art seiner Behandlung noch die religiöse Weihe. Mit erhebendem Gefühl denke ich noch an jenes einmüthige Streben. Das Büchlein fand reißenden Absatz, rasch folgten die Auflagen auf einander, bis zu jener leidigen Katastrophe, wo die strenggläubige Richtung durch

8

ein mir unchristlich erscheinendes Verbot die Verbreitung des Büchleins hemmte. Um denjenigen jüngern Lehrern, denen es an Zeit
und Geschick fehle, sich in rechter Weise auf den Religionsunterricht
vorzubereiten, zu Hülfe zu kommen, verfaßte Handel die Schrift:
„Materialien zu einem vollständigen Unterricht im Christenthum.
Halle bei Ed. Anton 1825." Eine werthvolle Gabe aus der geschickten Feder des frommen Handel, freudig von allen Lehrern, die
sich der kleinen evangelischen Christenlehre bedienten, begrüßt. Einzelne Abschnitte, namentlich die Gleichnisse des Herrn, sind meisterlich, und die eingeschalteten kurzen Erläuterungen schwer verständ-
licher Sprüche vortrefflich.

Im wörtlichen Einprägen des Katechismus war ich streng.
Handel meinte, die erste Klasse müsse darin ganz fest sein, kläglich
sei die Unkenntniß des Katechismus bei den Gymnasiasten. Da auch
in der zweiten Klasse die Sache nicht im rechten Sinn und Geiste
getrieben worden war; so blieb mir nichts anders übrig, als das
unten Versäumte oben nachzuholen und zu ergänzen. Es ist vorgekommen, daß ich alltäglich Katechismus-Wiederholungen anstellte.
Leider bin ich nicht selten in meinem Lehreifer zu weit gegangen.
Wie schwer fiel doch manchem Kinde die Auffassung der Luther'schen
Konstruktionen. Unter wie vielen und großen Seufzern und Thränen
der Kinder mußte der Zweck erreicht werden. Oft beschlich mich
d e r Gedanke, ohne daß ich ihn laut auszusprechen wagte: „wenn
Luther sähe, welche Qual das Auswendiglernen seines Katechismus
den Kindern verursache, zu welchen pädagogischen Versündigungen
an dem Kinde und an der heiligen Wahrheit die Lehrer dadurch
verleitet werden: er würde wünschen, das Buch nicht verfaßt zu
haben." Und welche Früchte trug ein solches Katechismus-Memoriren?
Als mir später die meiner Zucht entwachsenen Schüler und Schülerinnen das Bekenntniß offen ablegten, daß sie zwar den Katechismus
unter großer Qual in den Kopf gebracht hätten, wobei aber ihr
Herz unbetheiligt geblieben sei; daß sie nur für die Schule gelernt,
wie der Umstand beweise, daß kein Stück des Katechismus ihnen
verblieben wäre, während sie die gelernten L i e d e r als bewährte
Führer auf ihrem Lebenswege immer mehr schätzen lernten: da fiel
es mir schwer auf das Herz. Selbst an meiner seligen Frau, die
ein sehr frommes Gemüth hatte und in ihren langen Jahren des
Leidens mit heißer Inbrunst L i e d e r betete, machte ich die Erfahrung,
daß, obgleich sie in der Schule zu den besten Katechismuslernerinnen
gehörte, niemals eine Katechismusstelle b e t e t e, ja selbst nicht mehr
die lutherischen Erklärungen der Zehngebote mit Sicherheit hersagen
konnte. „Wenn meiner Seele Seligkeit von dem Behalten des

auswendiggelernten Katechismus abhinge," pflegte sie zu sagen, "so müßte nicht allein ich, sondern der größte Theil der Christen darauf verzichten." Sie hatte ein wahres Wort gesprochen. Der Herr Jesus hat seine Jünger nicht durch Auswendiglernen eines Katechismus des "Gesetzes" gequält. Wenn wir unter den Gebildeten der Christenwelt Umfrage halten, ja selbst bei den Gottesgelehrten ein Katechismus-Examen anstellen wollten, was würde das Ergebniß sein? Die meisten Geistlichen lernen den ihrem Gedächtniß entschwundenen Katechismus erst von Neuem im Amte, und sie würden ihn nicht lernen, wenn sie nicht müßten, des Konfirmandenunterrichts wegen; sind sie dadurch bessere Christen geworden? — Es fällt mir nicht ein, den hohen Werth des lutherischen Katechismus zu schmälern — das bin ich nicht im Stande; es ist ein vortrefflicher Leitfaden für den Unterricht im kirchlichen Christenthum; für die Lehrer hatte ihn Luther entworfen; was wir aus demselben machen, das ist nicht seine Schuld. Muß es nicht jeden Vernünftigen nachdenklich machen, daß Erklärungen wörtlich memoriret werden sollen, die wieder der erklärenden Besprechung bedürfen. Und ist es denn ein gar so großes Verbrechen und eine unverzeihliche Versündigung am christlichen Geiste, wenn der Geist der Wahrheit nicht in der lutherischen Form des Ausdrucks ausgesprochen wird? Warum bedienen sich denn unsere Kanzelredner bei ihren Predigten nicht derselben alterthümlichen Ausdrucksform! Warum tragen sie das heilige und heiligende Wort Gottes in den modernen Sprachen der Neuzeit vor? — Die Pädagogen unserer Zeit, welche der durch Pestalozzi begründeten Pädagogik den Vorwurf machen, daß sie die Kinder "mit hohler Abstraction" tractire, gerathen in einen seltsamen Widerspruch ihrer Ansichten und Meinungen, wenn sie an die Schule die unerläßliche Forderung stellen, den jungen Kinderseelen den lutherischen Katechismus zur religiösen Nahrung darzubieten; denn der Inhalt des Katechismus ist ganz und gar abstracter Natur. — Um aber doch der Forderung der Kirche zu genügen (der Katechismus darf nämlich nicht aufgegeben werden), hat die Unterrichtskunst das Problem zu lösen, in welcher Weise wol der Katechismus mit der Jugend zu behandeln sei, damit die Herzen derselben der Aufnahme der christlichen Heilswahrheiten gewonnen werden. —

Für die Erweiterung meiner Kenntniß der Bibel that ich Manches. Es erschien damals die "biblische Hand-Encyklopädie" von Haupt in vielen Bänden, die ich mir anschaffte, aus der ich recht viel lernte. War ich in irgend einem Punkte in Zweifel, so nahm ich meine Zuflucht zu "Haupt"; die alphabetische Wörterbuch-Darstellung erleichterte ungemein den Gebrauch. Der Verfasser hat

8*

bei seiner Arbeit die besten Bibelforscher z. B.: de Wette u. A. benutzt. Außerdem besaß ich die Schullehrer-Bibel v. Seiler, die außerordentlich populär, aber etwas seicht abgefaßt ist. Diese wurde durch die „Schullehrer-Bibel" von Dinter verdrängt, die uns von Seiten der damaligen Schulbehörde anzuschaffen dringend empfohlen, ja zur Pflicht gemacht wurde. Dinter war der Mann des Tages, zumal von da an, wo er zum Königl. Preuß. Schul- und Konsistorialrath (in Königsberg) berufen worden war. Dieses Buch fand ungemein große Verbreitung in den preuß. Schulen, geradeso, wie heut zu Tage die Bormann'sche „Schulkunde." Man fürchtete in Mißkredit zu verfallen, wenn Dinter in der Bibliothek der Lehrer fehlte. Wir Lehrer waren alle so beschränkten Verstandes, daß wir gar nicht das Gift für unsern christlichen Glauben herausfanden, welches wir uns auf die Empfehlungen der hohen Behörden für unser schwer erworbenes Geld anzuschaffen bemüht waren. Aber die Lehrer hatten den Dinter seiner ungemeinen Popularität und praktischen Tüchtigkeit wegen gar zu lieb gewonnen, als daß sie sich denselben hätten verleiden oder rauben lassen. Was manche Theologen Verseichtung, Berwässerung der heiligsten Wahrheiten oder Dogmen nannten, das schien unserm natürlichen Menschenverstande recht praktisch. Mit nicht geringem Entsetzen vernahmen wir die Nachricht, wie namentlich in einem der Schles. Seminare von einem Lehrer die Dinter'sche Schullehrer-Bibel geschmäht, verdammt, verflucht worden sei, von einem Manne vielleicht, der mit seinem Gefühlsglauben sich bei seinen Schülern lächerlich gemacht hatte. Ich besinne mich nicht, daß Handel je über das Buch abgeurtheilt hätte; er hat uns diese „Bibel" weder empfohlen, noch verboten, trotz seiner Offenbarungs- und Bibelgläubigkeit, was mir heute noch den lieben Handel, den gelehrten, verdammungssüchtigen Theologen gegenüber, außerordentlich hoch stellt. — Wie warm wurde die „Brandt'sche Schullehrer-Bibel", welche die Dinter'sche verdrängen sollte, empfohlen, wie kalt wurde sie aufgenommen, und wenig gebraucht, bis die neuaufgelegte „Hirschberger Bibel" erschien, die in meinen Augen einen hohen Werth besitzt und den Lehrer in seiner Frömmigkeit zu fördern geeignet ist.

Auch dem „Kirchenliede" wies ich eine Stelle in meinem Religions-Unterrichte an. Wir hatten das „Brieger" Gesangbuch. Die Lieder zu den hohen Festtagen wurden regelmäßig gelernt. —

In der „Kirchengeschichte" beschränkte ich mich auf das Büchlein von dem Superintendenten Küster in Berlin. Die Reformationsgeschichte bildete den Mittelpunkt des kirchengeschichtlichen Unterrichts.

Bernhardi und Küster haben darin durch die Nachbildung von Luthers Stil Vortreffliches geleistet.

So viel über meine Fortbildung, Bestrebungen und Leistungen im Religionsunterricht. Mehreres ist in meinen pädagogischen Briefen zu finden, von denen jedoch bis jetzt nur das 1. Heft erschienen ist.

2. Einen besondern Fleiß verwandte ich auf meine Fortbildung im Rechenunterrichte. Ich habe mich bereits drei Mal über das Rechnen geäußert, jedesmal von einem andern Standpunkte aus. Das erste Mal geschah es, als ich von meinem Berufsleben in Primkenau sprach, wo ich mir Pöhlmanns „praktische Anweisung, Kindern die ersten Anfangsgründe der Rechenkunst auf eine anschauliche, den Verstand in Thätigkeit setzende und leichte Weise beizubringen," 2 Bdchn., Erlangen 1807, zum Führer gewählt hatte; das zweite Mal, als ich über meine Lehrerwirksamkeit in Kreuzburg berichtete, wo ich beim Rechenunterrichte theils nach dem alten Baumgarten in Magdeburg, theils nach der in Rotweil erschienenen Anweisung im Pestalozzischen Rechnen, theils nach dem im Schulrath a. d. Oder von Dr. Harnisch verfaßten „Leitfaden zum Rechnen" verfuhr; das dritte Mal von meinem Lehrerleben in Neisse aus, wo die „Anweisung zum Rechnen von Dr. W. Harnisch, erweitert und mit einer Beispielsammlung versehen von M. Heinrich Mücke, Breslau 1817" zum Grunde gelegt war. Die gründliche Durcharbeitung und geistige Verarbeitung dieser Schriften hatte mich in der Methode des Rechenunterrichts schon sehr gefördert. Die letztere Schrift trug namentlich außerordentlich viel dazu bei; ich war mit dem Inhalt derselben so vertraut wie Keiner. In dieser Schrift fand ich Kopf- und Schriftrechnen, angewandtes mit nicht angewandtem Rechnen zweckmäßig verbunden. Der äußern Einrichtung nach wird die ganze Anweisung in mehrere Stücke getheilt; diese einzelnen Stücke hießen Uebungen, die sich wieder in Stufen vereinten, deren es sieben gab. Durch diese Anweisung ward das Können und Wissen im Rechnen, Denken und Brauchbarkeit in den bürgerlichen Verhältnissen erlangt; sie stellte den Lehrer nicht nur auf den rechten Weg, sondern durchwanderte auch mit ihm denselben bis ans Ende, und war ganz geeignet, in dem Lehrer die geistige Kraft zu wecken und anzuregen, um ihn zu veranlassen, seine eignen Kräfte aufzubieten und selber vieles auszuführen; auch der Pestalozzischen Rechenmethode ward darin Rechnung getragen, Altes und Neues also in zweckmäßige Verbindung gebracht. — Die Verhältnisse zu Neisse hatten mich bestimmt, diesem so sehr vernachlässigten Unterrichtsgegenstande meine volle Aufmerksamkeit zu widmen. Bei dem durch die erwähnte Harnisch-Mücke'sche Schrift erlangten Fort-

schritt blieb ich nicht stehen, konnte ich nicht stehen bleiben; es drängte mich ein Etwas, tiefer einzudringen in den Geist der Methode; ich wurde dadurch nach und nach immer selbstständiger, schaffenskräftiger und schaffensreicher. Es versteht sich von selbst, daß von mir Joseph Schmidt's „Anwendung der Zahl auf Raum, Zeit, Werth und Ziffer nach Pestalozzischen Grundsätzen," Heidelberg 1810; der dritte Theil des „Lehrbuches der Arithmetik von Dr. Ernst Tillich, Leipzig 1806, die „Methodenlehre" enthaltend; ferner v. Türk's „Leitfaden zur zweckmäßigen Behandlung des Unterrichts im Rechnen für Landschulen und für die Elementarschulen in Städten," Berlin 1816, und P. F. Th. Kawerau's „Leitfaden für den Unterricht im Rechnen nach Pestalozzischen Grundsätzen," 2 Bdchn., Bunzlau 1818 und 1819, und Andrer Schriften nicht unbeachtet blieben. Ich studirte diese Schriften nicht gleichzeitig nebeneinander, sondern eine nach der andern, um nicht Verwirrung in meinem Kopfe anzurichten. Den Mittelpunkt bildete immer mein „Harnisch-Mücke," die ich mit jeder der genannten Schriften in vergleichende Verbindung brachte. Die Ergebnisse des eignen Denkens wurden dem Papiere anvertraut und durch Anwendung in der Schule erprobt oder in der Konferenz besprochen.

Alles dies geschah vor 1822, da ich noch gar nicht daran dachte, mit einer Arbeit auf diesem Gebiete vor die Oeffentlichkeit zu treten. Von dem Zeitpunkte an aber, von wo ich auf besondere Veranlassung, die weiter unten erzählt werden wird, für den Druck zu arbeiten mein Versprechen abgegeben hatte, vertiefte ich mich mehr und mehr in den Gegenstand. Ich sah meinem Lieblingsbuche, dessen Durchsicht, beziehentlich Ueberarbeitung und theilweise Umarbeitung mir übertragen wurde; schärfer in das Auge, verlor darüber aber die Absicht, das Buch nur zu überarbeiten aus dem Auge. Einzelne Abschnitte wurden ganz neu (ob besser?) und paßten zu dem Ganzen, wie ein neuer Fleck auf ein altes Kleid. Es ging ein Abschnitt nach dem andern als neu hervor; nur die Grundmauer und die Grundsäulen des Gebäudes blieben unangetastet, weil sie nicht erschüttert werden konnten. Mehr als drei Mal habe ich den Bau des Innern von vorn angefangen. Vor dem erweiterten Blick des Geistes und der besseren Einsicht hielt die vorangegangene Arbeit nicht Stich; niemals war ich mit dem, was vor einem Vierteljahr entstanden war, zufrieden, so daß ich an dem Fertigwerden des Buches zu zweifeln anfing Die Gedanken jagten, verklagten, entschuldigten und verdrängten einander. Der Verstand suchte — und suchte und verwarf, was er gefunden hatte. Das kam daher, daß mir der Gedanke, meine Arbeit soll vor die Oeffentlichkeit kommen,

ich soll mit derselben neben jene Männer, die unmittelbar aus der
frischen Quelle Pestalozzi's geschöpft hatten, treten, die Unbefangenheit ganz und gar raubte. Der Mangel an Vertrauen zu meinen
Kräften und Leistungen erschwerte mir diese literarische Thätigkeit
und der Gedanke, dein Buch wird der Kritik verfallen, trieb mir
das Blut in den Kopf. In dieser meiner Noth, die mir die Ruhe
raubte, nahm ich die Zuflucht zu meinem treugesinnten Handel,
überreichte ihm den fertig gewordenen, sauber abgeschriebenen Theil
mit der Bitte, die Arbeit einer unparteiischen Beurtheilung zu unterwerfen und mir unumwunden zu sagen, ob sie überhaupt etwas
tauge und wol werth wäre, gedruckt zu werden. Nach einigen
Tagen gab mir H. die Arbeit zurück und sein Urtheil, das ich hier
nicht mittheilen kann, entschied über die Fortsetzung. Handel gab
mich mir selbst zurück; das erhebende, süße Gefühl des Selbstvertrauens lernte ich zum ersten Mal in einem Grade kennen, daß ich
wie neu belebt und gestärkt weiter zu arbeiten vermochte. Aber das
Werk war viermal so stark geworden, als das Original. Als ich
hievon die Buchhandlung Jos. Max u. Comp. in Breslau, die nach
dem Manuscript zur neuen Auflage Verlangen getragen hatte, in
Kenntniß setzte und derselben anzeigte, daß der Druck beginnen könnte,
gab sie mir die unerwartete und überraschende Antwort, daß sie nicht
gewillt sei, eine neue Auflage drucken zu lassen, zumal jetzt fast so
viel Rechenbücher erscheinen, als es Lehrer oder Schulen gebe.
Harnisch war inzwischen nach Weißenfels als Director des dortigen
Seminars berufen worden und wirkte daselbst schon seit Jahr und
Tag. Ich setzte ihn in Kenntniß von der Erklärung der Verlags-
handlung und übersendete ihm das Manuscript zur beliebigen Verfügung über dasselbe. Nachdem er es selbst durchgesehen und es
auch seinen beiden damals jungen Hülfslehrern, Hentschel (ein
Schlesier) und Stubba (ein Märker), zur Kenntnißnahme übergeben hatte, schrieb mir Harnisch, die Arbeit müsse gedruckt werden,
ein Verleger dazu habe sich bereits in dem Buchhändler Eduard
Anton in Halle gefunden, der ihn sogar um das Manuscript angegangen hätte; auch wolle er mein Buch mit einem Vorwort versehen. Mit dem Zuruf: „Muth, mein lieber Scholz!" schloß sein
Brief. Gesagt, geschehn. Schon am folgenden Posttage empfing
ich einen Brief von Anton in Halle, mit dem Gesuch um Zusage
des Manuscripts und der Bitte, vorher noch einige Abkürzungen
einzelner Partien vorzunehmen, die auch Harnisch für zweckmäßig
erachtete. Ich willigte gern ein. — So verflossen noch Wochen, ehe
der Druck beginnen konnte. Endlich war die Zeit erschienen, daß
mir die ersten beiden Aushängebogen zugeschickt wurden. Ich ver-

mag den Eindruck nicht zu beschreiben, den diese und jeder folgende Bogen auf mich machte; ich glaubte gar nicht, meine Arbeit vor mir zu sehn. Aber wie schwand die Freude, je näher der Druck des letzten Bogens mit dem langen Titel:

> Faßliche Anweisung zum gründlichen Kopf- und Zifferrechnen. Nach bewährten Grundsätzen und in methodischer Stufenfolge für Schullehrer-Seminare, Gymnasien, Bürger- und Volksschulen, bearbeitet von Christian Gottlieb Scholz, Rector in Neiße. Mit einem Vorworte von Dr. Harnisch, Director des Königl. Seminariums zu Weißenfels. 1. Theil. Halle, Eduard Anton. 1825.

rückte und endlich erschien. Das Loos ist gefallen! Ergib dich in dein Schicksal und harre in Ergebenheit der kritischen Zaubereien! In solcher Bewegung zwischen Furcht und Hoffnung war meine Seele. Die erste Botschaft, die mich aufrichtete, war das schöne Vorwort des lieben Harnisch, das ich vor dem Druck nicht zu sehen bekommen hatte. Jeder folgende Brief des Verlegers erhöhte meine Freude durch die Aeußerung: „Ihre faßliche Anweisung rc. geht wie warme Semmel ab. Ich kann kaum mit Befriedigung eingehender Bestellungen fertig werden, und wenn es so fort geht, wird die 3000 starke Auflage noch in diesem Jahre vergriffen sein. Denken Sie einstweilen an die Besorgung des Manuscripts zur zweiten Auflage, so wie an die des 2. Theils, wornach schon jetzt sehr verlangt wird." — So hatte sich also die Angst in Freude, große Freude verkehrt. Das Buch fand eine außerordentliche Verbreitung; bei mir allein waren von Lehrern Schlesiens über 500 Exemplare bestellt worden. Von Nah' und Fern erhielt ich von Freunden und Bekannten ermunternde Urtheile über das Buch, und auch die öffentlichen Recensionen in mehreren pädagogischen Zeitschriften sprachen sich belobigend über dasselbe aus; in einer Recension wurde es ein in der pädagogischen Literatur „Epoche machendes Werk" genannt. Daß ich den 2. und 3. Theil nicht lange auf sich warten ließ, versteht sich von selbst. Sehr viel Arbeit verursachte mir der 3. Theil, in welchem die Zahlen-Proportionslehre und die darauf beruhenden bürgerlichen Rechnungsarten behandelt sind. Bei meinem Streben nach anschaulicher Gründlichkeit genügte mir die Behandlung der Proportionslehre in den gewöhnlichen Lehrbüchern nicht; ich wollte Besseres leisten. Dazu gehörte, daß ich mir selbst die nöthige Einsicht in die Sache verschaffte. Die Bearbeitung für den entwickelnden Unterricht fand sich dann von selbst. Ueber den Werth und die Nothwendigkeit der Proportionslehre in unserem Elementar-Unterrichte habe ich später Ansichten gewonnen, die von den früheren abweichen. Doch davon später.

Die neuen Auflagen der „faßlichen Anweisung rc." folgten ziemlich rasch aufeinander. In jeder neuen Auflage sind die Spuren der verbesserten Veränderungen leicht wahrzunehmen. Meine Fortschritte konnte und durfte ich aus Dankbarkeit gegen die Lehrerwelt nicht vorenthalten. Wie viel verdanke ich nicht den tief eingehenden Bemerkungen des Herrn Hentschel in Weißenfels im „Volksschullehrer" von Harnisch, den Beiträgen von Stubba in Bunzlau und später der Besprechung meines Buches in seiner dritten Auflage von dem Seminarlehrer Johannes Reubert im Mecklenburg'schen im „Schles. Schulboten". Mit diesem letzteren mir persönlich unbekannten Freunde stand ich lange im pädagogisch-wissenschaftlichen Briefwechsel. Sei er freundlichst gegrüßt! Diesterweg, damals zu Meurs am Rhein Director des Seminars, würdigte meine Arbeit seiner sachkundigen Aufmerksamkeit, und verfaßte selbst eine Anweisung zum Rechnen, die der meinigen sehr ähnlich war. In seinem „Wegweiser für deutsche Lehrer" aber stellte er die „faßliche Anweisung" an die Spitze. Die vierte Auflage der faßlichen Anweisung erschien unter dem veränderten Titel: „Rechenlehrer rc."

Da in der Anweisung für Lehrer nur eine geringe Zahl praktischer Aufgaben für das Kopf=, wie für das Schriftrechnen aufgenommen werden konnte, so ließ ich meine Sammlung von Aufgaben im Druck erscheinen und zwar in Form kleiner Bücher für die Hand der Rechenschüler — die Mücke'schen Rechentafeln reichten nicht aus und die alten von Junker paßten zu dem neuen Rechengange nicht. Mein Freund Röhricht in Landeshut war mir mit einem Versuche von Rechen=Aufgabe=Heften für seine Schule vorausgegangen; ich folgte ihm nach und brachte die Sammlung mit meiner „Anweisung" in die engste Verbindung. Es erschienen drei Hefte Aufgaben für das Kopfrechnen, und drei Hefte für das Zifferrechnen unter folgenden Titeln:

Aufgaben zum Kopfrechnen, in geordneter Stufenfolge für zahlreiche Knaben- und Mädchenschulen. Entworfen und gesammelt von Chr. G. Scholz. Drei Hefte à 6—8 Bogen. Oktav. Halle, Eduard Anton und bei dem Verfasser in Breslau. Preis: 5 Sgr. à Heft.

Ferner:

Aufgaben zum Zifferrechnen. In geordneter Stufenfolge für schülerreiche Schulen und einzelne Schüler entworfen. Ein Hülfsmittel, den Unterricht im Rechnen zu erleichtern und das Diktiren der Aufgaben oder Vorlegen sogenannter Rechentafeln zu vermeiden. Drei Hefte à 6—8 Bogen. Oktav. 3. Auflage.

Mit der Herausgabe solcher Aufgaben war die Arbeit nicht abgeschlossen, es fehlten noch die Resultate; und gerade diese erheischten einen Fleiß, den diejenigen nur zu würdigen wissen, die eine Arbeit der Art unternommen haben. Die Schüler der ersten Klasse rechneten, meine Schul-Präparanden rechneten, und der Rector rechnete — gleichsam auf Tod und Leben, in der Schule und, vor und nach der Schule. Denn die Formen der Aufgaben waren zum großen Theil so gefaßt, daß wenige Zeilen einer Aufgabe seitenlange Fazite einnahmen. Ueber die Fazite der Bruchrechnen-Aufgaben schrieb mir der Verleger, daß diese einem Setzer das Augenlicht gekostet haben würden, wenn er nicht zurückgetreten wäre. Es erschienen nach und nach:

1. Beantwortungen der Kopfrechnen-Aufgaben. 3 Hefte in 5 Aufl.
2. Auflösungen der Aufgaben zum Zifferrechnen ꝛc. 3 Hefte.

Des großen Fleißes ungeachtet hatten sich doch eine Menge Rechenfehler eingeschlichen. Wie dankenswerth war es daher, daß ein sächsischer Schulmann, Herr Winter in Kirchberg, es unternahm, die berichtigten Fazite mir zuzufertigen, die ich, wie sich's von selbst versteht, bei den neuen Auflagen dankbarlichst benutzte.

Die „Aufgaben" haben mir zwar entsetzlich viel Arbeit verursacht; aber sie lieferten den Lehrern ein Hülfsmittel, das sie freudig begrüßten. Die Aufgaben waren grundsätzlich so abgefaßt und so geordnet, daß jede folgende Aufgabe den Schüler zu einem selbstständigen Denken nöthigte; auf mehrere leichtere Aufgaben folgte eine schwere oder inhaltreichere, die dem voraneilenden fertigeren Rechner einen Halt geboten; die schwächeren und langsamen Rechner durften diese Aufgaben überschlagen. Ich vermag den Eifer nicht zu beschreiben, den meine Schüler und Schülerinnen in der Rechenstunde an den Tag legten, wie viel Zeit durch ihr Rechenbüchlein erspart, wie viel gerechnet werden konnte, und wie Zahlkräfte gewonnen wurden. Dem mechanischen Rechnen war der Boden entrissen. Merkwürdig! Gerade die Eigenthümlichkeit in der Form und Anordnung der Aufgaben bewog andere Schulmänner zur Herausgabe von ähnlichen Büchlein, welche den Lehrern des Selbstrechnens und den Schülern des Fragens zu überheben geeignet waren. Wie Pilze schossen die Rechenbüchlein in allen Gegenden Deutschlands auf; jeder Lehrer glaubte für seinen und den Standpunkt seiner Schule andere Aufgaben zu bedürfen. Es erschienen so planirte Aufgaben-Sammlungen, die in der That Erleichterungsmittel für den Rechenunterricht waren, durch die aber für die Ausbildung der Rechenkraft wenig gewonnen wurde. Ich könnte zu dem Rückschritt im Rechenunterricht unserer Schulen, der durch den Mißbrauch der Rechenbüchlein eingetreten ist, die schlagendsten Beispiele liefern. Oder zeugt es nicht von Denkfaulheit, wenn Schüler oder

Schülerinnen bei jeder Aufgabe, die in einer etwas abweichenden Form gefaßt ist, mißmuthig ausrufen: „das kann ich nicht rechnen, das verstehe ich nicht," obgleich sie schon Hunderte von Aufgaben ihres beliebten Rechenbüchleins geziffert haben. Doch ich greife voraus und vergesse ganz und gar, daß ich noch Rector in Reisse bin. Darum zurück! —

Durch die im Druck erschienenen Rechenschriften wurde der Unterricht im Rechnen in der Reisser evangelischen Schule auf eine nicht gewöhnliche Stufe erhoben. Es war nicht allein die erlangte Rechenfertigkeit, sondern auch die gesteigerte Rechenlust, der gesteigerte Recheneifer unter Knaben und Mädchen — eine Erscheinung, die mir in dem neueren Lehrerleben in andern Orten und in andern Verhältnissen nie wieder vorgekommen ist. Erst jüngst machte ich eine erfreuliche Erfahrung. Einer meiner Schüler, der damals nicht gerade zu den bestbefähigsten gehörte, aber eine einträgliche Stelle in der General-Landschaft bekommen hatte, begegnete mir auf der Straße, faßte mich mit seinen beiden Händen bei der Hand und dankte mir, sichtlich gerührt, für meinen Unterricht in Reisse. „Sie haben", äußerte er, „mich zwar tüchtig hergenommen — ich war träger Natur — aber ich habe Alles, was ich habe und bin, Ihnen zu verdanken. Ich habe kein Gymnasium, keine Realschule besucht, sondern bin unmittelbar aus der Rectoratsklasse in den praktischen Dienst getreten, und nun bin ich schon Beamter in der General-Landschafts-Registratur." Als ich ihm erwiderte, daß er dies lediglich seinem Fleiße zu verdanken hätte, lehnte er das Lob ab, indem er erwiderte: „Nein, nein, Ihnen allein," und, setzte ich hinzu: „Gottes Führungen". Jetzt ist der junge Mann zum Rendanten einer andern Provinzial-Landschaft gefördert.

Wie es später mit diesem Unterricht in Reisse nach meinem Abgange geworden ist, darüber zu berichten, bin ich außer Stande. —

Ich verlasse dieses Gebiet, mir vorbehaltend, weiter unten von meinen noch andern Rechenschriften zu berichten.

3. Wie stand es im Verlauf der Jahre mit dem Sprachunterrichte in Reisse. Was ich in Kreuzburg in der Königl. Landarmenhaus-Schule bei mangelhaften Hülfsmitteln angefangen und geleistet, darüber habe ich schon oben Bericht erstattet und Beläge geliefert. Ebenso gibt der gedruckte Bericht (S. 90) von Reisse aus Kunde von dem Fortgange meiner Bestrebungen. Aber jene Nachrichten beschränken sich auf die ersten beiden Jahre meiner Lehrerwirksamkeit in Reisse. Es liegt mir noch die Mittheilung von vielem Mittheilenswerthen ob.

Schon oben habe ich erzählt, daß der erste „Leseunterricht," durch die Anstellung des Lehrers Löfler einen Umschwung erhielt, und daß als Ergebniß unserer Konferenz-Versammlungen die enge Verbindung des Druckschrift-Lesenlernens mit dem Schreiben nach Harnisch's erster „faßlicher Anweisung" eine Modification erlitt, darin bestehend, daß die Kenntniß der Druckschrift anfänglich ganz zurückgestellt, und nur die Schreibschrift Gegenstand des ersten Leseunterrichts wurde. Die Methode des „Schreibendlesen- lernens" wurde angewendet und sorglich gepflegt. Die Sache war neu; aber sie fand bei den Eltern unserer Schüler durchaus keine Schwierigkeiten. Aeußerungen der Eltern, wie folgende: „ich weiß nicht, wie das zugeht, daß unsere Kinder so gern schreiben; kaum zu Hause gekommen, greifen sie zu ihren Schiefertafeln und schreiben unermüdlich mit ihren Händchen" — vernahmen wir oft. Die erregte und fortdauernde Lernlust bei den Schülern ist doch wol das beste Zeugniß für die Richtigkeit des Lehrverfahrens. Zur Förderung der Methode und Erleichterung für Lehrer und Schüler gingen folgende fünf Schriften aus meiner Feder hervor:

1. Kleiner Schreib-Leseschüler oder erste Uebungen im Schreiben und Lesen. Halle, Eduard Anton. 1827.
2. Der Leseschüler oder Uebungen im Lesen der Fraktur- und Cursiv- schrift für Volksschulen. Halle, 1827. 78 S. gr. 8. Später unter dem Titel: „Fibel für Leseschüler" x.
3. Der Sprech-, Schreib- und Leselehrer, oder Anweisung zum Sprechen-, Schreiben- und Lesen-Lernen, in Verbindung der Lautirmethode mit der Buchstabirmethode und der Lesemethode von Harnisch. Halle, 1827. 7¹³/₁₆ Bog.
4. Wandtafeln zum Schreiben- und Lesenlernen der Currentschrift. Ein Hülfsmittel beim Unterricht nach der Schreib-Lesemethode. Halle, 1830. 12 lith. Folio-Bl.
5. Wandfibel zum Lesenlernen der Druckschrift. Halle, 1828. 15 Bog. gr. Folio.

Die erste und vierte Schrift sind lithographirt. Die erste hat auf dem Titel ein Bildchen, darstellend einen kleinen Schreibschüler (Namens Krocker), nach dem Leben gezeichnet vom Maler Beyer, der damals in Neiffe sich aufhielt. Diese, so wie das folgende zweite Schriftchen, fanden beifällige Aufnahme, denn es mußten wiederholt neue Auflagen gemacht werden. Die dritte Schrift ist nur einmal gedruckt worden. Dasselbe gilt von den „Wandtafeln" und von der „Wandfibel". Der „Sprech-, Schreib- und Leselehrer" fand außer mehreren sehr günstigen Beurtheilungen in verschiedenen pädagogischen Zeitschriften, besondere Verbreitung in Schlesien. Die Lesemethode von Harnisch schloß die Lautirmethode aus. Bei der

Auflösung der Silben und Wörter in ihre einfachsten Bestandtheile wurden die Laute mit den gewöhnlichen Buchstabennamen angegeben, z. B. das Wort „Maus" besteht aus dem zusammengesetzten Stimmlaut „au", aus dem Vorlaut „Emm" und aus dem Nachlaut „Eff". Das schien mir nicht „naturgemäß". Der Buchstabe ist das sichtbare Zeichen für den hörbaren Laut. Die meisten hörbaren Laute stimmen aber gar nicht mit den gewöhnlichen Buchstabennamen überein, und erschweren darum das Lesenlernen. Die Lesemethode von Harnisch war insofern sehr verwandt mit der Buchstabirmethode, über die damals schon der Stab gebrochen worden war. Auf die „Lautirmethode" nach Stephanie ward die Aufmerksamkeit der meisten Lehrer gerichtet, die Krug'schen Lautnamen: „Brummlaut, Schnurrlaut, Lalllaut, Zischlaut, Hetzlaut, Zungenstoß-, Lippenstoßlaut" 2c. 2c. fanden nur sehr vereinzelt Anklang, die größten Gegner derselben waren die Schulräthe und Schulrevisoren. Die strengen Lautirmethodenlehrer wollten nichts von den alten Buchstabennamen wissen; sie wiesen sie an das Ende des Leseunterrichts, in den Rechtschreibunterricht, wo sie ihnen unentbehrlich schienen. Ein nicht geringer Theil der Leselehrer hielt die Verbindung des Lautirens mit dem Buchstabiren für unumgänglich nothwendig, lehrten also: dies Zeichen z. B. l lautet (der Laut kann nicht geschrieben werden) und heißt „Ell". Das Wort „laut" wurde also lauttt: „l—au—t" und buchstabirt „Ell—a—u—te". Diese Verbindung, behauptete man, sei schon deshalb nothwendig, weil sich der Lehrer durch bloßes „Lautiren" in einer vollen Klasse ruinire und der Buchstabenname dagegen große Erleichterung gewähre. Die Mühe für die Schüler im Unterscheiden des Lautes und Buchstabens sei gering, der Vortheil für den Lehrer aber groß. Eine halbe Stunde „Lautirunterricht" strenge mehr an, als ein paar andere Schulstunden. In der That, solchen auf die Erfahrung gestützten Einwürfen darf ein gewissenhafter Schriftsteller, welcher der Sache seine Feder widmet, das Ohr nicht verschließen. In meinem Privatunterricht hatte ich längere Zeit so unterrichtet und meine Präparanden unterrichten lassen, wie im „Sprech-, Schreib- und Leselehrer" ausgeführt ist, und die Ergebnisse bestimmten mich, meine Erfahrungen Andern zu übergeben. Meiner Ueberzeugung nach, die noch heute dieselbe ist, gibt es kein naturgemäßeres d. h. dem kindlichen Entwickelungsgange entsprechenderes Lehrverfahren, als das „Schreibend-Lesenlernen". An Gegnern fehlte es derselben nicht. Bei ihrem ersten Auftreten wurde die Methode in dem Wochenblatte von Rossel (in Aachen) hart angegriffen. Handel trat für sie in die Schranke und brach eine Lanze mit dem Verdächtiger. Handel konnte mit

Recht sagen: „Komm und stehe!" In Bezug auf die oben erwähnte „Fibel für Leseschüler" bemerke ich noch, daß in derselben das lange widerwärtige Silbenlesen möglichst abgekürzt ist, daß der Lehrstoff nach sprachlichen Grundlagen geordnet und daß der zusammenhängende Lesestoff der Bibel entlehnt ist. Freilich ist der Gang ein synthetischer und die heutigen Freunde der Lesemethode nach Jacotot-Seltzsam werden jenem Gange nicht zugethan sein. Hier aber heißt es: „An ihren Früchten sollt ihr sie erkennen". Und da an der Frucht der Synthesis die Wespen nagen, so muß sie wol nicht eine schlechte sein.

Da ich bei dem „Leseunterrichte", der ersten Stufe des Sprachunterrichts, stehe; so will ich noch einer andern Schrift hier gedenken, deren Geburtsstätte und Wiege ebenfalls Neisse ist, die ich aber unter einem fingirten Namen in die Welt schickte. Der Titel derselben ist:

Elementar-Lese- und Sprachbüchlein, nach pädagogischen Grundsätzen für den vereinten Sprech-, Schreib-, Lese- und Sprachlehrunterricht, bearbeitet von Dr. Ernst Fibel. Breslau. Ed. Pelz. Kl. 8.

Theil 1: „Das Laut- und Silbenbüchlein," 1881. 21 Seiten.

Theil 2: „Das Wörterbüchlein." VI 58 S.

Theil 3: „Das Sätzebüchlein," 1. Abth.: Der einfache Satz, 1833. XVII. 186 S.

Warum ich diesem Büchlein nicht meinen Namen beidruckte, darüber bin ich zwar Niemanden Rechenschaft schuldig; doch will ich mit den Gründen hier nicht länger ein Geheimniß machen. Für's Erste wollte ich damit meinen vorangegangenen Schriften dieses Gebietes nicht in den Weg treten und Zweifel bei Freunden derselben erregen, was der Fall gewesen wäre, da mein Name nicht mehr ganz ohne Interesse gelesen und genannt wurde. Für's Zweite wollte ich die Recensenten in ihrer Unbefangenheit oder Unparteilichkeit nicht stören, wozu sie mein Name möglicher Weise verleitet haben würde. Daß ich mich hierin nicht getäuscht, beweist die Recension des verstorbenen Kirchenraths Lorberg in Biberich, der zu jener Zeit ein Hauptmitarbeiter an der Darmstädter Zimmermann'schen Schulzeitung war, und der als mein Gegner in Betreff des „Schreib-Leseunterrichts" aufgetreten war. Ich habe von dem gediegenen Urtheile dieses Mannes, sowie vor ihm selbst immer großen Respect gehabt, und deshalb war mir die überaus günstige Beurtheilung meines Dr. Ernst „Fibel" aus der kritischen Feder desselben von besonderer Wichtigkeit. Von Diesterweg in Berlin weiß ich, daß es Lorberg sehr überrascht hatte, als er erfahren, wer denn der Dr. Ernst Fibel sei. — Trotz der günstigen Beurtheilung hat der Dr. Ernst

Fibel sich nur auf einen kleinen Kreis der Verbreitung beschränken müssen. Die Arbeit, nach diesen Gesichtspunkten ausgeführt, hat mir großes Vergnügen gemacht. An den Beispielen zum „Sätze-büchlein" habe ich gesammelt wie eine Biene den Honig. Noch heute nehme ich diesen Theil mit besonderem Interesse zur Hand, denn es erinnert mich daran, wie sehr mich die Zusammenstellung selbst gefördert hat. Es ist eine durch und durch „praktische Satzlehre", wobei ich nur bedaure, daß ich die Beispiele zur zweiten Abtheilung: „Der zusammengesetzte Satz" an den Ketten und Banden im Schreib-pult liegen lassen mußte. Der Verleger hatte nämlich den Muth an dem geringen Absatz der ersten Abth. verloren, so wie ich zum Weiterarbeiten. —

Wie immer ein Gedanke den andern erzeugt, so auch hier. Der Dr. Ernst Fibel kam freilich nicht recht zum Leben in der Schule; dafür lebte die Idee in mir, die durch Lorberg's und Diesterweg's Beifall recht befruchtet wurde. Die ersten beiden Theile von Dr. Ernst Fibel waren schon in der zweiten Auflage vergriffen, als ich, auf die Idee versessen, eine dritte Bearbeitung des Lese-buchstoffes in Angriff nahm und für dieselbe den Verleger Herrn Ed. Anton in Halle zu gewinnen suchte. So erschien unter mei-nem Namen:

1. Der Leseschüler, oder Uebungen im Lesen der Druckschrift in sach-gemäßer Stufenfolge für Volksschulen. Halle. 1. Theil.

2. Der Leseschüler, oder Uebungen im Schön- und Denklesen, verbun-den mit mündlichen und schriftlichen Sprachübungen für Schüler von 7—10 Jahren. 2. Theil. Halle 1833. XII. 308 S. 8.

Entweder dem Namen oder der Sache selbst verdankt der erste Theil dieses Leseschülers die große Verbreitung; denn bis jetzt (1861) sind bereits 13 starke Auflagen in die Schulwelt gewandert. Vor der Jacotot-Manie erfolgte in der Regel alle zwei Jahre eine neue Auflage, nur seit die Münsterberger „Volksschul-Lesebücher" von oben herab zur Einführung befohlen worden sind, kränkelt der Absatz der Lesebücher von andern Verfassern. — Der Idee, so wie dem Plan und der Ausführung des ersten Theils des „Leseschülers" wird man die Originalität nicht absprechen; und die Originalität besteht in der organischen Gliederung des Lesestoffes, den ich nirgends in die-ser Weise bearbeitet vorfand. Obgleich auch hier der synthetische Lehrgang eingeschlagen ist, so findet man doch wenig Silbenkram. Die Behandlung des Wörterschreibens und Wörterlesens führt die kleinen Schreibeschüler zu einem selbstständigen Arbeiten, das ihnen große Freude macht und dem Lehrer große Erleichterung verschafft.

Wenn z. B. das einsilbige Wort „ein" schreibend und lesend vorgeführt worden ist, und die Silben e, en, em, er, es eingeübt worden sind, so können die Schüler selbst folgende zweisilbige Wörter erst mündlich bilden, dann schreiben, also:

ein — eine, einen, einem, einer, eines.

Dasselbe kann mit den Wörtern: „mein, dein, sein, sein, rein, lau" 2c. geschehen. Welche Menge von Uebungsstoff. Hält man zugleich auf die richtige Betonung in der Unterscheidung von Haupt- und Nebensilben, und vermeidet man auch die unorganische Trennung der Nebensilbe von der Hauptsilbe, so daß man also nicht lesen läßt: ei—ne, sondern „eine", das „e" kurz oder geschärft, gerade so wie beim Sprechen; so weiß ich nicht, ob es eine zweckmäßigere Behandlung des Schreib= und Lesestoffes gibt. Welche Fortschritte machen die Kinder im Schreiben, vorzüglich in der Rechtschreibung, die zu begründen und zu fördern das Büchlein eingerichtet ist. Man verzeihe es mir, wenn ich gestehe, daß ich ein wenig stolz auf die gelungene Ausführung der Idee bin.

Der zweite Theil ist nicht zum zweiten Male gedruckt worden. Der Verleger hatte einen beispiellos geringen Preis auf 308 S. engen Druckes gesetzt und deshalb eine starke Auflage veranstaltet; aber das Buch wurde nicht beliebt in der Schulwelt, es stand seinem älteren Bruder in der Verbreitung nach und mußte endlich gar ins Grab steigen. Zur Zeit seiner Erzeugung war der pädagogische Gedanke, daß ein Lesebuch, welches als Glied des Sprachunterrichts die Sprachzwecke fördern solle, nach Sprachlehr=Grundsätzen verfaßt sein müsse. Tillich, Harnisch, Rossel u. A. waren gute Vorgänger; in ihre Fußstapfen zu treten, war meine Absicht, Dr. Ernst Fibel hatte mich obendrein dazu ermuntert; dessen unausgeführt gebliebene Idee roumorte in meinem Kopfe, es mochte in demselben nicht verbleiben, was in ihm zur Reife gediehen war. Aber die Frucht schien den Zeitgenossen zu herb, dies Geistesbrot zu trocken für die verwöhnten Kindlein und ihre noch verwöhnteren Pflegern. Meine Beispielsammlung, die Dr. Fibel nicht an den Mann bringen konnte, freute sich, aus den Ketten und Banden des Schreibpultes erlöst zu sein und sich in der freien Welt ein wenig dienstbar machen zu können. Mir leistet das Buch heute noch durch seine praktische Tendenz die besten Dienste beim Sprachlehrunterricht und ich wache über den Besitz des einzigen Exemplars.

So viel über die Vaterschaft meiner Sprachkinder und über die Lebensschicksale der letzteren. Die Zeugungskraft war damit in Neisse noch nicht erschöpft. Ich darf davon nicht schweigen.

An Harnisch's Sprachlehrschriften hat sich, wie ich schon oben rühmlichst anerkannt, mein Sprachgeist genährt und gebildet. Es war eine Kost, die meinem Geiste ganz und gar in seiner damaligen Beschaffenheit zusagte. Ich verschmähte dennoch nicht die Kost, die mir auf andern Sprachtischen aufgetragen und vorgesetzt wurde. Fehlte es doch nicht an den Lobpreisungen derselben in den befreundeten pädagog. Zeitblättern. Nicht nur Rossel und Krause, sondern auch Schmitthenner, Herling, Götzinger, ja sogar Heyse und endlich Becker luden mich ein; ich genoß der Brocken, die von den Tischen dieser reichen Herren gefallen, in reichlichem Maße und fand mich durch dieselben zu weiterem Genuß angeregt und gekräftigt. Doch ohne Bild!

Rossel's sprachliche Mittheilungen in seinem Wochenblatte und später in seiner Monatsschrift sah und hörte ich nicht blos, sondern machte sie zu meinem Eigenthum. Und was der Superintendent Krause in seinem Lehrbuche, den deutschen Sprachunterricht in Volksschulen betreffend, uns darbot, war so trefflich zubereitet, daß sie Männern praktischen Sinnes munden mußten. Die praktische Geschicklichkeit des K. erregte meine Bewunderung. Wie Dinter in der katechetischen Behandlung religiöser Stoffe ein Meister war, so Krause in der Entwickelung grammatikalischer Denkstoffe. Wie viel verdanke ich Dir, trefflicher, wenngleich geschmähter Dinter, wie viel Dir, didaktisch-scharfsinniger Krause! Die Sprachunterrichts-Ideen eines Harnisch ausgeführt in der gewandten Form eines Krause, das müßte ein schönes, ein harmonisches Ganze geben. Wie ist eine solche didaktische Amalgamirung zu bewerkstelligen? Ob ich mir damals dieses Gedankens so klar bewußt gewesen, — ich weiß es nicht; aber in meiner Seele war der pädagogische Geist beider Männer zur Einheit geworden.

Auch die „Sprachbildungslehre" des Seminar-Director Graßmann in Stettin habe ich lieb gewonnen. Der Verfasser behandelt den sprachlichen Stoff in einer eigenthümlichen, aber geschickten Weise, freilich in einer etwas weitläuftigen Frageform, aus der ich jedoch Manches lernte, was mir beim Unterrichte und in meiner didaktischen Ausbildung förderlich war. — Superintendent Handel war auch in der deutschen Grammatik sehr zu Hause. Er ertheilte den jungen Militärs in der Divisionsschule Unterricht in der deutschen Grammatik. Durch ihn wurde meine Aufmerksamkeit auf die Spracharbeiten „Schmitthenners" gelenkt. Dessen „Leitfaden" bediente sich Handel. Schmitthenner war ein tüchtiger Sprachforscher, aus dessen größerem Werke: „Teutonia," sowie aus seinem kleinen „deutschen Wörterbuche" ich meine Kenntnisse in der deutschen Gram-

matik bereicherte; aber der Schmitthenner'sche „Leitfaden" stand für
meine Schüler zu hoch, als daß ich davon hätte Gebrauch machen
können. Neben Schmitthenner stand in jener Zeit Herling mit seinen
Sprachwerken auf der Tagesordnung. Das eine Werk: „der deutsche
Stil" ist eine meisterhafte, wissenschaftliche Begründung der deutschen
Grammatik — eine Schrift, die ich mit großem Eifer studirte und
exercirte. Die andere Herling'sche Sprachschrift ist für den praktischen Unterricht im Deutschen geschrieben, die mir gute Dienste
leistete. Endlich muß ich noch der Becker'schen Sprachwerke gedenken.
Es kam mir zuerst seine „Wortbildung" in die Hände. Ich fand
die Anpreisung dieses umfangreichen Werkes zwar zutreffend, aber
die Ausbeute für meine Zwecke war nur gering. Das Buch ist
für Sprachgelehrte, aber nicht für Lehrer an Schulen. Noch
mehr Schwierigkeit verursachte mir beim Studium die zweite Schrift
Beckers: „der Organismus der deutschen Sprache oder die deutsche
Grammatik." Lorberg nannte es ein unvergleichliches Werk. Nicht
ohne Anstrengung arbeitete ich mich durch diese Schrift, fand darin
allerdings des Vortrefflichen sehr viel, aber blutwenig für den Unterricht in der Schule, bis der „Leitfaden zum Unterrichte in der
deutschen Sprache von Becker" selbst erschien, eine Schrift, die mich
neben seiner „Methode" des deutschen Sprachunterrichts in Schulen
— eine kleine Broschüre — sehr anzog. Die Aufsätze über den
Unterricht im Deutschen in den verschiedenen pädagog. Zeitschriften,
z. B.: „Volksschullehrer" von Harnisch, in der Zimmermann'schen „Allgemeinen Schulzeitung," in der „Roßel'schen Monatsschrift," im
„Archiv" v. Gräfe, im Erfurter „pädagog. Wochenblatte," in den
„Berliner Jahrbüchern," in der „Weingart'schen Volksschulzeitung,"
in Diesterweg's „Rheinischen Blättern" u. A., die ich für eigene
Rechnung mir anschaffte, wirkten fördernd auf die Ausbildung meines
Sprachverstandes. Zu der Methode des „Selbsterfindens" beim Unterricht in der deutschen Grammatik gelangte ich durch die Lectüre
und das Studium der erwähnten Schriften, aber vergeblich sah ich
mich nach einem Aufgabenbuch für die Hand des Schülers um.
Mein Freund Röhricht in Landeshut war mir auch darin mit einem
Versuche vorangegangen. „Wie," dachte ich, „wenn ich daran
ginge, ein Aufgabenbuch zu verfassen, in welchem vom Bekannten
aus und zum Unbekannten übergegangen würde, in welchem die
Schüler, von der Betrachtung des Einzelnen zum Allgemeinen,
zum Selberfinden der Sprachregel angeleitet würden, die dann
noch durch viele Uebungen zum sichern Eigenthum, zum klaren Bewußtsein erhoben werden müßten." Ich legte Hand ans Werk
und so entstand allmählich folgende Schrift:

Deutscher Sprachschüler, oder stufenweis geordneter Stoff zu mündlichen und schriftlichen Sprach- und Verstandesübungen. Ein Leitfaden für Lehrer und ein Uebungs- und Wiederholungsbuch für Schüler in Land- und Stadtschulen. Halle. 3 Lehrgänge:

1. Lehrgang: die Rechtschreibung, Wortlehre und Wortbildung.
2. Lehrgang: die Satzlehre, der einfache Satz.
3. Lehrgang: die Satzlehre, der zusammengesetzte Satz.

Der hier eingeschlagene Weg und die Form des Unterrichts erfreute sich eines ungewöhnlichen, für mich ermunternden Beifalls; denn es fand der „Sprachschüler“ eine Verbreitung durch ganz Deutschland, wie aus den rasch auf einander folgenden (vom 1. Lehrg. 12 Auflagen, von den andern Lehrgängen halb so viel) Auflagen hervorgeht. Als mir der Verleger Anton einen in der Schweiz erschienenen Nachdruck des „Sprachschülers“ zufertigte, fand ich mich veranlaßt, die beiden letzten Lehrgänge einer gänzlichen Umarbeitung zu unterwerfen. Diese Umarbeitung, so wie die schon vorher besorgten neuen Auflagen zeigen von dem Fortschritte, den der Verfasser auf diesem Felde des Unterrichts gemacht hatte, denn jede Auflage enthielt erhebliche Verbesserungen. Sehr erfreulich war für mich der Beifall, welchen die Form meines Sprachschülers am Rhein bei Diesterweg gefunden hatte. Er gab nicht lange nach dem Erscheinen meiner Lehrgänge ein, in der Form meinem Sprachschüler sehr ähnliches „Uebungsbuch“ heraus. Auch Diesterwegs Arbeit fand Beifall, und aus den später erschienenen praktischen Sprachwerken Diesterwegs, die außerordentlich viel Anregendes enthalten, habe ich recht viel gelernt. Stehen wir beide doch in unterrichtlicher Beziehung mit einander in Verwandtschaft; freilich ist er ein mir sehr überlegener Geistesverwandter.

Diesterweg's und Scholz's Sprachschriften waren in jener Zeit wol die gangbarsten, bis der in Wort und Schrift praktisch geschickte Jakob Wurst mit seiner „Sprachdenklehre“ in überaus gelungener Weise die Becker'sche Sprachtheorie für die Anwendung in Elementarschulen zurecht gemacht hatte. In dem Vorwort zu dem Buch für Schüler, das ganz in der Methode meines Sprachschülers verfaßt ist, gedenkt er in anerkennender Weise den Werth meiner Arbeit an, die ihm längere Zeit ein lieber und genügender Führer gewesen ist. Die Wurst'sche „Sprachdenklehre“ machte Epoche seltener Art und umnebelte sogar die Einsicht von Stadtschulbehörden, die sich herbeiließen, die Einführung dieses Buches in den Schulen anzubefehlen. Nachdem der Nebel gefallen, ist auch der Nimbus jener „Sprachdenklehre“ verschwunden, ja es ist sogar Warnung vor dem Gebrauch der hochgepriesenen „Sprachdenklehre“

9*

Wurst's an die Stelle getreten. „Ach, wie flüchtig, ach wie nichtig!" 2c. Doch, ich sehe, daß ich im Begriff bin, Reisse wieder zu verlassen, wozu es noch nicht Zeit ist. —

Ich kehre zu meinem lieben Harnisch zurück. Seine „Lautlehre," „Wortlehre," „Satz- und Aufsatzlehre" enthielten Sprachpartien, die man in andern Sprachwerken von gelehrten und ungelehrten Schulmännern vergeblich suchte. Diese Partien waren recht geeignet, Gedanken zu erzeugen und die erzeugten Gedanken zu nähren und zu ernähren. Eine Probe davon habe ich in meinem Berichte von Kreuzburg aus schon mitgetheilt. Ich meine erstens die Erklärung von Begriffen, in denen schon Zerrenner in Magdeburg viel gethan hatte, zweitens die Würdigung der verschiedenen Bedeutungen eines Wortes — was Harnisch den „Begriffsraum" nennt, und drittens die Uebung im Unterscheiden sinnverwandter (synonymer) Begriffe. Ich war ganz versessen auf diese Uebungen; sie erschienen mir viel wichtiger als die grammatischen, und wie der Erfolg gezeigt hat, mit Recht. Harnisch aber deutete diese Uebungen in seinem Sprachwerk nur an und überließ die weitere Ausführung dem Lehrer. Es ist mir unbekannt geblieben, ob ein Lehrer darin mehr gethan hat, als ich. Nachdem ich mich im Besitz des großen Wörterbuches von Adelung (4 Folio-Bände), des vierbändigen deutschen Wörterbuches von Heinsius, des kleinen einbändigen und des großen achtbändigen Wörterbuches der Synonymik von Maß und Gruber gesetzt, ging ich an die Sammlung des Stoffes für den Zweck meiner Schule. So entstanden die folgenden Schriften:

1. **Die Stylschule oder Stoff und Aufgaben zu Uebungen im schriftlichen Gedankendarstellen. Ein Leitfaden zur methodischen Behandlung der Denklehre (Logik) in Schullehrer-Seminarien und höheren Volksschulen. Zwei Kursus. 1. Kursus in zwei Auflagen. X. 142 S. 2. Kursus: X. 136 S.**

2. **Wort- und Gedankenstyl, oder Stoff und Anleitung zum mündlichen und schriftlichen Gedankenausdruck. Ein praktisches Lehr- und Handbuch für Lehrer an Schullehrerbildungsanstalten, Gymnasien und Volksschulen bearbeitet. 1. Theil (ein zweiter ist nicht erschienen.) Die Vorstellungen und Begriffe. Halle 1830. XLII. 416 enggedruckte Seiten. 8.**

Diese beiden oder drei Schriften haben eine nur geringere Verbreitung gefunden, obgleich sie unendlich fruchtbare Uebungen enthalten. Diesterweg nennt in seinem „Wegweiser" die letztere Schrift „eine reiche Fundgrube des besten Stoffes zu geistbildenden Uebungen." In der That, ich erstaunte heute selbst über den ausdauernden Fleiß, den dieses Werk bekundet, ein Fleiß, der sich nur aus der großen Vorliebe für den Gegenstand erklären läßt. Es ist nicht nur der Stoff zu den Uebungen im Erklären von Begriffen, im Auffinden der eigentlichen und uneigentlichen Bedeutungen eines Wortes, so wie der verschiedenen Redensarten, in welchen es vorkommt, und in der Unterscheidung sinnverwandter Wörter, sondern es ist Lehranfängern auch eine praktische Anleitung dazu gegeben, wie diese Uebungen zweckmäßig mit Kindern anzustellen sind. Das Buch ist kein Lehrgang, als solcher eignet sich die „Stylschule," sondern ein Magazin, aus dem man nach Belieben zulangen und seinen Schülern darreichen kann. Mag mich der Selbstgefälligkeit beschuldigen wer Lust hat, wenn ich gestehe, daß ich stolz auf dieses Werk bin und daß ich in der Meinung lebe, der Werth desselben sei ein bleibender. Es ist heut beinahe 30 Jahr alt, aber es enthält geistverjüngenden Bildungsstoff, der auch nach noch 30 und mehr Jahren an seinem Werth nichts verloren haben wird. —

So viel über meine Arbeiten auf dem deutschen Sprachgebiet während meines Lehrerlebens in Neisse. Was ich in dieser Beziehung späterhin noch geleistet, darüber wird, so Gott will, zu seiner Zeit noch die Rede sein. —

· Ich wende mich einem andern Lehrgegenstande, dem „Anschauungsunterrichte," den sogenannten Denkübungen zu.

Daß der „Anschauungsunterricht" kein Lehrgegenstand ist, sondern die Grundlage zu jedem Lehrgegenstande bildet — diese Kenntniß bitte ich bei mir vorauszusetzen. Harnisch hatte in seiner „ersten faßlichen Anweisung" auch über die Anschauungsübungen nach pestalozzischen Grundsätzen einen kurzen Abschnitt geliefert, und die weitere Ausführung dem Lehrer, der sich dafür interessirt, überlassen. Von v. Türk's „sinnlichen Wahrnehmungen" wurde zu jener Zeit viel gesprochen, denn der Regierungsrath v. Türk hatte ja bei Pestalozzi die Methode studirt. Das Buch: „wie Gertrud ihre Kinder lehrt," von Pestalozzi und einige andere dahin einschlagende Schriften, standen auch auf der Tagesordnung. In allen pädagog. Zeitschriften erschienen Aufsätze, als Beiträge zum Anschauungsunterricht, und Graßmanns Schrift: „Der Anschauungsunterricht" verdrängte den v. Türk. Der Pfarrer Spieß (am Rhein), der Schullehrer des 19. Jahrhunderts (auch ein Pfarrer im Würtembergschen), der Prälat Denzel u. A. ebneten den Anschauungsunterricht. Noch ehe diese Schriften (die v. Türk's ausgenommen) vor meine Augen und in meine Hände gekommen waren, arbeitete ich an der weitern Ausführung des von Harnisch angedeuteten Lehrganges; meinem Freunde Handel gefielen die ausgeführten Uebungen, und er rieth mir, dieselben dem von uns redigirten „Schlesischen Schulboten" (davon weiter unten) zu übergeben. Später vollendete ich die Arbeit, die als eine besondere Schrift unter dem Titel erschien:

„Praktische Anleitung zu den Uebungen im Anschauen, Denken, Reden und Aufschreiben, als Vorschule der Weltkunde und der Sprach- und Größenlehre. Für zwei auf verschiedenen Stufen stehende Schülerabtheilungen eingerichtet und unterrichtlich dargestellt. Neiße, Hennings, 24 Bogen.

Den Lehrern Schlesiens war diese Schrift eine willkommene Erscheinung, die ihnen ein Seminarlehrer der Neuzeit (Hr. Schurig, früher in Münsterberg) zu verleiden bemüht gewesen ist, Hr. Schurig, der selbst als Knabe von derartiger Kost geistig genährt worden ist. Jeder Schriftsteller schreibt von dem Standpunkte der Gegenwart aus. Die von der damaligen Gegenwart anerkannten und angepriesenen Grundsätze des Unterrichts leiteten mich bei der Abfassung jener Schrift. Wenn späterhin diese Grundsätze andern weichen mußten, so fragt es sich bloß, ob die neueren schon so schöne Früchte getragen, daß man die früheren mit Hohn zu behandeln berechtigt ist, und ob es einem jungen Seminarlehrer ansteht, das Streben eines viel älteren Kollegen in eigenliebiger Weise zu verdächtigen und in Staub zu treten. Die obige „praktische Anleitung" ist nicht allein mein Werk, es ist die eklektische Arbeit der pestalozzischen Zeit und ihrer Bestrebungen. Es ist darin das Beste aus dem Besten entlehnt und von dem Verfasser in Selbstständigkeit verarbeitet worden. Viel Spaß machte mir der redselige „Schullehrer des 19. Jahrhunderts," der zu behaupten sich herausnahm, daß ich ihm nachgearbeitet hätte, d. h. doch wol nicht anders, als mein Buch sei ein Plagiat, und doch — wie räthselhaft — erschien der „Schullehrer des 19. Jahrhunderts erst nach meiner Anleitung im Schulboten." „Wenn Zwei dasselbe denken und thun, so ist es nicht dasselbe." So ist es uns beiden ergangen. Ich zürnte darum nicht dem Herrn Pfarrer, sondern war sehr erfreut über die Uebereinstimmung unserer Grundsätze und über die Ausführung eines und desselben Gedankens. Sollte das nicht Freude sein! —

Der erste Lehrgang meines Sprachschülers liefert in seinen ersten Uebungen den Stoff zur Laut- und Rechtschreibelehre. Die Darstellung dieses Unterrichts gab Veranlassung zur Herausgabe der

Laut- und Buchstabenlehre der deutschen Sprache, zur Begründung des Lese- und Rechtschreibunterrichts für Volksschulen bearbeitet. Neiße, 1888. VII. 185 S. 8.

Es bildet diese kleine Schrift zugleich das 7. Bdchn. der zweiten Abtheilung des „Schulboten" (wovon weiter unten). Der verstorbene Senior Berndt, mit dem ich sehr befreundet war, und dem das Studium des Altdeutschen große Freude gemacht hatte, unterstützte mich durch interessante Beiträge bei der Ausarbeitung dieses Schriftchens. Ich zweifle nicht, daß sie für den Elementarlehrer des Wichtigen und Unentbehrlichen genug enthalten wird. Uebrigens bildet diese „Laut- und Buchstabenlehre" nur einen Vorläufer zu meinem „Deutschen Sprachlehrer", dessen Herausgabe aber erst von Breslau erfolgte. (S. w. u.)

Zur Zeit meines Wirkens in Neiße begann Diesterweg in Berlin die Herausgabe seines „Wegweisers für deutsche Lehrer." Er würdigte mich der Einladung zum Mitarbeiter und überließ mir die Wahl des Fachs. Ich entschloß mich, die Methodik des Muttersprachunterrichts zu übernehmen. Die Arbeit begann, wurde rastlos fortgesetzt und artete in eine Voluminität aus, daß ich Diesterweg rieth, die Bearbeitung des Sprachunterrichts in andere Hände zu legen. Ich überschickte ihm aber die Arbeit zur beliebigen Verfügung. Diesterweg erklärte, daß er meine Arbeit durch Abkürzung nur verstümmeln würde; einen Theil derselben werde er in seinen „Rheinischen Blättern für Unterricht und Erziehung" abdrucken; das Ganze aber fände er für den „Schulboten" geeignet, der ihn auch in vier Bändchen (7—10. II. Abth.) brachte. Die Schrift führte den Titel:

Methodik des Muttersprachunterrichts in deutschen Volksschulen. Neiße. 368 S.

Diesterweg schrieb mir darüber: „Sie haben mich durch Ihre Zusendung erfreut und erschreckt. Jenes wegen der Vorzüglichkeit der Arbeit, die für jeden lehrreich (überall umsichtig, vorsichtig, allsichtig; Fleiß, Genauigkeit, Sachkenntniß im Einzelnen und Ganzen, und eine umfassende Kenntniß der Literatur); dieses wegen des ungeheuren Umfanges der Arbeit." — Die Schrift liefert erstens: die Methodik der Anschau=, Denk= und Redeübungen und zweitens die Methodik des Lese= und Schreibunterrichts (auf 368 S.). Die Methodik des eigentlichen Sprachlehrunterrichts, und die der Aufsatz= oder Styllehre ist nicht geliefert worden. Meine Versetzung nach Breslau war im Werke und die neue Wirksamkeit verhinderte mich an der Vollendung, wenn von einer solchen die Rede sein kann. Denn die Methodik lebt sich nicht aus, gelangt darum noch nie zur Vollendung — und das ist sehr gut. Von welchen Gesinnungen ich bei der Beurtheilung der Leistungen Anderer durchdrungen gewesen bin, das besagten die Worte in der Vorrede: „Bei der beur=

theilenden und inhaltangebenden Vorführung der in jeden Abschnitt gehörenden, empfehlenswerthesten Schriften Anderer hat sich der Verfasser vor jeglicher Einseitigkeit gehütet und sich der strengsten Unparteilichkeit befleißigt. Das Gute ist überall ans Licht gezogen, die Mängel sind mit Schonung getadelt."

4. Ich wende mich zu einem andern Lehrgegenstande, zur Weltkunde. Wir hatten in der Reisser evangel. Schule den Unterricht in der Weltkunde nach Harnisch Lehrgange, den er anfänglich in seinem „Erziehungs= und Schulrathe" geliefert, später aber in besondern Schriften herausgegeben hatte, ertheilt. Man vergleiche den Bericht oben (S. 95). Die Bücher machten uns mit einer Methode dieses Unterrichts vertraut, von der wir keine Ahnung hatten. Während meiner Hospitir=Zeit im Breslauer Seminar hatte ich mich von der anregenden Wirkung dieses Unterrichts, den Harnisch selbst ertheilte, überzeugt und nahm den besten Eindruck mit. In Kreuzburg konnte ich nur einen kleinen Anfang machen, der aber mangelhaft ausfallen mußte, da ich selbst in diesem Gebiete noch ein großer Neuling war und der Lehrmittel ganz entbehrte. In Reisse dagegen bot mir meine Klasse die schönste Gelegenheit dar, mich in diesem Fache auszubilden. Daß man „durch Lehren am Meisten lernt," daß habe ich auch beim Unterrichte in der Weltkunde eingesehen, ja, daß man nach Jacotot's Behauptung, nach seiner Methode auch das lehren könne, was man nicht versteht — darüber ist mir jetzt über die Wahrheit dieser absonderlichen Behauptung ein Licht aufgegangen.

Denn bei meinen damaligen unzureichenden weltkundlichen Kenntnissen mußte ich vorher immer das erst selbst lernen, was ich lehren sollte und wollte. Es geschah dieß doch wol mit einem solchen Erfolge, daß ich mich keiner Blöße vor den Kindern aussetzte, im Gegentheil, sie schienen von meinen geringen Kenntnissen von Bewunderung erfüllt. Da ich im Zeichnen eine nicht unbedeutende Fertigkeit besaß und in Breslau gesehen hatte, wie man mit Hülfe eines Quadrat=Netzes Landkarten im vergrößerten Maßstabe abzeichnen könne, so machte ich mich an diese Arbeit. Die Kinder, die mich bei dieser Arbeit nicht selten auf dem Fußboden meiner Wohnstube, wo die neu zu entstehende Landkarte das Tageslicht erblicken sollte, liegend oder knieend getroffen hatten, bekamen eine achtunggebietende Meinung von meiner Geschicklichkeit. Und als ich an der Schultafel ihr Heimathland Schlesien nach und nach entstehen ließ, und sie in die Kunst einweihte, selber kleine Karten zu zeichnen: da stieg der Barometer der Achtung vor ihrem Rector ziemlich in die Höhe. Mein Eifer im Landkartenzeichnen fand bei ihnen Nach=

eiferung, daß ich mich noch heute mit stärkender Freude in jene Zeit zurückverſetzen kann. Handel in Borau, Paur in Görlitz, Sobolewsky in Steinau, Auras in Breslau u. A. könnt ihr euch wol noch an jenes ſchöne Schulleben erinnern? Nicht wahr, ihr lerntet nicht bloß ſitzend oder ſtehend, ſondern auch liegend oder kauernd Geographie in Neiſſe? —

Als Frucht jener Thätigkeit erſchienen von mir im Jahre 1827 und 1828 folgende Schriften:

1. Handbuch zur Kunde von Deutſchland und Preußen. Ein Hülfsmittel zur zweckmäßigen Behandlung dieſer Länder; für Schule
   und Haus in beſonderer Beziehung auf Hälfig's Wandcharte von
   Deutſchland. Breslau. 1827. 392 S. 8.

2. Der Preußiſche Staat. Ein Büchlein für Preuß. Volksſchulen, zu-
   nächſt in Beziehung auf die in Breslau erſchienene Krümmer'ſche
   Wandcharte vom Preuß. Staate oder auf K. Hälfig's Wandcharte
   von Deutſchland. Breslau. 1828. VI. 108 S. 8.

3. 150 Tafeln, enthaltend über tauſend Fragen aus der Geographie
   und Geſchichte des Preuß. Staates; zur Wiederholung und ſchrift-
   lichen Ausarbeitung entworfen. Neiſſe u. Breslau. 1828. 4 Bog.
   (Zum Aufziehen und Zerſchneiden.)

4. Schleſien. Ein Büchlein für Elementarſchulen. Breslau. 15 S. 12.

5. Wandcharte vom Neiſſer Kreiſe, für die Schulen dieſes Kreiſes;
   9 Folio-Blatt. Breslau. Pelz. 1826. *)

---

*) Schwerlich würden dieſe Schriften ans Licht getreten ſein, wenn mir nicht ein intelligenter Mann in dem Buchhändler Ed. Pelz in Breslau näher getreten wäre. Wir wurden gar bald Freunde. Die Gradheit ſeines Weſens, die Uebereinſtimmung unſerer Ideen in Bezug auf die Schule und die literariſchen Hülfsmittel, die Ueberzeugung, daß er mir mit ganzem Herzen zugethan war, befeſtigte mehr und mehr unſere Bekanntſchaft und Freundſchaft. Die Derbheit, mit der er Andern gegen-über trat, machte ihn nicht gerade beliebt; aber er war erfreut, wenn man ihn ebenfalls mit Derbheit bediente, beſonders wenn es ſich um Ehrlichkeit und Wahrheit handelte. Pelz hat ein ſehr bewegtes, das Lebensmark ergreifendes Leben hinter ſich. Er, ein Mann vom Leder und von der Feder, hat ſich als Treumund Welp einen literariſchen Ruf erworben. Wo er Heuchelei, Lug und Trug, Verſtellung, Volks-bedrückung, Freiheitsunterdrückung antraf, da wurde ſeine Feder zur Keule, mit der er ſchonungslos auf jeden Feind wahrer Civiliſation zu Felde zog. Ein nicht ganz dankbares Feld ſeiner Wirkſamkeit hat er in Nord-Amerika gefunden, wo er ſchriftſtellert. — Den politiſchen Standpunkt und die von dieſem ausgehenden Beſtrebungen des Herrn Pelz theile ich nicht; aber ſie tangirten mich in der Treue meiner Geſinnungen gegen den Freund und Mann Pelz nicht. Ich wiederhole, daß mir kein zweiter Buchhändler von ſolcher pädagogiſcher Kapacität vorgekommen iſt.

Die Vorrede zu jenem „Handbuch", in welcher ich mich, von dem damaligen Standpunkte aus, über den Unterricht in der Geographie überhaupt, und über die lebenerzeugende Behandlung der Geographie von Deutschland, so wie über den bestmöglichen Gebrauch dieses Buches ausgesprochen, zeugt davon, daß ich recht gediegene geographische Werke, z. B. Gutsmuth's Deutschland, Zeune's Göa, K. Ritter's und Güssefeld's Karten u. A. gekannt und studirt hatte. Das Buch: „der Preuß. Staat" und die „150 Tafeln" brachten viel Leben in den Unterricht. Schon damals hielt ich sehr viel auf das Kartenlesen. Meine Schüler durften eine Karte nicht eher verlassen, bis sie die namenfreien Gegenstände auf derselben nach Lage und Richtung mit Fertigkeit anzugeben und zu zeigen im Stande waren. Erst dann theilte ich Notizen mit, oder gab den Kindern eine Reisebeschreibung zum Vorlesen hin. Mit welcher Aufmerksamkeit hörten sie dem Vorlesen z. B. „Rinaldo's Reisen durch Deutschland", 3 Bdchn., zu. Ein Schüler nach dem andern trat an die Wandkarte, um die gezeichneten geographischen Gegenstände: Städte, Flüsse, Berge, Gebirge, Länder und dergl. zu zeigen. Historische und Natur=Merkwürdigkeiten wurden dem Gedächtniß eingeprägt. — Auch Examina von mir und den Schülern selbst untereinander wurden angestellt — Kreuz und Quer. Als Beweis dafür, daß das Interesse für Geographie bei den Kindern, bei Knaben und bei Mädchen, geweckt war, beweist der Umstand, daß sie vor dem Beginn oder auch nach dem Schluß der Schulstunden sich zum Kartenlesen einfanden. Die astronomische Geographie lehrte ich damals nach Steinbeck's „Kalendermann", in welcher damals dieser Theil der Geographie in humoristischer und recht anschaulicher Weise behandelt ist. So erinnere ich mich noch recht lebhaft, wie ich die Bewegung der Planeten um die Sonne auf dem Rochusberge bei Neisse veranschaulichte. Knaben von verschiedener Größe stellten die Planeten vor: an einer Stange auf dem Berge, welche die Sonne vorstellte, waren Schnüre befestigt, von denen jeder Planeten=Knabe einen in die Hand bekam und scharf anziehen mußte u. s. w. Eben so oder dem ähnlich machte ich es bei der Veranschaulichung der Bewegung der Erde um die Sonne, des Mondes um die Erde und um die Sonne. Den Kindern machte die Sache Vergnügen, ob sie aber eine richtige Vorstellung davon bekommen haben, das bezweifle ich. Dieses Gebiet der Geographie hat seine besondern Schwierigkeiten; es gehört dazu denn doch eine gewisse Reife des Verstandes. —

In der „Geschichte" hielt man damals sehr viel auf die „Schlesische Geschichte", die im Abriß auch in der „Kunde von

Schlesien" von Harnisch enthalten war. In seinem „Schlesien", ein Lesebuch 2c., hatte Harnisch „schlesische Geschichtsbilder" geliefert, die von den Schülern gern gelesen wurden. Uebrigens kann ich mich nicht mehr erinnern, ob die verzwickten Zustände der schlesischen Herzöge und vieles Andere für meine Schüler eine Anziehungskraft gehabt haben. Mehr als von dieser wurden sie von der Preuß. Geschichte angeregt. Die 50 Erzählungen von Vormbaum zogen sie sehr an. Ferner die „Reformationsgeschichte" nach Küster (in der Luther-Sprache verfaßt) und die „deutsche Geschichte" von Kohlrausch. — In der „allgemeinen Geschichte" bediente ich mich des schon damals sehr berühmten und in der That unübertrefflichen Buches von Prof. Dr. Bredow: „Merkwürdige Begebenheiten 2c." Einen Fehler beging ich dadurch, daß ich den Kindern die Geschichte nicht frei vortrug, sondern meist las und vorlesen ließ. Das geschah in den ersten Jahren, wo die Vorbereitung auf den übrigen Unterricht zu viel Zeit und Kräfte in Anspruch nahmen. Dennoch war der Eifer für Geschichte bei meinen Schülern groß. Daß ich schon damals die Vaterlandsliebe in den jugendlichen Herzen zu pflanzen bemüht war, werde ich noch weiter unten zu besprechen Gelegenheit haben. —

Für die Betreibung der Naturwissenschaften in der Schule, der „Naturgeschichte" und der „Naturlehre", geschah das Nothwendigste, namentlich interessirte ich mich für die Naturlehre, beschränkte mich dabei aber nur auf solche Fälle, die sich ohne physikalische Apparate kostspieliger Art behandeln ließen.. Herr's Naturlehre war damals ein beliebtes Buch; außerdem galt auch „Melos" viel, der mir aber das religiöse Element durch häufige Beziehung auf und Herbeiziehung von Bibelstellen vorwalten ließ, wahrscheinlich nach dem Grundsatz: „Aller Unterricht müsse den religiösen Charakter an sich tragen." Hellmuth's Naturlehre, neu bearbeitet von dem Seminarlehrer Fischer in Neuzelle, leistete mir in den letzten Jahren meines Wirkens in Neiße gute Dienste. Die Darstellung ist freilich sehr breit, wortreich und weitschweifig; aber man erkennt darin den pädagogischen Geist und die entwickelnde Methode, die aus den gegebenen Beispielen das physikalische Gesetz finden lehrt. — Naturgeschichte lehrte ich in der Weise, wie sie in der „Weltkunde" von Harnisch dargestellt ist; Pflanzenbeschreibungen, verbunden mit der Kenntniß der Pflanzen-Terminologie bildeten den wichtigsten Theil dieses Unterrichts. Die „Thierkunde" wurde an Bildern gelehrt. Zu Schmetterlings- und Käfersammlungen, eben so zur Anlegung von Herbarien fand ich keine Zeit. Mein Sinn wich darin von den meines Freundes Kelch am Gymnasium zu

Ratibor ab, der sich in dieser Beziehung durch Sammlerfleiß ausgezeichnet hat.

Ich will mich nicht damit entschuldigen, daß man nicht „Alles
in Allem sein kann", mag aber auch nicht zugeben, daß ich kein
Naturfreund sei. Wenn ich auch kein Naturforscher bin, ein Freund
der Natur bin ich dennoch im besten Sinne des Wortes.

In meinem Berichte vom Jahre 1820 ist der „Raumlehre"
gedacht, die bei der Neugestaltung der Schule nicht in den Bereich
der Lehrgegenstände treten konnte, sondern bis auf einen späteren
Zeitpunkt verschoben werden mußte. Dieser Lehrgegenstand war mir
völlig neu, und es versteht sich von selbst, daß ich erst selber lernen
mußte, was ich die Schüler lehren sollte. Die Kenntnisse, die ich
vom Gymnasium zu Brieg her besitzen sollte, waren gleich Null;
und hätte ich deren in Menge besessen, so würde ich doch nicht gewußt haben, was ich damit anfangen sollte. Gottlob, daß es schon
damals nicht an guten Hülfsmitteln fehlte. Pestalozzi's Verdienste
in Bezug auf die Raumlehre sind unsterblich. Dieser vortreffliche
Bildungsstoff des Verstandes, mit welcher Unverantwortlichkeit wurde
er auf den Schulen vernachlässigt! Pestalozzi und seine in seine
Ideen eingegangenen gelehrten Schüler und Freunde haben den
Schatz gehoben und aus den Trümmern der Wissenschaft ans Licht
gebracht. Herr v. Türk zeigte in seinem Lehrbuche, wie man die
Lehrsätze der Geometrie geistbildend mit Kindern entwickeln und
finden lassen müsse; Sickel in seiner Formlehre, Tobler, Ram-
sauer u. A. jeder in seinen Schriften die Reichhaltigkeit der Form-
bildungen. Harnisch schlug einen ganz andern Weg ein, ausgehend
von der vielseitigen Betrachtung der Körper, wie des Würfels,
der Säulen, Prismen ꝛc., und suchte die Sprachkraft daran zu
üben, worin einzelne lehreifrige Schüler dieses Pädagogen doch zu
weit gingen, und so die an sich herrliche Sache mechanisirten und
lächerlich machten. Aber die Darstellung des Raumlehrstoffes in
der „Raumlehre" von Harnisch ist nach meiner Ueberzeugung eine
meisterhafte, durch welche die sachunkundigen Lehrer für den Gegenstand gewonnen wurden, und aus der die gelehrten Lehrer der Mathematik eine geistbildende Methode hätten lernen können, wenn sie
sich nicht für unfehlbare Euklidianer gehalten hätten und noch hielten,
denn die Methode in dem Unterricht der Mathematik auf Gymnasien
ist immer noch die alte, nicht entwickelnde, sondern oktroyirende. —
Ich wählte Harnisch zum Führer, befolgte seinen Lehrgang und
that, was er in seiner Anweisung vom Lehrer verlangte. Die
Raumlehre wurde mein Lieblingsgegenstand und meine Schüler aus
der damaligen Zeit, die heute tüchtige Schulmänner sind, werden

bezeugen können, daß sie meinem damaligen Unterrichte in der Raumlehre viel verdanken. Als später Diesterweg mit seiner „heuristischen" Behandlung der Geometrie hervortrat — und Diesterweg ist Mann dieses Faches — so ward ich für den Lehrgegenstand noch mehr begeistert. Ich suchte in meiner Schule zu ermöglichen, was Andern unmöglich schien. Die geometrische Formlehre wurde Lehrgegenstand für alle Schüler und Schülerinnen meiner Klasse, wenn gleich die Mädchen sich nur auf die zeichnende Formenlehre beschränken durften. In vielen, vielen Schulen fand man keine Zeit, für dieses Bildungsmittel des Geistes der Jugend. Die Schulbehörden reducirten die Raumlehrübungen auf die Berechnung der **Längen, Flächen und Körper.** Das ist eine schöne, eine große Aufgabe, wenn sie gründlich gelöst werden soll. — Ich kann hier nicht umhin, der verdienstvollen Arbeiten des Seminar=Oberlehrers **Stubba** in Bunzlau zu gedenken, der sich mit mir verband, im „Schulboten" zwei Schriften von nicht geringem Umfange und reichem Inhalte herauszugeben. Ich führe sie hier an, weil sie auch meinen Namen tragen, obgleich von mir keine Zeile darin herrührt. —

Den „Schreibunterricht" habe ich zu einem ästhetischen Bildungsmittel zu erheben gesucht, und ohne Ruhmrederei kann ich bezeugen, daß ich vorzügliche Schüler = Kalligraphen heranbildete. Durch den Buchhändler **Pelz** in Breslau wurde ich veranlaßt, folgende Vorschriftenhefte in seinem Verlage erscheinen zu lassen:

1) 72 Vorschriften. Zur Uebung in der lateinischen oder englischen Schrift in method. Stufenfolge. (Zwei Auflagen, gr. 8.)

2) 72 ein- und zweizeilige Vorschriften, enthaltend Sitten- und Denksprüche zur Uebung im Schönschreiben der lateinischen Schrift. Breslau, 1832. Quer-gr. 8. (25 lithogr. Bl.)

3) 69 zweizeilige Vorschriften, enthaltend Sitten - und Denksprüche zur Uebung im Schönschreiben der Kurrentschrift. Breslau, 1832. (Zwei Auflagen. 24 lithogr. Bl. Quer-gr. 8.)

4) 32 Vorschriften zur Uebung im Schönschreiben, enthaltend Aufsätze aus dem niedern Geschäftsstyl. Breslau, 1829. 24 Bl. Quer-4.)

Alle diese Vorschriften sind vergriffen.

Dem „Zeichenunterrichte" wurden, wie schon oben berichtet worden ist, wöchentlich zwei Stunden gewidmet. Schon als Gymnasiast zu Brieg zeigte sich bei mir eine besondere Vorliebe für diesen technischen Gegenstand; aber ich erhob mich nicht über einen bloß geschickten „Abzeichner", selbst von Kupferstichen, weil mir dazu die Anleitung fehlte. Für's perspektivische Zeichnen scheint in mir

kein Sinn vorhanden gewesen zu 'sein; er hat sich auch nie ge=
funden. Meine Leistungen in Reiffe in diesem Gegenstande haben
daher nur einen sehr bedingten Werth, so vortreffliche · Arbeiten
meine Schüler auch lieferten. Zur Zeichen=Methode eines Peter
Schmidt (nicht jenes Pestalozzianers) vermochte ich mich nicht zu er=
heben, so viel Lobeserhebungen auch schon damals über diese Zeichen=
Methode zu meinen Ohren drangen. —

Der „Gesang" erfreute sich der treuesten und gewissenhaftesten
Pflege. Hierin wurde in meiner Klasse das möglichste geleistet. Die
Kinder wurden mit dem Noten=System vertraut gemacht, so weit,
daß sie ihnen als Anhaltspunkte beim Singen nach Noten dienten.
Ich verband von Anfang an das praktische Singen mit den sogenann=
ten Stimmbildungs=Uebungen. Die Schrift des Kantor Jakob in
Konradsdorf bei Haynau fand ich höchst instructiv, das gute Neue
mit dem guten Alten verbindend. Ich legte ein großes Gewicht
auf die Volks= und Vaterlands=Gesänge, die damals zeitgemäß
waren. Auch wurden viele zwei= bis vierstimmige Gesänge ein=
geübt, wobei sich die Schul=Präparanden betheiligten. Was von
mir für den „Kirchengesang" geschehen ist, wird weiterhin zur
Sprache kommen.

5. Daß pädagogische Zeitschriften zur Fortbildung der
Lehrer wesentlich beitragen; daß durch sie das Interesse für's Schul-
und Erziehungswesen erregt und rege gehalten wird und daß darum
das Erscheinen solcher Zeitschriften eine Nothwendigkeit ist; das bedarf
keines Beweises. Auch zur Zeit meines Wirkens in Reiffe erfreuten
wir uns derselben. Abgesehen von den pädagogischen Zeitschriften,
die im übrigen Deutschland, besonders seit der Wiederbelebung des
deutschen Schulwesens durch Rochow, Salzmann, Basedow, Guts=
muths u. A. erschienen waren, deren ich schon oben bei einer andern
Gelegenheit erwähnte; so war auch unsere Provinz Schlesien so
glücklich, pädagogische Zeitschriften zu besitzen, die auf die Er=
frischung und zur Erkräftigung des Lehrergeistes hinzuwirken sich
bestrebten.

Schon vor dem Pastor Holenz in Mollwitz, der pädagogische
Blätter in zwangslosen Heften herausgab, die aber nach seiner Be=
rufung als Superintendent nach Tschöplowitz leider zu früh ein=
gingen, gab es dergleichen. Ich kann mich jedoch auf den Titel
derselben nicht mit Sicherheit erinnern.

Nach eingetretener Reorganisation des Breslauer evangelischen
Schullehrer=Seminars unternahm der damalige Seminar=Oberlehrer
Harnisch die Herausgabe des „Schulraths a. d. Oder" in Ver=
bindung mit dem wackern Domherrn und Director des königl. kath.

Seminars Hr. Dr. Krüger. In welch hohem Grade dieser lebensfrische und lebenskräftige „Schulrath a. d. Oder" die schlesischen Lehrer angeregt; wie sehr er selbst die Geistlichen in Bewegung gesetzt hat; das läßt sich nicht beschreiben, das muß man miterlebt haben, was bei mir der Fall war. Der Schulrath kam in vierteljährlichen Lieferungen zu uns; aber wir konnten den Ablauf dieses Zeitraumes kaum erwarten. Vor, neben und nach dem „Schulrath a. d. Oder" hatte das „schlesische Provinzialblatt", welches allmonatlich in Heften von bestimmter Bogenzahl erschien, die Mission, auch Schul- und Erziehungsangelegenheiten zur Sprache zu bringen, und es hat dieser Mission in rühmlicher Weise entsprochen und genügt. Zeitschriften, auch pädagogische Zeitschriften, sind Zeitblüthen, die ihre schöne Blüthenzeit haben, dann verwelken und absterben. So erging es auch dem lebensfrischen Schul- und Erziehungsrath a. d. Oder. Man macht überhaupt den Schlesiern den Vorwurf, daß sie sich schwer zu einem Entschlusse bewegen lassen und daß sie bei der Ausführung eines Vorsatzes nicht lange ausdauern. Auch die schlesischen Lehrer wurden lau in der Theilnahme an dem „Schulrath a. d. Oder". Der Herausgeber legte zum Bedauern Vieler die Redactionsfeder aus der Hand. Hientzsch, Nachfolger des Dr. Harnisch, veranstaltete die Herausgabe eines „Wochenblattes für Schullehrer", das sich nicht lange zu erhalten vermochte und das nach Hientzsch's Versetzung als Director an das Seminar nach Potsdam von dem Senior Berndt noch eine kurze Zeit redigirt wurde. Vor und nach dem Bestehen dieses Wochenblattes rüsteten wir, Handel und ich, den „Schlesischen Schulboten" zu einer pädagogischen Wanderung aus. Als den Schöpfer der Idee darf ich mich ohne Anmaßung nennen; aber sie gelangte durch Berathung mit Handel und seinem Schwiegersohne, dem Buchhändler Theodor Hennings, zur Verwirklichung. Der Umstand, der mir als ein Uebelstand erschien, daß nämlich in allen andern pädagogischen Zeitschriften Abhandlungen, Lehrwege (beides ohne und mit Fortsetzungen), Bücherbeurtheilungen, und pädagogische Notizen neben- und miteinander aufgenommen und geliefert wurden, brachte mich zu einer andern Einrichtung des Reiseränzchens unseres „Schulboten". Es sollte aus mindestens vier Abtheilungen, jede mit einem besondern Titel versehen, bestehen. Aus unserer gemeinschaftlichen Berathung gingen folgende vier Fächer für des Schulboten Reisetasche hervor:

    I. Allgemeine Grundsätze der Erziehung und des Unterrichts.

    II. Unterrichtswege d. h. Lehrgänge.

    III. Pädagogisches Allerlei.

    IV. Bücherschau.

Jedes Fach oder jede Abtheilung wurde noch durch ein bestimmtes farbiges Kleid gekennzeichnet, wobei die Farben; Blau, Gelb, Braun, Grün zur Würde gelangten. Wenn daher der Schulbote bei seinen Freunden mit der Farbe Blau eintrat, so wußten diese, daß er ihnen eine Schrift über „allgemeine Grundsätze ꝛc." bringe; trug er Gelb, so hatten sie sich eines Lehrganges für irgend ein Lehrfach zu versehen; präsentirte er Braun, so erwarteten sie „allerlei Pädagogisches" und erschien er in Grün, so hatten sie „Kritisches" zu gewärtigen. Immer — mit Ausnahme der III. Abtheilung — brachte er Einerlei in einem Bändchen, und mit Recht konnte diese pädagogische Zeitschrift bei ihrer neuen, eigenthümlichen Einrichtung den Titel führen:

„Pädagogische Hand- und Taschenbibliothek für Eltern, Lehrer und Erzieher." In vier getrennten Abtheilungen.

Ergötzlich war das „Bild" des Schulboten, begleitet von einem Löwen, auf dem Titel eines jeden Heftes. Dem Löwen, als Sinnbild, gab Handel in einem humoristischen Aufsatze eine herrliche Deutung. —

Unser Unternehmen fand in Schlesien und über die Grenzen desselben hinaus freudigen Anklang. Dieser Einrichtung verdanken wir z. B. das treffliche Werk von Handel: „Kinder-Seelenlehre", die 631 Seiten stark in seiner praktischen Tendenz und populären Darstellung unübertroffen dasteht. Herbart und Benecke waren zu jener Zeit entweder noch nicht da oder noch wenig bekannte Größen; aber die Schriften der letzteren beeinträchtigen die lichtvolle „Seelenlehre" Handel's nicht. Meine schon oben erwähnte, von Diesterweg belobte „Methodik des Muttersprachunterrichts" gelangte ebenfalls in dieser Abtheilung zur Oeffentlichkeit. Die zweite Abtheilung brachte mehrere zweckmäßige Lehrwege, z. B. für den deutschen Sprachunterricht von Dr. Müller in Glatz, für die astronomische Geographie von Sobolewsky, für den Gesangunterricht von Hoffmann, für die Briefstyl-Uebungen von Hinke, für den Rechenunterricht die Zweisatzrechnung von Lüsebrink (am Rhein), für die Pflanzenkunde von Anders, für die Geometrie von Stubba, für Geschichte von Wander, für den Anschaungsunterricht von mir, und für die Rechtschreibelehre ebenfalls von mir. Die dritte Abtheilung war ein Sprechsaal, der 21 Mal seine Thüren den Lehrern und Geistlichen öffnete, in dem es mitunter recht munter her- und zuging. Handel, Lange in Burg, Wander in Hirschberg, Hinke in Goldberg, Jakob in Konradsdorf, Stiller in Liegnitz u. A. suchten Leben zu bringen und es zu erhalten. Die dritte Abtheilung, die „Bücherschau", saß mit den Verfassern von

pädagogischen Schriften zu Gericht. Die Berichterstatter waren sachkundige Männer, die das Gute, wo sie es fanden, hervorhoben, und
das Mangelhafte oder Unhaltbare mit Milde und Schonung der
Verfasser aufdeckten. Nach dem Grundsatze: „es ist keine Schrift
so schlecht, daß darin nicht auch Gutes wäre, und keine so vortrefflich, daß keine Schattenstriche anzutreffen wären", kritisirten sie;
jede Kritik sollte auch Belehrungen für den Verfasser des beurtheilten
Buches sowol, wie auch für die Leser desselben enthalten. Daß die
„Bücherschau" in minder zahlreichen Bändchen erschien, lag in der
Natur der Sache.

Der Schulbote wanderte elf Jahre, bis in das Jahr 1843,
und erwarb seinen Absendern und Förderern viele liebe Freunde und
Bekannte. Im Jahre 1843 aber wurde er müde, und dem Verleger Hennings lohnte es nicht mehr, ihn auszustatten. Zu dem
Allen kam, daß der liebe gute Handel in die ewige Heimath abgerufen worden war und ich den Schulboten in eine „Schullehrer-
Zeitung" übergehen ließ, und zwar in Folge einer Berathung und
eines Beschlusses bei dem „Lehrerfeste" in Hirschberg. · Doch davon
wieder später.

4. Meine Wirksamkeit als Kirchenbeamter in Reisse.

Motto: Wenn ein mit dem Schulamt verbundenes Kirchenamt als Nebenamt den Lehrer an der Schulwirk-
samkeit nicht behindert, und wenn die Begabung
zum kirchlichen Wirken z. B. durch die Kunst der
Töne bei ihm in erforderlichem Maße vorhanden
ist: warum sollte dieses Pfund Brache gelegt, warum
sollte es nicht zum Segen der Kirche verwerthet
werden? Sch.

Zu wiederholten Malen habe ich davon gesprochen, daß für
meine musikalische Ausbildung von Haus aus und darüber hinaus
Einiges geschehen ist und daß meine Leistungen im Klavier- und
Orgelspiel einige Beachtung fanden. Es hat immer zu meinen stillen
Wünschen gehört, einen Wirkungskreis zu erhalten, in dem ich von
meiner Fertigkeit im Orgelspiel Gebrauch zu machen Gelegenheit
hätte. In Kreuzburg fand ich nur ein elendes Positiv, und ich
vermißte hier gar sehr die zweiklavierige Orgel in der Kirche zu
Primkenau. In der Reisser evangelischen Kirche fand ich eine ähnliche Orgel mit zwei Klavieren. Das Rector-Amt in Reisse war
zwar nicht mit den Functionen des Orgelspiels verbunden, aber ich
habe bereits oben erzählt, wie diese auch auf mich übergingen. So

10

vereinigte sich denn hier Alles, was meinen Wünschen entsprach. Das Kirchenamt machte billige Ansprüche an den Rector; denn es verpflichtete ihn nur zum Orgelspiel bei kirchlichen Feiern, beim Gottesdienste. Die Dienste, welche die Begräbnisse erheischten, leistete als Sänger der zweite Lehrer, H. Heider. Mein Hauptbestreben war, dem Superintendent Handel im Orgelspiel, worin er selbst eine merkwürdige Fertigkeit und im Auswendigkönnen der Choräle eine fabelhafte Sicherheit besaß, zu genügen. Wir vereinigten uns dahin, daß er mir schon Sonnabends um 11 Uhr den Liederzettel für den nächsten Sonntag ausfertigte, den ich mir persönlich ab- holte und mich mit ihm über die Wahl der Melodien berieth. Da die Kirche noch kein eignes bestimmtes Choralbuch hatte, und ich mit den Abweichungen der Melodien in Neisse noch nicht vertraut war, so war Handel so bereitwillig, in meinem eignen Choralbuch die erforderlichen Veränderungen zu bezeichnen. Außerdem ersuchte ich Handel, mir auch den Bibelspruch mitzutheilen, den er beim Ab- singen der Liturgie nehmen würde, damit ich mit den Schülern das Responsorium einüben könnte. Es geschah dies zu jener Zeit, als die neue, vorgeschriebene Agende noch nicht eingeführt war. Handel wählte jedes Mal einen andern Bibelspruch, dessen eine Hälfte er am Altar sang, worauf die andere Hälfte vom Chore aus gesungen wurde. Ich war darauf bedacht, mir in den Knaben und Mädchen ein Sängerchor zu bilden, das mir beim sonntäglichen Gottesdienste behülflich sein sollte. Als mir das gelungen war, ging ich daran, mir die Responsorien selbst zu komponiren, meinen Sängern des Sonnabends Nachmittags 3—4stimmig einzuüben und Sonntags vor- tragen zu lassen. Diese Abwechselung wurde beifällig aufgenommen.

Für ein korrektes Orgelspiel war Handel sehr eingenommen. Er hatte sich an mein Orgelspiel so gewöhnt, daß er mir den Wunsch zu erkennen gab, das Hauptlied doch ja nicht andern Händen zu überlassen, wenn ich mich von der Tüchtigkeit derselben nicht über- zeugt hätte. „Von dem volltönigen Gemeindegesange und der guten Orgelbegleitung hängt", sagte er, „das Gelingen meiner Predigt mit ab." — Für gute Orgel-Präludien gab ich viel Geld aus. Mit der Vorbereitung auf eigne Präludien wollte es nicht recht gehen; ich wollte neue Gedanken. Daß ich mir Meister wählte, die ihre Präludien nach der Kunst des reinen Satzes (wie Haßler, Fischer in Erfurt, Bach, Schicht u. A.) komponirt hatten, versteht sich von selbst. Ich übte am Sonnabend regelmäßig auf der Orgel, und brachte es so weit, daß ich die von Hesse in Breslau heraus- gegebenen Orgelpiecen bestritt, ohne damit zu sagen, daß ich sie wie Hesse abspielte, vor dem ich, wenn ich ihn wieder einmal in Breslau spielen gesehen und gehört, meine zehn Finger streckte, wie der besiegte Krieger sein Gewehr vor seinem Sieger. Zur Bildung einer Fuge fehlte mir Sinn und Geschick; aber am Spielen einer schönen Fuge hatte ich meine Lust und Freude und an der Fuge „BACH" konnte ich mich nicht satt spielen. Die Artillerie zu Neisse besaß einen Lieutenant, Namens Treschke, der ein wahres Orgel=Genie war. Er besuchte mich fleißig und erbat sich von mir einmal die Orgel. Er arbeitete auf derselben herum und zeigte eine Gewandtheit im Pedalspiel, daß es mir fast so ging, wie jenem Organisten, als er Bach seine Orgel spielen hörte — der nämlich mit seinen Händen an den Seiten seines Rockes auf= und abstrich und dabei mit den Augen auf die Finger des Bach stierte. „Den Mann", sagte Handel, „können Sie auch das Hauptlied spielen lassen, denn er beherrscht das Instrument, spielt korrekt und harmoniereich." Dieser Treschke war ein Schüler des berühmten Schneider in Hirschberg.

Die Aufführung von Kirchenmusiken gehörte nicht mit zu den Verpflichtungen meines Kirchenamtes. Aber ich wollte auch hierin etwas leisten. Ohne Zuziehung anderer Kräfte war das nicht möglich; an solchen Kräften fehlte es in Neisse nicht. Das Musik=chor des 23. Regiments hatte damals einen Director, der mir befreundet war, und mit meinen katholischen Kollegen stand ich auf sehr freundlichem Fuße. Ich beschränkte mich auf die Aufführung zweier Kirchen=Musiken, und zwar die eine am Sylvester=Abende, die andere am Charfreitage des Nachmittags. Die Diskant= und Altstimmen hetzte ich meinen Schülern und Schülerinnen mit unsäglicher Mühe und unbeschreiblicher Anstrengung ein, hatte dafür aber auch die Freude, daß diese mit größter Sicherheit sangen. Der Dirigent der Musik — ein katholischer Organist — ertheilte ihnen das Lob, daß die kleinen Sänger den Takt fester hielten als die Instrumentisten. Wenn ich erwähne, daß ich meinen Schülern Berner'sche, Schnabel'sche, Schicht'sche, Mozart'sche Psalmen und Motetten einübte, auch Bethoven's Jesus auf Golgatha, Haydn's sieben Worte am Kreuze u. A., so wird man zugestehen, daß ich nur durch eine besondere Zähigkeit in der Ausdauer beim Einüben der Stücke meinen Zweck erreichen konnte. Meine noch lebenden Zeitgenossen und Schüler müssen die Wahrheit dieses Berichtes bestätigen.

Mit dem Gefühle der Genugthuung schreibe ich dies nieder; ich bin deshalb kein Prahler.

5. Die Kinderfeste in Reiſſe.

Motto: Freude an Kindern, das Gerneſein in ihrem Umgange, das frohe Eingehen in ihre kindlichen Empfindungen, Gedanken, Beſtrebungen und Spiele iſt
ein Haupterforderniß, wenn man auf den kindlichen
Geiſt mit Erfolg wirken will.   Denzel.
Kinderfeſte führen den Lehrer in den Freuden-
ſaal des kindlichen Gemüthes ein.   Sch.

Die Kinderfeſte in Reiſſe gehören zu den lieblichſten Erinnerungen meiner Erlebniſſe. Es waren eigentlich nur zwei in jedem
Jahre. Das eine beſtand in der Feier des 19. Juli, ausſchließlich
von den Kindern ſelbſt veranſtaltet; das andere war die Feier des
3. Auguſt, von den Lehrern der Schule veranſtaltet. Außerdem
feierten wir den Roſenmonat durch einen gemeinſamen Spaziergang
nach den Rochusbergen.

Was nun die Feier des 19. Juli betrifft, ſo wurde der Tag
ſelbſt in einfachſter Weiſe gefeiert. Aber die Vorbereitung derſelben,
die ich freilich nur aus Beſchreibung Anderer kennen gelernt, waren
für mein Herz rührend intereſſant. Schon Wochen vorher wurde
in einer Konferenz von Schülern und Schülerinnen der Beſchluß
gefaßt, daß die Knaben die Verpflichtung übernahmen, am 18. Juli
das Material zur Windung von Kränzen aus Eichenblättern herbei-
zuſchaffen. Das hatte an ſich keine Schwierigkeiten, da es an
Eichenlaube in dem Walde auf dem Rochusberge nicht mangelte.
Aber wie dieſes Material in das Schulzimmer einer andern Klaſſe
zu ſchaffen ſei, ohne das der Rector davon etwas gewahr werde, da
die Fenſter ſeiner Wohnung in den Schulhof führten, den ſie nicht
umgehen konnten: das war die ſchwierige Aufgabe. Da wurden
denn Knaben zur Recognoſcirung vorausgeſchickt, ob ich zu Hauſe
ſei, und vielleicht gar in der Nähe des Fenſters mich befände. Die
Mädchen, die der Arbeit harrten, ſteckten ſich hinter meine Frau
mit der Bitte, mich auf irgend eine Weiſe zu verhindern, daß ich
von der Ausführung des Vorhabens etwas gewahr würde. Das
Kränzewinden wurde dann bis in den ſpäten Abend ausgedehnt und
damit die Rectoratsklaſſe ausgeſchmückt. — Als ich am 19. Juli
wie gewöhnlich um 8 Uhr in das Zimmer trat, zeigten die Kinder
ihre Freude an der Wahrnehmung meiner Ueberraſchung. Es ver-
ſteht ſich von ſelbſt, daß an das Abhalten von Lehrſtunden nicht zu
denken war. Ich ſuchte ſie durch Erzählungen zu unterhalten und
geſtattete ihnen, daß ſie durch Spiele ſich eine vergnügte Stunde

machten. Den Nachmittag brachten wir im Freien zu. Wenn ich in meinem Wohnzimmer umherblicke und der Stockuhr, oder dem schönen Bilde: das Abendmahl des Herrn von Leonardo da Vinci, oder einem Klassiker z. B. Klopstock, oder der Literatur von Pölitz, oder in meinem Glasschrank einer Reihe kostbarer Porzellan-Gefäße begegne, so erinnere ich mich an jenes Lehrerleben im Kreise liebevoller Kinder mit dankbarer Freude und preise Gott, daß er mein Leben damit geschmückt. Mehr noch als dieß rührt mich die Erinnerung der ehemaligen Schüler, die ich jetzt zu meinen erwachsenen Freunden und Freundinnen zähle, an jene Tage, von denen sie mit Begeisterung sprechen und Manches zu erzählen wissen, was meinem Gedächtniß entschwunden ist, das aber ergötzlich genug ist. —

Das zweite, ungleich wichtigere Fest, ward am 2. und 3. August gefeiert. Die Feier dieses Tages war damals keine befohlne, wie es heut ist, sie beschränkte sich auch nur auf die evangel. Schule. Die Feier und die dadurch bewirkte Erweckung und Stärkung der Vaterlandsliebe war der Ausdruck des Herzensdranges. Der König Friedrich Wilhelm III., der Vielgeprüfte, lebte und leibte in meinem Herzen. Die Empfänglichkeit der Kinder für die Veranstaltung einer solchen Feier war groß, der Eindruck ein nachhaltiger und die Erinnerung daran eine süße. Nun, was geschah denn an diesem Tage? Eine ausführliche Beschreibung eines solchen Festes habe ich im „Schulboten", II. Abth. (?) Bdch., geliefert. Schon Wochen vorher verabredete ich mit einem bekannten Militär die Einübung von 6—8 Trommler-Knaben aus meiner Klasse, die theilweise ihre eignen Trommeln hatten; zwei hatte ich für die Schule angeschafft. 4—6 Knaben bestimmten sich selbst zu Pfeifern und wurden ebenfalls durch einen Hautboisten in Märschen eingeübt. Die Mädchen und andern Knaben versorgten sich mit kleinen, mittleren und größeren Fahnen von verschiedenen Farben. Selbst an einer großen Hauptfahne, die ein patriotisch gesinnter Vater der Schule geschenkt hatte, fehlte es nicht. Patriotische Gesänge waren ebenfalls eingeübt worden. Die andern beiden Klassen betheiligten sich ebenfalls an der Feier, und bildeten mit der ersten Klasse einen Zug. Man stelle sich die verschieden geschmückten Kinder, die Knaben und Mädchen mit Fähnchen und Kränzen versehen, vor, geordnet, voran die große Fahne und Knaben mit Trommeln und Pfeifen, Märsche trommelnd und pfeifend, zum Schulhofe hinaus, bei der Kaserne vorüber, zum Breslauer Thore hinaus, über die Zugbrücken hinweg, durch die Rochus-Allee, bei dem städtischen Schießhause vorbei in das Rochusthal und auf die Rochusberge hin: und man wird sich ein Bild von diesem Feste machen können, bei dessen Anblick Jung und Alt die Augen übergingen. Bei einem dieser Feste hatte der Oberst v. Kleist die Besitzung auf dem Rochusberge inne. Ich beschloß, diesem mit meinen Kindern die militärischen Honneur's zu machen. Unter Trommelschlag und Pfeifengetön setzte sich der Zug in Bewegung. Der alte Herr war darüber sichtlich gerührt und sprach ermunternde Worte zu den Schülern und Lehrern. Die halbe Einwohnerschaft von Neisse war auf den Beinen. Gleich Kriegern, die siegestrunken in ihr Quartier eilen, begab sich der lange Kinderzug wieder zum Schulhofe zurück, brachte hier noch ein Vivat auf den König, eins auf den Superintendenten u. s. w. aus und schloß die Feier mit dem Singen des Liedes: „Nun danket alle Gott." So wurde der 3. August am 2. August gefeiert. Die Schilderung enthält keine Uebertreibung, sondern bleibt noch hinter der Wirklichkeit zurück. Nach meinem Abgange nahm der Magistrat die Sache in seine Hände, die katholischen Schulen und das Gymnasium wurden zu der Feier des 3. August veranlaßt, ein großer Platz vor Rochus wurde angewiesen und Alles hübsch nach einem Programm des Magistrats geregelt. Ich habe einer solchen kommandirten Feier des 3. August niemals beigewohnt, danke aber Gott, daß ich in Freiheit jene Feier veranstalten oder unterlassen konnte und durfte. So viel ist gewiß, daß die freien Feiern die gezwungenen veranlaßt haben, und wenn man auch des Anregers Namen nicht mehr vernimmt, die damaligen Knaben und Mädchen werden als jetzige Väter und Mütter ihren Kindern von der Herrlichkeit jener Feste zu erzählen wissen. — Wenn die Pädagogen der Neuzeit der Zeit vor 1848 den Vorwurf machen, daß in derselben für die Erweckung der Vaterlandsliebe wenig oder nichts geschehen ist, so kann mich, gottlob, dieser Vorwurf nicht treffen. Sicher ist anzunehmen, daß viele Lehrer Schlesiens durch die Beschreibung des Kinderfestes in Neisse, wie der Schulbote sie gebracht, angeregt worden sind, ähnliche Feste zu veranstalten. Mit Freuden habe ich aus den Berichten in den Zeitungen ersehen, daß man in andern Orten und Gegenden von denselben patriotischen Gefühlen durchdrungen gewesen ist, und daß man diese auch in den Kindern erweckt hat. — Wie ich in Bezug darauf schon im Jahre 1848 gedacht, das kann jeder in einer kleinen Schrift, die ich auf Veranlassung einer General-Schullehrer-Konferenz zu Landeshut drucken ließ (S. 69—71) lesen.

6. Die Schulprüfungen in Neisse.

Motto: Bei öffentlichen Prüfungen tritt die Schule, in ihr
Sonntagskleid geschmückt, auf. Der Kenner weiß
den rechten und echten Schmuck von dem ange-
hängten Flitterstaat gar bald zu unterscheiden. Für
den rechtschaffenen, treu und fleißig wirkenden Lehrer
sind die Prüfungen Erntefeste, an welchem ihm die
Schüler Erntekränze winden.   Sch.

Wie die oben geschilderten Kinderfeste, so gehören auch die
Schulprüfungen zu den „lieblichsten Erinnerungen" meines Lebens in
Neisse. Die Schulprüfungen gestalteten sich zu wahren Schul-
festen. Hier zeigte sich jedesmal Handel in seiner ganzen und
vollen Liebenswürdigkeit. Die Neisser Schulprüfungen waren, was
sie sein sollten: den Kindern und Lehrern eine Ermunterung und
Belohnung ihres Fleißes, der Schulbehörde und dem Revisor die
Erfüllung und Gewährung gehegter Erwartungen, den Eltern eine
Erquickung und Befestigung des Vertrauens zu den geistigen Vätern
und Pflegern der Kleinodien ihres Herzens. Von einem Einhetzen
und Einpauken zur Prüfung war nicht die Rede, es sei denn alles
Lernen während des ganzen Semesters mit diesen Namen zu bezeichnen. In Neisse wurden zu meiner Zeit halbjährlich Prüfungen
abgehalten. Wie es bei den Prüfungen gehalten werden solle, das
wurde vorher in einer Konferenz besprochen, die jedesmal auf den
Nachmittag vor dem Prüfungstage anberaumt war.

Für die Prüfung in der Religion wurde uns grundsätzlich das
Thema im Voraus mitgetheilt: in der untern Klasse in der Regel
eine biblische Geschichte, in der zweiten ein Katechismus-Stück z. B.
ein Gebot, oder eine Bitte, in der obern Klasse ein Bibelspruch
ohne Rücksicht darauf, ob dieser Spruch im Laufe des Semesters in
der Schule vorgenommen war oder nicht. In den beiden andern Klassen
durfte und konnte Gelehrtes und Gelerntes abgefragt werden, in
der ersten Klasse sollte sich der Lehrer nicht allein als Examinator,
sondern auch als entwickelnder Katechet zeigen, und die Schüler und
Schülerinnen sollten darthun, wie es mit ihrem religiösen Denken und
Fühlen stehe. Die Vorbereitung auf diese Katechese war nicht leicht,
denn sie erforderte die Geschicklichkeit in der Combination des auf-
gegebenen Bibelspruches mit dem, was in dem Halbjahr durchgenommen und gelernt worden war. Bisweilen übernahm Handel selbst
die Prüfung in der Religion, oder er überließ sie seinem Freunde
Riedel, der zu seinem Befremden (nicht zu Handels und meinem
Befremden) nicht viel von den Kindern herausbekam. Gedanken,

Frageform und Ton entsprachen nicht dem kindlichen Fassungsver-
mögen. „Zu hoch, zu hoch," rief ich Riedel zu, als er sich darüber
betroffen zeigte, wenn die Kinder auf meine Fragen schnell und
freudig erregter die Antworten gaben. Unvergeßlich ist mir der Fall
geblieben, daß mir Handel in der Konferenz vor der Prüfung kein
Thema gab und mich in der Meinung bestärkte, er werde selbst in
der Religion die Katechese übernehmen. Handel aber gab mir nach
dem Gebet das Thema. Bei meiner Aengstlichkeit, die mich bis
auf den heutigen Tag bei solcher Gelegenheit beherrscht, und bei
dem Mangel an Selbstvertrauen, das mir nicht selten Qual verursacht, gingen mir anfänglich die Fragen schwer von der Zunge.
Als ich Handel bat, dies nicht mehr zu thun, sagte er: „und doch
haben Sie unvorbereitet besser examinirt, als wenn Sie sich darauf
gründlich vorbereitet hätten," was mir nach meinen Gefühlen kaum
wahrscheinlich vorkam. Und doch hatte ich schon oft die Erfahrung
gemacht, daß nicht selten nach vorangegangener sorgfältiger Vorbereitung es beim Unterrichte in der Schule schwerfälliger von
Statten ging, als wenn ich auf der Stelle Dinge lehrte, denen
keine Vorbereitung vorausgehen konnte. Die besten Gedanken kommen
Einem oft, ohne daß man sie sucht. — In allen übrigen Gegenständen ließ uns der Vorsitzende freie Hand, behielt sich aber vor,
auch zu examiniren. — Bei den Prüfungen der Schüler in der
ersten Klasse ging mein Streben dahin, die Schüler recht in Denk-
und Sprechthätigkeit zu setzen. In der Geographie und Geschichte
pflegte nicht ich die Schüler, sondern diese einander selbst zu examiniren, worüber Eltern und Vorgesetzte ihre besondere Freude hatten.
Auf dieses Selbst-Examinatorium waren die Schüler keineswegs vorbereitet; sie thaten ja nur, was in den Schulstunden fast täglich
geschah. Im Rechnen prüfte ich bisweilen durch Kärtchen, auf welchen
Aufgaben, die noch nicht gerechnet worden waren, standen. Diese
Kärtchen wurden gemengt und von den Kindern gezogen. Jede
Aufgabe mußte vollständig gelöst werden. An der Lösung einer
Aufgabe betheiligten sich nicht selten mehrere Schüler. In der Raum-
lehre pflegte ich einen neuen Lehrsatz durch entwickelnde Fragen selber
finden, dann aussprechen und im Zusammenhange beweisen zu lassen.
Die Prüfung im Deutschen bestand in der Wiederholung sprachlicher
Regeln und im Angeben vieler Beispiele, die größtentheils Gedächtniß-
beispiele waren. Auf das Bilden der Sätze, auf die Erklärung von
Silben in der Wortbildung hielt ich viel, das war jedoch nicht gut.
Wenn ich aber beim Examen auf die Betrachtung der Wörter nach
ihren verschiedenen Bedeutungen oder auf die Unterscheidung der
Sinnverwandtschaft der Wörter kam, da entwickelte sich ein Leben,

das Jeden der Anwesenden überraschen mußte. Die Zergliederung
eines Lesestückes wurde nicht verlangt. — Die Vorlagen im Schreiben
und Zeichnen zogen die Aufmerksamkeit der Anwesenden auf sich.
Da eine Prüfung der ersten Klasse den Zeitraum von 2—6 Uhr
einnahm, so wurden zur Abwechselung auch mehrstimmige Gesänge
(Choräle und Weltlieder) vorgetragen.

Die Prüfungen erfreuten sich in allen Klassen eines zahlreichen
Besuches der Eltern. Da die erste Klasse die Elite der Kinder enthielt, so war auch die Elite der Eltern reichlich vertreten, die jeder
Prüfung die größte Aufmerksamkeit widmeten. Nicht selten fanden
sich auch auswärtige Geistliche und Lehrer, bis von Ratibor und
Münsterberg aus, bei der Prüfung ein, wahrscheinlich durch Handel
angeregt und eingeladen. Riedel, der Divisionsprediger, bethätigte
seine Freude nicht selten durch ein kleines Geldgeschenk an die geistig
regsamen Knaben bei guten Antworten.

Jede Prüfung feierte Handel durch ein Abendbrot, zu dem
Riedel und ich ebenfalls geladen waren.

Selig in den Erinnerungen an diese G l a n z p u n k t e jenes
Lebens!!

7. Meine Reisen von Neisse aus.

Motto: Musterschulen selbst sehen und gründlich kennen
lernen, Musterlehrer selbst hören und ihr Wirken
mit hellen Augen beobachten: das fördert in der
Lehrkunst mehr und schneller, als das eifrigste
Studium der besten Schul= und Unterrichtskunde.
Freilich kocht man überall nur mit Wasser, doch ist
es nicht gleich, aus welcher Quelle dieses Wasser
fließt.   Sch.

Ich muß im Voraus das Geständniß ablegen, daß in mir
keine Neigung zu solchen Reisen ins Weite, die blos das Vergnügen
bezwecken, vorhanden zu sein scheint. Das Verlangen vieler Lehrer,
die Ferienzeit zu einer längeren Reise zu benutzen, hat mich nie beschlichen oder wol gar gequält. Es fehlte mir dazu nicht nur an
Lust, sondern auch an Zeit, so wie auch an — Geld. Ich brauchte
des Geldes viel auf Bücher zur Befriedigung meiner geistigen Bedürfnisse, und die Zeit glaubte ich besser auszufüllen, wenn ich mit
Muße die angefangenen schriftlichen Arbeiten zu Ende zu bringen
im Stande war. Wie ich die drei Wochen der Ferien in Neisse
verlebt, davon sind meine Schüler Zeugen gewesen; waren sie doch
stets um mich versammelt, lagen mit mir auf den Dielen und halfen
mir gern und freudig beim Zeichnen von großen Wandkarten für den
Unterricht, oder waren mit Ausrechnen von Aufgaben beschäftigt,

die auf den Druck warteten, oder exercirten Generalbaß, oder suchten Beispiele zu Sprachregeln.

Und doch habe ich Reisen gemacht; von denen Manches zu erzählen ist.

Fast jährlich reiste ich einmal nach Breslau und zwar zur Zeit der Prüfungen im Seminar. Damals wurden die Seminaristen auch noch öffentlich geprüft. Diese Prüfungen zogen ältere und jüngere Lehrer der Provinz mächtiglich an. Hier sahen und hörten sie die Seminarlehrer als Muster= Examinatoren; hier fanden sie manchen alten Bekannten oder machten neue interessante Bekannt= schaften und erfrischten sich in ihrer gedrückten Lage; hier fühlten sich die Zöglinge selbst durch die lebhafte Theilnahme an ihrem Fleiße gehoben; hier fanden die Seminarlehrer selbst einen mächtigen Ansporn zum Fortschreiten in der Kunst des Unterrichts — kurz, jene öffentlichen Prüfungen waren von einem unaussprechlichen Segen begleitet. Selbst die damit in Verbindung gestandenen Kinder= prüfungen, in denen die Seminaristen des ältesten Kursus als Exa= minatoren auftraten, hatten des Anregenden viel. Allen diesen Prüfungen wohnte ich von Anfang bis an's Ende mit ganzer Seele bei. Bereichert im pädagogischen Wissen und Können kehrte ich nach Neisse zurück, nicht ohne Gewinn für meine Schule. Handel dis= pensirte mich gern ein paar Tage von den Lehrstunden, denn er wußte, daß der geistige Gewinn, den mir diese Reise gewährte, der Reisser evangel. Schule zu Gute komme. Auf einer dieser Reisen traf ich in Breslau auch den berühmten Regierungs= und Schulrath Dr. Weiß aus Merseburg, der hier nach mir fragte und dessen per= sönliche Bekanntschaft ich schon längst gewünscht hatte. Die Neu= zeit hat den Lehrern nicht allein die Lehrerfeste und dadurch die Anregung und Begeisterung für den schweren Beruf genommen, son= dern hat auch die Seminaristen=Prüfungen eingestellt und dadurch die engere Verbindung des Schullebens mit dem Seminarleben auf= gehoben. Doch vielleicht bin ich zu kurzsichtig, um zu erkennen, daß die Maßregel eine weise sei, die dem Lehrstande, dem Volksschul= wesen und der Regierung großen Nutzen bringe.

Eine der folgenreichsten Reisen war für mich jene, die ich im Sommer des Jahres 1822 in Gesellschaft des Superintendenten Handel, des Dr. Harnisch, des Prof. Dr. Eiselen und des Seminar= Oberlehrers Rendschmidt in das Riesengebirge machte. Harnisch und Rendschmidt waren reisebewanderte Männer. Wie viel Genüsse ver= schaffte mir doch diese Reise! Zum Erstenmale sah ich eine Gebirgs= gegend so großartiger Natur vor mir, ja ich befand mich mitten in derselben. Die Umgegend von Neisse ist auch reich an ähnlichen

Naturschönheiten; aber auf dieser Reise machte die Großartigkeit der
Höhen, Gebirgskämme, Abhänge, Thäler und Schluchten einen un-
verlöschlichen Eindruck. Hauptsächlich aber gewährte mir der un-
mittelbare Umgang mit so befreundeten geistreichen Männern geistige
Labung und Erfrischung. Wie viel wurde hier gesprochen und besprochen! Ich könnte Bogen füllen, wollte ich von jener Reise Alles
erzählen, was mir in der Erinnerung geblieben ist. Wenn wir
ermüdet in dem Gasthause einkehrten, dann begann die Unterhaltung
in dem Zimmer, bis der Schlaf die Augen schloß. Für mich von
besonderem Interesse war die Wanderung auf die Riesenkoppe; denn
auf diesem Wege entwickelte mir Harnisch seine Ansichten über den
Rechenunterricht nach pestalozzischen Grundsätzen. In einer unserer
vorherigen Unterhaltungen war nämlich Harnisch auch auf seine „Anweisung zum Rechnen", die M. Mücke erweitert herausgegeben hatte,
und die nun neu bearbeitet, aufgelegt werden sollte, gekommen. Die
Bearbeitung der neuen Auflage machte ihm Kummer, weil es ihm
selbst an Zeit dazu fehle, und er doch keinen geeigneten Bearbeiter
wisse und kenne. Zu meinem nicht geringen Erstaunen weist Handel
Harnisch an mich mit der Bemerkung, daß ich wol, wie kein Anderer mit dem Buche vertraut sei und viel Vorarbeiten, Ausführungen u. s. w. in meinem Schreibpult hätte. Ich wollte ablehnen, im
Ernste ablehnen, indem ich erwiderte, daß ich der Arbeit nicht gewachsen und des Auftrages nicht würdig sei. Handel's Zuruf:
„Lassen Sie ihn nicht los!" bestärkte Harnisch im Zureden. Er
nahm mir das Versprechen ab, an die Arbeit zu gehen. Die übrigen
Tage der Reise waren schwere, denn der Gedanke an das Geschehene
und Versprochene beschäftigte fort und fort meine Seele. Unsere
Heimkehr wurde, nachdem wir die Hauptparthien bis nach Bolken-
hain kennen gelernt hatten, durch die eingetretene ungünstige Witterung beschleunigt. Mir besonders war der empfängliche Sinn für
Naturschönheiten abhanden gekommen. Wir schieden in Fried' und
Freud' und jeder behielt in treuer Erinnerung jene genußreichen zehn
Tage. Man kann sich vorstellen, wie sehr ich mich nach Hause an
das Schreibpult sehnte, um meine Blätter zu sichten. Das Weitere
ist schon oben erzählt. Es wird Andern kaum glaublich erscheinen, wenn
ich erzähle, daß ich an meinem Tische bis tief in die Nacht gearbeitet, mit der rechten Hand schreibend, mit der linken Hand am
Wiegenband ziehend, um die kranke Mutter durch den kleinen Stö-
renfried in der Wiege nicht in der Ruhe zu stören, deren sie so
benöthigt war.

Die dritte Reise unternahm ich im Jahre 1828 nach Landeshut, indem ich der Einladung meines Freundes Röhricht daselbst

zu der am 14. Juli anberaumten General-Schullehrer-Konferenz
unter dem Vorsitz des Superintendenten Falk folgte. Bei meinem
treuen Röhricht zu wohnen, mit ihm unmittelbar und beliebig lange
pädagogisch zu verkehren, das aufgesammelte Material in gemüth-
licher Weise zu besprechen, und endlich die große Anzahl evangel.
Lehrer der Landeshuter Superintendentur kennen zu lernen und einen
Mann, wie den würdigen Superintendent Falk unter den Lehrern
seines Sprengels schalten und walten zu sehen, der offnen, freimüthigen Besprechung interessanter pädagogischer Themata beizuwohnen: das waren Tage und Stunden, wie sie mir selten im
Lehrerleben vorgekommen waren; es war erhebend, unvergeßlich schön.
Was ich dort gesehen und gehört, das habe ich unter folgendem
Titel:

„Die am 14. Juli 1828 zu Landeshut in Schlesien abgehaltene General-
Schullehrer-Konferenz; in einem Briefe dargestellt und mit praktischen Bemerkungen versehen"

in Dr. Gräfe's Archiv, dritten Bandes, zweiten Heftes, veröffentlicht,
aber auch im besondern Abdruck bei Hennings in Reisse erscheinen
lassen. Das Schriftchen umfaßt 78 enggedruckte Seiten. Es ist
reich an pädagogischen Bemerkungen, die aus meiner Feder geflossen.
Nach einem Zeitraume von 30 Jahren habe ich das Schriftchen
mit gereiftem kritischen Verstande gelesen; noch heute unterschreibe
ich jede Zeile der dortigen Reflexionen. Wenn die reformatorischen
Schulmänner der Jetztzeit sich zu Gericht über das Schulwesen und
die Lehrer vor 1848 setzen und so geneigt sind, über jenes und jene
den Stab zu brechen, so möchte ich sie einladen, dem kleinen Büchlein einige Aufmerksamkeit zu schenken; sie werden, wenn sie Freunde
der Wahrheit sind, gestehen müssen, daß Alles, was sie jetzt mit
Verachtung des Vorangegangenen rühmen, schon vor 20—30 Jahren
angestrebt worden, wahr ist. Ich will nur auf zwei Gegenstände
hinweisen: auf die Ansichten über die sogenannten Anschauungs-
und Verstandesübungen (S. 42—44) und auf die Erweckung
des Patriotismus (S. 70 ff.), anderer Disciplinen nicht zu gedenken. Es ist ein kleines Buch, aber es steht viel Beherzigenswerthes
für die heutigen Lehrer darin. — Hält man mich auf Grund dieser
Aeußerung für einen Egoisten, immerhin; warum soll sich der Scholz
von 1861 in seinem 71. Lebensjahre nicht über das freuen, was
ihm schon 1829 im 38. Lebensjahre große Freude gemacht hat.
Oder soll er jetzt seinen früheren pädagogischen Standpunkt verleugnen und für Irrthum erklären, was ihm heute noch Wahrheit,
unwiderlegte Wahrheit ist? — Das wäre verachtungswerth.

Ich gehe nun zur vierten und letzten Reise von Reisse aus

über. Sie ist eine Hauptreise, wurde im Jahre 1833 unternommen und beanspruchte nicht weniger als sechs Wochen. Ich
verfolgte dabei einen rein pädagogischen Zweck, wollte Schulen sehen
und Schulmänner kennen lernen.

Meine Kasse gab mir die Erlaubniß, und mein guter
Superintendent erwirkte mir den Urlaub dazu. Das Ziel war
Weißenfels.

Da der Schienenweg nach Schlesien und Deutschland seinen
Weg noch nicht gefunden hatte, so mußte ich mich von dem Schnell-
post-Wagen von Reiße aus tragen lassen. Die erste Station war
Breslau, wo mich ein Freund in nicht unangenehmer Weise hinters
Licht führte, was ich weiter unten erzählen will. In Liegnitz verweilte ich kurze Zeit bei Freund Stiller, fuhr durch Görlitz nach
Bautzen, wo von mir gern den Herren Hergang und Dreßler ein
Besuch gemacht worden wäre, wenn es der Post-Conducteur erlaubt
hätte. Aber in Dresden verblieb ich, machte die persönliche Bekanntschaft
mit dem Director Otto, dessen Wirken mir längst vortheilhaft
bekannt war. Das dortige Taubstummen-Institut, die Gallerie und
das grüne Gewölbe wurden besucht und besehen. Im Taubstummen-
Institut widerfuhr mir eine Täuschung. Ein junger Mensch empfing
mich freundlich, fragte nach meinem Begehr und meldete mich bei
dem Director, von dem ich erfuhr, daß der junge Mensch ein Taubstummer sei, was ich gar nicht glauben konnte. Der Besuch der
Merkwürdigkeiten im grünen Gewölbe u. s. w. und die Besichtigung
der Menge der dortigen Gegenstände ermüdeten mich geistig und
leiblich. Auf der Reise von Dresden nach Leipzig machte ich die
Bekanntschaft des Buchhändlers H. aus Magdeburg. Er wußte
nicht, daß ich der Rector Scholz, und ich nicht, daß er der Buchhändler H. aus Magdeburg sei. Seine Gesprächigkeit gefiel mir
und regte mich an zu den angenehmsten Unterhaltungen. Er mußte
es mir abgemerkt haben, daß ich dem Schulstande angehöre; aber
darin täuschte er sich, daß ich aus der Mark sein müsse. Ich
machte ihm bemerklich, daß Schlesien meine Heimath sei. „Ach,
Schlesien, ein herrliches Land!" entgegnete Herr H., „Sind Sie
vielleicht aus Breslau?" Nein, antwortete ich, sondern aus Reiße.
„Ei, dann kennen Sie gewiß auch den Rector Scholz?" Allerdings,
den kenne ich genau, und wandte mein Gesicht von meinem Nachbar
ab, um mich nicht zu verrathen. Er fuhr aber fort, sich specieller
über die literarische Thätigkeit des Rectors Scholz in so belobigender
Weise auszusprechen, daß ich in dieser Erzählung keinen Gebrauch
davon machen kann und mag. Als ich ihm mit nicht geringer
Verlegenheit erwiederte, daß ich dem Herrn Sch. hiervon gern Mit-

theilungen machen möchte, wenn ich nicht bestimmt wüßte, daß er von seinen Auslassungen bereits Kenntniß habe, wendete sich Herr H. plötzlich mir zu und faßte mich scharf in's Auge. „Sie selbst — wären — also — der — Rector Scholz!" Die Scene war sehr ergötzlich. Die Unterhaltung wurde von nun an erst recht eine Unterhaltung über's Schulwesen und Schriftsteller in demselben. Natürlich, daß ich mir von ihm, als einem Magdeburger Buchhändler, von allen Schulanstalten und den mir bekannten Lehrerpersönlichkeiten z. B. von Zerrenner, Sickel, Baumgarten ꝛc. Mittheilungen machen ließ. Als Verleger der Zerrenner'schen Schriften, mit denen ich genau bekannt war, veranlaßte er mich zu Urtheilen über dieselben, von denen er meinte, Zerrenner dürfte sie bei einer neuen Auflage der Beachtung werth halten. Wenn mir auch noch erinnerlich ist, was ich äußerte; so kann ich doch hier der Umständlichkeit wegen keinen Gebrauch davon machen. Wir befreundeten uns in dem Grade, daß er sich erbot, mich in Leipzig, namentlich auf der Promenade mit den sich auf derselben befindlichen Statuen, herumzuführen. Seiner Einladung, ihn bei meinem Aufenthalte in Magdeburg zu besuchen, war ich eingedenk. Ich beeilte mich, von Leipzig nach Weißenfels, das, je näher ich demselben kam, eine desto größere Anziehungskraft auf mich ausübte, zu kommen. Lützen mit seinem Gustav-Adolf-Steine blieb von mir nicht unbeachtet, hatte ich doch schon oft meinen Schülern von Lützen's Schlachtfeld und dem schmählichen Tode des Heldenkönigs erzählt.

Ein Gasthof zu Weißenfels nahm den Reisenden freundlichst auf; aber Harnisch's Anerbieten, bei ihm zu wohnen, konnte ich nicht ablehnen. Fünf schöne Tage brachte ich hier zu und suchte nach Möglichkeit diese kurze Zeit, mir zu Nutz- und Frommen, auszubeuten. Es wird nicht thunlich sein, Alles, was ich hier zu sehen und zu hören Gelegenheit hatte, zu erzählen. Obgleich das Seminargebäude von einer großen Zahl Jünglingen bewohnt war, so herrschte doch eine Ruhe und Stille in demselben, die mich in Verwunderung setzte, ausgenommen, wenn die Uebungen auf den Tonwerkzeugen sich bemerklich machten.

Der fromme Sinn in der Familie Harnisch's gab sich in der Einrichtung kund, daß Harnisch die Seinigen täglich zu Morgen- und Abendandachten versammelte, an denen ich ebenfalls Theil nahm. Ein Seminarist begleitete den Gesang einer Liederstrophe auf dem Fortepiano. Harnisch las hierauf eine kurze Andacht aus einem gedruckten Buche, dessen Titel ich nicht behalten habe. Der Ruf, daß Harnisch sich dem Pietismus in die Arme geworfen, hatte sich bis nach Schlesien verbreitet; mich störte dieser Ruf nicht, denn ich unterschied damals schon einen Pietismus, der in Frömmelei oder Frommthuerei ausgeartet sei, von dem Pietismus, welcher der Ausdruck wahrer christlicher Frömmigkeit ist, wie er sich bei Jakob Spener, dem Vater des Pietismus, offenbart hat. Einen solchen Pietismus glaube ich auch bei Harnisch gefunden zu haben. Er führt zur christlichen Heiterkeit oder zur heitern Christlichkeit. Diese ist bei Harnisch vorherrschend. Ich hospitirte in seiner „Bibelkunde" und in der „Pädagogik". In ersterer sprach mich die gemüthliche und geistvolle Behandlung eines Abschnittes aus einem Briefe Paulus sehr an. Harnisch lehrte theils entwickelnd durch Fragen, theils vortragend. Das Ergebniß der Entwickelung war die Aufstellung eines Thema's mit einer viertheiligen Disposition. Herz und Verstand, Fühlen und Denken, traten bei diesem Unterrichte im schönsten Bunde auf. Zum Andenken an diese Stunde erbat ich mir von Harnisch jene Disposition. Als ich im Laufe unserer Unterhaltungen an Harnisch die Frage richtete, wie es bei einer so in's Einzelne eingehenden Behandlung der Bibel möglich sei, die ganze Bibel durchzunehmen? erwiederte Harnisch, „daß es nicht darauf ankomme, die ganze Bibel in der Weise durchzugehen, sondern daß lehrreiche Abschnitte gründlich be= und durchgesprochen werden. Aus einer solchen speciellen Behandlung lernen die Seminaristen mehr, als wenn zehn Abschnitte obenhin durchgenommen werden. In der Bibelkunde fördert das Eine vieles Andere." Dieß wird der Sinn seiner vor 28 Jahren gesprochenen Worte gewesen sein, und ich meine, daß er Recht habe. — Bei Dr. Fulda, dem studirten Seminarlehrer, hörte ich, wie Begriffe nach den Zerrenner'schen Denkübungen zu entwickeln seien. Ich wunderte mich nicht wenig, wie Zerrenner in das Weißenfelser Seminar komme; aber ich wurde darüber durch die Andeutung aufgeklärt, daß Zerrenner auch Provinzial-Schulrath sei und die Prüfungen der Seminaristen abnehme. Uebrigens sei das Buch in Sachsen allgemein verbreitet; es sei daher Aufgabe des Seminars, den jungen Leuten zur zweckmäßigen Behandlung die erforderliche Anleitung zu geben. — In Hentschel, dem ich schon durch meine faßliche Anweisung, die er schon gesehen, ehe sie gedruckt wurde, bekannt war, lernte ich einen äußerst humanen Mann kennen; wir wurden bald offne Freunde. Was er mit den Seminaristen in der „Leselehre" und dann in der „Pflanzenkunde" durchnahm, war eben so originell als anziehend. — Der jetzige Seminar=Oberlehrer Prange zu Bunzlau war 1833 als Hülfslehrer am Seminar thätig, besonders in der Musik. Seine Lebendigkeit beim Unterrichte zog mich an und steht noch lebendig in meiner Erinnerung. Wenn ich nicht irre, so war Prange neben

Hentschel vorzüglich an der Präparandenschule, die damals in Weißenfels als Privatanstalt bestand, lehrthätig. Beim Besuch der Taubstummen-Anstalt überraschte es mich, daß die Knaben mit vollkommener Orthographie eine genaue Beschreibung meiner Person lieferten, nachdem sie mir vorher die Fragen: Wie heißen Sie? Wer sind Sie? Wie alt sind Sie? Woher kommen Sie? Was wollen Sie hier? zu schriftlicher Beantwortung vorgelegt hatten. Andere hatten die Erzählung von einem traurigen Ereigniß in ihrer Mitte richtig und schön dargestellt. Der Lehrer dieser Anstalt, ein lieber Mann, hatte einen abschreckenden Namen, den er mit Genehmigung der Regierung in einen andern, umgetauscht hat. — Auf den Spaziergängen mit dem liebenswürdigen Harnisch in das Saale-Thal öffneten sich unsere Herzen zu vertraulichen Mittheilungen aus dem Familien-, wie aus dem Amtsleben, die nicht deshalb gegeben wurden, damit sie nach einem Vierteljahrhundert in unzarter und unbesonnener Gesprächigkeit dem Papier übergeben werden. Es wird genügen, wenn ich hier ausrufe: „Es ist nicht Alles Gold, was glänzt.“

Den schönen Weg von Weißenfels nach Merseburg legte ich, ½ Meile begleitet von sämmtlichen Seminar-Kollegen, zu Fuß zurück. In Merseburg hatte mich bereits der Sohn des MusikDirector Schneider, der Buchhändler-Eleve in Neisse war, angemeldet. Die freundlichste Aufnahme wurde mir hier zu Theil, und ich weilte gern ein paar Tage in diesem gemüthlichen Familienkreise. Schneider selbst war ein sehr gebildeter Mann, der mir für den „Schulboten“ manchen interessanten Artikel geliefert hatte, und der mich auch mit anderen wichtigen Persönlichkeiten bekannt zu machen suchte. Ich nenne nur den braven, gelehrten Schulrath Dr. Weiß, den Verfasser mehrerer gediegener pädagogischer Schriften, ein klarer Kantianer und Geistesverwandter des lieben Handel, mit dem er im Ton der Unterhaltung große Aehnlichkeit besaß. In Merseburg konnte ich der Ferien wegen keine Schule besuchen, desto länger aber verweilte ich in der großen Domkirche mit der größten Orgel Deutschlands und der merkwürdigen abgehauenen Hand des Kaisers Friedrich von Schwaben. Schneider führte mir das große, berühmte vierklavierige Orgelwerk sichtbar und hörbar vor. Jedes Register mußte herhalten und die Verbindung der verschiedenen Züge gab die seltsamsten Tonklänge. Schneider meinte, die ganze Orgel sei in einem reparaturbedürftigen Zustande; aber — aber — es fehlen zwei wesentliche Stücke: Sinn für dieses großartige Kunstwerk und — Geld zur Bestreitung der bedeutenden Kosten. Auch Schneider hat die Herstellung seines Patienten nicht erlebt. —

Nun war Halle — das berühmte Halle — das nächste Ziel meiner Reise. Ueber das Aeußere dieser Stadt enthalte ich mich des Urtheils. Vor Allem hegte ich das Verlangen, den Verleger meiner Schriften, den lieben braven Anton, persönlich kennen zu lernen. Nimmermehr hätte er es zugegeben, daß ich in einem Gasthause logirte. Er räumte mir eines seiner freundlichsten Zimmer in seinem Hause ein. Ich kam Sonnabend Abends an und wurde am Sonntag Morgen durch eine Morgen-Musik überrascht. In Anton fand ich den human gebildeten Mann, wie ich mir ihn vorgestellt hatte. Wie bemüht war er, mir den Aufenthalt in Halle und in seinem Hause recht angenehm zu machen! Seine Privat-Bibliothek enthielt die besten Werke unserer Literatur in den schönsten Einbänden. Anton ist ein Muschel-Liebhaber. Welch schönes, großartiges Muschel-Kabinet sah ich hier, prachtvolle Exemplare, die noch nie vor meine Augen gekommen waren. Einen Zug der Bravheit Anton's als Buchhändler kann ich hier nicht übergehen. Ohne Veranlassung von meiner Seite legte er mir seine großen Verlagsgeschäftsbücher vor und ersuchte mich, Kenntniß davon zu nehmen. Meine Ablehnung ließ er nicht gelten. Da zeigte er mir denn, welche meiner Schriften, bei wem und in wie vielen Exemplaren die Auflagen gedruckt worden seien, wie viel und wohin die Exemplare verlangt worden sind. Dabei war er liebenswürdig freundlich und bethulich, obgleich es mich mißstimmte, zu sehen, wie verhältnißmäßig gering der Absatz des „Wort- und Gedankenstyls" sei, diese Schrift, deren Ausarbeitung einen so unbeschreiblichen Fleiß bekundet; aber Anton meinte, daß rühre daher, daß der zweite Theil noch fehle. Wie zart! Anton erkundigte sich gesprächsweise, für welche Männer ich mich wol in Halle am meisten interessire; er hörte die Namen Prof. Dr. Eiselen und Dr. Ziemann. Mußte es nicht angenehm überraschen, am folgenden Tage diese beiden Herren zum Mittagstisch geladen zu sehen. — In einer der Kirchen hörte ich den Prediger Dr. Marcks, in einer andern den Consist.-Rath Tholuck. Auf der Universität wurde mir durch den Studiosus Schneider, den zweiten Sohn des Musik-Directors in Merseburg, die Theilnahme an einer Vorlesung des berühmten Prof. Dr. Tholuck — ein Breslauer — zu Theil. Da sah ich denn mit eignen Augen und hörte mit eignen Ohren den schon damals famos berühmten Theologen einen Abschnitt der „Bergpredigt" behandeln, und fühlte mich sehr an- und aufgeregt. — Im Waisenhause gerieth meine Seele in starke Bewegung, denn ich war in der Geburtsstätte eines neuen Unterrichtswesens, das segenspendend sich über ganz Deutschland verbreitet und wo auch Handel seine Lehrversuche als Studiosus

begonnen, wo auch der mir durch seine pädagogische Schrift: „Grundsätze des Unterrichts ꝛc." rühmlichst bekannte und von mir hochverehrte Kanzler Niemeyer Unsterbliches gewirkt und geschaffen hatte,
der aber schon aus dem Irdischen in das Himmlische übergegangen
war. Freilich wurde ich nicht in allen Klassen, die ich kennen gelernt, befriedigt; aber in der Töchterschule genoß ich ein paar
heitere Stunden beim Hospitiren in einer deutschen Styl- und einer
Rechenstunde. In letzterer geriethen die Schülerinnen der ersten
Klasse in eine eigenthümliche Bewegung, als ich ihnen als der Verfasser der Rechenaufgaben, die sie in Händen hatten, vorgestellt
wurde, und der Lehrer mich ersuchte, mit den Mädchen eine Aufgabe zu lösen. — Die Gymnasial-Klassen, die günstiger gelegen
sind, konnte ich nicht besuchen; denn Anton wollte mich noch mit
der Umgegend bekannt machen, und das Dorf, wo A. H. Francke
anfänglich das Werk der christlichen Barmherzigkeit an der ver-
wahrloseten Jugend begann (Glaucha), wollte ich doch auch, wenigstens liegen sehen. Auch die Halloren-Schwimmkünstler, diese menschlichen Wasserratten, mußte ich aufgeben. —

   Die Journaliere, auf der ich der Festung Magdeburg zu-
eilen sollte und wollte, harrte meiner. Die Gesellschaft war nicht
übel. Anton hatte beim Abschiede meinen Namen genannt, den sich
ein männlicher Reisegesellschafter gemerkt haben mußte. Ich lernte
in ihm einen sehr unterhaltenden Geistlichen kennen, für den ich,
als der Verfasser von Schulschriften, die auch in seiner Schule eingeführt waren, wie er mir erzählte, einiges Interesse hatte. Wir
vertieften uns dermaßen in das Pädagogische, daß er bei seinem
Dorfe vorbei und noch eine Meile weiter mitfuhr, die er dann zu
Fuß zurücklegen mußte. Schade, daß mir der Name dieses interessanten Mannes abhanden gekommen. — Auf Magdeburgs Festungs-
brücken trat mir Neisse mit seinen Wällen und Brücken vor die Seele.

   Meinen Reise-Kumpan, Herrn H............, besuchte ich,
wie ich's ihm zugesagt, in seinem Geschäftslokal. Daß das Ge-
schäftsgemüth von dem Reisegemüth zu unterscheiden ist, zu dieser
Denkübung fand ich bei Herrn H. die beste Gelegenheit. Ich hatte
das Vergnügen, von seiner Kühle nicht weiter behelligt zu werden.
Welcher Gegensatz bei dem Seminarlehrer Krause! Er ist nicht
mehr! Krause mag in den Augen Anderer gewesen sein, wie er
will, gegen mich hat er sich wahrhaft collegialisch, ja nobel benommen. Er litt es nicht, daß ich nicht bei ihm wohnte. Meine
Reisetasche befand sich schon in seiner Behausung, ehe ich ihm mein
Wohnen bei ihm zugesagt hatte. Von hier aus gab ich einem mir persönlich noch unbekannten, aber literarisch sehr bekannten Freunde, dem

Herrn Rector A. Lüben in Aschersleben (jetzt in Bremen Seminar-Dir.), von meiner Anwesenheit Nachricht und lud ihn nach Magdeburg ein, da mir Aschersleben zu sehr aus dem Wege lag, um ihn zu besuchen. Lüben kam. Das war eine Freude. Zwei Lehrer und zwei sich gegenseitige Verehrer! — Was doch geistesverwandte harmonirende Lehrer zu reden wissen! Hätte es damals schon Stenographen wie heute gegeben, die unsere Gespräche in ihre Zeichen gefaßt hätten, es würde die Uebersetzung in Kurrentschrift oder auch in Petit-Fraktur-schrift nicht auf dem größten englischen oder amerikanischen Zeitungs-bogen Platz gehabt haben. Lüben und ich hospitirten im Seminar bei Krause, waren aber nicht sonderlich erbaut von seinem Vortrage über die biblischen Bücher, obgleich auch manches Geisteskörnlein dargereicht wurde. Wir besuchten auch die Bürgerschulen; auch den bekannten Baumgarten, der sich durch seine praktisch-brauchbaren Schulschriften einen Ruf weit hin erworben hatte. Seine praktische Thätigkeit war gegen die Anderer nicht überragend. Löw, der geistreiche Löw muß damals noch nicht in Magdeburg angestellt gewesen sein; ich habe seinen Namen weder am Seminar, noch in den Bürgerschulen vernommen. Die Rechenstunde in einer der Knaben-Bürgerschule, in der ein korpulenter Herr Lehrer war, bot viel Ergötzliches dar. Der Mann war sicher ein gewandter Rechner, aber von der Methode, in dieser Kunst entwickelnd zu lehren, verstand er wol nicht viel. — In der höheren Töchterschule, der Sickel vorstand, hospitirte ich in der Religionsstunde bei ihm selbst, und schied recht erbaut von ihm. Sickel führte mich in eine Klasse, wo eine junge Lehrerin mit kleinen Mädchen Denkübungen anstellte. Zum Erstenmale sah ich eine Lehrerin fungiren. Die Dame zeigte viel Gewandtheit und die Kinder große Aufmerksamkeit. Damals lag mir der Gedanke fern, je mit Damen als Lehrerinnen in Verkehr zu treten, oder deren wol gar zu Lehrerinnen auszubilden. Der Mensch denkt — Gott lenkt! Von dem Besuch anderer Klassen dieser Töchterschule hielt mich Sickel zurück, aus mir unbekannt gebliebenen Gründen. — Krause bot Alles auf, uns die Stunden des Aufenthaltes durch Abwechselung angenehm zu machen und zu verkürzen. Er war ein wahres „Perpetum mobile". Von Zerrenner, den ich leider seiner Auswärtigkeit wegen nicht kennen zu lernen die Ehre hatte, wurde Vieles und Mancherlei gesprochen, auch viel Rühmliches. Daß ich auch in die Taubstummen-Anstalt zu Magdeburg ging, versteht sich von selbst. Vorsteher derselben war damals ein Herr Hartung, wenn ich nicht irre. Ich fand hier dasselbe, was mir in Dresden und Weißenfels Interesse gewährte. Die Taubstummen-Anstalten sind in unterrichtlicher Beziehung

11*

gleichsam nach einer Schablone eingerichtet. Es kann nicht anders sein.

Von Magdeburg fuhr ich über Burg nach Brandenburg. In Burg traf die Post kurz vor Beginn des Gottesdienstes ein. Hier aber lebte eine interessante pädagogische Persönlichkeit, der Pastor Lange, ein Pestalozzianer, der Verfasser werthvoller Schriften für den bildenden deutschen Sprachunterricht, auch Mitarbeiter am „Schulboten". Von Burg abzureisen, ohne diesen Freund persönlich kennen gelernt zu haben, das hätte ich nicht über's Herz gebracht. — Frisch gewagt! Ich begab mich in die Wohnung des Herrn Pastor Lange, ließ mich mit meinem Namen anmelden, wobei der Herr seinem lebhaften Wesen freien Lauf ließ, mich herzlich umarmte und durchaus nicht zugeben wollte, daß ich weiter reiste. Ich begab mich in das Gotteshaus und ließ mich durch die Predigt dieses Herrn erbauen. Länger zu bleiben gestattete die Post nicht. So gewinnreich die geistreiche Unterhaltung mit Herrn L. für mich auch gewesen wäre, ich mußte darauf verzichten, da die Zeit zur Abreise drängte. — In Brandenburg hatte ich keinen Anhaltspunkt. Darum eilte ich, um nach Potsdam zu kommen.

Hier waren Striez (Director und Schulrath), Schön (Seminarlehrer, ein Schlesier, Sohn des Kantor Schön in Kl. Kotzenau), Schärtlich (Musiklehrer am Seminar), Löffler (an der Bürgerschule) diejenigen Persönlichkeiten, die ich lieb gewann. Hientzsch in Breslau war zwar schon zum Director berufen, aber noch nicht angekommen. Am meisten verkehrte ich mit meinem Landsmanne Schön, bei dem ich auch wohnen mußte. Schön war ein sehr tüchtiger, gewandter und kenntnißreicher Lehrer, wie ich aus seinem Unterrichte in der Raumlehre und Naturgeschichte entnehmen konnte, eine bestimmte Sprache, eine energische Haltung. Striez, sehr ruhig, pathetisch, etwas trockner Natur, aber geistvoll und anregend. Schärtlich, ein geschickter Musiklehrer mit gefälligem Wesen. Sein Gesangswerk hat ihn in Ruf gebracht. Löffler unterrichtete mit außerordentlicher Lebendigkeit und Frische. Das große Waisenhaus habe ich nur äußerlich gesehen, seinen Umfang und seine Einrichtung bewundert, aber von dem geistigen Wirken keine Vorstellung mitgenommen. Wie das gekommen, weiß ich heute selbst nicht mehr. Schön sehnte sich damals schon aus seiner Stellung weg und in eine Gegend, wo für seine botanische Neigung mehr Stoff dargeboten würde. — Daß ich Sanssouci auch gesehen, brauche ich wol nicht erst zu erwähnen; ebenso die Kirchen, und da ich gerade einen Sonntag dort zubrachte, so besuchte ich die Kirche, in welcher ich den König mit den Prinzen zu treffen hoffte, worin ich nicht getäuscht wurde; aber ich sah mehr auf und in die Königl. Loge, als daß ich der Predigt meine Aufmerksamkeit gewidmet hätte. So ist der Mensch in seiner Schwachheit! Das Seltene zieht und fesselt ihn.

So bin ich denn in Berlin, dem großen, von mir noch nie gesehenen und angestaunten Berlin. — Was hier zuerst anfangen, wohin seinen Fuß zuerst setzen und seine Schritte zuerst richten! Unter den 400,000 Menschen, wie so gar wenige kennst Du! Von den unzähligen Merkwürdigkeiten, wie viele müssen ungesehen bleiben! Ich folgte dem Zuge des Herzens und ging zu Diesterweg in das Seminar, der mich mit den Worten begrüßte: „Da sind sie also doch hier." Dieser Empfang überraschte mich nicht, als er mir eine Rolle übergab mit der Aeußerung: „Diese Rolle hat Sie schon vor acht Tagen angemeldet." Ein Brief von jenem Breslauer Freunde, von dem ich oben erzählte, daß er mich in angenehmer Weise hinter's Licht geführt, zeigt mir den Inhalt der Rolle an, von dem ich auf meiner Reise beliebigen Gebrauch machen könne. Siehe da, es waren eine Menge Exemplare einer Lithographie meines Bildes. Diesterweg war der erste, der eines derselben in Beschlag nahm. Diesterweg's ganzes Wesen, seine kurze Redeweise, der blitzende freundliche Blick, sein examinatorisches Fragen nach dem, was ich auf meiner Reise erlebt, nach Handel, Harnisch, Hentschel, Weiß, Lüben, Striez, Schön ꝛc. — alles dies machte einen eigenthümlichen Eindruck, löste mir die Zunge und machte mich ungewöhnlich beredt; es war mir zu Muthe, als wären wir alte Bekannte, die sich nach langer Zeit wieder gesehen und einander viel zu erzählen hatten. Stunde auf Stunde verran; ich blieb bei ihm zu Tische und kam wieder zu Tische, wie er und ich es gewünscht. Was ich von Magdeburg aus von der Zusammenkunft mit Lüben erzählt, das wiederholte sich hier in erhöhetem Grade. Hier will ich bald einer Mystifikation gedenken, die ich mir mit Diesterweg erlaubte. Ich entledigte mich nämlich des Auftrages des Verlegers von Dr. Ernst Fibel's „Elementar=, Lese- und Sprachbuch", 3. Theil. Diesterweg war sehr begierig, durch mich den eigentlichen Namen des Verfassers zu erfahren. Ich verweigerte entschieden die Nennung des Verfassers, und Diesterweg sprach sich gegen mich so anerkennend über Plan und gelungene Ausführung der Arbeit aus, daß ich in dem Entschluß befestigt wurde, mich ihm nicht zu entdecken. „Der Verfasser ist mir in der Ausführung derselben Idee zuvorgekommen. Lorberg in Biberich möchte gern auch wissen, wer sich hinter dem Dr. E. Fibel versteckt halte", sagte D. Ich muß gestehen, daß ich mir durch solche Aeußerungen wie auf der Folter sitzend vorkam. Es ist unmöglich, Alles zu erzählen, was hier mit Diesterweg durchgesprochen wurde; aber daß er es ist, der an mir fort und fort arbeitete, mir Lust zur Anstellung an einem Seminar einzuflößen: das darf ich nicht verschweigen. Schon nach Reisse schrieb er mir: „Sie müssen an ein Seminar! Sie gehören dahin!" Und in Berlin feuerte er mich an, mich dem Minister v. Altenstein, Kortüm u. A. persönlich vorzustellen. Es kann nicht schaden, dachte ich, und folgte dem Rathe Diesterweg's. „Lassen Sie sich durch den ernsten Kortüm nicht einschüchtern, es ist ein braver, ein redlicher, grader Mann, und bei Altenstein wird Ihnen die Zunge nicht in Banden gelegt werden." In der That, auch Kortüm flößte mir bald Vertrauen ein; und bei Altenstein fehlte es nicht an Stoff zu Mittheilungen, denn ich mußte ihm berichten, was ich auf meiner Reise in pädagogischer Beziehung als neu kennen gelernt, und von welcher Art meine Verhältnisse zu Reisse wären. Ein Gesuch für meine Zukunft brachte ich bei keinem der Herren über die Zunge. Diesterweg meinte: „Der erste nothwendige Schritt ist geschehen; das Uebrige wird sich finden." Er hatte Recht. Mir aber klopfte das Herz vor Furcht und Hoffnung.

Außer Diesterweg besuchte ich noch den Inspektor Kopf, der früher Volksschullehrer, später Seminarlehrer in Neuzelle, Verfasser eines guten Rechenbuches war und jetzt eine Knaben=Verbesserungsanstalt leitete. Die Verfassung einer solchen Anstalt, die Handwerker= und Gartenbau=Arbeiten der Knaben, die Erzählungen Kopf's von den verwahrlosten Knaben, ihrer sittlichen Besserung durch Zwangsarbeiten, dem Rückfall in die alten Schlechtigkeiten — Alles dies fesselte mich an den vielerfahrnen, frommen (nicht frömmelnden) „Kopf", der mir aus seinem Seminarlehrer-Leben viel Interessantes erzählte. —

Von meinen Besuchen des Montbijou, des Museums, des Schauspiels, der Oper u. s. w. schweige ich. Berlin hatte ich zwar gesehen, aber — nicht ausgekostet.

Ob ich Frankfurt a. d. O. oder das Seminar zu Neu=Zelle oder beide besuchen sollte, darüber entstand ein Kampf in mir. Neu=Zelle lag mir zu weit seitwärts und nicht am Wege; hier hatte ich allerdings Freund Fischer, einen Schlesier; aber auch in Frankfurt winkte mir ein befreundeter Mann, der Oberlehrer an der höhern Bürgerschule, Kleinert, ebenfalls ein Schlesier, und später zum Pro=Rector an die höhere Bürgerschule am Zwinger in Breslau berufen. Nicht ohne pädagogische Ausbeute verlebte ich hier bei dem vortrefflichen Kleinert, der eine Anzahl gleichgesinnter Schulmänner um sich versammelte, einen recht vergnügten Tag. Kleinert hatte damals noch keine Ahnung von seiner Berufung nach Breslau, war doch hier noch nicht die Anstalt eröffnet, wenn gleich das herrliche Gebäude dazu längst fertig da stand. —

Von Frankfurt eilte ich ohne anderortigen Aufenthalt nach Bunzlau, wo ein frisches pädagogisches Leben herrschte. — Kawerau — der lebenskräftige, sehr bewegliche (körperlich und geistig) Director der Doppel=Anstalt mit dem Lehrerkollegium des Seminars und des Waisenhauses: Dr. Krüger, Karow I. u. II., Dr. Schneider und — vorzüglich Stubba waren wol bekannt genug, um auch ihrer persönlichen Bekanntschaft mich erfreuen zu können. Freund Jakob in Konradsdorf hatte ich vorher zu einem Rendezvous in Bunzlau eingeladen. Es ist immer von gutem Erfolge, Männer von Ruf in ihrer Wirksamkeit, wenn auch nur kurze Zeit, zu beobachten und kennen zu lernen. Schon damals, also vor 28 Jahren, schrieb ein Bunzlauer Kollege: wenn Sie einen Bericht über Ihre Reise in die Oeffentlichkeit schicken sollten; so bitte ich Sie, über die Persönlichkeiten der Bunzlauer Anstalten Ihr Urtheil so zu fassen, daß keine Bevorzugungen hervortreten. Das bestimmt mich, auch heute darüber ein Stillschweigen zu beobachten. Daß ich aber jene Reise nicht unternommen, um darüber schreiben zu können, das habe ich durch meine Schweigsamkeit bis auf den heutigen Tag dargethan; aber nun habe ich gethan, was ich nicht lassen konnte. Was sagt Jakob zu der Gesangsstunde, in der wir hospitirten und doch keinen Ton vernahmen? Wir hörten und sahen nur Noten lesen und controlliren.

Ueber Haynau, Goldberg, wo Hinke mir einen unterhaltenden Abend bereitete, Löwenberg, wo ich die Bekanntschaft des praktischen Rector Paul, der auch literarisch thätig war, nur vorübergehend machte, Hirschberg, wo bei Wander ein paar Stunden angenehm verplaudert wurden, kehrte ich endlich in Landeshut bei Freund Röhricht ein. In größter Abspannung hospitirte ich auch in der Landeshuter Schule und hatte große Noth, mich aufrecht zu erhalten. Ich gestand meinem Freunde offenherzig, daß das Schulenbereisen seine Annehmlichkeiten habe; nur müsse man sich hüten, daß der Ueberdruß sich nicht einniste, und der wäre bei mir vollständig eingekehrt. Röhricht entband mich zwar vom Hospitiren in der Schule zu Landeshut, aber nicht vom Mittheilen der Erfahrungen auf der Reise. Da regte sich denn wieder der Denkwagen und rollte, als hätte er ein Biergespann vor sich. —

Glücklich traf der längst ersehnte Rector Scholz, der 14 Tage länger geblieben war, in Neisse ein; ich aber rief: „Gott sei Dank!"

8. Das letzte Jahr meiner Amtirung in Neiſſe.

Motto: Der Menſch iſt nicht ſo froh durch das, was er
beſitzt, ſondern durch das, was er hofft.
H. Zſchocke.

Wir hoffen immer, und in allen Dingen
Iſt beſſer hoffen als verzweifeln. Denn
Wer kann das Mögliche berechnen?
Göthe.

Jung und Alt waren erfreut über meine glückliche Rückkehr.
Mit neuen Anſchauungen, erweiterter Einſicht und gekräftigtem Willen
ging ich dann wieder in meine Schule zu meinen geliebten und
liebenden Schülern und Schülerinnen und widmete mich ihnen mit
ganzer Seele. — In freien Stunden, deren ich freilich immer
weniger gewinnen konnte, ließ ich die Bilder der jüngſten Erlebniſſe
in meiner Seele vortreten. Wenige Monate aber nach meiner
Heimkehr gelangte ein freundliches Schreiben vom Seminar-Director
Schärf in Breslau in meine Hände, deſſen Zweck war, die Anfrage unter der Hand an mich zu richten, ob ich, wenn das Königl.
Provinzial-Schul-Kollegium bei Beſetzung der Oberlehrer-Stelle am
hieſigen Seminar die Abſicht hätte, mich höheren Ortes in Vor-
ſchlag zu bringen, dem Rufe zu folgen, geneigt ſein würde? So
waren denn die Verhandlungen eingeleitet. Das Ergebniß einer Berathung mit dem Superintendenten Handel war, daß meine neue
Stellung zu Breslau in mehrfacher Hinſicht Vortheile darbiete: eine
ehrenvolle Berufung, die von Vertrauen der hohen Schulbehörden
zeuge, ein erweiterter Wirkungskreis, in dem ich mit meinen vieljährigen Erfahrungen auf dem Gebiete des Unterrichts des Guten
viel wirken könnte, das wiſſenſchaftliche Leben in Breslau und eine
nicht unerhebliche Verbeſſerung meines Einkommens u. ſ. w. So
ſehr Handel meinen Abgang beklagen werde, ſo müſſe er mir als
perſönlicher Freund und im Intereſſe der guten Sache doch rathen,
dieſe Gelegenheit zu meiner Förderung nicht von der Hand zu
weiſen. Nach gewiſſenhafter Erwägung aller bedenklichen Punkte
ſagte ich dem Director Schärf zu, empfing einige Wochen darauf
die förmliche Aufforderung von Seiten der Königl. Provinzial-Schulbehörde zur Annahme dieſes Schulamtes. Das beunruhigende Leben
zwiſchen Furcht und Hoffnung war für mich nunmehr eingetreten;
aus liebgewordenen Verhältniſſen zu ſcheiden, einen Wirkungskreis
zu verlaſſen, in dem ich ſo ſchöne glückliche Jahre genoſſen, er-
wachſene Schüler und Kinder zu verlaſſen, deren treue Anhänglichkeit und Liebe mein Glück ausmachte, von Freunden des Ortes mich

zu trennen, die mir durch gesellige Freuden das Leben in Neiße zu verschönern suchten, und die liebliche Umgegend Neiße's mit der kahlen Breslau's zu vertauschen: das versetzte meine Seele in Zustände der ernstesten Stimmung. Doch das Loos war einmal geworfen, die Zeit der Vorbereitung zur Rüstung eingetreten und die Stunde der Trennung herangenaht, eine Trennung, die mir die Liebe der Neißer wahrlich nicht leicht machte, sondern gar sehr erschwerte. — Ewig unvergeßlich wird mir die letzte Predigt des Superintendenten Handel sein, in der er von der Kanzel herab von mir in rührenden Worten Abschied nahm und die Gemeinde aufforderte, die letzte Kirchenmusik, die ich zum Abschiede veranstaltet hatte, anzuhören. Der schwerste Akt für mich war die letzte Schulprüfung, die Kinder der ersten Klasse, sowie die zahlreiche Versammlung Erwachsener hatten mich in eine wehmüthig ernste Stimmung versetzt; ich war von den heiligsten Gefühlen durchdrungen und kaum im Stande, das Abschiedswort zu sprechen. Was ich den Kindern und deren Eltern, den anwesenden Personen der städtischen Schulbehörde, so wie meinen Kollegen beim Abschiede gesagt, liegt gedruckt in der Rede vor, die den Titel führt:

„Abschiedsworte des Rector Ch. G. Scholz in Neiße, gehalten bei seinem Scheiden aus seinem bisherigen Amte und dem Abgange nach Breslau. 1834."

In Bezug auf den Superintendenten Handel heißt es am Schlusse der Abschiedsworte:

„Das Herz drängt und eilt zu Ihnen, mein hochverehrter geliebter Herr Superintendent, würdiger Gönner und Freund! — So nahe Sie meinem Herzen stehen, ja so tief Sie in demselben gewurzelt — o so bedarf es doch keiner Bitte um Nachsicht oder Verzeihung, wenn ich Ihnen zuletzt mein „herzliches Lebewohl" sage. Ach, es ist dies ja so natürlich! Sie waren ja die erste freundliche Erscheinung, die mich vor $16\frac{1}{2}$ Jahren so liebevoll in diesen Mauern „willkommen" hieß. Sie waren das A meines hiesigen Lehrerlebens, sollten Sie nun nicht das O, der Schlußstein desselben sein? Aber wo soll ich Worte hernehmen, das Schmerzgefühl meines Innern bei der Trennung von Ihnen, mein innigst Verehrter, zu bezeichnen? Wehmuth und Freude — ach, sie wechseln wundersam mit einander, drängen nach Außen und suchen ein Asyl; fast vermag ich denselben nicht zu widerstehen. Darum wollen Sie mir, mein würdiger Gönner und hochverehrter Freund, so wie die ganze ehrenwerthe Versammlung verzeihen, „wenn der Mund übergeht, wessen das Herz voll ist."

Schon einmal sprach ich es laut aus, daß Ihr Einfluß auf mein Lehrerleben von großer Bedeutung gewesen ist, und ich wiederhole es nun mit aufrichtiger Freude und tief gefühltem Danke. Durch Ihre gütige Vermittelung erhielt ich vor länger als 16 Jahren den ehrenvollen Ruf als Rector der hiesigen Schule. Nicht blindes Ohngefähr war es, daß Sie von den Ihnen zur Besetzung dieses Lehramtes vorgeschlagenen Männern mich wählten, mich, der ich Ihnen ebenso persönlich fremd war, als die andern. Nein, es war der Wille der göttlichen Vorsehung; sie leitete Ihre Wahl, und gab dadurch meinem Lebensgange, meinem Berufsleben diese Richtung. Meiner Mängel und Schwächen mir bewußt, faßte ich, ermuthigt durch Ihr gütiges Vertrauen und im Vertrauen auf den göttlichen Beistand, wenn auch nicht frei von bangen Besorgnissen, den Entschluß, hierher zu folgen. Das Interesse, das Sie für diese fast verwahrlost gewesene Schule hegten, ging so unverkennbar deutlich aus Ihrem gütigen Schreiben, womit Sie mich noch vor meiner Ankunft beehrten und erfreuten, hervor: daß ich in Ihnen ganz den Vorgesetzten zu finden hoffte, unter dessen Leitung ich mit Lust, Begeisterung, Freude und Segen meinem Amte würde leben können. Alle meine Hoffnungen gingen in Erfüllung. Ein großes Feld von Thätigkeit und Kraftanstrengung wiesen Sie mir an, und unterstützten mich ebenso kräftig als nachsichts- und liebevoll in allen meinen Bestrebungen. Ja, mit unnennbarer Freude blicke ich in jene lebensfrische, arbeitsreiche Zeit unserer gemeinsamen Thätigkeit zurück; ich gedenke der lehrreichen Konferenzen, die Sie mehrere Jahre hindurch allwöchentlich in mehreren Stunden mit uns Lehrern hielten, gedenke der pädagogischen Gespräche, die zwischen Ihnen und mir in den Stunden der Muße, entweder auf Spaziergängen, oder am Tische im Kreise der lieben Ihrigen, oder in Ihrem Studirzimmer stattfanden; ich gedenke jener schönen Reise, die ich mit Ihnen und in Gesellschaft mit Männern von literarischer Bildung zu machen das Glück hatte und wo Sie die erste Veranlassung gaben, daß ich selbst als pädagogischer Schriftsteller nicht ohne Segen auftrat; ich gedenke dankbar jener Stunden, in denen Sie, trotz Ihrer vielen Berufsarbeiten mit mir meine Lehrgänge kritisch durchgingen, Einwürfe und abweichende Ansichten und Grundsätze liebreich beleuchteten, und mich zum Fortarbeiten ermunterten; — ich gedenke des schönen Verhältnisses, in welchem ich zu Ihnen und Ihrem geehrten Hause die ganze Zeit meines hiesigen Wirkens hindurch fast ununterbrochen als der Lehrer Ihrer geliebten Kinder gestanden. — Doch, wann würde ich heute endigen, wenn ich jetzt alle die Erinnerungen an die Vergangenheit, die in meinem Herzen auftauchen, nur andeuten wollte? — Ich gedenke daher nur noch freudenvoll des Segens, der unsere gemeinsame Thätigkeit begleitete.

Die Schule blühte wie eine schöne kräftige Pflanze, zog die Aufmerksamkeit und Theilnahme der Jugendfreunde auf sich, erwarb sich immer größeres Vertrauen der Eltern fast aller Stände, und unsere Bemühung fand Anerkennung bei der hochlöblichen Schulbehörde. Zwei und dreißig Mal legte ich öffentlich Rechenschaft von meinem Wirken ab; o, es waren diese Stunden keine Stunden der Angst oder Furcht; es waren die schönsten, die ich hier verlebte, wahre Erntefeste, in dem mir meine lieben Schüler Erntekränze wanden; denn Ihre Zufriedenheit krönte das Tagewerk und eine halbjährige Thätigkeit. — Keiner erkannte so richtig meine uneigennützigen Bestrebungen, die Schule auf eine ungewöhnliche Stufe zu erheben. — Keiner las so hell in meiner Seele die Absichten, das Ideal einer möglichst vollkommenen Elementarschule zu realisiren, als Sie. Wir rückten dem Ziele immer näher, und sahen in unserer Schule Kinder aus allen Ständen vereint Einem Ziele zustreben; sahen, wie das Kind der Vornehmen sich überzeugte, daß die Geistesgaben nicht an Stand und Geburt gebunden sind, und übten sie in der Tugend der Bescheidenheit und in der Beachtung der Menschenrechte; sahen wie die Kinder niederer Stände von den Kindern der Gebildeten an äußerer Bildung zunahmen und gewöhnten sie schon früh an die richtige Schätzung und Würdigung derselben; sahen so den elenden Separatismus und Kastengeist in unserer Schule schon im Keime ersticken und verschwinden; sahen, wie naturgemäß, zweckmäßig und schön der Unterricht in der Schulerziehung in dem Zusammenleben der Kinder beiderlei Geschlechts gedeihe, wie der Knabe die Sanftmuth von dem Mädchen, dieses einen kräftigen Sinn von dem Knaben lerne u. s. w. Manches hat sich im Laufe der letzten Jahre geändert. Möge das Letztere keinem Wechsel unterworfen sein; ich hoffe dies, so lange Sie an der Spitze dieser Anstalt stehen werden. — Genug der Rückblicke! Süß ist es, in solchen Stunden mit gutem Gewissen und mit erlaubter paulinischer Ruhmredigkeit sagen zu können: Wir haben viel gearbeitet, im wahren Sinne des Wortes.

Nehmen Sie, würdiger Gönner und Freund, meinen unaussprechbaren Dank für die Liebe und Nachsicht, mit der Sie mich behandelten, für die geistigen Genüsse, die Sie mir in mehr-

facher Beziehung gewährten und derer ich nun vielleicht auf immer
verlustig werde, für die unzähligen Ermunterungen, durch die
Sie meinen Berufseifer belebten, für die Aufmerksamkeit, die Sie
meinen Bestrebungen und Leistungen schenkten, und für Alles,
wofür ich keine Worte finde. — Beglücken Sie mich und die
Meinen mit der Fortdauer Ihrer mir ewig theuer bleibenden
Freundschaft; Liebe und Wohlwollen begleite Ihr Andenken an
mich und an unser gemeinsames Wirken, und genehmigen Sie die
Versicherung, daß weder Zeit noch Raum, selbst der Tod nicht
die schönen Gefühle der Liebe und Achtung gegen Sie wird trennen
und von mir nehmen können. Leben Sie noch lange — lange
zum Segen dieser Schule und der ganzen Gemeinde, zum Segen
und zur Freude der theuren Ihrigen, und bleiben Sie, bis der
Todesschlaf Ihr leibliches Auge verdunkelt und auf ewig schließt,
ein Mann des Lichts und der Wahrheit." —

Wer dies liest, der wird zu der Aeußerung gedrängt; „es
war ein unvergleichlich schönes Verhältniß zwischen einem Geistlichen
und einem ihm untergeordneten Schulmanne." Warum ist es nicht
überall so? An wem liegt die Schuld? Ist es zu verwundern,
daß in meinem Herzen der Ruf, das Geschrei der — nein ein=
zelner — Lehrer nach „Emancipation" keinen Anklang fand?
Freilich mußte ich das Verlangen nach Emancipation für gerecht=
fertigt erklären, wenn mir Berufsgenossen erzählten, wie gleichgültig
sich ihr Revisor gegen die Schule zeige, wie geringschätzig er den
Lehrer behandle, wie wenig oder gar nicht er ihn bei seinem Streben,
die Schule zu heben, unterstütze, wie sehr er vielmehr die Erreichung
seiner besten Absicht erschwere, ja wol gar unmöglich mache u. s. w.
Andererseits aber durfte man die Klage des Revisors darüber nicht
übersehen, wie fahrlässig der Lehrer in seinen amtlichen Funktionen,
wie willkürlich er in der Befolgung des Lektionsplanes, wie empfindlich
er bei unvermeidlichen Bemerkungen, wie unmanierlich, abstoßend
sein Benehmen, wie wenig er für seine Fortbildung besorgt sei? u. s. w.
Kurz, es stellte sich heraus, daß Herrschsucht und Dünkelhaftigkeit auf
der einen oder der andern Seite das Verhältniß zwischen Geist=
lichen und Lehrern trübte und zu einem für die Gemeinde und die
Jugend „ärgerlichen", „Aergerniß gebenden" mache. Daß die Eman-
cipationsfreunde dahin gearbeitet, die Schule von der Kirche zu
trennen, habe ich nie einräumen können, denn die Geistlichen allein
sind nicht die Kirche; daß das Schulwesen einen größeren Einfluß
auf die Bildung äußern würde, wenn die Revisoren Schulmänner
wären, konnte ich immer nur unter der Voraussetzung zugeben, daß in
dem Geistlichen aller Sinn und alle Liebe für die Schule erstorben

sei; daß alles Glück und Heil aber über die Lehre sich ausgießen werde, wenn die Schule ausschließlich von Schulmännern geleitet würde, erscheint mir als eine Illusion. Darum: „Werdet besser, gleich wird's besser sein!" — Der Ruf nach Emancipation ist verhallt, die lauten Stimmen sind heiser geworden; das Verhältniß hat sich hie und da gebessert, die Geistlichen haben etwas gelernt und den Lehrern kommt dieser Fortschritt zu Gute. Aber — sind — die Lehrer auch glücklich? Können sie es sein? ——

9. Meine besten Schüler in Reiffe.

Motto: Einen großen Schüler zu haben, ist Glück und nicht Verdienst, und der Stolz des Schülers auf den Lehrer ist begründeter, als der Stolz des Lehrers auf den Schüler.

J. C. C. Hoffmeister.

Es gibt wol keine Schule, aus der nicht einzelne Schüler hervorgegangen wären, die andere durch ihre Intelligenz, wie durch ihre Leistungen und Charakter-Eigenthümlichkeiten übertroffen und dadurch sich bemerklich gemacht, und die schon als Schüler auf der untern Bildungsstufe schöne Hoffnungen erweckt hätten. Auch die Reiffer Schule erfreute sich solcher Schüler. Ich will nicht von solchen reden, die Familien angehörten, deren äußere Verhältnisse eine höhere Ausbildung ihrer Kinder begünstigten — ich könnte in dieser Beziehung den jetzigen Polizei-Präsidenten von Breslau Herrn v. Kehler und mehrere höhere Militär-Personen namhaft machen, die meine Schüler waren — ich gedenke nur solcher, deren Verhältnisse größtentheils nicht angethan waren, sich empor zu schwingen, deren Lerneifer durch die Schule angeregt und genährt wurde und deren Streben geistig und materiell zu fördern ich mir zur Pflicht machte. Ich nenne zuvörderst:

Ludwig Sobolewsky. Der Knabe trat schon im Alter von acht Jahren in meine Klasse, gerade zu der Zeit, als ich das Rektorat in Reiffe zu verwalten begonnen hatte. Durch sein munteres, gewecktes Wesen zog er bald meine Aufmerksamkeit auf sich. Nachdem ich fast vier Wochen amtirt hatte, machte Handel bei einem Schulbesuch die Bemerkung: „Der Junge, l. Rector, gehört noch nicht in Ihre Klasse, er sollte in der zweiten Klasse verbleiben und von Rechtswegen müßte er sofort wieder zurück versetzt werden." Ich legte eine Fürbitte für ihn ein, indem ich erwiderte, daß ich den Knaben in der Klasse vorgefunden, aber mit ihm mehr

als mit vielen andern zufrieden zu sein, Ursache hätte. Händel ge=
nehmigte sein Verbleiben unter Bedingungen, die zu erfüllen dem
Knaben nicht schwer fielen. Ich nahm jedoch den Knaben in's
Verhör unter vier Augen und bewog ihn zu dem Geständniß, daß
er sich deshalb in die erste Klasse geschlichen, weil — weil —
weil er bei Herrn Heyder nichts lerne. — Der Knabe machte
mir zwar durch sein bewegliches Wesen viel zu schaffen, bereitete
mir aber durch seine Leistungen große Freude. Er verließ
gar nicht das Schulzimmer, sondern beschäftigte sich eifrig mit
andern Schulgenossen mit nützlichen Schularbeiten und wurde von
mir wie das eigene Kind im Hause gehalten. Er machte in allen
Lehrgegenständen die besten Fortschritte, antwortete im Religions=
unterrichte mit Nachdenken, memorirte die Pensen sicher und trug
Alles mit deutlichem Ausdrucke und entsprechendem Ernste vor,
hatte sich im Rechnen bedeutende Fertigkeit erworben, führte die
Beweise in logischer Folge, gehörte zu den besten Schülern in der
Raumlehre, wurde im kalligraphischen Schreiben nur noch von einem
Mitschüler übertroffen, zeigte im Zeichnen viel Empfindungsgabe, in=
dem er ohne die Theorie der Perspektive Natur= und Kunstgegen=
stände richtig im Bilde darstellte, schritt auch im Gesange und im
Klavierspiel erfreulich fort, und hatte sich in den Realien schöne
Kenntnisse erworben. Viel Hülfe leistete er mir im Landkarten=
zeichnen, das damals von mir eifrigst getrieben wurde. Als er zur
Konfirmation reif war, fragte ich ihn, zu welchem Berufe er sich
entschließen werde. „Ach, Herr Rektor", antwortete er verlegen, „ich
möchte gern Lehrer werden, wenn ich nur dürfte und könnte." Die
Lust dazu war in ihm dadurch erweckt worden, daß ich ihn zu einzelnen
Schülern als Gehülfen stellte, die er durch Einübungen fördern
sollte. „Gut," sagte ich, „ich will dich zum Lehrer vorbilden."
Da hüpfte er vor Freuden. Wir legten ernstlich Hand an's Werk.
Der Unterricht im Klavierspiel wurde fortgesetzt, und später der
Unterricht im Generalbaß und im Orgelspiel begonnen, worin er
ziemliche Fortschritte machte. Er würde noch mehr gelernt haben,
wenn er zu Hause ein Klavier gehabt hätte. Als er reif für's
Seminar war, unterwarf er sich der Präparanden=Prüfung, in der
er gut bestand und in Folge dessen in das Breslauer Seminar
aufgenommen wurde. Die Seminar=Arbeiten gingen ihm spielend
von der Hand. Nach beendigtem Seminar=Bildungskursus wollte
ich ihn in mein Haus, mir zum Gehülfen in der Klasse für einzelne
Fächer z. B. im Schreiben, Zeichnen und Rechnen und zum Lehrer
meines Sohnes nehmen. Ludwig Sobolewsky wollte in dankbarer
Anerkennung dessen, was ich für ihn vor und während der Semi=

narzeit gethan, darauf eingehen; aber Confistorialrath Gaß, unter dem das Seminar stand, gab es nicht zu, sondern behielt ihn als Seminar-Hülfslehrer am Breslauer Seminar. Hier gewann er noch so viel Zeit, daß er sich auf das Erlernen der fremden alten Sprachen legte, worin er es soweit brachte, daß er durch die Commissions-prüfung zum Besuch der Universität zugelassen wurde. Unter un-säglichen Mühen, Entbehrungen und Anstrengungen studirte er, ver-schaffte sich durch Privatstundengeben einen dürftigen Unterhalt, er-freute sich als Lehrer der besonderen Gunst des damaligen General-Superintendenten Ribbeck, der nach zurückgelegten Studien und abgelegter erster theologischer Prüfung und der Prüfung pro recto-ratu seine Anstellung als Rector in Münsterberg bewirkte. Schon als Student verfaßte er auf meine Veranlassung eine Schrift für den „Schulboten"; „die Himmelskunde", über die sich Diesterweg, als Autorität in diesem Gebiete, beifällig äußerte. Als Rector zu Münsterberg erschien von ihm ein Lehrgang für die Geometrie, in der er sein praktisches Lehrtalent bekundete. Nachdem ich die mir angetragene Stelle eines Oberlehrers am königl. Seminar zu Steinau abgelehnt, wurde Sobolewsky dahin berufen, wo er noch lebt und wirkt. Sobolewsky ist ein Mann von eigenthümlichem Wesen, ein durch und durch rechtschaffener, ein selbstständig denkender, praktisch tüchtiger, gründlich lehrender Schulmann, ein offener Charakter, liebreich und gefällig gegen Jeden, aber auch sehr feurig und zur Empfindsamkeit geneigt. Von seinem Humor zeugen mehrere Ge-legenheitsgedichte, unter anderm auch das zur „Feier der tausendsten Lehrerversammlung des älteren Breslauer Lehrer-Vereins" gedichtete und in die Sammlung der Lieder aufgenommene. (S. w. u.!)

Otto Handel. Dieser älteste Sohn des Superintendenten Handel, jetzt Pastor in Markt Bohrau bei Strehlen, war vor seiner Gymnasial-Schulzeit mehrere Jahre Schüler der Reisser evangel. Bürgerschule und mein Schüler. Er ist in Hinsicht seiner Sinnes- und Denkungsart das treueste Abbild seines vortrefflichen Vaters und in Hinsicht seiner äußeren Lebendigkeit das seiner liebreichen, stillen, sanften Mutter. Dem jungen Otto Handel fiel anfänglich das Lernen ziemlich schwer, aber er hielt Schritt mit den bessern seiner Schulkameraden, war stets ein fleißiger, strebsamer Schüler, ein tüchtiger Gymnasiast und ein seine Zeit sorgsam ausbeutender, munterer Student. Er wirkt als Pastor mit großem Segen und ist auch durch eine pädagogische Schrift über den analytischen Sprach-lehrunterricht literarisch bekannt. Im Schulboten (III. Abth. Heft 21) hat er seinem seligen Vater ein schönes Denkmal gesetzt, und auch mehrere Recensionen über Religionsschriften geschrieben. Mein Ver-

wie auf der Folter sitzend vorkam. Es ist unmöglich, Alles zu erzählen, was hier mit Diesterweg durchgesprochen wurde; aber daß er es ist, der an mir fort und fort arbeitete, mir Lust zur Anstellung an einem Seminar einzuflößen: das darf ich nicht verschweigen. Schon nach Reiffe schrieb er mir: „Sie müssen an ein Seminar! Sie gehören dahin!" Und in Berlin feuerte er mich an, mich dem Minister v. Altenstein, Kortüm u. A. persönlich vorzustellen. Es kann nicht schaden, dachte ich, und folgte dem Rathe Diesterweg's. „Laffen Sie sich durch den ernsten Kortüm nicht einschüchtern, es ist ein braver, ein redlicher, grader Mann, und bei Altenstein wird Ihnen die Zunge nicht in Banden gelegt werden." In der That, auch Kortüm flößte mir bald Vertrauen ein, und bei Altenstein fehlte es nicht an Stoff zu Mittheilungen, denn ich mußte ihm berichten, was ich auf meiner Reise in pädagogischer Beziehung als neu kennen gelernt, und von welcher Art meine Verhältnisse zu Reiffe wären. Ein Gesuch für meine Zukunft brachte ich bei keinem der Herren über die Zunge. Diesterweg meinte: „Der erste nothwendige Schritt ist geschehen; das Uebrige wird sich finden." Er hatte Recht. Mir aber klopfte das Herz vor Furcht und Hoffnung.

Außer Diesterweg besuchte ich noch den Inspektor Kopf, der früher Volksschullehrer, später Seminarlehrer in Neuzelle, Verfasser eines guten Rechenbuches war und jetzt eine Knaben-Verbesserungsanstalt leitete. Die Verfassung einer solchen Anstalt, die Handwerker- und Gartenbau-Arbeiten der Knaben, die Erzählungen Kopf's von den verwahrloßten Knaben, ihrer sittlichen Besserung durch Zwangsarbeiten, dem Rückfall in die alten Schlechtigkeiten — Alles dies fesselte mich an den vielerfahrnen, frommen (nicht frömmelnden) „Kopf", der mir aus seinem Seminarlehrer-Leben viel Interessantes erzählte. —

Von meinen Besuchen des Montbijou, des Museums, des Schauspiels, der Oper u. f. w. schweige ich. Berlin hatte ich zwar gesehen, aber — nicht ausgekostet.

Ob ich Frankfurt a. d. O. oder das Seminar zu Neu-Zelle oder beide besuchen sollte, darüber entstand ein Kampf in mir. Neu-Zelle lag mir zu weit seitwärts und nicht am Wege; hier hatte ich allerdings Freund Fischer, einen Schlefier; aber auch in Frankfurt winkte mir ein befreundeter Mann, der Oberlehrer an der höhern Bürgerschule, Kleinert, ebenfalls ein Schlefier, und später zum Pro-Rector an die höhere Bürgerschule am Zwinger in Breslau berufen. Nicht ohne pädagogische Ausbeute verlebte ich hier bei dem vortrefflichen Kleinert, der eine Anzahl gleichgesinnter Schulmänner um sich versammelte, einen recht vergnügten Tag. Kleinert hatte damals noch keine Ahnung von seiner Berufung nach Breslau, war doch hier noch nicht die Anstalt eröffnet, wenn gleich das herrliche Gebäude dazu längst fertig da stand. —

Von Frankfurt eilte ich ohne anderortigen Aufenthalt nach Bunzlau, wo ein frisches pädagogisches Leben herrschte. — Kawerau — der lebenskräftige, sehr bewegliche (körperlich und geistig) Director der Doppel=Anstalt mit dem Lehrerkollegium des Seminars und des Waisenhauses: Dr. Krüger, Karow I. u. II., Dr. Schneider und — vorzüglich Stubba waren wol bekannt genug, um auch ihrer persönlichen Bekanntschaft mich erfreuen zu können. Freund Jakob in Konradsdorf hatte ich vorher zu einem Rendezvous in Bunzlau eingeladen. Es ist immer von gutem Erfolge, Männer von Ruf in ihrer Wirksamkeit, wenn auch nur kurze Zeit, zu beobachten und kennen zu lernen. Schon damals, also vor 28 Jahren, schrieb ein Bunzlauer Kollege: wenn Sie einen Bericht über Ihre Reise in die Oeffentlichkeit schicken sollten; so bitte ich Sie, über die Persönlichkeiten der Bunzlauer Anstalten Ihr Urtheil so zu fassen, daß keine Bevorzugungen hervortreten. Das bestimmt mich, auch heute darüber ein Stillschweigen zu beobachten. Daß ich aber jene Reise nicht unternommen, um darüber schreiben zu können, das habe ich durch meine Schweigsamkeit bis auf den heutigen Tag dargethan; aber nun habe ich gethan, was ich nicht lassen konnte. Was sagt Jakob zu der Gesangsstunde, in der wir hospitirten und doch keinen Ton vernahmen? Wir hörten und sahen nur Noten lesen und controlliren.

Ueber Haynau, Goldberg, wo Hinke mir einen unterhaltenden Abend bereitete, Löwenberg, wo ich die Bekanntschaft des praktischen Rector Paul, der auch literarisch thätig war, nur vorübergehend machte, Hirschberg, wo bei Wander ein paar Stunden angenehm verplaudert wurden, kehrte ich endlich in Landeshut bei Freund Röhricht ein. In größter Abspannung hospitirte ich auch in der Landeshuter Schule und hatte große Noth, mich aufrecht zu erhalten. Ich gestand meinem Freunde offenherzig, daß das Schulenbereisen seine Annehmlichkeiten habe; nur müsse man sich hüten, daß der Ueberdruß sich nicht einniste, und der wäre bei mir vollständig eingekehrt. Röhricht entband mich zwar vom Hospitiren in der Schule zu Landeshut, aber nicht vom Mittheilen der Erfahrungen auf der Reise. Da regte sich denn wieder der Denkwagen und rollte, als hätte er ein Viergespann vor sich. —

Glücklich traf der längst ersehnte Rector Scholz, der 14 Tage länger geblieben war, in Neisse ein; ich aber rief: „Gott sei Dank!"

8. Das letzte Jahr meiner Amtirung in Neiffe.

Motto: Der Mensch ist nicht so froh durch das, was er
besitzt, sondern durch das, was er hofft.
H. Zschokke.

Wir hoffen immer, und in allen Dingen
Ist beffer hoffen als verzweifeln. Denn
Wer kann das Mögliche berechnen?
Göthe.

Jung und Alt waren erfreut über meine glückliche Rückkehr. Mit neuen Anschauungen, erweiterter Einsicht und gekräftigtem Willen ging ich dann wieder in meine Schule zu meinen geliebten und liebenden Schülern und Schülerinnen und widmete mich ihnen mit ganzer Seele. — In freien Stunden, deren ich freilich immer weniger gewinnen konnte, ließ ich die Bilder der jüngsten Erlebnisse in meiner Seele vortreten. Wenige Monate aber nach meiner Heimkehr gelangte ein freundliches Schreiben vom Seminar-Director Schärf in Breslau in meine Hände, dessen Zweck war, die Anfrage unter der Hand an mich zu richten, ob ich, wenn das Königl. Provinzial-Schul-Kollegium bei Besetzung der Oberlehrer-Stelle am hiefigen Seminar die Absicht hätte, mich höheren Ortes in Vorschlag zu bringen, dem Rufe zu folgen, geneigt sein würde? So waren denn die Verhandlungen eingeleitet. Das Ergebniß einer Berathung mit dem Superintendenten Handel war, daß meine neue Stellung zu Breslau in mehrfacher Hinsicht Vortheile darbiete: eine ehrenvolle Berufung, die von Vertrauen der hohen Schulbehörden zeuge, ein erweiterter Wirkungskreis, in dem ich mit meinen vieljährigen Erfahrungen auf dem Gebiete des Unterrichts des Guten viel wirken könnte, das wiffenschaftliche Leben in Breslau und eine nicht unerhebliche Verbesserung meines Einkommens u. f. w. So sehr Handel meinen Abgang beklagen werde, so müsse er mir als persönlicher Freund und im Interesse der guten Sache doch rathen, diese Gelegenheit zu meiner Förderung nicht von der Hand zu weisen. Nach gewissenhafter Erwägung aller bedenklichen Punkte sagte ich dem Director Schärf zu, empfing einige Wochen darauf die förmliche Aufforderung von Seiten der Königl. Provinzial-Schulbehörde zur Annahme dieses Schulamtes. Das beunruhigende Leben zwischen Furcht und Hoffnung war für mich nunmehr eingetreten; aus liebgewordenen Verhältniffen zu scheiden, einen Wirkungskreis zu verlaffen, in dem ich so schöne glückliche Jahre genoffen, erwachsene Schüler und Kinder zu verlaffen, deren treue Anhänglichkeit und Liebe mein Glück ausmachte, von Freunden des Ortes mich zu trennen, die mir durch gesellige Freuden das Leben in Neisse zu verschönern suchten, und die liebliche Umgegend Neisse's mit der kahlen Breslau's zu vertauschen: das versetzte meine Seele in Zustände der ernstesten Stimmung. Doch das Loos war einmal geworfen, die Zeit der Vorbereitung zur Rüstung eingetreten und die Stunde der Trennung herangenaht, eine Trennung, die mir die Liebe der Neisser wahrlich nicht leicht machte, sondern gar sehr erschwerte. — Ewig unvergeßlich wird mir die letzte Predigt des Superintendenten Handel sein, in der er von der Kanzel herab von mir in rührenden Worten Abschied nahm und die Gemeinde aufforderte, die letzte Kirchenmusik, die ich zum Abschiede veranstaltet hatte, anzuhören. Der schwerste Akt für mich war die letzte Schulprüfung, die Kinder der ersten Klasse, sowie die zahlreiche Versammlung Erwachsener hatten mich in eine wehmüthig ernste Stimmung versetzt; ich war von den heiligsten Gefühlen durchdrungen und kaum im Stande, das Abschiedswort zu sprechen. Was ich den Kindern und deren Eltern, den anwesenden Personen der städtischen Schulbehörde, so wie meinen Kollegen beim Abschiede gesagt, liegt gedruckt in der Rede vor, die den Titel führt:

„Abschiedsworte des Rector Ch. G. Scholz in Neisse, gehalten bei seinem Scheiden aus seinem bisherigen Amte und dem Abgange nach Breslau. 1834."

In Bezug auf den Superintendenten Handel heißt es am Schlusse der Abschiedsworte:

„Das Herz drängt und eilt zu Ihnen, mein hochverehrter geliebter Herr Superintendent, würdiger Gönner und Freund! — So nahe Sie meinem Herzen stehen, ja so tief Sie in demselben gewurzelt — o so bedarf es doch keiner Bitte um Nachsicht oder Verzeihung, wenn ich Ihnen zuletzt mein „herzliches Lebewohl" sage. Ach, es ist dies ja so natürlich! Sie waren ja die erste freundliche Erscheinung, die mich vor $16\frac{1}{2}$ Jahren so liebevoll in diesen Mauern „willkommen" hieß. Sie waren das A meines hiesigen Lehrerlebens, sollten Sie nun nicht das O, der Schlußstein desselben sein? Aber wo soll ich Worte hernehmen, das Schmerzgefühl meines Innern bei der Trennung von Ihnen, mein innigst Verehrter, zu bezeichnen? Wehmuth und Freude — ach, sie wechseln wundersam mit einander, drängen nach Außen und suchen ein Asyl; fast vermag ich denselben nicht zu widerstehen. Darum wollen Sie mir, mein würdiger Gönner und hochverehrter Freund, so wie die ganze ehrenwerthe Versammlung verzeihen, „wenn der Mund übergeht, weffen das Herz voll ist."

Schon einmal sprach ich es laut aus, daß Ihr Einfluß auf
mein Lehrerleben von großer Bedeutung gewesen ist, und ich wiederhole es nun mit aufrichtiger Freude und tief gefühltem Danke.
Durch Ihre gütige Vermittelung erhielt ich vor länger als 16 Jahren
den ehrenvollen Ruf als Rector der hiesigen Schule. Nicht blindes
Ohngefähr war es, daß Sie von den Ihnen zur Besetzung dieses
Lehramtes vorgeschlagenen Männern mich wählten, mich, der ich
Ihnen ebenso persönlich fremd war, als die andern. Nein, es
war der Wille der göttlichen Vorsehung; sie leitete Ihre Wahl,
und gab dadurch meinem Lebensgange, meinem Berufsleben diese
Richtung. Meiner Mängel und Schwächen mir bewußt, faßte
ich, ermuthigt durch Ihr gütiges Vertrauen und im Vertrauen
auf den göttlichen Beistand, wenn auch nicht frei von bangen
Besorgnissen, den Entschluß, hierher zu folgen. Das Interesse,
das Sie für diese fast verwahrlost gewesene Schule hegten, ging
so unverkennbar deutlich aus Ihrem gütigen Schreiben, womit
Sie mich noch vor meiner Ankunft beehrten und erfreuten, hervor: daß ich in Ihnen ganz den Vorgesetzten zu finden hoffte,
unter dessen Leitung ich mit Lust, Begeisterung, Freude und
Segen meinem Amte würde leben können. Alle meine Hoffnungen gingen in Erfüllung. Ein großes Feld von Thätigkeit
und Kraftanstrengung wiesen Sie mir an, und unterstützten mich
ebenso kräftig als nachsichts- und liebevoll in allen meinen Bestrebungen. Ja, mit unnennbarer Freude blicke ich in jene lebensfrische, arbeitsreiche Zeit unserer gemeinsamen Thätigkeit zurück; ich gedenke der lehrreichen Konferenzen, die Sie mehrere
Jahre hindurch allwöchentlich in mehreren Stunden mit uns
Lehrern hielten, gedenke der pädagogischen Gespräche, die zwischen
Ihnen und mir in den Stunden der Muße, entweder auf Spaziergängen, oder am Tische im Kreise der lieben Ihrigen, oder
in Ihrem Studirzimmer stattfanden; ich gedenke jener schönen
Reise, die ich mit Ihnen und in Gesellschaft mit Männern von
literarischer Bildung zu machen das Glück hatte und wo Sie die
erste Veranlassung gaben, daß ich selbst als pädagogischer Schriftsteller nicht ohne Segen auftrat; ich gedenke dankbar jener Stunden, in denen Sie, troß Ihrer vielen Berufsarbeiten mit mir
meine Lehrgänge kritisch durchgingen, Einwürfe und abweichende
Ansichten und Grundsätze liebreich beleuchteten, und mich zum
Fortarbeiten ermunterten; — ich gedenke des schönen Verhältnisses, in welchem ich zu Ihnen und Ihrem geehrten Hause die
ganze Zeit meines hiesigen Wirkens hindurch fast ununterbrochen
als der Lehrer Ihrer geliebten Kinder gestanden. — Doch, wann

würde ich heute endigen, wenn ich jetzt alle die Erinnerungen an die Vergangenheit, die in meinem Herzen auftauchen, nur andeuten wollte? — Ich gedenke daher nur noch freudenvoll des Segens, der unsere gemeinsame Thätigkeit begleitete.

Die Schule blühte wie eine schöne kräftige Pflanze, zog die Aufmerksamkeit und Theilnahme der Jugendfreunde auf sich, erwarb sich immer größeres Vertrauen der Eltern fast aller Stände, und unsere Bemühung fand Anerkennung bei der hochlöblichen Schulbehörde. Zwei und dreißig Mal legte ich öffentlich Rechenschaft von meinem Wirken ab; o, es waren diese Stunden keine Stunden der Angst oder Furcht, es waren die schönsten, die ich hier verlebte, wahre Erntefeste, in dem mir meine lieben Schüler Erntekränze wanden; denn Ihre Zufriedenheit krönte das Tagewerk und eine halbjährige Thätigkeit. — Keiner erkannte so richtig meine uneigennützigen Bestrebungen, die Schule auf eine ungewöhnliche Stufe zu erheben. — Keiner las so hell in meiner Seele die Absichten, das Ideal einer möglichst vollkommenen Elementarschule zu realisiren, als Sie. Wir rückten dem Ziele immer näher, und sahen in unserer Schule Kinder aus allen Ständen vereint Einem Ziele zustreben; sahen, wie das Kind der Vornehmen sich überzeugte, daß die Geistesgaben nicht an Stand und Geburt gebunden sind, und übten sie in der Tugend der Bescheidenheit und in der Beachtung der Menschenrechte; sahen wie die Kinder niederer Stände von den Kindern der Gebildeten an äußerer Bildung zunahmen und gewöhnten sie schon früh an die richtige Schätzung und Würdigung derselben; sahen so den elenden Separatismus und Kastengeist in unserer Schule schon im Keime ersticken und verschwinden; sahen, wie naturgemäß, zweckmäßig und schön der Unterricht in der Schulerziehung in dem Zusammenleben der Kinder beiderlei Geschlechts gedeihe, wie der Knabe die Sanftmuth von dem Mädchen, dieses einen kräftigen Sinn von dem Knaben lerne u. s. w. Manches hat sich im Laufe der letzten Jahre geändert. Möge das Letztere keinem Wechsel unterworfen sein; ich hoffe dies, so lange Sie an der Spitze dieser Anstalt stehen werden. — Genug der Rückblicke! Süß ist es, in solchen Stunden mit gutem Gewissen und mit erlaubter paulinischer Ruhmredigkeit sagen zu können: Wir haben viel gearbeitet, im wahren Sinne des Wortes.

Nehmen Sie, würdiger Gönner und Freund, meinen unaussprechbaren Dank für die Liebe und Nachsicht, mit der Sie mich behandelten, für die geistigen Genüsse, die Sie mir in mehr-

facher Beziehung gewährten und derer ich nun vielleicht auf immer
verlustig werde, für die unzähligen Ermunterungen, durch die
Sie meinen Berufseifer belebten, für die Aufmerksamkeit, die Sie
meinen Bestrebungen und Leistungen schenkten, und für Alles,
wofür ich keine Worte finde. — Beglücken Sie mich und die
Meinen mit der Fortdauer Ihrer mir ewig theuer bleibenden
Freundschaft; Liebe und Wohlwollen begleite Ihr Andenken an
mich und an unser gemeinsames Wirken, und genehmigen Sie die
Versicherung, daß weder Zeit noch Raum, selbst der Tod nicht
die schönen Gefühle der Liebe und Achtung gegen Sie wird trennen
und von mir nehmen können. Leben Sie noch lange — lange
zum Segen dieser Schule und der ganzen Gemeinde, zum Segen
und zur Freude der theuren Ihrigen, und bleiben Sie, bis der
Todesschlaf Ihr leibliches Auge verdunkelt und auf ewig schließt,
ein Mann des Lichts und der Wahrheit." —

Wer dies liest, der wird zu der Aeußerung gedrängt; „es
war ein unvergleichlich schönes Verhältniß zwischen einem Geistlichen
und einem ihm untergeordneten Schulmanne." Warum ist es nicht
überall so? An wem liegt die Schuld? Ist es zu verwundern,
daß in meinem Herzen der Ruf, das Geschrei der — nein einzelner — Lehrer nach „Emancipation" keinen Anklang fand?
Freilich mußte ich das Verlangen nach Emancipation für gerechtfertigt erklären, wenn mir Berufsgenossen erzählten, wie gleichgültig
sich ihr Revisor gegen die Schule zeige, wie geringschätzig er den
Lehrer behandle, wie wenig oder gar nicht er ihn bei seinem Streben,
die Schule zu heben, unterstütze, wie sehr er vielmehr die Erreichung
seiner besten Absicht erschwere, ja wol gar unmöglich mache u. s. w.
Andererseits aber durfte man die Klage des Revisors darüber nicht
übersehen, wie fahrläßig der Lehrer in seinen amtlichen Funktionen,
wie willkürlich er in der Befolgung des Lektionsplanes, wie empfindlich
er bei unvermeidlichen Bemerkungen, wie unmanierlich, abstoßend
sein Benehmen, wie wenig er für seine Fortbildung besorgt sei? u. s. w.
Kurz, es stellte sich heraus, daß Herrschsucht und Dünkelhaftigkeit auf
der einen oder der andern Seite das Verhältniß zwischen Geistlichen und Lehrern trübte und zu einem für die Gemeinde und die
Jugend „ärgerlichen", „Aergerniß gebenden" mache. Daß die Eman-
cipationsfreunde dahin gearbeitet, die Schule von der Kirche zu
trennen, habe ich nie einräumen können, denn die Geistlichen allein
sind nicht die Kirche; daß das Schulwesen einen größeren Einfluß
auf die Bildung äußern würde, wenn die Revisoren Schulmänner
wären, konnte ich immer nur unter der Voraussetzung zugeben, daß in
dem Geistlichen aller Sinn und alle Liebe für die Schule erstorben

jei; daß alles Glück und Heil aber über die Lehre sich ausgießen werde, wenn die Schule ausschließlich von Schulmännern geleitet würde, erscheint mir als eine Illusion. Darum: „Werdet beſſer, gleich wird's beſſer ſein!" — Der Ruf nach Emancipation iſt verhallt, die lauten Stimmen ſind heiſer geworden, das Verhältniß hat ſich hie und da gebeſſert, die Geiſtlichen haben etwas gelernt und den Lehrern kommt dieſer Fortſchritt zu Gute. Aber — ſind — die Lehrer auch glücklich? Können ſie es ſein? — —

9. Meine beſten Schüler in Reiſſe.

Motto: Einen großen Schüler zu haben, iſt Glück und nicht Verdienſt, und der Stolz des Schülers auf den Lehrer iſt begründeter, als der Stolz des Lehrers auf den Schüler.

J. C. C. Hoffmeiſter.

Es gibt wol keine Schule, aus der nicht einzelne Schüler hervorgegangen wären, die andere durch ihre Intelligenz, wie durch ihre Leiſtungen und Charakter-Eigenthümlichkeiten übertroffen und dadurch ſich bemerklich gemacht, und die ſchon als Schüler auf der untern Bildungsſtufe ſchöne Hoffnungen erweckt hätten. Auch die Reiſſer Schule erfreute ſich ſolcher Schüler. Ich will nicht von ſolchen reden, die Familien angehörten, deren äußere Verhältniſſe eine höhere Ausbildung ihrer Kinder begünſtigten — ich könnte in dieſer Beziehung den jetzigen Polizei-Präſidenten von Breslau Herrn v. Kehler und mehrere höhere Militär-Perſonen namhaft machen, die meine Schüler waren — ich gedenke nur ſolcher, deren Verhältniſſe größtentheils nicht angethan waren, ſich empor zu ſchwingen, deren Lerneifer durch die Schule angeregt und genährt wurde und deren Streben geiſtig und materiell zu fördern ich mir zur Pflicht machte. Ich nenne zuvörderſt:

Ludwig Sobolewsky. Der Knabe trat ſchon im Alter von acht Jahren in meine Klaſſe, gerade zu der Zeit, als ich das Rektorat in Reiſſe zu verwalten begonnen hatte. Durch ſein munteres, gewecktes Weſen zog er bald meine Aufmerkſamkeit auf ſich. Nachdem ich faſt vier Wochen amtirt hatte, machte Handel bei einem Schulbeſuch die Bemerkung: „Der Junge, l. Rector, gehört noch nicht in Ihre Klaſſe, er ſollte in der zweiten Klaſſe verbleiben und von Rechtswegen müßte er ſofort wieder zurück verſetzt werden." Ich legte eine Fürbitte für ihn ein, indem ich erwiderte, daß ich den Knaben in der Klaſſe vorgefunden, aber mit ihm mehr als mit vielen andern zufrieden zu sein, Ursache hätte. Handel genehmigte sein Verbleiben unter Bedingungen, die zu erfüllen dem Knaben nicht schwer fielen. Ich nahm jedoch den Knaben in's Verhör unter vier Augen und bewog ihn zu dem Geständniß, daß er sich deshalb in die erste Klasse geschlichen, weil — weil — weil er bei Herrn Heyder nichts lerne. — Der Knabe machte mir zwar durch sein bewegliches Wesen viel zu schaffen, bereitete mir aber durch seine Leistungen große Freude. Er verließ gar nicht das Schulzimmer, sondern beschäftigte sich eifrig mit andern Schulgenossen mit nützlichen Schularbeiten und wurde von mir wie das eigene Kind im Hause gehalten. Er machte in allen Lehrgegenständen die besten Fortschritte, antwortete im Religionsunterrichte mit Nachdenken, memorirte die Pensen sicher und trug Alles mit deutlichem Ausdrucke und entsprechendem Ernste vor, hatte sich im Rechnen bedeutende Fertigkeit erworben, führte die Beweise in logischer Folge, gehörte zu den besten Schülern in der Raumlehre, wurde im kalligraphischen Schreiben nur noch von einem Mitschüler übertroffen, zeigte im Zeichnen viel Empfindungsgabe, indem er ohne die Theorie der Perspektive Natur- und Kunstgegenstände richtig im Bilde darstellte, schritt auch im Gesange und im Klavierspiel erfreulich fort, und hatte sich in den Realien schöne Kenntnisse erworben. Viel Hülfe leistete er mir im Landkartenzeichnen, das damals von mir eifrigst getrieben wurde. Als er zur Konfirmation reif war, fragte ich ihn, zu welchem Berufe er sich entschließen werde. „Ach, Herr Rektor", antwortete er verlegen, „ich möchte gern Lehrer werden, wenn ich nur dürfte und könnte." Die Lust dazu war in ihm dadurch erweckt worden, daß ich ihn zu einzelnen Schülern als Gehülfen stellte, die er durch Einübungen fördern sollte. „Gut," sagte ich, „ich will dich zum Lehrer vorbilden." Da hüpfte er vor Freuden. Wir legten ernstlich Hand an's Werk. Der Unterricht im Klavierspiel wurde fortgesetzt, und später der Unterricht im Generalbaß und im Orgelspiel begonnen, worin er ziemliche Fortschritte machte. Er würde noch mehr gelernt haben, wenn er zu Hause ein Klavier gehabt hätte. Als er reif für's Seminar war, unterwarf er sich der Präparanden-Prüfung, in der er gut bestand und in Folge dessen in das Breslauer Seminar aufgenommen wurde. Die Seminar-Arbeiten gingen ihm spielend von der Hand. Nach beendigtem Seminar-Bildungskursus wollte ich ihn in mein Haus, mir zum Gehülfen in der Klasse für einzelne Fächer z. B. im Schreiben, Zeichnen und Rechnen und zum Lehrer meines Sohnes nehmen. Ludwig Sobolewsky wollte in dankbarer Anerkennung dessen, was ich für ihn vor und während der Seminarzeit gethan, darauf eingehen; aber Conſiſtorialrath Gaß, unter dem das Seminar ſtand, gab es nicht zu, ſondern behielt ihn als Seminar-Hülfslehrer am Breslauer Seminar. Hier gewann er noch ſo viel Zeit, daß er ſich auf das Erlernen der fremden alten Sprachen legte, worin er es ſoweit brachte, daß er durch die Commiſſionsprüfung zum Beſuch der Univerſität zugelaſſen wurde. Unter unſäglichen Mühen, Entbehrungen und Anſtrengungen ſtudirte er, verſchaffte ſich durch Privatſtundengeben einen dürftigen Unterhalt, erfreute ſich als Lehrer der beſonderen Gunſt des damaligen GeneralSuperintendenten Ribbeck, der nach zurückgelegten Studien und abgelegter erſter theologiſcher Prüfung und der Prüfung pro rectoratu ſeine Anſtellung als Rector in Münſterberg bewirkte. Schon als Student verfaßte er auf meine Veranlaſſung eine Schrift für den „Schulboten"; „die Himmelskunde", über die ſich Dieſterweg, als Autorität in dieſem Gebiete, beifällig äußerte. Als Rector zu Münſterberg erſchien von ihm ein Lehrgang für die Geometrie, in der er ſein praktiſches Lehrtalent bekundete. Nachdem ich die mir angetragene Stelle eines Oberlehrers am königl. Seminar zu Steinau abgelehnt, wurde Sobolewsky dahin berufen, wo er noch lebt und wirkt. Sobolewsky iſt ein Mann von eigenthümlichem Weſen, ein durch und durch rechtſchaffener, ein ſelbſtſtändig denkender, praktiſch tüchtiger, gründlich lehrender Schulmann, ein offener Charakter, liebreich und gefällig gegen Jeden, aber auch ſehr feurig und zur Empfindſamkeit geneigt. Von ſeinem Humor zeugen mehrere Gelegenheitsgedichte, unter anderm auch das zur „Feier der tauſendſten Lehrerverſammlung des älteren Breslauer Lehrer-Vereins" gedichtete und in die Sammlung der Lieder aufgenommene. (S. w. u.!)

Otto Handel. Dieſer älteſte Sohn des Superintendenten Handel, jetzt Paſtor in Markt Bohrau bei Strehlen, war vor ſeiner Gymnaſial-Schulzeit mehrere Jahre Schüler der Reiſſer evangel. Bürgerſchule und mein Schüler. Er iſt in Hinſicht ſeiner Sinnesund Denkungsart das treueſte Abbild ſeines vortrefflichen Vaters und in Hinſicht ſeiner äußeren Lebendigkeit das ſeiner liebreichen, ſtillen, ſanften Mutter. Dem jungen Otto Handel fiel anfänglich das Lernen ziemlich ſchwer, aber er hielt Schritt mit den beſſern ſeiner Schulkameraden, war ſtets ein fleißiger, ſtrebſamer Schüler, ein tüchtiger Gymnaſiaſt und ein ſeine Zeit ſorgſam ausbeutender, munterer Student. Er wirkt als Paſtor mit großem Segen und iſt auch durch eine pädagogiſche Schrift über den analytiſchen Sprachlehrunterricht literariſch bekannt. Im Schulboten (III. Abth. Heft 21) hat er ſeinem ſeligen Vater ein ſchönes Denkmal geſetzt, und auch mehrere Recenſionen über Religionsſchriften geſchrieben. Mein Ver hältniß zu ihm ist immer ein sehr freundliches gewesen und wird es auch bleiben.

Theodor Paur. Der Vater war Ober-Steuer-Controleur in Nimptsch. — Er starb. Die Mutter lebte als Wittwe in einer sehr bekümmerten Lage, in der sie für die Erziehung zweier Söhne zu sorgen hatte. Beide wurden meine Schüler. Den erwähnten Theodor kann ich gleich Sobolewsky und den späteren Auras als meine Pflegesöhne betrachten, die sich auch bis auf den heutigen Tag das väterliche „Du" gefallen lassen. Es ist mir in meinem langen Lehrerleben kein zweiter Schüler und Zögling vorgekommen, bei dem alle Schülertugenden in so hohem Maße vorhanden waren, als bei Theodor Paur; ruhig, sanft, aufmerksam, fleißig, bescheiden, gefällig, freundlich, eingehend. Er hat nie meinen Unwillen erregt, mich niemals betrübt; er durfte nie zum Fleiß ermuntert, noch weniger angehalten werden. Keineswegs ein Schüler von glänzenden Geistesgaben, leistete er dennoch durch seinen musterhaft ausdauernden Fleiß in jedem Gegenstande ohne Ausnahme Vorzügliches. Alle Vorträge arbeitete er sich sorgfältig aus. Wenn ich mich unterrichten wollte, was vor 3 bis 4 Monaten in der oder jener Stunde, in dem oder jenem Lehrgegenstande gelehrt worden war, so durfte ich mir nur die Arbeitshefte Theodor's vorlegen lassen. Für Geographie und Geschichte zeigte er besonderes Interesse. Aber auch im Rechnen, in der Raumlehre, im kalligraphischen Schreiben und hauptsächlich im kopirenden Zeichnen, leistete er so Ausgezeichnetes, daß seine Darstellungen Kunstproducten glichen. Es ist dies keine Uebertreibung. Ich bewahre noch Schreibhefte und Zeichnungen von ihm aus jener Zeit. Was die deutsche Grammatik betrifft, die ich damals nach Herling und Schmitthenner tractirte, so lieferte er stets die besten Beispiele, die später ihre Früchte trugen. Theodor war mehr in meinem Hause, als bei seiner Mutter, die er leider noch als Schüler verlor. Von da an fand er an dem Landschaftsrendanten Philipp und an mir opferbereite Unterstützung. Er lernte neben seinen Schularbeiten für sich Latein 2c. Schon hatte er sich für das Elementar-Schulfach entschlossen, als ich in seinem Wesen eine auffallende Veränderung wahrnahm, Niedergeschlagenheit, zum Trübsinn geneigt. Ich fragte ihn, was ihm fehle, worüber er sich zu kümmern scheine. Mit Beklommenheit äußerte er, daß er sich fürchte, zu sagen, was ihn drücke und quäle. Doch ermuthigt durch mein Zureden, eröffnete er mir, daß er zwar gern Lehrer werden wolle, daß er aber gern studiren möchte, wenn ich nichts dagegen hätte. Wie strahlten vor Freude seine Augen, als ich freundlich versicherte, daß ich nicht nur nichts dagegegen einzuwenden hätte, sondern mich vielmehr darüber freute, und daß ich mich selbst für seine Aufnahme auf dem Gymnasium verwenden wollte; doch müßte er jetzt noch ausschließlich Latein treiben, damit er wenigstens in die Tertia käme. Gesagt, gethan! — Theodor Paur wurde Gymnasiast und Tertianer. Er erwarb sich auch hier die Liebe aller Lehrer. Von seinem außerordentlichen Fleiße auf der Universität hatte ich Gelegenheit, mich zu überzeugen, da seine Universitätsstudien in die Zeit meiner Wirksamkeit am hiesigen Seminar fielen. Es versteht sich von selbst, daß Theodor Paur auch hier mir stets sehr nahe stand. Ich zog ihn an meinen Tisch, ließ meinen Sohn durch ihn im Griechischen unterrichten u. s. w. Er war ein Student, wie deren es wenige gibt, ein echter und rechter Akademiker. Mit seinem gleichgesinnten Freunde Jacobi (ein Neisser) und v. Sallet bildeten diese drei ein dreiblättriges Kleeblatt, einander nach allen Seiten in wissenschaftlicher Beziehung fördernd. In Folge großer geistiger Anstrengung hatte seine Gesundheit so gelitten, daß seine Zustände die größte Besorgniß erregten. Doch genesete er so vollständig, daß er, nachdem er hier promovirt hatte, der Berufung als Oberlehrer an die Realschule in Neisse folgen konnte. Während seiner Universitätsjahre erfreute er sich besonders des Wohlwollens des verstorb. Herrn Prof. Dr. Wachler und des Herrn Archivrathes Prof. Dr. Stenzel, — Schneider, Rees v. Esenbeck u. A. nicht zu vergessen. — Mit welchem Erfolge er in Neisse als Lehrer gewirkt, das steht im besten Andenken. Seine Schüler verehrten ihn. Er war der Geist und die Seele der dortigen Realschule. Der Director Bäzold hielt große Stücke auf ihn. Er beherrschte seine Schüler durch die Gediegenheit seines Unterrichts und durch die Ruhe seines Gemüthes in wunderbarer Weise. Die Gabe des freien Vortrags hatte er auf der Universität in Privat-Disputationen über wissenschaftliche, gelehrte Gegenstände mit seinen Freunden Jacobi und v. Sallet ausgebildet. Die Fertigkeit in der Beherrschung des Lehrstoffes kam ihm hier sehr zu statten. Mit seiner Vorbereitung auf die Lehrstunden nahm er es nicht leicht. Den Gebildeten der Stadt Neisse machte er sich schätzenswerth durch seine Privat-Vorträge über literatur-historische Persönlichkeiten. Ist doch die Literatur-Historik das Hauptfach seiner gelehrten Studien. Männer, wie der edle v. Auerswald (der in Frankfurt mit Fürst v. Lichnowsky der Wuth der blutigen Demokratie erlegene) waren Paur sehr zugethan. Weniger geliebt, ja verfolgt wurde Paur in Neisse von der katholischen Geistlichkeit, einzelner Aufsätze in den Zeitungen wegen, die Paur geschrieben hatte. Selbst der evangel. Pfarrer daselbst wen-

dete sich von ihm ab, als Paur sich für den David Schulz-
schen Protest gegen Hengstenberg's ultromontane, antiprotestan-
tische Bestrebungen erklärt hatte. Auf Einwirkungen des Fürst-
bischofs v. Diepenbrock wurde der Geh. Ministerialrath Brügge-
mann vom Minister Eichhorn nach Neisse gesendet, mit der Suspension Paur's in der Tasche. Die Geschichte dieser Suspension
ist traurig-interessant. Sie brachte fast so viel Bewegung in die
Gemüther als eine andere gewaltsame Regierungsmaßregel in Breslau. Der Grottkauer Kreis wählte P. zum Abgeordneten in die
Paulskirche Frankfurt's. Das Ministerium Schwerin verfügte
die Wiederanstellung Paur's an der Realschule, also die Aufhebung
der Suspension. Der Dom in Breslau erhob Einspruch. Der
Nachfolger Schwerin's, Herr v. Ladenberg, vermittelte einen
Ausweg, der dem Dr. Paur die Aussicht auf eine Anstellung an
einem Gymnasium oder an einer Universität eröffnete, die aber das
v. Raumer'sche Ministerium außer Kraft setzte. Paur vermählte
sich inzwischen mit der Wittwe des verstorbenen v. Sallet, dessen
literarischen Nachlaß er geordnet und zum Druck befördert hatte
und lebt in glücklicher Ehe. Er nahm seinen Wohnsitz in Breslau. — Das Weitere später. —

Reinhold Auras. Er, der Sohn eines Dekonomen,
besuchte die evangel. Schule in Neisse und meine Klasse. Durch
sein offenes Wesen, durch seine Munterkeit und die Frische des
Gemüthes erwarb er sich meine Liebe. Nach seiner Konfirmation trat der bekümmerte Vater an mich heran und fragte mich,
was er aus seinem Reinhold machen solle, der Junge zeige eine
unwiderstehliche Lust, Lehrer zu werden. In meinem Herzen war
es längst beschlossen, auch diesen Knaben für's Schulfach auszubilden.
Dies theilte ich dem Vater mit, der darüber seine große Freude
ausdrückte. Ich nahm ihn in mein Haus und an meinen Tisch.
Wie den vorher genannten, Sobolewsky und Paur, stand auch dem
Auras alles zu Gebote, wie dem eigenen Sohne. Sein treues Gemüth, sein stets heiterer Sinn und sein gefälliges Wesen machten
ihn beliebt. In meiner Privatschule beschäftigte ich ihn fleißig und
gab ihm Gelegenheit, sich unter meiner Aufsicht im Lehren zu üben.
Die Kinder, sämmtlich aus den gebildetsten Ständen, hatten Auras
sehr lieb; durch sie wurde er mit wohlwollenden Eltern befreundet,
die ihr Wohlwollen an ihm zu bethätigen suchten. Während er in
allen Elementar-Unterrichtsgegenständen die befriedigendsten Fortschritte machte, blieb er bei aller Mühe dennoch im Klavier- und
Orgelspiel zurück. Der Fingerbau erschwerte ihm leichtere Beweglichkeit. Auras rechnete mit gründlicher Fertigkeit, schrieb eine deut-

liche und schöne Hand, zeichnete gut, sang erträglich, war sehr fleißig im Deutschen und besaß sichere Kenntnisse in der Geographie und Geschichte. Seine Lehrbegabung trat bei den praktischen Uebungen an den Tag. Als er das 18. Jahr erreicht hatte, sendete ich ihn mit seinem Mitschüler Vogt nach Breslau, nicht, um in's Seminar aufgenommen zu werden, wozu die Mittel nicht ausreichten, sondern um das Commissions-Examen abzulegen. Mit der Censur „gut bestanden" kehrte er heim, erfüllt von Freude, erhielt nicht lange darauf die zweite Lehrerstelle bei der Knappschaftsschule in Gleiwitz, wo es ihm sehr gut ging. Als ich nach Breslau versetzt wurde, faßte er den heroischen Entschluß, seine Stelle zu kündigen, mir nach Breslau zu folgen und hier durch Privatunterricht sich zu erhalten. Es gelang mir, ihm eine Lehrthätigkeit an der dortigen Werner'schen — jetzt Brecht'schen höheren Töchterschule zu verschaffen, wo er willkommen war und bis auf den heutigen Tag geblieben ist. Bei der Gründung und weiteren Ausbildung der Realschule am Zwinger sah sich Director Dr. Kletke nach geschickten Elementarlehrern um. Kletke's Aufmerksamkeit richtete sich auch auf den jungen Lehrer Auras, dessen munteres, frisches und gewandtes Wesen ihm zusagte. Auras wurde zum zweiten Lehrer der Elementarklassen der Realschule berufen, durfte aber noch den Privatunterricht an der Werner'schen Töchterschule fortgeben. Als Elementarlehrer dürfte er schwer zu ersetzen sein. Wie sehr er an seiner Fortbildung gearbeitet hat, beweist die Herausgabe des „deutschen Lesebuchs" in zwei Theilen. Dieses Lesebuch, bei welchem ihm sein Kollege Gnerlich — auch ein seminaristisch gebildeter Lehrer — behülflich war, bekundet einen vorzüglichen Sammlerfleiß und einen geläuterten Geschmack. Es hat große Verbreitung gefunden, ist wiederholentlich aufgelegt und gut recensirt worden, so daß es neben dem Musterbuch Wackernagel's eine ehrenvolle Stelle einnimmt. —

In meine Erinnerung tritt noch eine große Menge wackrer Schüler aus jener Zeit, die sich zu braven Männern ausgebildet haben und ihre Stellen rühmlichst ausfüllen. Ich kann nicht umhin, noch namentlich anzuführen: Herrn Walter, der ein sehr lieber Präparand und ein sehr guter Seminarist war, und der sich durch seinen ehrenwerthen Charakter, wie durch seine Tüchtigkeit im Wirken als Lehrer in Hönigern bei Namslau der Anerkennung der Behörden erfreut; dann Herrn König, der durch sein stilles, gerades Wesen, durch seinen ausgezeichneten Fleiß und die befriedigenden Leistungen mir viel Freude machte und der jetzt noch mit Segen in Hünern bei Winzig als Lehrer seinem Amte mit Treue und Gewissenhaftigkeit obliegt; ferner: Herrn Albert Vogt, ein Reisser, den ein jungfräuliches, schüchternes und zurückhaltendes Wesen auszeichnete, eine äußerlich phlegmatische, aber innerlich thätige Natur, sinnig, gemüthlich, gründlich, den das Leben in eine herbe Schule genommen hat und der darin gereift ist. Er bekleidet ein Lehramt in Mühlgast bei Steinau und lebt in stiller Zurückgezogenheit. Es würden noch Seiten voll geschrieben werden können, wollte ich von jedem das niederschreiben, was in meinem Gedächtniß aufbewahrt geblieben ist. — Nicht minder zahlreich sind auch die weiblichen Persönlichkeiten, deren Lehrer ich in Reisse war, und deren Liebe und Anhänglichkeit ich mich in reichem Maße erfreute. Von einem großen Theil erfüllt jede ihre Bestimmung als Gattin, Hausfrau und Mutter. Ich muß meinem Herzen Zwang anthun, wenn ich nicht Einzelnes von Einzelnen erzähle. — —

VIII.

Meine Wirksamkeit und Erlebnisse am Breslauer Schullehrer-Seminar (von 1834—1846).

> Motto: Es ist immer bedenklich und ein Wagniß, einen Baum, der bereits fest gewurzelt und zu einem fruchttragenden gediehen ist, auf einen andern Boden zu verpflanzen, denn es ist zweifelhaft, ob sich seine Natur mit der Natur des neuen Erdreichs verträgt. Sch.

1. Meine Uebersiedelung nach Breslau, Empfang und Einführung in's Amt.

Im Oktober des Jahres 1834 sollte meine Wirksamkeit am Seminar beginnen. Der Director Schärf schrieb mir nach Reisse, daß am 18. Oktober unsere Einführung (auch der Director Schärf war noch nicht introducirt) vor sich gehen würde.

Ueber meinen Einzug in Breslau kann ich nichts Erhebliches berichten. Die Zöglinge begrüßten mich in meiner Wohnung, die außerhalb des Seminars lag, durch einen Männerchor. Die häusliche Einrichtung nahm ein paar Tage in Anspruch. Gewöhnt an eine geräumige Amtswohnung, mußte ich mich in der Selbstgenügsamkeit üben, wenn ich eine Privatwohnung bezog, die mir nicht die erforderliche Räumlichkeit zur Unterbringung meines bescheidenen Mobilars und der nicht kleinen Bibliothek darbot. Der Abschied von Reisse hatte mein Gemüth in hohem Grade angegriffen. Die rührend freundliche Theilnahme der guten Reisser lebte noch zu frisch in meinem Innern, als daß ich sie mit der Freundlichkeit, die mir überall in Breslau, mit Ausnahme einiger Freunde, begegnete, hätte in Einklang bringen können. Es schien nicht, als wenn meine Anstellung am Seminar jedem meiner Kollegen genehm gewesen wäre; von einem wußte ich es ganz bestimmt, daß er mich nicht gern als Kollegen begrüßte; auch entging es meinem Blick nicht, daß die Zöglinge von ihm in Bezug auf mich beeinflußt worden waren. Das Entré war demnach wenig ermuthigend und machte mich sehr nachdenklich, so daß ich mich den Regungen der Reue über den Wechsel des Wirkungskreises nicht entschlagen konnte. Dazu kam folgende Erfahrung. Zwei alte liebe Freunde Breslau's, Senior Berndt und Buchhändler Pelz, hatten mir zu Ehren eine Abendgesellschaft und ein Mahl veranstaltet. Eine nicht geringe Anzahl Breslauer Lehrer hatte sich daran betheiligt. Aber meine Seminar-Kollegen insgesammt vermißte ich. Es wurde mir mit Bedauern versichert, daß sie ebenfalls eingeladen worden seien, aber abgelehnt hätten. Das war mir ein Fingerzeig für meine Zukunft, für den ich im Stillen dankbar war. Ich hatte zu viel gehofft. —

Ein gewisses Mißtrauen, erzeugt und genährt durch einzelne Aeußerungen meiner neuen Kollegen, hatte sich leider bei mir eingenistet; die dunklen Wolken, die sich an dem Himmel meines Amtes zusammenzogen, verkündeten mir keine wonnige Zukunft, schüchterten mich fast ein. Ich hatte mir von einem schönen kollegialischen Verhältniß die angenehmsten Vorstellungen gemacht; ich fand aber, daß jeder seine Wege ging. Doch ich will hier nicht zu weit vorgreifen, sondern die amtlichen Verhältnisse so darstellen, wie ich sie fand und wie sie sich nach und nach freundlich gestaltet haben. —

Mit der Berufung und Anstellung des Herrn Pastor Schärf zum Director der Anstalt und meiner Person zum Seminar-Oberlehrer begann eine neue Aera des Seminars. Das Breslauer Seminar hatte bis zu diesem Zeitpunkt keinen Director gehabt. Es stand unter einem Bevollmächtigten des Provinzial-Schulkollegiums. Die Hauptgeschäfte lagen in den Händen des Oberlehrers. Diese Organisation bestand seit der Berufung des Dr. Harnisch im Jahre 1812. Diesem war Hientzsch als Oberlehrer gefolgt. Hatte sich auch unter demselben gar Manches anders gestaltet, so war doch die Leitung dieselbe geblieben. Schärf war also der erste selbstständige Director des Breslauer evangel. Schullehrer-Seminars.

Die Einführung in unser Amt ließ lange auf sich warten. Schärf, der Director, stellte mich zwar in einer Versammlung den Zöglingen der Anstalt vor, aber die amtliche Einführung fand erst

4 Wochen später statt. Diese ging in feierlichster Weise in Gegenwart des Herrn Ober=Präsidenten v. Merckel, General=Superintendenten Ribbeck, sämmtlichen Räthen des Königl. Provinzial-Schul=Collegiums vor sich. Nach der amtlichen Einführungsrede des Herrn Consistorialraths Michaelis las zuerst Herr Director Schärf eine pädag. Abhandlung, worauf ich einige Worte an meine neue Behörde und an die Zöglinge, wie an die Kollegen richtete. Ich sah mich zum Erstenmale einer Versammlung gegenüber, die geeignet war, meine Pulse in die größte Lebendigkeit zu versetzen. Nach den getäuschten Erwartungen von meiner neuen Stellung und nach den vierwöchentlichen Seminar-Erfahrungen, war meine Freudigkeit sehr gedämpft und mein Muth sehr niedergedrückt. Ich spreche die Wahrheit, wenn ich heute öffentlich bekenne, daß mich der Gedanke lebhaft beschäftigte, meine Stellung bald wieder zu verlassen; es kam mir vor, als wäre ich aus der milden Sommerluft meines Lehrerlebens auf einmal in die Schnee=Region desselben versetzt. Die Sehnsucht nach dem harmlosen Kinderkreise in Neisse glich dem Heimweh eines Tyrolers oder Schweizers nach seinen Alpen. Ich war verwöhnt, sehr verwöhnt. — Wie wahr ist doch das Wort Jean Pauls: „Man braucht nicht nasse, sondern helle Augen, um sich durch die Holzwege des Lebens zu finden."

2. Das Lehrerpersonal des Seminars bei meinem Amtsantritt.

Schärf, eine äußerst imponirende Persönlichkeit von ansprechender Gesichtsbildung und gefälligen äußeren Formen, stammte aus Brieg, wo ich ihn zur Zeit, da ich das dortige Gymnasium besuchte, (1806—1811) als Katecheten an der Nicolai=Kirche und als Zuchthausprediger kennen lernte und in seinem Hause, da er Pensionäre hielt, die mit mir das Gymnasium frequentirten, viel ein= und aus= ging. Hier lernte ich ihn von der liebenswürdigsten Seite kennen. Später bekleidete Schärf ein Pastorat einer Dorfgemeinde bei Brieg, kehrte zurück nach Brieg, gründete ein bedeutendes Pensionat und beschäftigte sich viel mit Privatunterricht in Sprachen u. s. w. Seine Lehrtüchtigkeit anerkennend, suchte man ihn für das Gymnasium zu gewinnen; aber er vertauschte diesen Wirkungskreis mit einer Pastorstelle in K., Kreis Nimptsch. Er wirkte hier als Geistlicher mit großem Segen und wurde allgemein geliebt und verehrt. Aber es gefiel ihm hier Manches nicht; er fand geistig und gemüthlich keine rechte Befriedigung. Der Zug zur Lehrthätigkeit war zu mächtig in ihm, als daß er demselben hätte widerstehen können. Da in Breslau am evangel. Schullehrer=Seminar die Stelle eines Religions=lehrers zu besetzen war, so trug ihm die Behörde dieselbe an und Schärf folgte dem Rufe. Nach der Berufung des Hrn. Hientzsch zum Director des Seminars in Potsdam erfolgte die neue Organisation des Breslauer Seminars. Das Directorat wurde Schärf übertragen, und dieser veranlaßt, andere Seminare zu bereisen und zu besuchen, um die Einrichtung und Verwaltung aus eigener Anschauung kennen zu lernen. Zurückgekehrt, beantragte er die Vermehrung der Lehr=kräfte am Seminar, zunächst an die Stelle des Oberlehrer Hientzsch. Seine Aufmerksamkeit ward auf mich gerichtet. Als ich ihm auf meiner Rückreise im J. 1838 einen Besuch machte, schien es mir, als wollte er mich erforschen, ob ich wol Neigung hätte, mich am Seminar anstellen zu lassen. Das Weitere ist bekannt. Schärf's Wunsch erfüllte sich. —

Schärf war ein Mann von vielen Eigenthümlichkeiten, die an Sonderbarkeiten streiften. Sein menschenfreundliches, liebreiches Ge=müth ward oft durch ein Mißtrauen gegen Andere in hohem Grade getrübt. Er traute Wenigen ganz, Vielen wenig oder gar nicht. Er zeigte sich oft von hinreißender Freundlichkeit, gar bald aber auch wieder von abstoßender Kälte und zweifelhaftem Sarkasmus. Wer ihn nicht näher kannte, mußte an ihm irre werden. Er liebte es, nicht selten das Gegentheil von dem auszusprechen, was seine eigentliche Meinung war und zwar mit einem Ernst, der einen stutzig machte. Die Seinigen, namentlich seine liebenswürdige Tochter Julie, verstanden ihn vortrefflich und lachten nicht selten, wenn man das für „wirklich" hielt, was er als Scherz gemeint hatte. Seine Lebensansichten kollidirten meist mit denen Anderer. In seinem Aeußern war er die personificirte Anständigkeit, ein herrliches Vor=bild für die Seminarzöglinge, denen man in dieser Beziehung nicht Muster genug sein kann. Er brachte durch seine Höflichkeit nicht selten die Seminaristen in die peinlichste Verlegenheit. Nichts war ihm mehr zuwider, nichts verletzte ihn tiefer als ein unhöfliches, rohes, trotziges, gemeines Wesen. Am Anklopfen an die Thüre erkannte er, weß Geisteskind der Anklopfende sei. Ebenso machte er einen Schluß aus der äußeren Haltung der Seminaristen, auf die Vorgänge im Innern derselben. Er übte durch Ton, Miene und Geberde eine wunderbare Gewalt auf die frechsten Geister aus. In vertraulicher Stunde erzählte er mir, wie unanständig die Haltung der Seminaristen gewesen sei, als er die Probe=Lection gehalten habe. Mit aufgestemmten Armen saß ein großer Theil vor ihm, in den Mienen Anderer war deutlich der Gedanke zu lesen: „Nun

wir wollen doch sehen, was Du uns auftischen wirst." Kaum aber
hatte er eine Viertelstunde mit ihnen katechetisch verkehrt, so
habe es ihm das größte Vergnügen gemacht, die Wandelung wahrzunehmen, wie einer nach dem andern die aufgestemmten Arme eingezogen, sich gerade gerückt, den Kopf gehoben, die Ohren gespitzt,
die Augen gerade gerichtet, die Stimme gedämpft habe. Von der
Stimmung hing bei Schärf viel ab. Es ist vorgekommen, daß er
den geraden Blick eines Seminaristen damit zurück wieß, daß er ihn
einen frechen Menschen nannte, und wiederum aus dem gesenkten
Blicke auf ein schlechtes Gewissen schloß. Man traf das Rechte im
Blick, wenn man denselben nicht weiter erhob, als zum obersten
Knopf an seinem Rock. Das wußten alle Seminaristen. Wenn ihn
nicht die trübe Stimmung quälte, so überfloß das Herz von Wohlwollen, auch gegen die Zöglinge, da sprach er so vertraulich, so
herzgewinnend, wie ein liebevoller Vater zu seinem geliebten Sohn.
Er verstand es meisterhaft, mit Jünglingen zu verkehren, ihren Lerneifer anzuspornen. Lernten sie nicht aus Liebe zur Sache, so doch
gewiß aus Verehrung und Liebe zu dem Director, oft auch aus
bloßer Furcht vor der Strafpredigt. Die letzteren traten oft beim
Unterricht in den Vordergrund, aber sie waren stets von der eigenthümlich geistreichen Art, daß die Seminaristen einen großen geistigen
Gewinn davon trugen und dieselben mit der gespanntesten Aufmerksamkeit entgegennahmen. —

In der katechetischen Lehrkunst war Schärf ein Meister in seiner
Art, mochte er vor Kindern oder vor Seminaristen stehen. Seine
Frage war kurz und bestimmt; eigenthümlich war es, daß er keine
Frage an die Gesammtheit der Schüler richtete, sondern immer
nur an einen derselben, und daß er bei dem Schüler so lange verweilte, bis der Begriff oder Gedanke vollständig entwickelt war.
Es kamen auf diese Weise nur wenig Kinder daran, aber dennoch
herrschte die größte Ruhe und Aufmerksamkeit während des Unter-
richts. Nicht viel anders verfuhr er bei dem Unterricht, den er den
Seminaristen ertheilte. Er faßte jeden scharf ins Auge, und litt
Zerstreutheit und Umherschweifen der Blicke nicht. Die Methode
war hier mehr sokratischer Art und ging in die akroamatische Lehrform über. Im Vortrage verfuhr er ebenfalls entwickelnd. Die
Wahrheiten entfalteten sich vor dem geistigen Blick der Seminaristen.
Es wurde ihnen gestattet, so viel zu schreiben als es thunlich war.
Die Anhaltspunkte — den Haupttext diktirte er. Die Ausführung
überließ er den Seminaristen. Diese verwendeten einen außerordentlichen Fleiß auf die Ausarbeitungen; die Reinschriften glichen Schön-
schriften. Diese Arbeiten nahmen so viel Zeit in Anspruch, daß

für andere Lehrfächer nur Ueberbleibsel gewonnen wurden. Da
Schärf die Arbeitsbücher zur Durchsicht einnahm, so läßt sich denken, daß sich jeder Seminarist der größten Sauberkeit und Nettig-
keit befleißigte. Diese Hefte bewahrte jeder Abgehende mit der
größten Sorgfalt und machte beim Unterrichte zweckmäßigen Gebrauch
davon. Eigenthümlich waren die Wiederholungen, zu denen er den
Seminaristen abgebrochene Sätze diktirte. Er forderte die Herstellung des Zusammenhanges. Ich muß gestehen, daß bei den
öffentlichen Prüfungen die Vollständigkeit der Antworten der Seminaristen meine Verwunderung erregte. Schärf sah darauf, daß
die Wahrheiten gründlich erfaßt und gründlich bewiesen wurden.
Er selbst war ein klarer Kopf und ein scharfer Denker, wie sich
das von einem Manne, der sich zur Fahne der Kantianer hielt,
voraussetzen läßt. Seine Dogmatik war von der Kantischen Philo-
sophie geläutert und erleuchtet. Waren von einem Dogmen mehrere
theologische Ansichten und Meinungen vorhanden, so beleuchtete er
jede, ohne sich selbst für eine oder die andere zu entscheiden, er
überließ die Wahl der eigenen Ueberzeugung. Er war kein Freund
nachgesprochener Dogmen. In seiner Methode lag das Eigenthümliche, daß er einen Religionssatz von verschiedenen Seiten zu beleuchten
und zu begründen suchte. Da ließ er die Gegensätze scharf hervortreten
und brachte die Seminaristen in nicht geringe Verlegenheit, wenn
sie sich in Widersprüche verwickelten. Schärf erzielte auf diese Weise
Selbstständigkeit im Denken. Wo dieses bei einem Seminaristen
hervortrat, da bezeigte er unverholen seine Freude, was die Seminaristen sehr ermunterte. Das Verdienst, seine Zöglinge zu selbstständigen Denkern erhoben und gebildet zu haben, muß Schärf zu-
erkannt werden. Man höre in dieser Beziehung seine besten Schüler
und man wird einstimmiges Urtheil und Lob vernehmen. Eine
besondere Geschicklichkeit entwickelte Schärf in der erbaulichen Behandlung der Perikopen. Darin soll er unvergleichlich, unübertrefflich gewesen sein. Die Seminaristen sammelten hier die ausge-
sprochenen Wahrheiten wie emsige Bienen den Honig.

In den Händen des Directors lag auch die Pädagogik.
In wie weit er hier mit den Fortschritten dieser Kunst der Päda-
gogen seiner Zeit vertraut war, habe ich nicht ermitteln können.
Von Niemeyer in Halle sprach er mit hoher Achtung. Ob er für
Pestalozzi und seine Bestrebungen sehr erwärmt war, möchte ich be-
zweifeln. So oft ich auch mit ihm verkehrte und wir auf unsern
Spaziergängen, so wie in den Abendunterhaltungen vom Schulwesen
sprachen, Schärf ließ sich nicht herbei, über Männer wie Schwarz,
Denzel, Graser, Harnisch, Diesterweg, Beneke u. A. ein Urtheil zu

fallen. Er klagte nur zu oft über die Vielschreiberei in Angelegenheiten des Unterrichts und der Erziehung. Seine Bibliothek enthielt keine Schrift der oben genannten Schulmänner, und was davon in der Seminar-Bibliothek vorhanden war, wurde von ihm nicht benutzt. Der Standpunkt, den er in dieser Beziehung einnahm, entsprach nicht der Stellung eines Directors einer Lehrerbildungsanstalt. Er schien in Sachen der Pädagogik zu den „Fertigen" zu gehören.

Ueber das Vielregieren der Schulbehörde war er manchmal bitterböse. Das Berichterstatten machte ihm viel zu schaffen. Er beanspruchte vollständiges Vertrauen und hielt es für überflüssig, über das Thun und Treiben viel Worte zu machen. „Die Behörden brauchen nicht von Allem zu wissen, was man im Amte thue," sagte er oftmals. Hierin hatte er Aehnlichkeit mit Dinter, der die größtmöglichste Unabhängigkeit und Freiheit in der Verwaltung beanspruchte. „Die vielen oft einander widersprechenden Verfügungen vernichten jedes selbständige Wirken", behauptete Schärf. Und er hatte so Unrecht nicht. Was würde er zu der heutigen Kontrole der Schulverwaltung sagen? —

Die Verfügung, daß die Candidaten sechs Wochen lang ein Seminar besuchen sollten, um sich mit dem Lehrwesen einigermaßen vertraut zu machen, nahm er mit sichtlicher Verstimmung auf. Schärf war am liebsten mit den Seminaristen allein. Die anwesenden Candidaten beengten das Verhältniß; sie verhinderten den freien Verkehr in Wort und That, der unumgänglich nothwendig ist. Dazu kam, daß Schärf an dem Interesse, welches die Candidaten am Unterrichtswesen haben sollten, zweifelte. „Die meisten dieser Herren," sagte er, „dünken sich über diesen Unterricht hinaus." Es bot sich Gelegenheit dar, seinem Unmuthe gegen die Candidaten Luft zu machen. Einer wagte es einmal, dem Director bei Behandlung eines Gegenstandes, die Sakramente der katholischen Kirche betreffend, in's Wort zu fallen. Schärf richtete sofort die Frage an ihn: „ob er hier sei, um zuzuhören, oder um ihn, den Director, zu bekehren?"

Schärf war ein Meister in der Handhabung der Disciplin. In seinen Lehrstunden herrschte eine heilige Stille. Bei seinem Eintreten in's Lehrzimmer verschwand jedes Geräusch und jedes Zwiegespräch. Er tobte und lärmte nicht, wenn Ungehörigkeiten nach den Lehrstunden in der Arbeitszeit vorkamen. Wenn er schweigend unter die muthwilligen jungen Leute trat, so gab der erste, der den Director wahrnahm, durch einen Zisch das Zeichen zur Ruhe, was jeder sogleich verstand. Daß Schärf den Scherz der jungen Leute nicht mißverstand, noch weniger übel deutete, davon könnte ich erfreuliche Beiſpiele anführen. An dem Faſtnachtstage oder Abende geſtattete er ihnen die Aufführung kleiner dramatiſcher Scenen, welchen er mit ſeiner Familie, ſo wie das ganze Lehrerperſonal mit den Ihrigen beiwohnten. Das Vergnügen endete gewöhnlich mit einem Tanz ohne Damen.

Schärf war ein großer Freund des Geſanges und des Klavierſpiels. Den Winter hindurch pflegte er jeden Freitag Abend ein Kränzchen zu veranſtalten, an dem ein Hausfreund, der im Klavierſpiel tüchtig war, und der Hülfslehrer, der durch den Geſang erheiterte, und ich mit meiner Familie Theil nahmen. Schärf war dabei vom beſten Humor beſeelt. ——

In Betreff des Chorgeſanges erinnere ich mich einer merkwürdigen Aeußerung Schärf's. Wir hatten in der Singakademie der meiſterhaften Aufführung einer Händelſchen Hymne und einer Bach'ſchen Kirchenmuſik beigewohnt. Auf dem Heimwege fragte er mich, welchen Eindruck die Muſik auf mich gemacht hätte. Ich lobte die Fugenchöre. Schärf erwiederte: „Wie könne man nur glauben, daß Gott Wohlgefallen an einem ſo künſtlichen Durcheinander einer Fuge finde!"

Ich gehe zu einem zweiten Kollegen über, als deſſen Mitarbeiter ich nun eingetreten war. Es iſt Ernſt Sauermann. Wir waren einander gar nicht fremd. Er gehört zu den durch Harniſch herangebildeten Seminarlehrern. Seine Bildungszeit im Seminar fällt in die frühere Wirkſamkeit des Dr. Harniſch. Bekanntlich hatte ſich Harniſch große Verdienſte um die Einführung des Turnens in Breslau erworben. Sauermann gehörte zu den beſten Turnern. Aber auch in anderen Fächern genügte Sauermann in ſeinen Leiſtungen, namentlich war die Mineralogie ſein Lieblingsfach, in welcher er vorzüglich durch Karl v. Raumer, der damals an der Univerſität als Mineraloge wirkte, gefördert worden war. Sauermann war eine derbe Natur, das Turnen machte ihn zu einem ſogenannten Vierſchrötigen. Es iſt mir kein Mann vorgekommen, der durch ſein äußeres Gebahren ſeinen Lehrer Harniſch ſo treu kopirt hätte. Sogar den märkiſchen Dialect (Harniſch war ein Märker) hatte ſich Sauermann angeeignet. In Schritt und Tritt unterſchied er ſich wenig von Harniſch. Von Sauermann galt das Göthe'ſche Wort: „Wie er ſich räuspert, wie er ſpuckt, das haben ſie ihm treulich abgeguckt." Den Geiſt eines Harniſch aber vermißte man doch an ihm. Die Freundlichkeit und hinreißende Milde, das geiſtvolle Weſen Harniſch's war auf Sauermann nicht übergegangen. Im Gegentheil, er zeigte ſich barſch und kurz gebunden in der damals als Tugend geltenden deutſchen Grobheit. Jemandem, der sich über sein schwerfälliges, starkes Auftreten beim Gehen wunderte, erwiederte er: „Wer nicht stark auftritt, gilt nichts; Katzen und Füchse schleichen." —

Nach Beendigung des Seminar-Bildungskursus wurde Sauermann als Hülfslehrer an der Seminar-Uebungsschule verwendet, in welcher Stellung er Gelegenheit hatte, sich zum Seminarlehrer auszubilden. Der Tod des Pestalozzianers Kräz eröffnete ihm die Aussicht, in dessen Stelle einzutreten und dessen Lehrfächer: Rechnen, Formlehre, Zeichnen 2c. zu betreiben, zunächst allerdings blos interimistisch. Harnisch bevorwortete seine feste Anstellung am Seminar, woran er, wie er mir später selbst sagte, nicht wohlgethan, weil er dadurch dem ohnedies schon sehr starken Selbstgefühl Sauermann's zu viel Nahrung gegeben. Mit dem turnerischen Deutschthum kokettirte Sauermann stark. Ueber die Seminaristen übte er durch sein entschiedenes derbes Wesen eine große Gewalt. Die äußere Haltung, den Zöglingen gegenüber, war eben nicht musterhaft. Das Ungewöhnliche, Auffällige in seinem Wesen wurde von den Seminaristen gar bald angenommen und nachgeahmt. Wenn die Schulräthe bei ihren Schul-Revisionen Lehrer antrafen, die ungenirt mit dem einen Fuß auf der Schulbank und mit dem andern auf dem Fußboden standen, so waren dies kleine Sauermanne. Eine besondere Lehrbegabung habe ich an Sauermann nicht entdeckt. Es grenzte seine Methode sehr nahe an den Mechanismus. Die Beschreibung der geometrischen Körper war für die Kinder martervoll; sie mußte von den Kindern wörtlich so gegeben werden, wie sie im Buche stand. Das war nur durch unendliches Wiederholen möglich, was einem Auswendiglernen ziemlich ähnlich war. In der Formenlehre resp. Raumlehre wurde von ihm das Selberfindenlassen auf die Spitze getrieben, wobei viel kostbare Zeit geopfert wurde. Wer als fähiger Kopf dem Beweise auf die Spur gekommen war, der führte ihn für alle Mitlernenden, die nur nachmachten, was ihnen vorgemacht worden war. Die Meisten fanden nichts, Wenige nur etwas, und nur Einzelne genügten. Das Selbererfindenlassen von Seiten der Schüler kann nur da von entsprechendem Erfolge sein, wenn dazu ein tüchtiger Grund gelegt worden ist. Welch ein reges Leben zeigt sich, wenn man nach Diesterweg heuristisch oder nach W. v. Türk's Anleitung katechetisch verfährt, da werden auch schwache Geister angeregt und mit fortgezogen. Im Rechnen fehlte es auch nicht an Uebertreibungen. Ich rechne zu diesen die Forderung: die Schüler — ich meine Seminaristen — mehrstellige Zahlen nach dem Zehner-System auflösen zu lassen. Ich habe noch vor meiner Anstellung am Seminar in einer öffentlichen Prüfung Lösungen angehört, bei

denen ich mich des Kopfschüttelns nicht enthalten konnte, z. B.
236 × 3487. Sauermann selbst hatte eine Schiefertafel in der
Hand, auf die er sich die für's Kopfrechnen bestimmte Aufgabe notirte.
Die Zöglinge durften sich nichts notiren. Die Lösung allein beanspruchte länger als zehn Minuten. Wie unerquicklich! Im Einhetzen von abstrakten Zahlformen wurde Sauermann schwerlich von
Andern übertroffen. Sauermann war kein Freund von den Zahlen-
kombinationen der pestalozzischen Schule, er nannte dergleichen „Klim-
pereien"; aber er machte in anderer Hinsicht auch Mißgriffe, von
denen man ebenfalls sagen konnte: „Klimpern gehört zum Handwerk."

Von seinen Leistungen in der Naturgeschichte kann ich aus eigner
Anschauung nichts berichten. Nach den Mittheilungen, die ich später
von ehemaligen Schülern Sauermanns, jetzigen Lehrern, vernommen,
soll der Unterricht in der Naturgeschichte im Allgemeinen nichts
weniger als anregend gewesen sein.

Nach Harnisch's Versetzung als Direktor ans Weißenfelser Seminar wirkte Sauermann unter der Leitung des Oberlehrers Hientzsch.
Beide Männer spannen keine Seide, sondern grobes Garn. Das
unfriedliche Verhältniß, das zwischen den beiden Herren eingetreten
war, blieb den Seminaristen nicht verborgen. Diese schlossen sich
mehr an Sauermann an, wodurch die Wirksamkeit des Hientzsch eben
nicht sehr begünstigt wurde. Hientzsch hatte neben Sauermann harte
und schwere Kämpfe zu bestehen. Dazu kam, daß Sauermann's
sonst feste Gesundheit leck wurde. Es bildete sich eine unheilbare
Lungen- und Brustkrankheit aus, an der Sauermann jahrelang schwer
litt. Keine Schonung in amtlicher Hinsicht, kein Arzneimittel, keine
Badekur wirkte ausdauernd auf die Heilung. In so krankem, reiz-
barem, heruntergekommenem Zustande fand ich bei meinem Amtsantritt den Kollegen Sauermann. Da er bald nach meiner Berufung auch das Prädikat „Oberlehrer" erhielt, so nahm er mich
in versöhnlicher Stimmung auf. Seiner nach Möglichkeit zu schonen,
ihn in seiner Lehrthätigkeit durch Vertretungen zu unterstützen, hatte
ich mir zur Pflicht gemacht. Seine Kräfte schwanden immer mehr,
und mehr, und kaum war ein Vierteljahr verstrichen, da wurde er
in das Jenseit abgerufen. Ich ehre ihn als einen charakterfesten
Mann von biedrer Gesinnung. —

Mein dritter Kollege war **Ernst Richter**, auch ein ehemaliger
Zögling des Seminars, unter Hientzsch gebildet. Er stammte aus
Ohlau, machte sich im Seminar durch sein Talent für Musik bemerklich, verblieb nach Beendigung des Bildungskursus als Hülfslehrer am Seminar, wurde zur weiteren Ausbildung in der Tonkunst zu Bernhard Klein und Zelter, in der Zeichenkunst zu

Peter Schmidt, in der Kalligraphie zu Marquardt nach Berlin auf Kosten des Staates gesendet. — Hier beutete er seine Zeit gewissenhaft aus, mußte aber wieder, nachdem der Tod des Ober=Organisten Berner erfolgt war, nach Breslau zurückkehren, um den Musik=Unterricht des Berner im Seminar fortzusetzen. Wie viel Richter durch den berühmten Regierungsrath v. Winterfeld, ein feiner und gelehrter Pfleger der klassischen Musik, so wie durch den Director Mosewius, als Mitglied der Breslauer Singakademie und durch Prof. Dr. Braniß, ebenfalls ein gelehrter Theoretiker und Kenner der klassischen Musik, gewonnen, das zeigte der ausgezeichnete Erfolg seines Unterrichts. Damals war das Logier'sche Musiksystem und die Logier'sche Methode an der Tagesordnung. Richter hatte sich demselben auch, wenn auch nur auf kurze Zeit zugewandt. Bald aber wurde dieses durch die Marx's'sche Musikschule verdrängt. Richter lebte und webte in dieser Schule, mit der eine neue Aera in der Methode der Harmonielehre begann. Die Seminaristen machten überraschende Fortschritte in der Kompositionslehre — der musikalischen Stillehre, die bei Kennern gebührende Anerkennung fanden. Richter war nicht nur ein korrekter Sänger, sondern auch ein Gesangslehrer im Geist und Sinn des Mosewius, der in dieser Beziehung unübertroffen dagestanden, auch ein Orgelspiellehrer, worin er sich Bach zum Muster genommen hatte.

Von Charakter ist Richter ein ernster Mann, bieder gesinnt, aufrichtig, wahr, auch wol derb. Er spricht, wie er denkt; macht nicht grau, was schwarz ist, und nicht dunkel, was hell ist. Er lobt wenig, tadelt viel, nimmt es streng mit den eigenen Leistungen, aber auch mit denen seiner Schüler. Zu den Charakter=Eigenthümlichkeiten Richter's gehört der Sarkasmus, der nicht selten seine Urtheile begleitet. Er ist sich dieser Eigenschaft bewußt, und liegt mit ihr in beständigem Kampf, um denselben los zu werden. Am meisten fürchten diesen Sarkasmus seine Schüler, die sich deshalb sehr zusammen nehmen, damit sie sich nicht dieser Geißelung aussetzen. Richter hat diesen Fehler schon stark bekämpft, er ist sehr mild geworden, ohne von seinem selbstständigen Wesen nur ein Härchen aufgegeben zu haben. Mein Verhältniß zu ihm war stets ein ungetrübtes, ja ein inniges, was schon der Umstand beweist, daß er mich zum Pathen eines seiner Kinder erwählt und gewürdigt hat. —

Zu jener Zeit, als ich meine Seminar=Wirksamkeit begann, war auch der ehemalige Pastor Cretius aus Ratibor Hülfslehrer am Seminar. Er gab Perikopen=Erklärungen und Stilunterricht — ein Mann von vortrefflicher Gesinnung. Sein Verhältniß am Se-

minar änderte sich. Ich weiß nicht, wie sich sein fernerer Lebens-
gang gestaltet hat, ob er wieder zur geistlichen Seelsorge übergegangen ist.

Der jüngste meiner Kollegen am Seminar war **Chr. Fr. Scholz**,
auch ein ehemaliger Zögling des Breslauer Seminars. Fast gleichzeitig mit Richter den Seminarkursus unter Hientzsch beendigt, wurde
er seiner Tüchtigkeit wegen am Seminar als Hülfslehrer beschäftigt.
Seine Vorliebe für die Naturwissenschaften, für Geographie und
Geschichte, erregte die schönsten Hoffnungen; aber auch im Schönschreiben, Rechnen und Zeichnen hatte er es zu großer Fertigkeit gebracht, so daß er also vielfach verwendbar am Seminar war. Scholz
erschien mir stets als ein Mann von großer Ruhe, Besonnenheit und
voll Biedersinn, der sorgfältig überlegte, was er sprechen wollte und
eher zurückhaltend als voreilig war. Nur gegen erprobte Freunde
schloß er sein Gemüth auf, Anderen mußte er als ein verschlossener
Charakter erscheinen, wortkarg in der Unterhaltung und trockener
Natur, aber zuverlässig im Denken und Handeln. Als ich an's
Seminar berufen wurde, hatte er von Sauermann die Leitung des
Gartenbaues übernommen; auch lehrte er Naturgeschichte, Geographie,
Geschichte und Kalligraphie. Scholz erfreute sich des erworbenen
Besitzes eines vortrefflichen Gedächtnisses, was seinen Studien in
Geographie und Geschichte sehr förderlich war. Er trug Geschichte
frei vor, aber treu nach einem Geschichtswerke, so daß, wie mir
seine Schüler versicherten, seine Vorträge, mit dem Geschichtswerke
kontrolirt, in wörtlicher Uebereinstimmung gestanden hätten. Das
ist kein Tadel, vielmehr ein Lob, denn es zeugt von der gewissenhaftesten Vorbereitung auf den Gegenstand, und Geschichte kann
man nicht machen, sondern muß sie so geben, wie sie uns von zuverlässigen Geschichtsforschern überliefert worden ist. Seine geographischen Kenntnisse waren von umfassender Art. Mit besonderer
Freude nahm ich bei den öffentlichen Prüfungen wahr, wie sicher sich
Scholz zeigte und wie geschickt er in der Geographie prüfte. Dasselbe gilt von seinen Leistungen in der Naturgeschichte. Wenn er
damals als Anfänger im Lehren zu sehr in's Einzelne ging und
auf gar zu specielle Beschreibungen der Thiere und Pflanzen drang,
so wird ihn die Erfahrung davon wol abgebracht haben. Weiß ich
mich doch eines Geständnisses von ihm zu erinnern, daß er von der
Art und dem Umfange des Geschichtsunterrichts, wie er denselben
in den früheren Lehrerjahren ertheilt, zurückgekommen sei. Wer
wäre im Stande in der Lehrkunst auszulernen! Zur Stabilität
müßte die Lehrkunst herabsinken, trieben die Lehrer ein und denselben
Gegenstand zeitlebens in einer und derselben Art. — In der Kalli-

graphie zeichneten sich die Scholz'schen Schriftzüge durch Einfachheit und Gefälligkeit aus, abweichend von der modernen Geschmeidigkeit des kaufmännischen Duktus.

8. Meine Funktionen als Seminar-Oberlehrer.

So viel vorläufig über die Männer, die ich bei meiner Anstellung am Seminar fand und deren Mitarbeiter an einem und demselben Werke ich sein sollte. Jedem derselben war sein Theil Arbeit überwiesen. Auch ich wurde reichlich bedacht. Außer den 18 Lehrstunden, welche ich allwöchentlich zu geben hatte, verwaltete ich noch die Seminar-Bibliothek und überwachte die Lektüre der Seminaristen, führte das Manual der Kassen-Verwaltung und hatte die Rechnung zu legen; auch war ich als Inspector der beiden Seminar-Uebungsschulen, einer Frei- und einer Zahlschule, verpflichtet, die Lehrthätigkeit der Lehr-Seminaristen allmonatlich zu ordnen und zu leiten. Zu allen diesen Geschäften wäre wie billig eine Instruktion erforderlich gewesen, aber leider entbehrte ich derselben ganz und gar. War es da wol zu verwundern, wenn ich jedes der Geschäfte abweichend von dem bisherigen Usus verwaltete und mich dadurch mancherlei Ausstellungen und unverdientem Tadel ausgesetzt sahe. Ich unterließ zwar nicht, Erkundigungen und Belehrungen in durchaus zweifelhaften Fällen einzuziehen, aber ich wurde des Fragens und Bittens müde und handelte nach bester, mir zu Gebote stehender Einsicht. Im Kassenwesen waren Formfehler am bedenklichsten, aber hierin erfreute ich mich des bereitwilligsten Rathes eines sachkundigen Regierungsbeamten, des Rechnungsrathes Neugebauer. —

Die meiste Arbeit verursachte mir die zweckmäßige Organisation und Leitung der Schulen. Durch sie trat ich in Verkehr mit vielen Eltern der Kinder, so wie mit der städtischen Behörde. Diese zahlte nicht allein ein bestimmtes Quantum für die aus zwei Klassen bestehende Freischule, sondern überwies auch die aufzunehmenden Freischüler, deren Zahl zwar kontraktlich bestimmt war, die jedoch nicht unbedeutend überschritten wurde.

In die sogenannte Seminarschule, deren Schüler ein monatliches Schulgeld an mich abzuführen hatten, das ich aber der Seminarkasse verrechnen mußte, durfte ich Schüler nach eigenem Ermessen aufnehmen. Die Führung der Listen lag mir ob, wobei die Hülfe der Seminaristen zulässig war.

In beiden Schulen unterrichteten nur Seminaristen des ältern Kursus. Allmonatlich fand Lehr-Seminaristen-Wechsel statt. Die

Wahl der Lehr-Seminaristen wurde mir überlassen; doch hatte ich darauf zu sehen, daß während eines einjährigen Lehrübungskursus jeder Seminarist in jeder Disciplin zur Uebung kam, was bei einer Anzahl von 40 und mehr Lehr-Seminaristen fast nicht thunlich war. Wie schwierig war die Anlegung des Stundenplanes! Denn da jeder Seminarlehrer in der Uebungsschule das Fach zu beaufsichtigen und zu leiten hatte, in dem die Seminaristen von ihm unterrichtet worden waren, so hatte ich es zu ermöglichen, daß der Fachlehrer des Seminars auch die Lehr-Seminaristen seines Faches in der Uebungsschule besuchen konnte. Das Kollidiren der Lehrstunden im Seminar und in der Uebungsschule war möglichst zu vermeiden. Eine schwierige Aufgabe. Ich selbst hatte nur für die zweckmäßige Behandlung meiner Lehrfächer einzustehen, das waren: 1. die An-schauungsübungen, 2. der Schreiblese-Unterricht, 3. der Sprach- und Leseunterricht, 4. das Rechnen, 5. die Raumlehre, und zwar wie meine Kollegen in beiden Schulen. — Um eine geordnete Folge des Unterrichtsstoffes in jedem Lehrgegenstande herzustellen, waren sogenannte monatliche Berichtsbücher für jedes Fach angelegt, in das bei jedem Wechsel der betreffende Lehrer einzutragen hatte, was er im Laufe des Monats durchgenommen, mit welchem Erfolge er unterrichtet, ob er das Ziel erreicht, welche Erfahrungen er gemacht, welche Schüler sich ausgezeichnet haben und welche zurück-geblieben sind. Der Nachfolger hatte diesen Bericht sorgfältig zu beachten und zu erproben, ob sein Vorgänger richtig beobachtet und treu und wahr berichtet habe. So kontrolirte Einer den Andern. Die den Unterricht beaufsichtigenden Fachlehrer machten entweder auf der Stelle ihre Bemerkungen oder in einer besondern Stunde, oder er übernahm selbst den Unterricht und lehrte vor, je nachdem es ihm erforderlich schien. Bei der Beurtheilung der Lehrthätigkeit der Seminaristen wurde der selbstständigen Behandlung des Lehrstoffes möglichst freier Spielraum gelassen. Die Seminaristen bemühten sich den Anweisungen der Seminarlehrer zu entsprechen, aber der blinden Nachäfferei wurde bei Zeiten die Thüre gewiesen. An eine sogenannte Dressur der Seminaristen war gar nicht zu denken. Hier konnte man nicht sagen, wer einen Seminaristen lehren gesehen, der hatte alle gesehen und gehört. Nur gegen gewisse Manieren wurde ge-kämpft, Manieren, die den jungen Lehrer lächerlich machten. Es ist vorgekommen, daß einzelne Seminaristen die Manieren in der Hal-tung u. dgl. der Seminarlehrer kopirten. So pflegte einer meiner Kollegen mit geschränkten Armen vor den Seminaristen zu stehen und zu lehren. Welchem Seminaristen diese Haltung zusagte, den fand man ebenso vor den Kindern in der Schule. Ein anderer

Kollege pflegte, wenn er etwas recht Ernstes und Eindringliches zu sagen hatte, die Kinder mit den Augen zu fixiren und mit der rechten Hand das untere Kinn seines Gesichtes zu bestreichen. Dasselbe kam in der Uebungsschule vor. Solche Beobachtungen haben mir um so größeres Vergnügen gemacht, je mehr ich erkannte, daß keine Absichtlichkeit zu Grunde lag. — Die Kinder der Seminar-Uebungsschule zeichneten sich durch ihr aufgewecktes Wesen, durch ihre Lebendigkeit im Denken aus. Der monatliche Wechsel, die Verschiedenartigkeit der Lehrkräfte und die Eigenthümlichkeit des Wesens jedes Seminaristen übte einen vortheilhaften Einfluß auf die Entwickelung der Geisteskräfte der Kinder aus. Daß die Kinder einen oder den andern der Seminaristen lieber hatten, weil dieser oder jener sie liebevoller behandelte, weil sie bei diesem oder jenem größere Fortschritte machten, das war nichts Seltenes. Wie oft baten mich die Kinder, ihnen diesen oder jenen Lehrer nicht zu nehmen; wie sehr freuten sie sich, wenn dieser oder jener Lehrer abtrat und mit einem andern wechselte!

Alles das erschien mir natürlich. — Eine andere Erfahrung ist mir bei dieser Einrichtung oft begegnet, nämlich die, daß der neuangetretene Lehr-Seminarist nicht sich die Schuld beilegte, wenn die Kinder auf seine Fragen nicht eingingen, sondern einen Schluß auf den mangelhaften Unterricht seines Vorgängers machte, und daß er in der letzten Hälfte des Monats die größere Willfährigkeit und die Fortschritte der Kinder s e i n e m Unterrichte zuschrieb, ohne in Erwägung zu ziehen, daß es immer besser gehe, wenn die Kinder mit den neuen Eigenthümlichkeiten des neuen Lehrers vertrauter geworden sind. „Anfänglich ging es gar nicht, die Kinder zeigten sich verwahrlost, jetzt bin ich mit ihren Leistungen zufrieden, daß ich ungern von ihnen scheide," so äußerte sich gar Mancher gegen mich. „Junger Freund," erwiederte ich, „wenn ich auch Ihnen diese Freude gönne; so muß ich Ihnen doch bemerklich machen, daß die geringere Betheiligung der Kinder an Ihrem Unterrichte in der ersten Woche, Ihr Vorgänger nicht verschuldet; nicht dieser, sondern die Fremdartigkeit Ihrer Erscheinung und Ihres Wesens war die Ursache der Zurückhaltung der Kinder. Hüten Sie sich in dem Falle, daß Sie Nachfolger eines Lehrers werden, aus den ersten auffälligen und unliebsamen Vorkommenheiten im Amte, den Grund davon in Ihrem Vorgänger zu suchen und sich laut und mißfällig darüber zu äußern. Greifen Sie der Zukunft nicht vor und warten Sie die Erfolge Ihrer Thätigkeit ab. Wenn Sie sich eingelebt haben, und die neuen Kinder haben sich mit Ihrem Wesen in Einklang gesetzt, dann geht Alles andere; dann erscheint Ihnen Alles und Jedes in einem günstigeren Lichte. Der Tadel, den Sie über einen geachteten Vorgänger aussprechen, erbittert und entzieht Ihnen die Kinderherzen. Wie unklug handelt ein Lehrer, der seine Lehrthätigkeit mit einer Ausscheltung der Kinder beginnt, und etwa so sich äußert: „„Hört, Kinder, ihr gefallt mir gar nicht, ich finde euer Betragen schlecht; ihr seid unwissend und scheint bei eurem vorigen Lehrer nichts gelernt zu haben; das muß anders, bald ganz anders werden, wenn wir Freunde sein wollen. Hört ihr's!"" — Was würden Sie dazu sagen, wenn die Kinder Ihnen entgegnen dürften: „„Hören Sie, Herr Lehrer, Sie gefallen uns gar nicht; wir finden Ihren Tadel ganz ungerecht; wir sind nicht so dumm, als es den Anschein hat; was wir unserm vorigen Lehrer verdanken, wissen wir; was Sie uns lehren werden und wie viel wir bei und von Ihnen lernen können und werden, das wird die Zukunft lehren. Seien Sie nur anders d. h. liebreicher, so werden wir Sie auch recht lieb haben. Merken Sie sich das, Herr Lehrer, denn wie man in den Wald schreit, so schallt es wieder heraus!"" —

Die Kinder der Uebungsschulen zeigten ihre Dankbarkeit und Liebe gegen die abgehenden Seminaristen in recht erfreulicher Weise, und zwar bei den Probe-Katechisationen. Denjenigen, die sie lieb gewonnen hatten, antworteten sie zur Ueberraschung der Vorsitzenden. „Es ist merkwürdig," sagte einmal einer der Räthe, „wie die Kinder in der Seele des Lehrers zu lesen verstehen; auf diese Fragen würde ich nun nimmermehr diese Antwort gegeben haben; aber was kein Verstand der Verständigen sieht, das übt ein Kind in Einfalt des Gemüthes."

Das Gedeihen der Seminar-Uebungsschule erhöhte mein Glück in meinem Wirkungskreise. Die Schülerzahl mehrte sich von Monat zu Monat. Auch der Anerkennung von Seiten der städtischen Behörde erfreute sich die Schule, wie die „Belobigungsschreiben" darthun.

Später wurde mein Antrag, die Einrichtung einer einklassigen Schule, welche Kinder jeden Alters enthalte, realisirt. Die Seminaristen sollten sehen, wie eine solche Schule zu verwalten sei. Der Seminarist mußte eine bestimmte Zeit hindurch ganz allein in allen Fächern unterrichten, eine schwierige Aufgabe. Es wurden, da nicht alle Seminaristen eines so zahlreichen Kursus dran kommen konnten, nur die befähigsten gewählt; die andern wurden zum Hospitiren veranlaßt. Die Schule machte uns große Freude. Die Verantwortlichkeit war nicht gering; denn es war darauf zu sehen, daß die Kinder auch dem Wunsche und den Ansprüchen der Eltern gemäß, Fortschritte machten und der gute Ruf der Seminarschule nicht litte.

Es sind mir von fremden Besuchern unseres Seminars wiederholentlich die Fragen vorgelegt worden: 1. ob es nicht zweckmäßiger
wäre, wenn an der Uebungsschule Lehrer angestellt würden, die als
Musterlehrer den Seminaristen vorlehrten, voramtirten? Die
Seminaristen selbst müßten theils hospitiren, theils bei einzelnen
Abtheilungen beschäftigt werden; 2. ob nicht durch die Einrichtung,
daß jeder Seminarlehrer die sich übenden Zöglinge im Lehren beauf-
sichtigte, eine Einheit im Lehrprincip unmöglich wäre? Was die
letztere Frage betrifft, so mußte ich erwiedern, daß, da die Seminarlehrer im Hauptprincip, nämlich: „Bildung des Geistes und Herzens
durch Entwickelung der Geisteskräfte" einig seien, ein Nachtheil
unserer Einrichtung sich nicht herausgestellt hätte. Und was das
Lehrverfahren in den einzelnen Disciplinen betrifft, so kann es nur
vortheilhaft für die jungen Lehranfänger sein, wenn sie den methodischen Winken folgen, die ihnen jeder Seminar-Fachlehrer zur Betreibung seines Lehrgegenstandes gegeben, da jede Disciplin eine
andere Behandlung bedinge, und nicht von jedem sogenannten Musterlehrer gefordert werden könne, daß er in jedem Lehrgegenstande ein
Meister sei. Die erste Frage betreffend, so ist der praktische Gewinn für die Seminaristen jedenfalls größer, wenn sie selbst Hand
anlegen, als wenn sie nur hospitiren und blos als Gehülfen be-
thätigt werden. Die Mißgriffe beim methodischen Verfahren werden
bald wieder ausgeglichen. In zweifelhaften Fällen kann sich jeder
Seminarist bei dem betreffenden Seminarlehrer Rath erbitten. Wenn
einem Zöglinge die Behandlung eines Faches übertragen wird, so
muß er sich auf den Gegenstand gründlich vorbereiten, was er nicht
thun würde, wenn er nur Helfer in der Klasse wäre. Einen Haupt-
vortheil aber gewährt unsere Einrichtung, nämlich: die Entwickelung
zur Selbstständigkeit im Lehrverfahren und in der Ausübung der
Schuldisciplin. Wenn ein Lehranfänger wahrnahm, daß die Kinder
eine größere Ruhe, oder Aufmerksamkeit, einen größeren Lerneifer
und ein anständigeres Betragen bei diesem oder jenem Lehrer an
den Tag legten, als bei ihm; so lernte er auf praktischem Wege
seine Fehler kennen und vermeiden.

Eines Uebelstandes jedoch muß ich hier gedenken, der sich beim
Unterricht in Lehrfächern, wie beim Schreiblesen und Rechnen, herausstellte, wenn 4—6 Seminaristen in einer Klasse einen Gegenstand
gleichzeitig in Abtheilungen nach Bell-Lankasterscher Weise lehrten
und übten. Da wurde allerdings Ruhe und Stille vermißt, ja sie
war eine Unmöglichkeit. Die Kinder gewöhnten sich allerdings daran,
aber die gegenseitigen Störungen der Abtheilungen erschwerten das
Lehren und Lernen. Wenn ein Seminarist alle Abtheilungen allein

beschäftigt hätte, wie wenig würden in dem Gegenstande zur Uebung gekommen sein! —

So viel über die Seminar-Uebungsschule. —

4. Die damalige Organisation des Seminars.

Ich will nun versuchen, meine Gedanken über den damaligen Seminar-Unterricht niederzuschreiben.

Der Bildungskursus war ein dreijähriger. Der älteste Kursus war der Lehrübungskursus. Bis dahin mußte die pädagogisch-wissenschaftliche Ausbildung so weit vollendet sein, daß der Seminarist zur praktischen Anwendung des Erlernten geistig befähigt war. Da nicht alle Seminaristen dieses Kursus auf einmal zu den Lehrübungen verwendet werden konnten, so mußten sich die übrigen in der Anstalt selbst privatim durch Wiederholungen des Erlernten beschäftigen. Uebrigens waren für diesen Kursus noch Stunden bestimmt, in denen die Zöglinge von den Seminarlehrern theils noch besonders in der Unterrichtskunst methodische Anleitungen erhielten, theils durch Wiederholungen in den positiven Kenntnissen der verschiedenen Lehrfächer befestigt wurden.

Mit den andern beiden Kursus wurden alle Schul-Disciplinen des Elementarunterrichts dem Alter und Bildungsstandpunkte der Jünglinge angemessen betrieben und zwar in elementar-wissenschaftlicher Form d. h. mit Rücksicht auf den Lehrberuf. Nicht wie die Seminaristen Kinder zu unterrichten hätten, wurden sie selbst unterrichtet, denn das würde sie nicht genügend geistig entwickelt und gefördert haben; zu diesem Zwecke war der dritte Kursus bestimmt. Aber bei der Wahl des Lehr- und Bildungsstoffes war die Elementarschule maßgebend, bestimmend und leitend. Was in der Vor-Seminarzeit erworben worden war, das wurde im Seminar vom höheren Standpunkte aus theils tiefer begründet, theils besser geordnet, theils mehr befestigt, theils bedeutend erweitert. Die beiden Kursus bestanden nicht zusammenhangslos nebeneinander, sondern folgten in organischer Verbindung aufeinander, der zweite war die Fortsetzung des ersten. Der Aufnahme in den ersten Kursus ging eine möglichst gründliche Prüfung voran — die sogenannte Präparandenprüfung, zu der sich fast immer eine nicht zu bewältigende Anzahl junger 17jähriger Jünglinge einfanden — manchmal an 120. Jeder Lehrer prüfte in seinem Fache eine Abtheilung in einem besonderen Zimmer, bis jeder alle in seinen Fächern durchgeprüft hatte. Hierauf trug jeder Lehrer seine Censuren in das Hauptbuch ein, worauf dann über die Aufnahme konferirt und abgestimmt wurde. Die

Abstimmung war kein leichtes Geschäft. Da von einer Anzahl von 120 bis 130 Geprüften nur 40 bis 50 aufgenommen werden konnten und durften; so war die Wahl um so schwieriger, je mehr tüchtige junge Leute zurückgestellt werden mußten. Das leitende Princip bei der Wahl war: wer in den meisten Fächern die Censur „gut" bekommen hatte, wurde zur Aufnahme notirt. Da gerieth die Konferenz nicht selten in Konflikt mit dem Musiklehrer, wenn der Präparand in der Musik „vorzüglich", in den andern Fächern aber „kaum genügend" bestanden hatte. Sollten dem Seminar auch tüchtige musikalische Kräfte zugeführt werden, so mußte das Princip dahin modifizirt werden, daß ein solcher Zögling auf Probe angenommen wurde. In der Regel wurden wir nicht getäuscht; die jungen Musiker bemühten sich mit ihren Mitgenossen in Betreibung der übrigen Gegenstände gleichen Schritt zu halten. Richter behauptete stets, der geistvolle Musiker sei auch für die andern Fächer befähigt, nicht aber umgekehrt. Er schloß so von sich auf Andere. Präparanden, die ihrer Befähigung ungeachtet, nicht aufgenommen werden konnten, erhielten zu ihrer Beruhigung und zur Ermunterung des Präparandenbildners ein Zeugniß, wenn es verlangt wurde. Bei der Wahl zwischen zwei in gleichem Grade Befähigten entschied das Alter; wir zogen den älteren dem jüngeren Präparanden vor. Wer uns getäuscht hatte, wurde wieder entlassen, ein Fall, der während meines Wirkens am Seminar, wenn ich nicht irre, nur einmal vorgekommen ist.

Das Breslauer Seminar war ein Internat; nur denjenigen Seminaristen, die in Breslau ihre Eltern hatten, wurde es gestattet, bei diesen zu wohnen. Diese waren entschieden im Vortheil in vieler Beziehung; sie waren Herr ihrer Zeit nach den Seminar-Lehrstunden und konnten nach Gefallen bis über zehn Uhr hinaus arbeiten, je nachdem der Geist sich angeregt und aufgelegt fühlte, der Abwechselung in der leiblichen Nahrung nicht zu gedenken. Die im Seminar wohnenden Seminaristen mußten um fünf Uhr das Bett verlassen, eine halbe Stunde später sich zur Morgenandacht einfinden, dann an die Anfertigung der Arbeiten für die Lehrstunden gehen, und um 7 Uhr das Frühstück zu sich nehmen. Von 8 bis 12 Uhr und von 2 bis 4 oder 5 Uhr fielen die Lehrstunden im Seminar, um 12 Uhr wurde zum Mittagsessen geläutet. Jeder Seminarist wußte, welche Speise er jeden Tag der Woche erhalten würde. Hunger ist der beste Koch, aber für manchen Magen war die Seminarkost doch nicht recht verdaulich, z. B. derbe Klöße mit Pflaumen-Tunke. — Von 4—6½ Uhr freie Verwendung der Zeit, um ½7 Uhr Abendkost, bestehend in Kartoffeln oder in einer Suppe. Für Brot hat

jeder Seminarist selbst Sorge zu tragen. Von 7 Uhr bis 9¼ Uhr
Arbeitszeit in den Schulzimmern. Um ½ 10 Uhr Abendandacht,
gehalten von einem Seminaristen des älteren Kursus. Bei meinem
Amtsantritt wurde aus einer gedruckten Sammlung gebetet, Gebete,
die keine Beziehung auf die Seminarverhältnisse hatten. Später
wurde diese Art zu beten beseitigt und den Seminaristen die schriftlichen Ausarbeitungen von Gebeten auf Grundlage eines Bibelspruches
und einer Liederstrophe zur Aufgabe gestellt. Der betende Seminarist hatte das Geschäft eine Woche hindurch. Da die alphabetische
Ordnung beobachtet wurde und die Sprüche schon acht Tage vorher
ausgewählt worden waren, so konnte die Ausarbeitung der Gebete
schon im Voraus geschehen. Die Gebete waren zur Correctur dem
Director oder Religionslehrer vorgelegt. Es sind vortreffliche Gebete geliefert worden, die des Eindrucks nicht verfehlten. Die Seminaristen verwendeten großen Fleiß auf die Ausarbeitungen, es
war eine Ehrenarbeit. Ich habe mich sehr gefreut, daß diese von
mir in Vorschlag gebrachte Einrichtung Anklang fand und von so
gutem Erfolge begleitet war. Ich bin heute noch im Besitz der
besten Gebete, die ich mir von den Seminaristen einhändigen ließ.
Den Gebeten wohnten abwechselnd der Director und der Oberlehrer
(ich) bei. Das Wochenschlußgebet waren die Seminarlehrer in geordneter Abwechselung zu halten verpflichtet. Es konnte frei gehalten oder ein religiöser Vortrag gelesen werden, Das montägige
Morgengebet pflegte der Director zu halten. Das Gotteshaus
zu besuchen, war jeder Seminarist angehalten, aber die Wahl der
Kirche wurde jedem frei gestellt. Die Abendmahlsfeier wurde jährlich gemeinschaftlich in der Bernhardinkirche veranstaltet, bei der
sich jeder Seminarlehrer mit seinen dazu berechtigten Familien-
gliedern betheiligte; sie wurde durch eine Ansprache am Vorabende
im Betsaale des Seminars von dem Director eingeleitet. Diese
Feiern waren ergreifender Art, noch leben sie frisch in meiner
Erinnerung.

Was das Seminargebäude betrifft, in welchem die Seminaristen wohnten, so erweckt die Erinnerung an dasselbe keine angenehmen Gefühle. Es war ein altes Franziskaner-Klostergebäude,
dessen Bodenräume zu Schlafsälen eingerichtet waren, im Winter
eisig kalt, im Sommer unerträglich heiß und leider belebt von quälenden schlafstörenden Wesen, die nicht zu vertilgen waren und die
Seminaristen zur Flucht auf das Dach oder auf die Tische nöthigten.
Ist das nicht kläglich?

Wenn bei so ungünstigen Verhältnissen unter einer Schaar
von 100 bis 120 jungen Leuten nicht auch Ungehörigkeiten vor-

gekommen wären, so würde man der Versicherung des Gegentheils gewiß keinen Glauben schenken, mit Recht. „Junger Most braust." An muthwilligen Geistern fehlt es nirgends. Aber nicht jedem Muthwillen liegt Bösartigkeit zum Grunde. So war es auch im Seminar. Es herrschte trotz der äußern ungünstigen Verhältnisse dennoch ein heiterer Sinn, ein fröhlicher Geist, der sich nicht im Versteck verhielt und heimlich sein Wesen trieb. Wer könnte die jungen Leute ihrer gegenseitigen Neckereien wegen verurtheilen! Zur Uebertretung der Seminargesetze ließ sich Mancher verleiten und zog sich dadurch nicht nur Rügen, sondern auch Verweisung aus der Anstalt zu. Das Tabakrauchen war den Seminaristen nicht gestattet. Der Besuch eines Bierhauses blieb ungerügt, wenn daselbst kein Tabaks-Kollegium sich bildete. Wer dagegen sündigte, hatte sich die schlimmen Folgen: Entziehung der Unterstützung und bei wiederholten Fällen Verweisung aus der Anstalt zugezogen. Die letztere Maßregel trat auch bei sittlichen Vergehungen, Bestehlung seiner Kameraden, Genüssen verderblicher Getränke, ausschweifender Lebensart, Trägheit u. dgl. ein. Gottlob, daß von so groben Vergehungen und Vorkommenheiten nur äußerst wenige Fälle in meine Erinnerung treten. Jeder Seminarlehrer machte es sich zur heiligen Angelegenheit, dergleichen Subjecte rechtzeitig privatim zu warnen und zu überwachen, ehe an die große Glocke geschlagen wurde. Gar Mancher wurde so auf bessere Wege geleitet und von dem Sturze behütet und bewahrt. Wer von meinen Zöglingen diese Darstellung lesen sollte, der wird die Wahrheit der Aussage bestätigen. Es wird nicht Viele geben, die da bekennen werden: „auch mir warst du in gefährlicher Stunde ein rettender Freund!" denn es waren in der That nicht Viele, die einer solchen Warnung bedurften. Freilich, vom Polizeigeist bin ich nicht geplagt gewesen, den Schleichwegen der Seminaristen habe ich nicht nachgespürt. Zu solchen Entdeckungsreisen fehlte mir jeder Sinn und alles Geschick; auch ein Schwarzseher bin ich nicht, und darum ermangelte ich auch jener Erfindungsgabe, die Schlimmes selbst da findet, wo nichts Schlimmes vorhanden ist.

5. Ein weiterer Blick in mein Seminarlehrer-Verhältniß.

Daß ein Seminarlehrer nicht auf mit Rosen bestreuten Wegen wandelt und auf oder in Flaumfederbetten ruht, wußte ich schon von Harnisch, und Sauermann's Begrüßung enthielt Aeußerungen, die mich stutzig machten. „Möchten Sie sich in Ihren Erwartungen von dem Seminarleben nicht getäuscht sehen. Wenn Sie nicht einen guten

Magen mitbringen, so fürchte ich, daß es Ihnen ergehen werde, wie Sie an mir ein Beispiel vor sich haben. Ich war ein gesunder Kerl, wie sie wissen, jetzt bin ich ein elender Mann. Was ich will und soll, kann ich leider nicht, und das ist ein drückendes Gefühl." — Diese Worte machten mich nachdenklich, und bald in den ersten Wochen fand ich das Geständniß Sauermann's bestätigt. Ich will nur Einzelnes dem Papier anvertrauen.

Der Director Schärf ermunterte mich, darauf hinzuwirken, daß mehr O r d n u n g u n d S a u b e r k e i t im Hause und in den Lehrsälen sei. In der That, es befremdete mich manche äußerliche Nachlässigkeit, die mir begegnete. Die freundliche Aufforderung, die ich an die Seminarzöglinge richtete, für Erhaltung eines saubern Fußbodens mitzuwirken, Kirsch- und Pflaumenkerne und Birnen- und Aepfelgriebsche nicht auf den Fußboden zu werfen, wurde dadurch vergolten, daß ich deren noch mehr als am vorhergehenden Tage vorfand. In einer Lection forderte ich einen Seminaristen auf, lauter und deutlicher zu sprechen. Am Nachmittage fand ich an die große Wandtafel die Worte geschrieben: „Sprechen Sie lauter und deutlicher"! Da die Kirschkerne umherlagen, so kam es häufig vor, daß Störungen beim Zertreten derselben verursacht wurden. Die Zöglinge nahmen wahr, daß ich dazu keine gleichgültige Miene machte, sondern daß mich solche Vorkommenheiten verdrossen. Darum sorgten sie für die Vermehrung solcher Störungen. Derartige Erfahrungen waren mir ganz neu; aber sie dauerten nur kurze Zeit, denn ich setzte ihnen stoische Gleichgültigkeit entgegen und kümmerte mich um solche Lapalien nicht mehr. Eigentlich waren es meines Amtes nicht, mich solcher Angelegenheiten anzunehmen, besonders da die Kollegen sich passiv dabei verhielten. In den Augen der Seminaristen stand ich, angeregt durch Schärf, als ein Reformler da; sie gewannen jedoch bald eine richtige Ueberzeugung von meiner Gesinnung. Mit jeder Woche schwand das gegenseitige Mißtrauen und eine größere Ergebenheit und Zuvorkommenheit trat an dessen Stelle. Aber es bedurfte eines hohen Grades der Selbstverläugnung zur Ertragung des Mißfälligen in dem Gebahren der jungen Leute. Ich fand in der That, daß ein starker Magen zur Verdauung solcher Kost gehörte. Meine Milde wurde gemißdeutet und gemißbraucht, vielleicht für Schwäche gehalten. Mit Sauermann'scher D e r b h e i t, Scholz'scher W o r t k a r g h e i t, Richter'schem S a r k a s m u s und Schärf'scher I r o n i e hätte ich mehr ausgerichtet. Daß die anfänglichen Zustände in das völlige Gegentheil umschlagen würden, hätte ich mir nicht träumen lassen; denn mit thränenerfüllten Augen beschloß ich die Tage und mit bangem Ach erwachte ich jeden Morgen. So war's, so blieb's aber nicht — und das war gut. Das süßeste Gefühl ist es für mich heute, daß ich mich an keine einzige Persönlichkeit erinnern kann, die mich in der oben angegebenen Weise verletzt und Schmerz bereitet hätte. Von den ältesten Zöglingen aus jener Zeit leben noch mehrere, die mein Herz mit warmer Liebe umschließt; ich nenne nur Hoffmann den älteren, Zahn den älteren, Letzner den älteren, Kromayer in Breslau, Lippelt in Ratibor u. A., die mir ihre Treue und Liebe bewahrt haben, obgleich ich nur ½—1 Jahr ihr Lehrer war.

Was die Lehrgegenstände betrifft, die mir zugewiesen wurden, so entsprachen diese nicht durchweg meinen Neigungen und Wünschen: deutsche Sprache, Anthropologie und Physik, oder statt der letzteren (der Physik) auch Zeichnen. Ich hatte nicht zu wählen und den Kollegen, welche länger an der Anstalt gewirkt hatten, wurde, obgleich sie kürzere Zeit amtirten, der Vorrang in der Wahl der Gegenstände überlassen. Anthropologie gehörte doch in die Pädagogik, die der Director zu lehren hatte; warum soll sie als ein besonderer Zweig jener Wissenschaft oder der Naturgeschichte, die Sauermann lehrte, auftreten und in andere Hände gelegt werden? Physik erforderte Geschicklichkeit im Experimentiren, worin ich mich nicht geübt hatte und wozu die Anstalt keinen genügenden Apparat besaß. Die Physik lehnte ich ab; Geographie, die zu meinen Lieblingsfächern gehörte, gab Kollege Scholz nicht aus seinen Händen; und so verblieb mir nichts anderes als das Zeichnen im Seminar. Der Oberlehrer des Seminars und Zeichenunterricht, das konnte mich in den Augen der Seminaristen nicht heben; in die Hände Richter"s gehörte dieser Unterricht, der bei Peter Schmidt in Berlin dessen Methode erlernt hatte. Aber ich war schon zu eingeschüchtert, als daß ich mich den Verdrießlichkeiten mit dem Director und den Kollegen ausgesetzt hätte. Lieber schweigen — und dulden, bis eine Wendung der Dinge eintreten würde; so dachte und handelte ich. Im Zeichnen hatte ich in technischer Beziehung allerdings etwas geleistet und meine Schüler in Neisse machten mir Ehre; aber die Peter Schmidt'sche Zeichenmethode war mir nicht hinreichend bekannt; mit Zagen trat ich vor und unter die Zöglinge. Der quälenden Tage wurde ich jedoch bald entrückt. Die Erkrankung des Kollegen Sauermann, die Hoffnungslosigkeit in Betreff der Genesung, die Nähe des Endes seines Lebens erheischte die Vertretung seiner Fächer: Rechnen und Raumlehre, die mir zufielen. Der Tod erlöste Sauermann von seinem langwierigen Leiden und befreite mich von einer Verlegenheit, die mein pädagogisches Gewissen drückte. Jene Fächer waren ja auch diejenigen, in denen ich schriftstellerisch vor meinem Seminarleben aufgetreten war. Jetzt erst war volle Befriedigung in meine Seele eingekehrt. Mit erneuertem Muth ging ich an mein Werk, mit erhöhtem Eifer zog ich an dem Seminarwagen, dessen Räder bis dahin widerlich knarrten. Und als mir die Sauermann'sche Amtswohnung überwiesen worden war, und ich sie bezogen hatte, konnte ich um so bequemer meinen andern Functionen, der Ueberwachung der Seminaristen, obliegen. —

6. Ergänzung von Lehrkräften im Seminar.

Um dem nun eingetretenen Mangel einer Lehrkraft abzuhelfen, wurden die erforderlichen Einleitungen getroffen und die Besetzung der 2. Oberlehrerstelle beim Hohen Ministerium beantragt. In Berlin weilte zu der Zeit der Candidat des Predigtamtes, Wilh. Thilo, Sohn des Königl. Superintendenten Thilo in Striegau, um sich daselbst bei Diesterweg didaktisch weiter auszubilden. Thilo hatte schon vor mir am Breslauer Seminar als Hülfslehrer einigen Unterricht ertheilt und war mit den hiesigen Verhältnissen vertraut. Ob in Folge einer Bewerbung oder durch andere Umstände veranlaßt, Herr Thilo wurde von Seiten des Hohen Ministeriums zum 2. Oberlehrer am Breslauer Seminar ernannt, mit der ausdrücklichen Bedingung, daß ihm von Seiten des Directors solche Fächer zuertheilt werden, die seiner wissenschaftlichen Bildung entsprechen. Ich wurde durch die Anstellung Thilo's in meinen Lehrfächern nicht tangirt.

Mit Thilo begann für mich ein neues, herzliches Leben in Breslau, denn unsere Seelen harmonirten vortrefflich. Wie bei Schärf, so war Thilo's Persönlichkeit ganz geeignet zu imponiren, hochgewachsen, von einnehmender Gesichtsbildung.

Thilo hatte seine Studien als Theologe auf der Universität Breslau gemacht. Nach dem persönlichen Eindruck zu urtheilen, muß es befremdlich erscheinen, daß er bei seinen Bewerbungen um ein geistliches Amt nicht vom Glück begünstigt worden ist. Wahrscheinlich lag es im Plane der Vorsehung, ihn dem Schulwesen ungetheilt zu erhalten. Thilo wirkte in Breslau mit vieler Liebe, großer Treue und regem Fleiße. In das Fach der Physik mußte er sich hineinstudiren, was ihm auch gelang, obgleich es immer bedenklich ist, in einem Fache zu lehren, das man seit seinen Gymnasialjahren hat Brache liegen lassen. Im Stil dagegen war Thilo Meister und treffliches Vorbild. Er besaß Jean Paul'sche Phantasie und war originell in der Gedanken-Darstellung. Wie bekannt, schreibt er nur für denkende Leser, die da verstehen, zwischen den Zeilen zu lesen und das im Verborgenen liegende recht zu deuten. Leider erfreute ich mich nicht lange seines anregenden Umganges, seiner unmittelbaren liebreichen Begegnung, denn er erhielt den Ruf zur Bekleidung des Oberlehreramtes am Seminar zu Potsdam, das damals unter der Direction des Herrn Hientzsch stand. Später wurde er mit der Leitung des Seminars in Erfurt betraut, von wo er, da Fürbringer zum Berliner Stadt-Schulrath berufen ward, an dessen Stelle die Leitung des Berliner Stadtschullehrer-Seminars übernahm, wo er gegenwärtig noch wirkt. Wie freute ich mich, mit dem alten treuen, biedern Freunde im Jahre 1853 in Breslau einige Stunden verleben zu können und seine Frau (Tochter Diesterweg's) und Familie kennen zu lernen. —

Nach der Versetzung Thilo's blieb die zweite Oberlehrerstelle am hiesigen Seminar nominell unbesetzt, faktisch aber wurde der Rector Julius Löschke in Medzibor bei Poln.-Wartenberg vierter Seminarlehrer. Zur Anstellung dieses Mannes konnte man dem Seminar gratuliren. Löschke, der Sohn eines Bürgers in Görlitz, genoß die Gymnasialbildung in Görlitz unter dem ehrwürdigen Anton, studirte in Breslau Theologie und war engbefreundet mit Dr. David Schulz und Dr. Kölln, dessen literarischen Nachlaß Löschke zu ordnen auserkoren ward. Bei der Prüfung pro rectoratu zeichnete sich Löschke durch seine Leistungen vortheilhaft aus. Was mich betrifft, so erschien mir Löschke seinem ganzen Wesen und Geiste nach als ein zweiter, wenigstens als ein kleiner Melanchton, schlicht in der äußern Erscheinung, freundlich und mild in der Rede, klar und bestimmt im Denken, energisch in der That, wenn es das Lehren betraf, eingehend in fremde Vorstellungen, ohne diese zu acceptiren, humoristisch in freundschaftlichem Umgange, durchdrungen von christlich religiöser Gesinnung, ein begabter Lehrer auf Stuhl und Kanzel. Uns war er stets ein ehrenwerther, geachteter und geliebter Kollege, ein zuverlässiger Charakter. In seiner Bescheidenheit war er unübertrefflich. Trotz seines gründlichen und umfassenden Wissens glaubte er doch immer für dieses oder jenes Fach noch nicht befähigt genug zu sein. Löschke wurde unter anderem auch der Unterricht in der Geschichte übertragen, den Scholz bisher ertheilt hatte, und worin dieser Vorzügliches leistete. Löschke übernahm den Gegenstand mit Zagen. Bei seiner wissenschaftlichen Vorbildung konnte ihm das Studium wol nicht schwer fallen; aber so heimisch er in der Geschichte der Alten war, so glaubte er doch in dem Gebiete der Geschichte, in das er die Seminaristen einführen sollte, so viel wie nichts zu wissen. Die Folgezeit hat dargethan, wie es in dieser Beziehung mit Löschke's Geschichtskenntniß gestanden. Die Schüler fühlten sich von seinem Unterrichte angezogen und erwärmt. Die Ergebnisse seines Fleißes finden wir in zwei Geschichtswerken dargelegt, die beliebte Schulbücher geworden und geblieben sind. Im deutschen Stil waren die Seminaristen aller drei Kursus durch Löschke bestens berathen; er wählte zweckmäßige Thema's, suchte durch Besprechung derselben Gedanken zu erwecken und verwendete den sorgsamsten Fleiß auf die Correcturen. In der Bibelkunde brachte er Licht in die Köpfe der Seminaristen. Er genoß großes Vertrauen bei denselben. — Löschke hat während seiner Amtirung in Breslau eine harte und schwere Schule der Leiden durchgemacht. Ein bösartiges Nervenfieber raubte ihm zuerst seine Schwester, die bei ihm lebte, ergriff dann seine junge Frau, die gleichfalls ein Opfer des Typhus wurde, und warf endlich den Gatten selbst auf das Krankenlager. Es war ein Jammer, diesen Mann in so viel Leiden zu wissen, ohne ihm helfen zu können. Ein braver Seminarist, Namens Kranz, jetzt Waisen-Erzieher in W. bei Waldenburg, verließ den geliebten Lehrer nicht. Bei einem der Besuche, die ich ihm machte, als er auf dem Krankenlager und seine Gattin im Sarge neben ihm lag, phantasirte er in seiner liebreichen Weise. Als er mich in einem lichten Augenblick erkannte, ergriff er meine Hand, reichte mir den Schlüssel zu seinem Schreibtisch und bat mich, die Rolle Geld von 50 Thlr. aus einem bestimmten Fache an mich zu nehmen und es bis zu seiner Genesung zu bewahren. Als ich ihm diese späterhin einhändigte, weigerte er sich, dieselbe als sein Eigenthum anzuerkennen, da er sich nicht erinnern könne, sie mir übergeben zu haben. Nur auf Betheuerungen der Wahrheit von meiner Seite nahm er sie wieder zurück. — In der beglückendsten Erinnerung stehen mir jene Spaziergänge, die wir — Richter, Löschke und ich — fast alltäglich, nachdem wir des Tages Last und Hitze getragen hatten, um die Dämme Morgenau's machten und uns in der Restauration bei Mutter Wenzel niederließen. Wir waren damals als dreiblättriges pädagogisches Kleeblatt von Vielen gekannt und bezeichnet, denn niemals ging einer von uns ohne die andern beiden. Ein Zisch auf der „breiten Straße" vor der Wohnung des Löschke war das Signal. Auf Pünktlichkeit in dieser Beziehung hielt jeder von uns. Wir lebten im wahren Sinne des Worts in einem kollegialischen Verhältniß. Wenn sich Scholz als vierter Mann nicht bei dieser Partie betheiligte, so hat dies darin seinen Grund, daß er in einem andern ihm befreundeten Lebenskreise Befriedigung fand.

7. Veränderungen im Directorat des Seminars.

Eine amtliche Veränderung kettete uns noch enger an einander. Herr Director Schärf nämlich wurde von dem Ober=Präsidenten v. Merckel bestimmt, das erledigte Directorat an den Bunzlauer Anstalten zu übernehmen. Es fiel dem Director schwer, sich zur Annahme jener schwierigen Stellung zu entschließen. Er betrachtete die Angelegenheit, in der und für die er nichts gethan, als einen Ruf von Oben und sagte zu. Die Disciplin in den Bunzlauer Anstalten war etwas gelockert, es gehörte ein Mann wie Schärf zur Herstellung der rechten Zucht. Sein Scheiden wurde feierlich begangen. Die Abschiedsworte machten auf uns Lehrer und die Zöglinge einen tiefen Eindruck. Da eine feste Leitung für Bunzlau's Anstalten nicht länger entbehrt werden konnte, so mußte Schärf vor der Besetzung seines bisherigen Amtes nach Bunzlau abgehen. Es geschah dies in dem Vierteljahre, wo es am meisten zu thun gibt: Prüfung der Präparanden, Abiturienten=Prüfungen, Schulkinder= und Seminaristen-Examen, Legung der Jahresrechnung u. dgl.

Die Verwaltung der Directoratsgeschäfte wurde mir übertragen. Die Bürde war nicht leicht. Die Lehrstunden des Directors hatte Löschke größtentheils übernommen. Gottlob, daß Alles und Jedes einen befriedigenden Fortgang nahm.

Die Besetzung des Breslauer Seminar=Directorates hatte seine besonderen Schwierigkeiten. Es war in der That nicht leicht, einen Geistlichen (denn ein solcher sollte es nach der neuen Verfügung sein — Hientsch war kein Geistlicher) zu finden, der einen Director wie Schärf zu ersetzen im Stande gewesen wäre. Ob Meldungen eingegangen waren, weiß ich nicht. Man rechnete darauf, daß die Wahl einen Geistlichen treffen würde, der sich als Präparanden=Bildner schon Verdienste um die Seminarbildung erworben hatte — ich meine den Pastor Richter in Rankau bei Nimptsch. Aber Richter wurde übergangen und Pastor Binner in Münsterberg für das hiesige Directorat auserkoren, eine dem Breslauer Seminarlehrer=Kollegium größtentheils unbekannte Persönlichkeit. Als ich noch in Neisse Rector war, erfreute ich mich seines Besuches bei den Prüfungen, zu den ihn Superintendent Handel, der ihm sehr zugethan war, eingeladen hatte.

Des neuen Directors Rede, die er bei der Einführung hielt, war eine Musterrede. Obgleich klein von Gestalt und von schwächlicher Konstitution entwickelte Binner doch ein kräftiges Organ und eine bedeutende Gewandtheit in der Rede. Binner war in mancher Hinsicht das Gegentheil von Schärf; dieser groß, jener klein von Gestalt; dieser wohlbeleibt, jener fast abgemagert und blaß; dieser gemessen und steif in Wort und Gebehrde, jener ungewirt und die Beweglichkeit selbst; dieser mißtrauisch, jener sich offen hingebend. Der kollegialische Sinn Binner's machte ihn bald beliebt. Ein auffallender Unterschied im Geiste offenbarte sich in den monatlichen Konferenzen, in denen wir Kollegen gemüthliche Stunden verlebten. Binner's gewandter Geist trat besonders in seiner schnellen Orientirung der Einrichtung und Verwaltung der Anstalt hervor. Es ist mir kein Mann vorgekommen, der so schnell mit der Anstalt vertraut geworden wäre, als Binner. Die geistigen Arbeiten gingen ihm schnell von der Hand. Er war unverdrossen in den Arbeiten, die ihm oblagen und in solchen, die er freiwillig übernommen hatte. Anders verhielt es sich mit seiner Lehrbegabung, z. B. als Katechet. Hierin war Schärf schwer zu erreichen, noch schwerer zu übertreffen. Schärf war ein geübter Schulmann, Binner mochte es mit der katechetischen Lehrkunst nicht genau genommen haben. Es ging ihm das entwickelnde Fragen nicht so leicht vom Munde als die zusammenhängende Rede. An Binner sah man recht deutlich, daß der gewandte Prediger nicht immer auch ein gewandter Schulmann sei, und daß die tüchtigsten Schulmänner doch nicht immer gute Kanzelredner sind. Ich habe ihn nie katechisiren hören, aber nach den später vernommenen Urtheilen seiner ehemaligen Schüler, litten seine Katechisationen an trockner Langweilig- und Schwerfälligkeit. Bei der bewundernswerthen Geschicklichkeit, mit welcher er einen biblischen Text zu disponiren verstand, mußte jene Mangelhaftigkeit im Katechisiren befremden. Es war keine Aufschneiderei, wenn er versicherte, daß er über eine Perikope auf der Stelle 6—8 Predigt-Thema's zu ziehen und zu jedem derselben eine Disposition zu entwerfen im Stande sei — ich habe mich von der Wahrheit selbst überzeugt und sein Freund Pastor H. in B. ist Augenzeuge gewesen, wie B. in einem Abende zu einer Perikope 13 Dispositionen lieferte. Solche Leistungen zeugten von einem außerordentlichen Geistesreichthum und von großer Verstandesschärfe. „An meinem Stil“, sagte er, „soll mich, wenn ich will, Keiner erkennen, denn ich kann mir jede Stilart aneignen, und es macht mir keine Schwierigkeiten, meine Gedanken in jeder Stilform auszudrücken“. In seiner religiösen Richtung war er orthodox, aber frei von jenem unfruchtbaren, weil unpraktischen Dogmenkrame. Seine Vorträge, er mochte sie frei halten oder vorlesen, waren frei von religiösen Phrasen und Dogmen-Bombast. Lehrer und Zöglinge fanden sich durch seine Monats-Schluß-Andachten stets recht angeregt und erbaut. In geselliger Beziehung war Binner unübertrefflich; Niemand fühlte sich beengt in seiner Gesellschaft, sondern angeregt zum Frohsinn. Wer sich jener Spaziergänge, die er im Herbste zur Feier des 18. Oktobers nach Oswitz oder der nach Treschen zu Schiffe unternommenen, erinnert, wird Binner'n das Zeugniß ausstellen, daß er bei solchen Gelegenheiten den Director zu Hause ließ und mit den Zöglingen und Lehrern, wie ein ihnen gleichgestellter Freund lebte. An jedem Spiele betheiligte er sich mit Kraft und Ausdauer, im Wettlauf war er an der Spitze. Bei der gemeinschaftlichen Tafel brachte er ein Hoch auf den König, dann auf die Sieger am 18. Oktober 1813, dann auf das Seminar und seine Lehrer und Zöglinge aus, und nahm die humoristischen Gegen-Toaste der Zöglinge freundlichst auf. Wenn ein Regenguß uns in den Saal nöthigte, da regte er zu einem Tänzchen an, wobei er selbst die Polonaise aufführte. Ganz besonders interessant war die Rückfahrt zu Schiffe von einem Spaziergange nach dem 1 Meile weiten Treschen. Binner hatte zwei der größten Oderkähne bestellt, die angefüllt waren und die ruhig auf der Oder bei hellem Mondenschein unter Jubelgeschrei und Chorgesang dahin glitten. Solche Erholungen erweiterten das Herz der Zöglinge und der Lehrer. Da jährlich nur ein so allgemeiner und gemeinsamer Spaziergang veranstaltet wurde, so war der Genuß um so schöner und die Freude darauf um so größer. Ich würde Unrecht thun und undankbar erscheinen, wenn ich nicht der Unterhaltungen an den Fastnachtsabenden gedächte, die während Binner's Direction veranstaltet wurden. Schon zu Zeiten Schärf's ging der Abend, an welchem alle Welt seine Späße treibt, nicht unbeachtet und spurlos vorüber. Unter Binner erweiterte und verschönerte sich das Vergnügen. Es wurde ein zweckmäßiges und vorher redigirtes dramatisches Stück aufgeführt, wobei es an Ergötzlichkeiten nicht fehlte. Man denke sich nur die steifen Jünglinge und es wird sich jeder die Karrikaturen vorstellen können, die hier producirt wurden. Der Director gestattete es, daß die Lehrerfamilien junge Damen aus befreundeten Kreisen dem Vergnügen zuführten, mit denen dann ein Tänzchen ausgeführt wurde. Es war eine rechte Freude wahrzunehmen, welcher Anständigkeit sich die jungen Leute befleißigten; sie übertrafen in der Beobachtung der Formen des Schicklichen unsere Erwartungen und verscheuchten die Befürchtungen. Kein Ausbruch von Rohheit in Wort und That. Wer in solchen Veranstaltungen eine Entwürdigung der Bildungsanstalt erblickt, oder sie als eine Begünstigung und Förderung der Frivolität erklärt, der gehört zu den Abgestorbenen oder Abgelebten in diesem Leben, der keine Freude mehr an der unschuldigen Freude junger Leute findet. Glaubt man denn, daß solche Vergnügungen, zumal wenn sie unter so väterlicher Leitung vor sich gehen, das Herz verderben, die Gesinnung entchristlichen? Hinter einer sauertöpfigen Miene liegt nicht selten eine recht gemeine unsittliche Gesinnung verborgen, die heimlich ihr Unwesen treibt. „Wo man singt, da laß dich nieder, böse Menschen haben keine Lieder." Darum das Eine thun und das Andere nicht lassen. Alles zur rechten Zeit und am gehörigen Orte. —

Die Feier des 3. August gehörte auch zu den Lichtpunkten im Leben der Seminarzöglinge. Sie begann mit einem feierlichen Schulaktus, bestehend in einem Choralgesange, einer patriotischen Rede von Seiten des Directors und in der Aufführung eines kräftigen Psalm von B. Klein oder Richter, vortrefflich executirt. Die Seminaristen wurden an dem Tage gut beköstigt und durch ein Glas Wein erheitert. In dieser Beziehung war Binner auch für die Seminaristen thätig.

Welchen Erfolg ein Wort, zur rechten Zeit und am gehörigen Orte gesprochen oder geschrieben, habe, das bewies Binner durch seine Immediat-Bitte, die er an Se. Majestät bei Höchstdessen Thronbesteigung im Juni 1840 richtete. Diese Bitte betraf den lange ersehnten Bau eines höchst nothwendigen Seminargebäudes, für das der sel. Oberpräsident v. Merckel schon ein Jahrzehend gewirkt hatte. Immer und immer wurde der Bauplan umgearbeitet und endlich so modificirt, daß der letzte Plan dem meisterhaften ersten nicht mehr ähnlich war. Se. Majestät befahl huldvoll die sofortige Ausführung. Binner entwickelte dabei die einsichtsvollste und umsichtigste Thätigkeit. Leider wurde ihm nicht die Freude zu Theil, den Bau vollendet zu sehen, noch weniger das Gebäude einzuweihen und zu beziehen. Wie ging das zu?

Bei so vortrefflichen Eigenschaften eines Mannes wie Binner erfüllt es das Herz doppelt mit Schmerz, wenn man auf Fehlgriffe und Verirrungen bei ihm stößt, die von traurigen, weit und tiefgreifenden Folgen begleitet waren. Ich kann und darf die wichtigsten derselben nicht verschweigen.

Binner ließ sich von dem Gedanken beschleichen, einen neuen Modus in der Anrede der Seminaristen, nämlich das väterliche „Du" einzuführen. Von wem er diesen Gedanken aufgenommen, weiß ich nicht. Sollte er sich vielleicht den Papa Dinter zum Vorbilde genommen haben? Aber die Verhältnisse waren in Breslau ganz andere und Binner noch viel zu jung und zu wenig mit den Zöglingen eingelebt, ja selbst noch zu wenig geltend. Ich glaube, Binner trieb das Herz zu dem vertraulichen Du! er hoffte, den Zöglingen dadurch näher zu treten, und wünschte, von ihnen als Vater angesehen zu werden. Als er mir seinen Vorsatz mittheilte

14

und den Wunsch äußerte, daß auch ich in seine Fußtapfen treten möchte, unterließ ich es nicht, ihn davon abzubringen, indem ich zur Erwägung brachte, daß die hiesigen Verhältnisse zu einem solchen Modus nicht angethan seien. Würde derselbe von der Behörde befohlen und bediente sich jeder Kollege des „Du“ in der Anrede, so würde die Sache bei den Seminaristen in einem ganz andern Lichte erscheinen. Es fällt nicht auf und zieht keine Folgen nach sich, wenn der Unteroffizier seine Rekruten mit „Du“ anredet, obgleich auch hier der Stand des Rekruten berücksichtigt wird. Es ist auch Usus, daß jeder Gymnasiast bis zur Tertia von jedem Lehrer ohne Ausnahme das „Du“ vernimmt; von Tertia aber beginnt das „Sie“ von jedem und für jeden, selbst den Direktor nicht ausgenommen. Auf den Turnplätzen spielte zu Anfange auch das „Du“ eine Rolle, es erstreckte sich sogar auf die Lehrer, und Harnisch stand als „Bruder Wilhelm“ unter seinen Turnern. Harnisch's Ansehen wurde dadurch nicht beeinträchtigt; denn er übte eine Herrschaft seltner Art über die Geister aus und zwar durch seine Liebe und durch seine didaktische Tüchtigkeit. Der Geist zu jener Zeit aber war ein anderer, als der jetzige. Wenn B. im Sinne hatte, durch das „Du“ den Dünkel der jungen Leute zu brechen, so griff er ganz und gar fehl. Ich verhehlte ihm nicht, daß sich eine Opposition gegen ihn bei den jungen Leuten bilden, die ihm das Leben verbittern würde. Meinen Rath, doch noch mit dem „Du“ ein paar Jahre zu warten und vorläufig im Gebrauch des „Du“ mit den Präparanden den Anfang zu machen, beachtete er nicht. Eben so wenig Anklang, wie bei mir, fand sein Antrag bei den andern Kollegen, einen ausgenommen, der mit dem „Du“ bei der Präparanden-Prüfung begann. Mit B. in Uebereinstimmung handelte der Director des kath. Seminars Wenzel; hier mißfiel die Sache weniger. B. ließ sich von seinem Vorhaben durch keinen der Kollegen abbringen. Das „Du“ begann; bevorzugt wurden die Seminaristen des 3. Kursus, denen er das „Sie“ ließ. Das war von noch schlimmeren Folgen; die Bevorzugung ließ sich durch haltbare Gründe nicht rechtfertigen. Soll durch das „Du“ das väterliche Verhältniß hergestellt werden, so wird es durch das „Sie“ beim 3. Kursus wieder aufgehoben; soll dadurch der Dünkel gebrochen werden, so wird er durch das „Sie“ beim 3. Kursus wieder begünstigt. Welcher Kursus aber steht dem Seminarlehrer näher? der älteste oder die beiden jüngeren? Ich denke, der älteste, denn er ist in die Reihe der Lehrer eingetreten, und die Lehrschüler werden in wenig Monaten Kollegen, wenigstens ebenfalls gleichberechtigte Lehrer sein. Bei diesen wäre dann das „Du“

natürlicher; es dürfte jedoch nur dem zu Theil werden, der sich dessen als eines Vorzuges würdig gemacht hatte, wie das bei Dinter der Fall war, der seine liebsten und besten Schüler auch dann noch mit „Du" anredete, als sie zu älteren Lehrern herangereift waren. Auch ich habe das Du bei Sobolewsky, Baur und Auras, so wie bei vielen meiner ehemaligen Schülerinnen beibehalten. „Das „Du" erbitte ich mir so lange, bis Sie Ihre Gesinnung gegen mich geändert haben. Von der Stunde an, da Sie mir das Du entziehen, fürchte ich, mich Ihres väterlichen Wohlwollens unwürdig gemacht zu haben." So schrieb mir einmal einer jener Männer.

Doch ich schweife ab.

Meiner Ueberzeugung nach hatte Schärf Recht, wenn er behauptete, daß ein Seminarist nicht vornehm genug behandelt werden könne; man müsse ihn durch die Behandlung empor zu heben und zu sich heran zu ziehen suchen, ihn weder durch Wort noch durch That herunterdrücken, er stehe ohne dies schon tief genug; wie soll er zu einem Begriff von der Lehrerwürde gelangen, wenn man ihn im Alter der Entwickelung und der größten Empfänglichkeit für Ehre seiner Ehre würdigt! Mit dem Dünkel der Seminaristen verhält es sich wie mit dem der Jünglinge anderer Berufsarten; er kommt und geht von selbst, braucht also durchaus keines künstlichen Vertreibungsmittels; am allerwenigsten durch die Absichtlichkeit in der Anwendung des Du. Vor der Macht des Geistes beugt sich der dünkelvollste Mann, um so mehr der unerfahrene Jüngling aus der Bauernhütte. —

Was ich gefürchtet, trat leider gar bald ein. B. wurde seines „Du's" wegen in öffentlichen Blättern angegriffen und scharf gegeißelt. Da hieß es denn: „B. sei keine solche pädagogische Größe, daß er sich eine so entwürdigende Behandlung ungerügt herausnehmen dürfte." anderer Schmähungen nicht zu gedenken, die in der „sächsischen Schulzeitung" und in der „schlesischen Chronik" zu lesen waren, Artikel, die geeignet waren, das Ansehn des Directors zu untergraben und dadurch das Vertrauen zu der im guten Rufe gestandenen Anstalt zu schwächen. Die Seminaristen griffen begierig nach den Blättern und verhehlten ihre Stimmung nicht. Waren auch aus dem Stil die Verfasser jener bitterbösen Artikel bekannt, so konnte ihnen doch weder das Dintenfaß verstopft, noch das Maul gestopft werden. Man gab jenen Angriffen Recht und B. hat den Mißkredit, in den er sich bei allen Lehrern gebracht, seinem eignen Dünkel, den er nicht zu bekämpfen vermochte, zuzuschreiben. Daß solche Erfahrungen in dem Manne Verstimmungen bewirkten, und daß er in demselben an der Berufsfreudigkeit Abbruch erlitt

14*

und erleiden mußte, könnte Niemandem entgehen, noch weniger befremdlich erscheinen. ——

Durch eine andere Einrichtung zog sich B. ebenfalls große Verdrießlichkeiten zu. Er wollte dem lauten Wesen und dem geräuschvollen Auftreten der Seminaristen begegnen und führte, da er die Spektakler nicht ermitteln konnte, ein Buch ein, das so gehandhabt wurde: Dem ersten Spektakler, den B. selbst ertappte, händigte er das Buch ein, der es so lange behielt und als Spektakler angesehen wurde, bis dieser einen zweiten ertappt hatte, der sich des Buches schuldig gemacht hatte, was dem Director angezeigt werden mußte. Wie konnte B. nur meinen, daß mit diesem Buche nicht der größte Muthwillen getrieben werden würde! Wer das Buch hatte, suchte es los zu werden und dem Director Anzeige zu machen. Die Folge war, daß der Director mit Anzeigen ungebührlich und unerträglich überlaufen wurde. Das ärgerliche Spiel nahm nach kurzer Zeit ein frühes und ergötzliches Ende, nicht zur Erhöhung der Autorität des Directors. Es gab wirksamere Mittel, die Störenfriede in ihre Schranken zu verweisen, ohne das Ansehen des Directors zu beeinträchtigen. Ich wohnte den Seminaristen näher als der Director, aber ich hatte nicht Ursache, mich über Störungen, durch die Zöglinge veranlaßt, zu beklagen. Ein mildes Wort bei unliebsamen Vorkommenheiten der Art, fand ich von den besten Wirkungen. „Sie haben einen zu starken Tritt, oder Sie sprechen zu laut, l. R.; denken Sie nur, wenn zehn Ihrer Mitzöglinge gleichzeitig so stark aufträten, oder so laut sprächen, welch' unangenehmen Eindruck dies machen würde. Gewiß, Sie würden dies an meiner Stelle auch unerträglich finden, und nicht wahr, Sie würden bei Ihren Schülern solchen Unfug nicht dulden?" —— So sprach ich ein Mal zu einem Seminaristen, und ich genoß die Freude, daß Seminaristen, wenn sie die Treppe zu dem Flure bestiegen, auf dem meine Wohnung war, auf den Zehen zu gehen sich bemühten. Uebrigens war die Lage unserer Wohnung und die ganze innere Einrichtung des alten, elenden Klosters für das Zusammenwohnen von 120 jungen, kräftigen Leuten durchaus nicht günstig. Mit Entsetzen vergegenwärtige ich mir die steile hühnersteigige Treppe, die zum großen Schlafboden führte.

Eine dritte Neuerung, worüber sich der Muthwille der Seminaristen zum Verdruß des Directors erlustigte, waren die runden Guckfensterchen, die B. in die Thüren zu den Klassenzimmern, die auch zu Arbeitszimmern der Zöglinge benutzt wurden, angebracht hatte. Die Seminaristen erkannten den Zweck dieser Fensterchen darin, daß man sie bei den Arbeiten in den Morgen- und Abendstunden unbemerkt belauschen wolle. Für die Aufsicht gewährten sie große Erleichterung, und die fleißigsten und besten Seminaristen durften das Belauschen nicht scheuen. Die Guckfensterchen konnten die Seminaristen als die besten Hüter, aber nicht als Beschränker ihrer Freiheit betrachten. Dem Muthwilligen und dem Trägen nur waren sie verhaßt. Dieser Haß machte sich dadurch Luft, daß nicht selten die Fensterchen über und über mit Talg bestrichen waren, daß es eine Unmöglichkeit war, hindurch zu sehen. Die Thäter konnten nicht ermittelt werden, und sind auch nie ermittelt worden. Ich glaube, daß sich in dieser Beziehung Keiner dem Andern entdeckt hat. Aber für den Director waren diese Ungehörigkeiten sehr ärgerlich. — Man würde sehr irren und ungerecht sein, wollte man daraus auf das Vorhandensein eines schlechten Geistes der Seminaristen schließen. Es waren nicht die besten, die sich solche Pöbelhaftigkeiten erlaubten, sondern nur einzelne schlecht gesinnte, deren es überall unter einer Menge von 120—130 junger Leute gibt. Die meisten waren wohlgesinnt. Und da der Krug nur so lange zu Wasser geht, bis der Henkel bricht; so trieben Einzelne ihr Unwesen auch nur so lange, bis sie sich selbst in der eigenen Falle fingen und den verdienten Lohn für ihr Treiben und Thun ausgezahlt erhielten. —

8. Ein erschütterndes Ereigniß im Seminar-Directorat.

Ich habe schon oben erwähnt, daß Binner außerordentlich geselliger Natur war. Dieser gesellige Sinn fand in Breslau die beste Nahrung, aber nicht zum Vortheil der Kasse eines Beamten. Als ich nach Breslau gezogen war, erhielt ich von Schärf den wohlgemeinten freundlichen Rath, Gästen von auswärts keine gastliche Aufnahme zu gewähren. „Ich selbst," sagte er, „nehme nicht einmal meine Verwandten auf, aus Konsequenz. Die Besuche kehren in Breslau zu oft wieder. Wir sind aber nicht so gestellt, daß wir anders mit Ehren auskommen können, als durch die größte Sparsamkeit. Er hatte auch hierin Recht. B. dagegen war ein Freund der Gastlichkeit. Er sah oft liebe auswärtige Freunde bei sich und lud dazu liebe inwärtige. Die einfachste Bewirthung derselben mußte zu Etatsüberschreitungen in der Hauswirthschaft verleiten. Das führte Verlegenheiten herbei, die Unheil im Gefolge hatten. Es ist schmerzlich daran zu denken und davon zu reden. Doch kann ich den Umstand nicht umgehen. B. führte die Kasse der Anstalt, d. h. er nahm die eingezahlten Gelder von den Seminaristen zur Deckung der Speisekosten, die Schulgeld-Summen von den Kindern der Seminarschule und von der Freischule ein. Der Director hatte das Journal, ich, der Oberlehrer, das Manual zu führen.

Die Zahlungen an die Handwerker und Kaufleute, z. B. für Beleuchtung, Tischlerarbeiten u. dgl. gingen durch seine Hand. Allmonatlich fand am 18. Kassen-Revision statt; es fand sich dazu ein
Provinzial-Schulrath mit einem Regierungs-Kalkulator ein. Alles
wurde jedes Mal in Richtigkeit befunden, keine Ahnung von dem,
was sich später herausstellte. Die bedeutende Beleuchtungskosten-
Rechnung war zwar quittirt vorgelegt, ist aber nicht bezahlt gewesen. Es handelte sich um ein künstlich verdecktes Deficit von
etwa fünfhundert Thalern. B. entdeckte sich dem frommen Grafen
v. Stollberg in Berlin in einem äußerst fromm gehaltenen Briefe
und bat denselben, ihm zu einer Unterstützung von so und so viel
Thalern behülflich zu sein. Ein ähnliches Gesuch war an die frommse
Gräfin v. Reden auf Buchwald gerichtet worden. Herr Graf
v. Stollberg hielt Rücksprache mit dem Kultus-Minister, der die
Angelegenheit vor das Ober-Präsidium in Breslau brachte, das eine
geheime Revision veranlaßte, von der ich jedoch ausgeschlossen blieb.
Die Angelegenheit gehörte zu den Amtsgeheimnissen. B. verwaltete
nach wie vor die Kasse; was in seinem Innern vorging, wußte
er mit großer Selbstverleugnung zu verbergen. Niemand ahnte das
Ungewitter, das sich über ihm und dem Seminar zusammenzog.

Fast zwei Monate nach jener Privat-Kassen-Revision und Kon-
ferirung mit den Räthen, wurde ich zu ungewöhnlicher Zeit von
einem Besuch des Herrn Konsistorialrathes Michaelis überrascht.
Kaum vermochte er sich des schmerzlichen Auftrages zu entledigen:
„B. nnern die Kasse und Kassenbücher abzunehmen und
mir zu übergeben; auch ihn der Directoratsgeschäfte
zu entheben, um mich mit der Verwaltung bis auf
Weiteres zu beauftragen". Ich weigerte mich, ihm in die
Wohnung des Directors zu folgen, und bat ihn dringend, mich
nicht Zeuge der schrecklichen Scene sein, sondern mich später rufen
zu lassen. Michaelis gewährte mir die Bitte*). Eine halbe Stunde
darauf erhielt ich den Wink zu kommen. Ich traf den zerknirschten
Mann schweigend im Zimmer auf und abgehend, mir die Hand
reichend, deren krampfhaften Druck ich empfand. „Schließen Sie
gefälligst die Kassenbücher ab," sagte Michaelis. Nachdem dies geschehen, wurde mir der Ueberschuß der Kasse und die Bücher behändigt und ich verließ nach herzlicher Umarmung den armen Freund. —
Es war eine schreckliche Stunde. Michaelis kündigte mir an, daß
er morgen die Seminaristen von dem Vorfall, so weit es nöthig

---

*) „Gott, Gott," sagte Michaelis einmal zu mir, „hätte sich B. mir
enthüllt, ich würde ihm gern jene Summe vorgeschossen haben."

ist, in Kenntniß setzen und ihnen ein ruhiges Verhalten und zum Gehorsam gegen mich, als den einstweiligen Stellvertreter des Directors anempfehlen würde.

Zwei Stunden nach B's. Suspension wurde mir ein Briefchen zugefertigt, folgenden Inhalts:

„Lessing sagte einmal: „Wer in gewissen Lagen nicht den Kopf verliert, der muß keinen haben." Das gilt von mir. Es ist mir nicht möglich, das Vorgefallene zu ertragen. Ich muß fort. Fragen und forschen Sie nicht nach mir. Grüßen Sie mein theures Weib und meine geliebten Kinder. Erzeigen Sie mir die Liebe, und nehmen Sie sich der Meinigen an. Ewig

Ihr
Binner."

In Folge dieses Briefes fürchtete ich das Schlimmste. Womit sollte ich seine gute Frau, deren Zeit, auf's Neue Mutter zu werden, so nahe war, beschwichtigen, daß ihr Mann heute nicht nach Hause kommen werde. Ich wendete mich an die nächsten Verwandten B's, von denen zwei Lehrämter bekleideten, diesen überlassend, die unglückliche Frau auf den Vorgang vorzubereiten. Die erste Nacht ging ruhig vorüber; am folgenden Tag mußte das Unvermeidliche geschehen. Gottlob, daß die Betrübte in ruhiger Ergebung die Verkündigung der Hiobspost entgegen nahm. „Mein Wilhelm ist unschuldig! Das tröstet mich!" Mit diesen Worten fiel sie zurück auf das Sopha und bedeckte das Antlitz mit einem Tuch. —

9. Meine interimistische Verwaltung des Seminar-Directorats.

Mit Sorgen und mit Schmerz erfülltem Herzen ging ich an die Verwaltung meines Doppelamtes, von denen jedes die ganze Kraft eines Mannes in Anspruch nahm, auf Gottes gnädigen Beistand vertrauend und bauend.

Zunächst war die Vertretung der Lehrstunden Binner's zu organisiren. Rath Michaelis übernahm die Stunde des Barkatechisirens, Löschke die Religionsstunden und die Pädagogik. Richter und Scholz konnten sich bei den Vertretungsstunden nicht betheiligen. Die Verwaltung fiel mir ganz und gar zu. Obgleich an's Arbeiten gewöhnt, schien mir doch die Menge der Geschäfte über den Kopf zu gehen. Dem Kassenwesen konnte ich mich; da die Zeit des Tages in unruhigem Treiben verging, nur des Nachts widmen. Es galt, wenn die Masse der Geschäfte mich nicht zu Grunde richten sollte, eine weise Eintheilung der Zeit zu finden und jeden Augenblick gewissenhaft zu verwenden. Die größte Besorgniß hegte ich in Betreff der Haltung der Seminaristen, die durch das Ereigniß in einen sehr aufgeregten Zustand versetzt waren. Wunderbarer Weise sah ich mich in meinen Befürchtungen angenehm getäuscht. Es schien als hätten sich die Seminaristen das Gelöbniß gegeben, den betrübenden Vorfall, der wol nur einzig in seiner Art im Schulwesen dasteht, nicht in unwürdiger Weise auszubeuten. Das richtige Gefühl schien sie zu durchdringen und zu leiten, daß das Factum hinreichend sei, den Lehrstand zu entwürdigen, und daß die Würde der Anstalt nur dadurch erhalten werden könnte, wenn das Verhalten der Zöglinge der verleumderischen Fama die Zunge bände. Ich rief mir jenes Sprichwort: „Des Herren Auge macht die Pferde fett" nicht allein in das Gedächtniß, sondern handelte auch darnach. Der Meinung eines meiner Kollegen, daß zu viel Aufsicht der Entwickelung zur Selbstständigkeit hinderlich sei, konnte ich nicht beipflichten. Es ist, dachte ich, besser zu bewahren, als hinterdrein zu beklagen. Wo ich ein Abweichen vom rechten Wege oder ein Ueberschreiten der Grenze der Befugnisse verhindern konnte, da geschah es. Ich besuchte daher fast täglich die gemeinschaftlichen Morgen- und Abendgebete, sah zum Rechten in den Arbeitsstunden und fand, daß ich gern gesehen wurde, blieb auch nicht unbekümmert um das Leben der Seminaristen in den Freistunden. Durch diese Opfer an Zeit und Ruhe beugte ich jeglichem mißfälligen Verhalten vor und hatte nicht Ursache, mich einer Vernachläßigung der Obliegenheiten anzuklagen. Die Seminaristen zweifelten nicht an meinem guten Zutrauen zu ihnen; sie vergalten mir dasselbe dadurch, daß sie mich immer zuverläßiger und fester in der guten Meinung von ihnen machten.

Wenn ich behaupten wollte, daß ich in der langen Zeit des Interimistikums ganz frei von Verdruß erregenden Vorfällen geblieben wäre, so würde ich mich an der Wahrheit versündigen. Sehr lebhaft erinnere ich mich an einen kummervollen Abend, der mir durch die Seminaristen des 2. Kursus bereitet wurde. Sie richteten nämlich die Bitte an mich, ihnen an einem wettergünstigen Tage einen Ausflug nach dem eine Meile von Breslau gelegenen Lissa zu gestatten. Meine Einwendung, daß dies darum nicht gut angehe, weil ich das Haus nicht verlassen dürfte und sie nicht begleiten könnte, auch sei der Hülfslehrer nicht anwesend, konnte sie nicht zufrieden stellen. Da sie mir aber die Versicherung gaben, daß sie sich dabei auch ohne einen Begleiter wohl verhalten und dem Seminar keine Schande machen würden, und da ich keine Ursache hatte, die Wahrheit dieser Versicherung zu bezweifeln; so gab ich ihnen die Erlaubniß dazu. Ich sah ihrer Rückkehr noch vor dem Abendgebet vergebens entgegen; ihr Ausbleiben erweckte in mir mancherlei trübe Vorstellungen. Ich harrete und harrete ihrer mit entsetzlicher Bangigkeit; die Viertelstunden dünkten mir volle Stunden zu sein, bis endlich nach 11 Uhr der tröstliche Augenblick erschien, und der erste Trupp an der Hausklingel seine Ankunft meldete. Sie wunderten sich nicht wenig über meine Unruhe, baten um Entschuldigung wegen der Verspätung und gaben als Grund den Umstand an, daß sie in Lissa sich der freundlichsten Aufnahme von Seiten des dasigen Gutsherrn, dem sie durch Anstimmung von Gesängen Unterhaltung gewährt, zu erfreuen gehabt hätten, und daß keine Ungehörigkeit vorgekommen sei. Meine Verstimmung über diese Verspätung vermochte ich jedoch nicht zu unterdrücken; sie beherrschte mich noch den folgenden ganzen Tag und machte sich den Zöglingen fühlbar. Ich fürchtete immer noch, unerfreuliche Berichte zu erhalten; aber keine der Besorgnisse verwirklichte sich. —

An die Besetzung des Directorats konnte nicht eher gedacht werden, bis die Angelegenheit Binner's gelichtet und entschieden war. Es verfloß darüber ein Zeitraum von 1¼ Jahren. So lange hatte ich dem Doppelamte vorzustehen. Daß ich der Bürde physisch nicht erlegen, das habe ich der Gnade Gottes zu verdanken gehabt.

Welchen Verlauf die Dinge genommen haben, will ich nun darzustellen versuchen.

Es vergingen nicht nur Tage, sondern auch Wochen, ehe man Gewißheit über den Aufenthalt Binner's erhielt. Bald wollte man ihn hier, bald dort gesehen haben; bald hieß es, er habe seinem Leben durch Pulver, bald durch das Wasser ein Ende gemacht. Als ich in Berlin *) im Hotel R. logirte, erzählte ein mir nicht genau bekannter Herr, der von dem Ereigniß Nachricht erhalten hatte, daß er B., den er persönlich gekannt, auf der Brücke zu Dresden glaube gesehen zu haben. In der That, der Herr hatte sich nicht getäuscht. B. hatte seinen Aufenthalt in Dresden, seine Wirksamkeit am Blochmann'schen Erziehungsinstitut in Breslau gemeldet und sich zur Verfügung gestellt. In Folge dessen wurde er nun polizeilich requirirt und von Dresden aus unter Bedeckung nach Breslau in das Inquisitoriat abgeführt und hier zur Untersuchung gezogen. B. wurde der Donjon der Festung Glaz zum Aufent-

---

*) Ich war nach Berlin gereist, um daselbst dem Herrn Cultus-Minister Eichhorn und anderen hohen Persönlichkeiten mündlichen Bericht über den seltenen Vorfall abzustatten. Se. Excellenz veranlaßten mich durch Fragen, über jede Einzelheit Auskunft zu geben; auch von dem von Binner an mich gerichteten Briefchen, vom Tage der Entfernung an datirt, nahm er Notiz. Er war überaus wohlwollend gegen mich.

halt auf drei Jahre angewiesen. Hier beschäftigte er sich literarisch, schrieb eine gute „Anleitung zur Erlernung der katechetischen Lehrart", die er, was jetzt ein öffentliches Geheimniß ist, nicht unter seinem Namen bei Hirt in Breslau herausgab. Später schrieb B. ein „Andachtsbuch für Seminaristen", das in Lieferungen zu ½ Bogen als Beilage der „Schles. Schullehrer-Zeitung" erschien. In Betreff des Verf. wurde die größte Verschwiegenheit beobachtet. Lange wurde der Rector Morgenbesser für den Verfasser gehalten. Die Arbeit erfreute sich des größten Beifalls; sie ist auch geeignet, den Seminaren die besten Dienste zu leisten, denn es sind die Seminarverhältnisse in jeder Andacht berücksichtigt. Aus eigner Erfahrung kenne ich den guten Einfluß, den der Gebrauch auf die Seminaristen gehabt hat. Man wird hieraus ersehen, daß unsere Verbindung brieflich fortbestand. Jeder Brief überzeugte mich von dem trefflichen Gemüthe dieses Mannes und von seiner aufrichtigen Freundschaft gegen mich. Da ich damals den lang gehegten Gedanken, ein Lesebuch für die oberen Klassen drucken zu lassen, zur Ausführung bringen wollte; so übersendete ich Binnern das Manuscript, an dem ich nicht weniger als 15 Jahre gearbeitet, mit der Bitte, eine Sichtung des gesammten Lesestoffes vorzunehmen. Er hatte diese Arbeit mit redlichem Sinn vollführt und mich zur Herausgabe ermuntert.

Nachdem B. seine Zeit in Glaz erfüllt hatte, wurde er vom Missionsvereine durch einflußreiche Männer nach Amerika als Missionsprediger gefördert. Auf seiner Reise dahin nahm er seinen Weg durch Breslau, hielt sich aber verborgen. Er soll, so ist mir erzählt worden, in der frühesten Morgenstunde das neue Seminargebäude, unerkannt, in Augenschein genommen haben, das Seminargebäude, für das er so viel gethan und auf das er sich so sehr gefreut. — Dort — in St. Louis — ist B. als Lehrer und Missionsprediger noch thätig. Frau und Kinder nahm er mit.

Wenn ich mich nun von dem Lebensschicksal dieses Mannes abwende, so will ich im Bericht der Geschichte des Seminars fortfahren.

10. Die Wahl eines neuen Directors für das Seminar und die Einweihung des neuen Seminar-Gebäudes.

Die Besetzung des erledigten Directorats hat dem Provinzial-Schulkollegium nicht geringe Sorge bereitet. Es war in Berlin bestimmt ausgesprochen worden, daß der Director aus dem geistlichen Stande gewählt werden sollte. Das Ministerium stellte es dem

Provinzial-Kollegium anheim, geeignete Männer in Vorschlag zu bringen. Das Provinzial-Kollegium wollte sicher zu Werke gehen und eine gute, womöglich die beste Wahl treffen. Es standen auf der Liste drei Pastoren, deren Tüchtigkeit als Kanzelredner nicht in Zweifel stand; die aber doch von ihrer katechetischen Lehrfertigkeit Proben geben sollten. Einer dieser Herren besann sich vor Abhaltung der Probelection und trat zurück. Von den andern beiden wurde zuerst der Pastor Herzog (jetzt in Brieg) einberufen, später der Pastor Gerlach in Lorenzberg bei Strehlen. Daß zu diesen Probe-Katechisationen ein Kursus der Seminarzöglinge gewählt wurde, zog, aus leicht aufzufindenden Gründen, seine schlimmen Folgen nach sich. Die Lection wurde von den beiden Konsistorial- und Provinzial-Schulräthen Menzel und Michaelis abgenommen. Es verbreitete sich blitzschnell der Eindruck, den der erste Katechet auf die Zöglinge gemacht hatte. Ueber Lehrton und Lehrgang gab sich einstimmig das größte Lob kund, und der Wunsch, daß die Wahl diesen Mann treffen möge, wurde laut ausgesprochen. Vierzehn Tage später hielt Pastor Gerlach die Probe-Lection mit denselben Zöglingen und vor denselben Räthen. Aus dem Schweigen der Zöglinge konnte ein Schluß auf den Eindruck, den die Probe-Katechese gemacht, gezogen werden.

Mit gespanntester Erwartung sah die Lehrerwelt nicht nur Breslau's, sondern der ganzen Provinz der Wahl entgegen. Das Provinzial-Schul-Kollegium mit dem Ober-Präsidenten v. Merckel an der Spitze schien sich für den Pastor Herzog entschieden und diesen befürwortet zu haben. Das weiß ich aus dem Munde eines zuverlässigen Mannes. Das Ministerium Eichhorn aber gab Gerlach den Vorzug. Welche Protection den Sieg davon getragen, ist nicht bekannt worden, da weder dem Einen noch dem Andern ihrer pädagogischen Leistungen wegen ein besonderer Ruf vorangegangen. So viel damals verlautete, so scheint die religiöse Farbe des Einen oder des Andern dieser Herren bei der Wahl den Ausschlag gegeben zu haben. Dem Ministerium mußte wol insgeheim der Bericht zugegangen sein, daß einer derselben zur theologischen Richtung des berühmten Dr. D. Schulz gehöre. Nicht das pädagogische Geschick, sondern die religiöse Richtung schien maßgebend gewesen zu sein. ——

Was meine persönlichen Wünsche betrifft, so konnte mir der Pastor Gerlach als Director des Seminars willkommen sein; denn wir waren seit Jahren Freunde, ja sogar Duzbrüder. Mein Verlangen nach der endlichen Entbürdung von den lästig gewordenen Verwaltungsgeschäften war immer mehr und mehr gestiegen.

Der Akt der amtlichen Einführung des neuen Directors war gewiß einer der wichtigsten, der vollzogen wurde. Die Ursache der Erledigung des Directorats, ein ⁵/₄jähriges Interimistikum und die Eigenthümlichkeit der Verwaltungsgeschäfte, die Neuheit eines Amtes, das viel pädagogische Ein- und Umsicht erforderte und das für einen Mann, der sich mit dem Schulwesen, am allerwenigsten mit dem Seminar-Schulwesen befaßt hatte: alles war wol geeignet, dem neuen Director die Antrittsrede zu erschweren. Noch frisch steht es in meiner Erinnerung, daß ich Gerlach erzählte, wie mich Sauermann bei meinem Amtseintritt begrüßt hätte. Ich wünschte auch ihm, wie Sauermann mir, „einen guten Magen und bemerkte, daß er von einer friedlichen Pfarre in ein bewegtes Kriegslager eintrete. Das Seminarleben sei von eigenthümlicher Art, daß nur der eingefleischte Schulmann Friede und Freude darin finden könne. Auch ich hätte anfangs schwere Seufzer ausgestoßen, bis später die Steine vom Herzen gefallen und der Herzschlag in seinen geordneten, regelmäßigen Gang gekommen sei.“ Trat Gerlach auch in ein gut gesinntes Kollegium ein und durfte er von jedem von uns ein freundliches Entgegenkommen voraussetzen, durfte er auch von meiner Seite auf die größte Bereitwilligkeit, ihn mit den Einrichtungen bekannt und vertraut zu machen, mit Bestimmtheit rechnen und könnte er aus den Fehlgriffen seines Vorgängers in Betreff der unliebsamen Neuerungen entnehmen, wie man nicht dirigiren müsse; so mußte ihm doch Alles wie in einen Nebel gehüllt erscheinen. Ein Seminar-Director muß die Gabe der schnellen Orientirung besitzen. —

Es war nicht weise gedacht und gehandelt, daß er sich nicht schon v o r dem Amtsantritt bisweilen in der Anstalt umgesehen und Kenntniß von der Einrichtung, von der Art der Beköstigung der Seminaristen, von der Kassenverwaltung, überhaupt von der ganzen Organisation des Unterrichts genommen hatte. Nicht einmal von der Präparandenprüfung hatte Gerlach Notiz genommen.

Ein volles Vertrauen brachten ihm die Zöglinge in Folge der Probe-Katechisation wol nicht entgegen. Gerlach suchte das Mißtrauen durch die Freundlichkeit, mit der er die Seminaristen behandelte, zu schwächen, was ihm auch gelang. Er hat sich über das Benehmen der Seminaristen in den ersten beiden Monaten wiederholentlich belobigend gegen das Kollegium ausgesprochen und gestanden, daß er diesen guten Geist, wie er denselben vorgefunden, nicht erwartet hätte*).

---

*) Es wird und darf nicht gemißdeutet werden, wenn ich hier eine Stelle aus dem unaufgefordert erhaltenen Briefe des Directors der

Leider trat gar bald das Gegentheil bei G. ein, und zwar durch eigne Verschuldung. Er hatte nämlich die Seminaristen aufgefordert, sich mit ihm in eine Disputation über religiöse Gegenstände, wie sie der Unterricht herbeiführte, einzulassen, und ihn in zweifelhaften Dingen zu befragen. Es wurden diese Disputationen eine Zeitlang mit Glück fortgesetzt; allein als G. die Ansichten und Definitionen religiöser Begriffe, wie sie dieselben von ihrem verehrten Löschke und Binner erhalten und von deren Richtigkeit sie überzeugt waren, angriff, für falsch erklärte und sie verwarf; als sie fanden, daß G. sich beim Vorkatechisiren eben nicht als Muster-Katechet im Vergleich zu Michaelis und Löschke geltend machte: so trat eine Verstimmung bei den Seminaristen, namentlich im dritten Kursus ein, die in einer Opposition sich entlud und die das cholerische Temperament G's auf eine schwere Probe stellte.

Zu unserer, der Kollegen, nicht geringen Verwunderung kamen Beschwerden über das Verhalten gerade der tüchtigsten Seminaristen, die ihm noch vor Kurzem so sehr gefallen hatten, zur Sprache. Ich hielt es für meine Pflicht, mit den Seminaristen, über die geklagt worden war, unter vier Augen Rücksprache zu nehmen und sie zu ermahnen, ihre Gemüthsregungen zu beherrschen und den Director nicht zu reizen. Die Konferenz könne und werde sie dem Director gegenüber nicht in Schutz nehmen. Dasselbe geschah auch von den Kollegen. Ich will zum Beweise nur den Seminaristen T a u r l nennen, auf den ich, als den gegen G. verstimmtesten durch ernste

Sing-Akademie, an der sich auch die Seminaristen zu betheiligen verpflichtet waren, mittheile, zum Zeugniß, daß meine Darstellung nicht wahrheitswidrig ist:

„— — Es gereicht mir zur großen Freude, Ihnen im Allgemeinen meine Zufriedenheit sowol mit dem Betragen, als auch über die lebhafte Theilnahme der Seminaristen an den Uebungen ausdrücken zu können. Das Bewußtsein, die Zeit nicht ganz nutzlos verbracht und den Samen für das Edlere und Höhere in der musikalischen Kunst, so weit sie Bezug auf die Kirche hat, in den jungen Gemüthern ausgestreut zu haben, ist ja der einzige Lohn meiner oft sehr anstrengenden Bemühungen, ihn keimend zu gewahren, das Zeugniß seiner nicht ganz nutzlosen Aussaat. — Natürlich ist es, daß unter einer so großen Menge auch einzelne den mäßigsten Anforderungen nicht entsprechen können; im Ganzen herrschte aber ein guter Geist in dem Kreise; ihn anzuerkennen, ist mir ebenso Pflicht als Freude, als dessen Mangel mich früher oft mit Betrübniß erfüllt hat. — Es ist mir wohltuend aussprechen zu können, daß ich während der ganzen Zeit meiner Amtsführung noch nie einen Kursus mit so vollkommener Zufriedenheit mit meinen Schülern abgeschlossen habe. Können Ew. Wohlgeboren in anderer Beziehung Aehnliches rühmen, so bitte ich die Gelegenheit zu ergreifen, auch meines Zeugnisses dabei zu gedenken." Mosewius.

Ermahnungen einzuwirken suchte. Aber der Anfang eines ganz entgegengesetzten Tones gegen die Seminaristen war einmal gemacht; dem ersten Schritt folgte der zweite nur allzurasch, und diesem alle die folgenden. Wir Lehrer fanden uns durch die Mißstimmungen des Directors und durch das Mißverhältniß zwischen ihm und den Seminaristen eben nicht angenehm berührt. Es kamen Dinge zur Sprache, von denen während des langen Interimistikums auch nicht eine Spur vorhanden war. Die besten Seminaristen wurden in Anklagestand versetzt und vor die Konferenz gezogen. Wenn die jungen Leute den richtigen Ton bei den Verantwortungen nicht trafen, so war das der Unerfahrenheit und der Gereiztheit zuzuschreiben, und, wenn auch nicht zu rechtfertigen, doch milder zu beurtheilen. Wenn wir aber den barschen Ton, mit dem die Fehlenden angeredet, und die finstern Blicke, die der Director auf sie schoß, wahrnahmen, so waren uns die herausgetretenen Ungehörigkeiten erklärlich. — Wir Lehrer hatten nach wie vor über die Seminaristen nicht die mindeste Klage zu erheben; des unbedingtesten Gehorsams, des freundlichsten Entgegenkommens und des willigsten Eingehens auf den Stoff beim Unterrichte erfreuten wir uns. Aber je weniger wir klagten, desto größer wurde die bittere Stimmung des Directors. Wir fühlten es alle, ohne daß wir es aussprechen durften, wo der Haken liege. Geziemte es uns, den Director in unsere Schule zu nehmen und ihm Vorhaltungen zu machen? Gewiß nicht! — Es ist eben nicht leicht, Jünglinge richtig zu behandeln. Wie zu Allem, so ist auch hierzu wieder Uebung und Erfahrung erforderlich. Die Mittelstraße zwischen „würdig" und „unwürdig" ist da, wo der Blick durch eingewurzeltes Mißtrauen getrübt wird, schwer zu finden. Und doch ist die Disciplin in keiner Anstalt leichter zu exekutiren als in einem Seminar, wo dem Director so viel Gewalt eingeräumt ist und der Seminarist im Gefühl der Abhängigkeit gelebt hat und darin im Seminar in verschärftem Maße leben muß. — Das Verhältniß des Directors zu den Zöglingen war einem beständigen Wechsel unterworfen, je nachdem seine Stimmung wechselte. Mit dem Lehrer-Kollegium harmonirte er zwar, namentlich zeigte er sich gegen mich freundlich gesinnt, ob in Aufrichtigkeit des Herzens, das wird sich im Verlauf dieser Darstellung zeigen. Befremdlich mußte es sein, daß er sich keinem Lehrervereine anschloß und durch Vermeidung des Umganges mit Lehrern denselben fremd blieb. Ich suchte ihn für den Anschluß an den „ältern Lehrerverein", dessen „Fest der tausendsten Versammlung" er mit gefeiert hatte, zu gewinnen und machte ihn zu meinem Gaste bei den jährlichen Feiern des Stiftungs-

festes. Alles vergeblich." Sein Herz gab dem Umgange mit Geistlichen den Vorzug; eng befreundet war er mit einem Literaten,
von dem weiter unten noch die Rede sein wird. —

Wir waren endlich in das verhängnißvolle Jahr 1845 getreten. Bevor ich über dieses schreibe, muß ich noch erzählen, daß im
vorhergegangenen Jahre (1844) das Seminargebäude im Bau vollendet und innerlich so weit eingerichtet worden war, daß die feierliche Einweihung vollzogen werden konnte. Die Feier gehörte
zu den großartigsten, die ich je gesehen. Die Spitzen aller Behörden Breslau's, der königlichen sowol als der städtischen, und
viele, viele Freunde des Schulwesens betheiligten sich an derselben.
Eine Kommission des Königlichen Provinzial-Schulkollegiums überreichte, nach einem Gesange der Zöglinge, dem Director die Schlüssel
und ermächtigte ihn zur Oeffnung des Einganges. Dieß geschah
dann mit kräftiger Stimme im Namen des dreieinigen Gottes.
Nachdem im Bet- und Musiksaale die zahlreiche Versammlung Platz
genommen und der letzte Ton eines von C. Richter komponirten
herrlichen Psalms verklungen war, betrat G. das Katheder. Alle
Anwesenden, Ober-Präsident v. Merkel oben an, waren auf den
Inhalt der Rede gespannt. Niemand hatte erwartet, was er hier
hören mußte, nämlich „daß der rechte Fortschritt der heutigen Pädagogik im Rückschritt zu finden sei". Unwillkürliche verneinende
Kopfbewegungen sind wahrgenommen worden. Sollten wir Seminarlehrer von nun an nach dem Prinzip und Vorgange des Directors
den Anfang mit dem gepriesenen Rückschritt machen? Bei uns
fand die Ermahnung keinen Eingang. Der „Rückschritt" fand keinen
Boden, denn wir waren der bescheidenen Meinung, daß wir noch
lange nicht genug fortgeschritten waren, und noch einen weiten
Weg zum höhern Ziele zurückzulegen hatten. Wir trieben unser
Werk nach wie vor, das Blücher'sche „Vorwärts!" vor Augen habend
und behaltend. —

11. Meine literarische Thätigkeit während der Seminar-Wirksamkeit.

Ich nähere mich immer mehr einer Katastrophe, deren Darstellung mich keinen geringen Kampf kostet.

Zuvor will ich noch Einzelnes aus meinem Leben nachholen,
das mir von Wichtigkeit zu sein scheint. Ich gedenke zunächst meiner
literarischen Thätigkeit während meiner Amtirung in Breslau.

Bald nach dem Abgange des Directors Schärf hatte ich das
Programm zur Osterprüfung zu schreiben. Es erschien unter dem Titel:

„Kurze Nachricht über das evangel. Schullehrer-Seminar zu Breslau."
  Breslau. 1838. 1 Bogen gr. 8.

Dieses Programm berichtet treu die Organisation des Seminars und ist vielleicht das umfassendste, das je über die Anstalt
erschienen ist.

Ein zweites Programm ließ ich im 2. Interimistikum drucken,
das unter folgendem Titel erschien:

„Mittheilungen aus dem Jahre 1841—1842, das Königl. evangel.
  Schullehrer-Seminar zu Breslau betreffend." Breslau. 1842.
  1 Bogen gr. 8.

Man würde sich getäuscht finden, wenn man in diesem Programm die Geschichte der Binner'schen Katastrophe erwarten wollte.
Es schien mir nicht angemessen, die ärgerliche Sache hier zu besprechen. —

Vor dem Erscheinen dieser Programme gab ich den 2. Kursus
der bereits oben erwähnten:

Stylschule oder Stoff und Aufgaben zu Uebungen im schriftlichen
  Gedanken-Ausdrucke. 1836. X. 186 S. 8. Halle.

Der 2. Kursus sollte ein Leitfaden zur methodischen Behandlung der Denklehre in Schullehrer-Seminarien und höhern Volksschulen sein. Er ist wie der „Sprachschüler" in der heuristischen
Lehrform abgefaßt und bietet eine Menge des besten Stoffes für die
Stilübungen dar.

Im Jahre 1837 erschien:

Praktischer deutscher Sprachlehrer, oder method. Anleitung
  zu geistbildenden Sprach-Denkübungen. Nach bewährten Grundsätzen für deutsche Elementar- und Volksschulen verfaßt. 1. Thl.
  Halle. XX. 489 S.

Da in diesem Jahre mein Freund Harnisch, Director des
Seminars zu Weißenfels, sein silbernes Jubiläum seiner Wirksamkeit als Seminarlehrer (er begann damit im Jahre 1812 zu Breslau)
feierte, so widmete ich ihm die vorliegende Schrift. Damals war
der grammatische Sprachunterricht im Deutschen von amtlicher
Stelle aus noch nicht verurtheilt. Ich legte meine Erfahrungen in
praktischen Ausführungen und methodischen Winken schriftlich nieder,
wollte mit diesem Buche den Lehranfängern einen Dienst leisten
und meinen Seminaristen das Schreiben ersparen. Die meisten
Recensionen sprachen sich belobigend über diese Schrift aus; nur
Otto Schulz sagte sie nicht zu, ganz natürlich, da er selbst eine
Sprachlehre herauszugeben beabsichtigte und heraus gab, mit der

jedoch der praktische Volksschullehrer nicht viel anzufangen wußte, weil sie so abgefaßt ist, wie man in Volksschulen den deutschen Sprachunterricht nicht lehren soll und kann. Nach dem Stadium, in welches die Sache des grammatischen Unterrichts nunmehr eingetreten ist, geht mein „deutscher Sprachlehrer" zu sehr in's Einzelne. Das gebe ich gerne zu; aber daß er praktisch ist, muß ihm der Neid lassen; er wird für alle Zeiten als ein Zeugniß eines redlichen Strebens und eines treuen Fleißes dastehen.

In die ersten Vierzigerjahre fällt auch der Enthusiasmus für die Jacotot'sche Universal-Unterrichtsmethode. Schon in Neisse, wie bereits berichtet worden, wendete ich mich, angeregt durch Unterredungen mit Handel, dieser Lehrweise zu, und begann schon hier mit Versuchen im Unterricht der franz. Sprache am Telemach nach Jacotot. Hier in Breslau überfiel mich der Eifer, den ersten Leseunterricht nach Jacotot zu kultiviren. Es fehlte an zweckmäßigen Lehrmitteln für Anfänger. Ich stellte den ersten Stoff in einer neuen Fibel auf, die den Titel führte:

„Erstes Lesebüchlein für Kinder von 6—9 Jahren, welchen man nach der analytisch-jacotot'schen Methode das Lesen lehren will" —

und verband damit die Anfertigung der

„Sechs Tabellen zum Lesenlernen nach der analytisch-jacotot-schen Lehrmethode. Breslau. 1841."

Mein Verfahren dabei stellte ich in folgender kleinen Schrift dar:

„Kurze Anleitung zum Lesenlernen, verbunden mit Sprech-, Denk-, Schreib-, Gedächtniß- und Sprachübungen nach der analytisch-jacotot'schen Lehrmethode. 32 S. 8. Breslau. Aderholz."

Die erwähnten drei Schriften erschienen unter dem Verfasser-Namen: Dr. Ernst Fibel. Sie waren zunächst für meine Seminarzöglinge gearbeitet, die nach dieser Methode unter meiner Aufsicht das Lesenlehren betrieben, aber nicht durchweg, sondern nur mit einer Abtheilung. Ich wählte dazu den lebhaftesten und gewandtesten Seminaristen des ältern Kursus, der das Geschäft ein ganzes Jahr hindurch behielt. Als ich ihn nach Beendigung des Kursus fragte, ob er den Leseunterricht in dieser Weise in seiner Schule betreiben würde, erhielt ich die kurze Antwort: „Nein!" Ich fragte nicht weiter nach dem „Warum?" — Inzwischen war auch K. Seltzsam am Maria-Magdalenäum vom Jacotot-Eifer ergriffen worden, hatte schon fleißig jacototirt, als er gleichzeitig mit mir das Manuscript seines „Franz-Büchleins" dem Verleger Aderholz überbrachte. Unsere Schriften erschienen also bei einem und demselben Verleger und zu einer und derselben Zeit. Vom Maria-Magdalenäum aus wurde von dem Director Dr. Schönborn, als technischem Mitgliede der städt. Schul-Deputation, die Methode begünstiget und in allen evangel. Schulen der Hauptstadt, gleichviel, ob ein Lehrer f ü r oder g e g e n dieselbe war, angewendet und die Bücher eingeführt, um Einheit in diesen Unterricht und den Gebrauch der Bücher zu bringen.

Nach H a n d e l ' s Tode sendete ich allein den „schlesischen Schulboten" aus, freilich nur noch kurze Zeit, da nach der Mittheilung des Verlegers Henning's das Unternehmen nicht mehr die Druckkosten trage. Im Jahre 1842 legte der „Schulbote" den Wanderstab nieder, nicht um auszuruhen, oder im Grabe zu Staub und Asche zu werden. Er trat schon im folgenden Jahre wieder in's Leben unter dem Namen:

Schlesische Schullehrerzeitung. Ein Konferenz- und Korrespondenz-Blatt der Volksschullehrer Schlesiens. Breslau 1843—1863. gr. 8. X. à 424 S.

Diese pädagogische Zeitschrift wurde von den Lehrern Schlesiens freudig begrüßt, eifrigst unterstützt und gefördert, und erfreute sich in andern Theilen Deutschlands, selbst im Auslande (Petersburg, Ungarn, Siebenbürgen) beifälliger Aufnahme. Mit der Herausgabe derselben wurde ich auf dem „Lehrerfeste", welches im Jahre 1842 in Hirschberg gefeiert wurde, betraut. Ich lehnte um so weniger die Aufforderung ab, als mir die Mitwirkung vieler tüchtiger Kräfte verheißen und zugesichert wurde. Auf die Lehrerfeste komme ich später zurück. — Wie viel aus meiner Feder für die Schullehrerzeitung geliefert worden ist, läßt sich hier nicht aufzählen. Aber der Abhandlung:

„Ueber die Zurückführung des dreijährigen Seminarkursus auf den zweijährigen. Breslau 1843. 30 S.",

die auch in besonderem Abdruck erschienen war, will und muß ich hier gedenken, schon darum, weil sie von Einfluß auf die Gestaltung meiner Lebensverhältnisse gewesen ist. Es wurde nämlich von Seiten der hohen Behörde ein Gutachten von den Seminar-Directoren in Bezug auf die projectirte „Zurückführung" eingefordert. Da mir die interimistische Verwaltung des Directorats oblag, so gehörte diese Arbeit zu meinen Obliegenheiten. Ich legte sie meiner nächsten Behörde, dem Kgl. Provinzial-Schul-Kollegium mit der gehorsamsten Anfrage vor, ob ich befugt sei, die Abhandlung in Druck zu geben. Es wurde mir dies wohlwollend widerrathen. Erst im Jahre 1843 besorgte ich den Abdruck meiner Arbeit in der Schullehrer-Zeitung und behändigte ein Exemplar derselben Sr. Excellenz dem Herrn Ober-Präsidenten v. Merckel, von dem ich mich einer Zuschrift (27. Juli 1843) zu erfreuen hatte, worin es heißt:

„Was die Bedenken betrifft, die Sie in Nr. 9 der Schullehrer-Zeitung über die Zurückführung des dreijährigen Seminar-Kursus auf den zweijährigen geäußert, so sind dieselben sehr erheblich, und wünsche ich von Herzen, daß selbige zu einer nochmaligen gründlichen Erwägung dieses wichtigen Gegenstandes führen mögen."

Welche Gutachten von anderen Seminarien eingereicht worden sind, ist mir nicht bekannt. Nur so viel weiß ich, daß mein Gutachten von dem des Herrn Seminar-Directors B a r t h e l (des kürzlich verstorb Regierungs-Schulrathes) abweichend war; auch habe ich aus späteren Erlebnissen die Ueberzeugung gewonnen, daß mir die Abhandlung in der Gunst des Ministeriums Eichhorn nicht förderlich gewesen ist. Wenn es aber oben b e s c h l o s s e n gewesen, r e a c t i v mit der Seminarbildung durch Verkürzung der Seminar-Bildungszeit vorzugehen; so ist mir wol die Frage erlaubt, warum ich als stellvertretender Seminar-Director in die V e r-s u c h u n g geführt wurde, an den Vorsätzen der Behörden zu stolpern *)

12. Meine Sympathien für Lehrervereine und Lehrerfeste.

1. Mit der Reorganisation der Schlesischen Schullehrer-Seminare im Jahre 1812 durch die Anstellung von Männern, die Pestalozzischen Geist aus der Schweiz mitgebracht hatten, erwachte in der schles. Schulwelt ein neues Leben. Harnisch spielte in diesem neuen Leben eine hervorragende Rolle. Zur Erhaltung, Förderung und Verbreitung des neuen Geistes wurden nach dem Vorbilde Harnisch's in Breslau überall in der Provinz „Lehrervereine", verbunden mit „Lesevereinen" gegründet, durch die sich das Volksschulwesen in merkwürdiger Weise mehr und mehr entwickelte. Ich will nur von dem Breslauer durch H e n n i n g und H a r n i s c h im Jahre 1814 geschaffenen „Lehrerverein" sprechen, dem ich über ein Viertel-Jahrhundert angehörte, dessen Vorsteher ich seit zwei Decennien (1841) zu sein die Ehre und Freude habe, und dem ein nicht geringer Theil meines Lehrerlebens gewidmet gewesen ist. Dieser Lehrerverein ist einzig in seiner Art. Nicht nur darin besteht das Eigenthümliche, daß er ein f r e i e r, d. h. von amtlichem Einfluß ausgeschlossener Verein.

---

*) Daß ich die Sache richtig erkannt, beweist die Erfahrung, daß jetzt die Herstellung des dreijährigen Seminar-Bildungskursus bereits ausgeführt ist.

ist, sondern daß demselben evangelische und katholische Schulmänner, sie mögen an Seminarien als Directoren und Kollegen, oder an
Gymnasien oder an Realschulen wirken, und studirt und promovirt
haben oder nur seminarisch gebildet sein, oder auch dem geistlichen Stande angehören, wie auch, daß die Vorträge nicht ausschließlich pädagogischer Art sein dürfen, sondern jedem Lebenskreise
und jedem wissenschaftlichen Gebiete entnommen sein können, und
daß endlich aus den Zinsen eines durch Verlag und Verkauf von
Gesangsheften und Mineralien-Sammlungen gewonnenen Kapitals
den Wittwen und Waisen der Mitglieder eine Unterstützung gewährt
werden kann: das macht ihn zu einem ungewöhnlichen. Die
Bibliothek des Vereins enthält vorzügliche pädagogische, geschichtliche, naturgeschichtliche, geographische Werke; die besten Schulzeit-
schriften zirkuliren. Der Vorstand besteht aus einem Vorsteher,
Schriftwart (Protokollführer), Zahlmeister (Rendant) und
Buchwart (Bibliothekar). Die Wahl des Vorstandes findet alljährlich nach der Feier des Stiftungsfestes am Sonntage nach Ostern
(Quasimodogeneti) statt. Mein Vorgänger war Rector Morgenbesser, der 1841 starb. Die Neuwahl fiel auf mich und wiederholte sich alljährlich. Ich suchte nach Möglichkeit dem Vertrauen
zu entsprechen, um so meinen Dank zu bethätigen. Das Jahr 1848
entfremdete mir einige Herzen dieses Vereins, weil ich ihnen zu kon-
servativ erschien und mich auch nicht mit an den aus dem Gleise gekommenen Schulwagen jener Zeit anspannen ließ und daran ziehen wollte.
Ich beabsichtigte, die Functionen nieder- und in andere Hände zu legen;
aber man ließ die Unzufriedenen ziehen und bat mich, an der Spitze
des Vereins zu bleiben. Die Folgezeit hat jenen Herren wol die Ueberzeugung verschafft, daß man meiner Gesinnung und mir selbst Unrecht gethan, und daß ich der guten Sache der Schule stets
treu geblieben und für dieselbe gekämpft und gelitten habe. Ich
habe jene trübe Erinnerung aus meinem Vereinsleben nur mit blasser
Dinte in das Buch des Lebens eingetragen, dessen Schriftzüge immer
schwächer und unkenntlicher geworden sind. — Wenn ich später die
Bitte an den Verein stellte, die Leitung einem andern Mitgliede zu
übertragen, so mußte es meinen Muth neu beleben, wenn mir durch
eine Deputation der Wunsch ausgesprochen wurde, nach wie vor
der Leiter des Vereins zu bleiben. Ich bin weder der Vorstellerei
müde, noch fühle ich mich so unkräftig, daß ich meinen Platz, so
lange man mich auf demselben läßt, einem Andern überlassen möchte.
Der Geist, welcher in diesem Vereine herrscht, ist vortrefflich. Werden
Grundsätze, Meinungen und Ansichten bekämpft, so geschieht es nicht
mit erbitternden, aufregenden Reibungen, sondern in humanem, ge-

bildetem Sinne. Die Zerwürfniſſe, welche das Jahr 1848 in die Lehrerwelt gebracht, hatten auch ſeinen nachtheiligen Einfluß auf den Verein gehabt. Die Verſammlungen wurden eine Zeitlang ſpärlich beſucht, jedoch hat ſich wieder ein lebendigeres Intereſſe eingefunden. Wie ſüß ſind die Erinnerungen an die Dahingeſchiedenen: den recht= ſchaffenen Rector Morgenbeſſer, den feurigen Senior Eggeling, den treugeſinnten Senior Berndt, den braven Rendſchmidt, den geradſinnigen Michaelis, den heitern Adel, den ſinnigen Dobſchall, den redlichen Jung, den biedern Otto. Werden wir uns im Jenſeit wieder begegnen und auf welcher Stufe der Seligkeit? — Im Jahre 1864 beſteht der Verein 50 Jahre. Möchte es in Gottes gnädigem Plane liegen, dieſes goldene Vereins= Jubiläum mitfeiern zu können, in Kraft und Luſt.

Wie könnte ich die Feder niederlegen, ohne jenes merkwürdigen Tages zu gedenken, an welchem durch das großartigſte Lehrer= feſt, das je gefeiert worden iſt, die tauſendſte Verſammlung des ältern Breslauer Lehrervereins, feſtlich begangen wurde. Es geſchah dies am 29. September 1842. Auf meinen Schultern lag die Anord= nung der Feier, Berndt unterſtützte mich durch ſein merkwürdiges Organiſations=Talent. Es wurde beſchloſſen, zu dieſem wichtigen Tage Lehrer und Geiſtliche aus der Provinz einzuladen und zur Ein= ſendung entſprechender ſelbſt verfaßter Gedichte, ſo wie zur Haltung von Vorträgen aufzufordern. Die Vorarbeiten waren von groß= artigem Umfange. Von allen Seiten trafen Anmeldungen zur Theil= nahme ein, ſo daß wir faſt in Verlegenheit gekommen wären, die große Anzahl (500) im größten Saale Breslaus, dem Wintergarten= ſaale unterzubringen. Alles war gut eingeleitet und ging in glän= zender Weiſe von Statten. Barthel (damals Mitglied des Vereins), Berndt, Baron (jetzt Regierungs= und Schulrath), Ritter, (kath. Mitglied) und meine Wenigkeit hielten Vorträge, die beifällig auf= genommen wurden. Geſänge wurden inzwiſchen angeſtimmt, und das Ganze durch ein Mahl beſchloſſen, bei dem ſich die Lehrer= herzen in ſinniger Weiſe aufſchloſſen. Dieſen größeſten der Licht= punkte in meinem Lehrerleben habe ich in folgender Schrift der Zukunft aufzubewahren geſucht:

„Die Feier der tauſendſten Verſammlung des ältern Lehrervereins in Breslau, den 29. September 1842. Breslau, 1843. 108 S. gr. 8.“

Kein Freund des Schulweſens wird dieſe Darſtellung, die auch die Vorträge, ſo wie die Toaſte enthält, ohne anregende Theilnahme leſen, keiner wird die Freude unterdrücken, daß in jener Zeit ein friſcher, das Lehrerleben erkräftigender Geiſt gewaltet habe.

Das schöne Programm des Festes ist folgender Schrift beigegeben: „Lieder zu der von dem ältern Breslauer Lehrervereine veranstalteten Feier des 29. September 1842. Als Manuscript gedruckt. kl. 8. 68 S."

Diese Liedersammlung liefert ein erfreuliches Zeugniß von der Intelligenz, welche im schles. Lehrerstande vorhanden ist. Mehrere der Lieder enthalten wahrhaften poetischen Werth, z. B. das Lied: „Fest- und Weihegesang" von L. Sobolewsky, ferner: „Licht und Wahrheit" von Erdmann Stiller in Liegnitz. Hier heißt es in Strophe 4:

„Durch ein Kindlein ward der Hölle finstres Riesenthor gesprengt. Kinderherzen sind die Quelle, die uns Licht und Wahrheit schenkt. Darum laßt das Wort vom Kinde uns in diese Quelle streun, daß die Welt den Himmel finde und sich Gottes Engel freun. Laßt die Kindlein zu uns schreiten, denn das Himmelreich ist ihr. Durch sie, Brüder, können wir Licht und Wahrheit nur verbreiten."

Jede Strophe dieses Liedes enthält Goldkörner. Ebenso das schöne Lied von Wander in Hirschberg: „Ermuthigung".

Lehrerherz verzage nicht, denn noch strahlt der Hoffnung Licht seinen milden Himmelsschein in das dunkle Leben ein.

Bau auf Gott, der Lehrer Hort! er verklärt sich durch sein Wort; und des stillen Wirkens Heil schenkt er dir als bestes Theil.

Lehrerherz, auf, werde stark! in dir ist dein Lebensmark. Lern nur selber dich verstehn, das wird mächtig dich erhöhn.

Gibst du dir nur Pfennigwerth, wirst als Pfennig nur geehrt! Münzen hat ein Fürst geprägt, Mannsgehalt nie zugewägt.

Mit unendlichem Jubel wurde das Lied vom „pädagogischen Zeitgeist" vom Rector Sobolewsky, gesungen. Es mag hier eine Stelle finden:

Freunde, sehet einen Mann hier in Bild und Rahme; Schaut ihn nur genau Euch an — Zeitgeist ist sein Name. Wie als Pädagoge er wandelt unter uns umher, ist hier conterfeiet.

Seht, sein Herz ist kerngesund und sein Pulsschlag feurig. Etwas hitzig manche Stund', nicht, wie sonst, so leirig. Jünglingseifer, Männermuth, heiliger Gefühle Gluth seine Brust durchströmen.

Auch der Kopf sitzt ihm durchaus auf der rechten Stelle; Lebensfragen sinnt er aus, liebt die Tageshelle. Ja mit Lust betrachtet ihn! sehet es rumoren drin keine finstern Geister.

Manchmal schäumt er zwar und tos't von Gedanken-Gährung, und dem jungen Geistes-Most fehlt noch etwas Klärung. Brüder, drum seid auf dem Fleck! schafft die dicken Hefen weg, helft ihm fleißig klären;

Beine, seht Ihr, hat er nicht aber dafür Flügel. Aufwärts schwebet er zum Licht ohne läst'gen Zügel. Seht nur, wie sein kühner Flug hoch uns über Zeiten trug der Erbärmlichkeiten.

Manchmal will ihm sein Genie zwar ein Schnippchen schlagen, und, wie Schwester Industrie, es mit Dampf erjagen. Macht et's so — Ihr Freunde, dann laßt zu seiner Eisenbahn uns nicht Actien nehmen!

Nun ein Wörtchen noch, wie er seine Muße nützet. Seht wie weiland er nicht mehr Schuhe flicken sitzet! Würdiger ist heut sein Loos: Zieht sinbolisch Bäumchen groß, oder spinnt gar Seide.

Manches wär' von unserm Geist wol noch aufzumutzen, wie er festvereinlich speist, und sich nicht läßt Duzen; wie er macht Methoden viel, rührig braucht den Gänsekiel, wie er, — und so weiter.

Wollt den Genius Ihr sehn ein Mal recht anschaulich, seht ihn in natura stehn, hier bei uns so traulich! Alle hier, ich Du und Der, all' wir Pädagogiker sind ja seine Glieder.

Ja, wir sind sein Kopf, sein Herz, treibt's wie wir es treiben. Nimmer fliegt er himmelwärts wenn wir unten bleiben. Macht ihn lächerlich ein Zopf haben wir vom eignen Schopf selber ihn gedrehet.

Jetzt wol Jeder wissen muß, was die Glock geschlagen. Eins nur will ich noch zum Schluß Dem und Jenem sagen: Unser Geist, was man auch spricht, kann vom Winde leben nicht und hat einen Magen.

Leider blieb diese großartige Festfeier nicht ohne bittere Anfechtung, so daß sich ein unparteiischer Festgenosse, Herr Oberst-Lieutenant v. Hülsen, zu einer Erklärung veranlaßt sah, die mit den Worten schließt; „In meinem ganzen Leben habe ich keiner gleich zahlreichern Gesellschaft beigewohnt, in der die feinste und wohlanständigste Sitte vorherrschender, die Eintracht größer, die Gemüthlichkeit inniger und angemessener, als bei diesem Schullehrerfeste gewesen wäre!"

Wie gern erzählte ich noch Manches aus diesem Vereine, wie hoch schlägt das Herz in mir, wenn ich der heitern „Stiftungsfeste", die an Quasimodogeniti alljährlich gefeiert wurden, gedenke. Auch das in diesem Jahre (1861) gefeierte zeichnete sich durch seinen gemüthlichen anregenden Geist aus.

2. Die „schlesische Gesellschaft für vaterländische Kultur" in Breslau ist in mehrere Sectionen getheilt. Eine derselben ist die „pädagogische Section". Als ich nach Breslau zog, führte mich mein seliger Freund, Senior Berndt, der damals Secretair d. h. Vorsteher dieser Section war, in dieselbe ein. Ich wurde veranlaßt, mich durch literarische Arbeiten an derselben zu betheiligen, und fand in den Sitzungen so viel geistige Anregung, daß ich keine aussetzte; es wurde jeden Monat eine gehalten. Berndt schied als Secretair aus und Rector Morgenbesser trat an dessen Stelle. Leider starb derselbe schon 1841. Da wurde ich denn von dem General-Secretair, dem verst. Medicinalrath Wendt ersucht, Secretair der Section zu werden. Seit jener Zeit bin ich es auch geblieben, denn ich ging bei jeder zweijährigen Neuwahl aus der Wahlurne wieder hervor. Was hier geleistet worden, davon zeugen die von mir verfaßten:

Berichte über die Verhandlungen in der pädagogischen Section der schles. Gesellschaft für vaterländische Kultur. Breslau, 1841 bis 1860. (19 Hefte.)

Das Jahr 1848 hat auch hier, nicht allein in der pädagog. Section, sondern auch in den übrigen, mit Ausnahme der naturwissenschaftlichen und medizinischen Section, seinen lähmenden Einfluß ausgeübt. Es ist merkwürdig, wie selbstgenügsam die Breslauer Lehrerschaft geworden ist, denn auch die philologische, geschichtliche Section u. a. vermochte es nicht zur lebendigen, zahlreichen Theilnahme zu bringen. Die Zahl der Anwesenden beschränkte sich nicht selten auf 6 incl. Secretair. Der hochverdiente Präsident der Gesellschaft, der Geheime Medicinalrath, Professor Dr. Göppert ermahnt in liebenswürdiger Freundlichkeit zur Geduld und zur Hoffnung auf bessere Zeiten. Auf Ebbe folgt Fluth. Aber die Ebbe hält lange an und die Fluth läßt fast zu lange auf sich warten. —

3. Zu meinen interessantesten Erlebnissen in diesem Zeitraum gehört auch meine Theilnahme an den „Lehrerfesten", welche durch den Lehrer Wander in Hirschberg angeregt und daselbst veranstaltet worden waren. Wander ist eine Persönlichkeit, die von mir nicht übergangen werden kann und darf. Ich will versuchen, mein Verhältniß zu ihm im rechten Lichte darzustellen; ich will mich bekämpfen und nichts von den Gefühlen einfließen lassen, die W. in mir gegen ihn (in der bösen Zeit 1848/49) hervorgerufen. Es steht jetzt der Wander, wie er vor 1848 leibte und lebte, vor mir.

Meine Bekanntschaft mit W. datirt aus jener lebensvollen Zeit, da ich den „Schulboten" in Verbindung mit Handel redigirte. Ohne daß wir uns persönlich gesehen hatten, standen wir in lebhaftem schriftlichem Verkehr mit einander. Die gute Feder, welche er führte, die Sache, für die er als Vorkämpfer auftrat, machten mir den schriftlichen W. schätzenswerth. Aus jedem seiner Briefe erkannte ich die Redlichkeit seiner Gesinnung, die Vortrefflichkeit seines Herzens. Die aus seiner Feder gekommenen Aufsätze und Schulschriften überzeugten mich, daß ich es mit einem geistbegabten Manne zu thun habe, der auch seine Darstellungen durch geistvollen Witz zu würzen verstehe. In der ihm eigenthümlichen Gewandtheit, seine Gedanken zu stilisiren, wurde er wol von keinem seiner Standesgenossen übertroffen. Die geistige Produktivität Wander's flößte mir mehr und mehr Achtung vor ihm ein. In der Vorliebe, die er für jeden Mann des Fortschrittes, namentlich für Pestalozzi, Diesterweg, Harnisch (in seiner früheren Periode in Breslau) u. A. an den Tag legte, erkannte ich in ihm einen würdigen Gesinnungsgenossen. Auf meiner pädagogischen Reise (1833) besuchte ich ihn in

Hirschberg, und zwar in seiner Schule. Von ihm persönlich nicht gekannt, verweigerte ich es, ihm bei meinem Eintreten in das Lehrzimmer meinen Namen zu sagen. Ich bat ihn dringend und höflich, sich in seinem Unterrichte nicht stören zu lassen. Nachdem er eine Stunde unter den Schülern thätig gewesen war, ließ er nicht ab, ihm doch meinen Namen nicht vorzuenthalten. Als ich ihm versicherte, daß wir längst gute Bekannte wären, errieth er bald den persönlich Unbekannten. So wurde denn das Band zwischen uns fester geknüpft, dessen Lockerung nicht vorauszusehen und dessen Auflösung noch weniger zu fürchten war. Seine Mitwirkung am „Schulboten" ist wol den sachkundigen Lehrern aus jener Zeit bekannt; ich erinnere nur an die sechs Hefte seiner „Geschichtsblicke". Wander's Hauptstreben war auf die Verwirklichung der „Emancipation des Schullehrerstandes" gerichtet. Darauf konzentrirte sich fast ausschließlich seine schriftstellerische Thätigkeit. Er zog sich durch die Schärfe, mit der er seine geistigen Waffen führte, in der Geistlichkeit die erbittertsten Gegner zu, obgleich er mit seinem Revisor in der schönsten Harmonie lebte. Der persönliche Wander mit seinem milden Wesen ist von dem in Schrift kämpfenden Wander ganz verschieden, und darum schwer in Uebereinstimmung zu bringen. Oft habe ich ihm gesagt, daß in seiner Dinte bisweilen zu viel Scheidewasser enthalten sei und seine Feder zu scharfe Spitzen habe, die leicht verletzen. Seine edle Sinnesart bekundete er namentlich in der Schrift; „der geschmähete Diesterweg", eine gelungene Vertheidigungsschrift, die dem Verf. zur Ehre gereicht. Wenn ich nicht in demselben Grade für die Emancipationssache wie er erglühte, so liegt der Grund in dem außerordentlich schönen Verhältniß, in welchem ich in Reiße mit dem Superintendenten Handel lebte; es war ein in rechter Weise natürlich vollzogenes emancipirtes: „Jedem das Seine!" In diesem Wahlspruch liegt meine Emancipation ausgesprochen. W. ging offenbar in der Sache mit Sturmschritten vor, nicht bedenkend, daß die geistige Emancipation des Lehrstandes noch gar zu tief im Argen liege und daß das, was bei W. schon sei, bei den meisten Lehrern noch in den Windeln liege! Aber W. ließ der Sache keine Ruhe. Bald kämpfte er an der Oder in seinen „Briefen von der Oder", bald an der Elbe in den „Briefen von der Elbe", bald am Rhein in den „Briefen vom Rhein", bald als „Salzmann" u. f. w. Wer bewundert nicht den Muth des Mannes, nicht seine Produktivität? Er erhob sich zu einem „Gefürchteten", in dessen Feder und unter dessen Messer zu kommen, sich jeder hüten müsse, der nicht gleiches Geschütz in's Feldlager des Streites zu schicken wisse. —

Dieser „Wander" war die Seele der „Lehrerfeste" in Hirschberg,

die der Regierung gefährliche Elemente zu enthalten schienen und
deren Feuer man rechtzeitig auslöschen müsse, damit es nicht zu
einem schwer zu tilgenden Brande auflodere. Die Sache aber wurde
offenbar mit zu mißtrauischen Augen angesehen. Hätten Regierungs-
räthe den Festen beigewohnt, so würden sie sich nicht nur über den
vortrefflichen Geist derselben, sondern auch über die Kapazitäten, die
der Stand der Volksschullehrer enthält, innig gefreut haben, denn
sie würden hierin die Frucht des durch die Regierungsmaßregeln
geförderten Schulwesens gesehen und als Freunde der Intelligenz
sich am Genuß derselben gelabt haben*). Nur ein Geistlicher, der

---

*) Ich kann nicht umhin, hier eines Theilnehmers an jenen Lehrer-
festen zu gedenken, der durch sein eminentes Rednertalent die Aufmerksamkeit, ja die Bewunderung der Anwesenden erregte. Es ist dies Erdmann Stiller, Lehrer in Liegnitz, wenn ich nicht irre, aus der preuß.
Lausitz stammend. Bei einem jener Lehrerfeste hielt derselbe einen freien
Vortrag, der über eine Stunde dauerte, mit der größten Gewandtheit
und Sicherheit. Die Neuheit und Klarheit der Gedanken, die blühende
Sprache, der korrekte Stil, die Würde in der persönlichen Haltung und
das kräftige wohltönende Organ — alles dies fesselte die Zuhörenden und
erwarb ihm die lautesten Beifallsbezeugungen. — Stiller gehört meiner
Ueberzeugung nach zu den gebildetsten Elementar-Schulmännern, der nicht
blos scharf und fein denken, sondern auch gewandt und schön reden kann.
Selbst in fremden Sprachen, z. B. im Französischen bewandert, besitzt er
auch ein reichliches Maß poetischer Begabung, wie dies unter Anderem
seine Fabeln, die er für die Jugend dichtete, und von denen viele in die
Schullesebücher aufgenommen worden sind, bezeugen. Die Vielseitigkeit
seiner Bildung zeigt sich auch in der Vorliebe für die Naturwissenschaften und
in der Abfassung politischer Artikel für die Zeitungen. Stiller hat fleißig
für den alten „schles. Schulboten" und auch für die „schles. Schullehrer-
zeitung" gearbeitet. Mein Verhältniß zu ihm ist immer ein aufrichtig
freundschaftliches gewesen und bis auf diesen Tag geblieben. Er gehört
zu meinen treugesinnten Freunden.

An Freund Stiller reihe ich Herrn Lebrecht Jakob, Kantor in
Conradsdorf bei Hainau, ein Mann, der seinen Vornamen mit der That
führt, denn er „lebt recht". Jakob gehört zu denjenigen Persönlichkeiten, die eine Zierde der schles. Lehrer sind. Mit dem Geschick, Lernstoffe praktisch gut zu verarbeiten, verbindet er auch noch eine seltene
musikalische Durchbildung. Hoffmann v. Fallersleben, der ihn auf seiner
Jagd nach Volksmelodien aufsuchte, drückte sein Erstaunen aus, bei
diesem Dorfkantor eine so ausgezeichnete Bibliothek vorzufinden.
Man kann sich beide Männer gar nicht ohne Identificirung mit dem
Volksliede und deren Pflege denken. Jakob ist ein unermüdlicher Sammler
von Volksliedern und Volksmelodien, die er für die Volksschule zurecht
macht. Seine Leistungen darin sind nicht hoch genug anzuschlagen und
sichern ihm ein dauerndes Andenken. Als praktischer Schulmann füllt
Jakob seine Stelle vollkommen aus, denn er gehört zu den vorwärts-
strebenden Lehrern.

Der Dritte in diesem Bunde ist Herr August Hinke in Goldberg,
erster Lehrer an der dortigen Töchterschule. Dieser für den Fortschritt

Superintendent Nagel, war mit seinem Kopfe und Herzen bei den Lehrerfesten zugegen. Die vollständige Beschreibung jener Lehrerfeste ist im 20. Bändchen der III. Abtheilung des „Schulboten" von Handel und Scholz zu lesen. Dieses Bändchen liegt vor mir und es hat mich erlustigt, dasselbe in dem schönen Hirschberger Thale, dessen Geburtsstätte die Lehrerfeste sind, von Neuem zu lesen*). Wer sich nach gleichem Genusse sehnt — und ich glaube die jungen Lehrer unserer Zeit haben keine Vorstellungen von solchen Lehrerfreuden — der thue, was er nicht lassen kann und — darf. Freilich wird er daraus die geistige Armuth des jetzigen Lehrerlebens um so lebendiger fühlen. Wenn man die Lehrer ihres Dünkels wegen mißachtet — hier auf den Lehrerfesten wurde der Dünkel des Dünkelvollsten gebrochen und zwar an dem Lichte, das ihm Andere seines Standes aufsteckten. Gewöhnlich findet man die Dünkelvollsten unter den beschränktesten Köpfen. Hier — auf dem Lehrerfeste gelangte der Beschränkte zu der Einsicht, wie viel Licht und Wärme ihm noch fehle.

Wie Wander bis zum Jahre 1849 zu mir gestanden, davon gibt die Widmung einer seiner besten Schriften Zeugniß. Vom Jahre 1849 an hörten wir auf mit einander zu gehen. Doch ich will nicht vorgreifen, weil ich noch später auf ihn zurückkommen muß.

Die „Lehrerfeste" wurden verboten. Hierauf bezog sich folgende Todesanzeige in der „Schles. Schullehrerzeitung"; sie lautet:

„Nach des Unerforschlichen Rathschluß starb in diesen Tagen eines gewaltsamen Todes im schönsten und hoffnungsreichsten Lebensalter Herr Lehrer Fürchtegott Ehrenfried Lebrecht Fest. Sein Dasein wurde von den Seinigen freudig begrüßt und liebevoll gepflegt, aber Neid und Verläumdung verdächtigten sein Wirken und brachten ihn an den Rand des Grabes. Was er während der kurzen Zeit seines Lebens in dem engern Kreise seiner Freunde angeregt und gewirkt, wird bei ihnen in gesegnetem Andenken bleiben und erfreuliche Frucht tragen. Hoffentlich ist auch sein Geist unsterblich; hoffentlich wird auch er nicht nur seinen Karfreitag, sondern auch seine Ostern haben. Es bitten um stille Theilnahme: Die Seinigen in Schlesien."

---

des Schulwesens begeisterte, von idealischen Gedanken erfüllte, zur Feder gewandte Schulmann ist durch seine Vorträge in den Lehrerkonferenzen seines Kreises, ferner als Verfasser einiger praktisch brauchbaren Schulschriften, als fleißiger Mitarbeiter am „Schulboten" (von 1831—1842), in welchem vorzüglich das Bändchen, welches „die Entwicklung des preuß. Volksschulwesens" darstellt, als eine dankenswerthe Arbeit betrachtet werden kann, vortheilhaft bekannt.

*) Ich bringe meine Ferien in Marienthal 3 Meilen von Hirschberg am Fuß des Reifträgers und Hochsteins zu, dessen Gipfel ich zwar sehe, aber nicht zu erklimmen im Stande bin.

4. Ich wende mich zur Darstellung einer anderen erquicklichen Erinnerung aus meinem Seminarleben. Sie ist niedergelegt in der Broschüre:

„Die Michaelis-Stiftung, oder die 50jährige Amts-Jubelfeier des Kgl. Consistorial- und Schulrathes Michaelis zu Breslau, am 21. September 1843.“ Breslau, gr. 8. 26 S.

Die erste Anregung zu dieser Feier kam aus dem Lehrerstande. Man wendete sich an mich, und wünschte, daß ich die Angelegenheit in meine Hand nähme.

Herr Consistorial-Rath Michaelis hatte sich in den Berufskreisen, in die er von der Vorsehung gestellt worden war, große Verdienste um das Elementarschulwesen erworben, als Pastor, wie als Superintendent, bis zu seiner Stellung als Consistorial- und Schulrath in Breslau, wo er nächster Vorgesetzter des evangel. Schullehrer-Seminars war. Michaelis hatte gerade kein geschmeidiges Wesen, er war vielmehr kurz von Worten, etwas abstoßend, einschüchternd; aber in seinem Busen schlug ein biederes Herz, das stets warm für das Gedeihen der Schule und für eine Besserstellung der Lehrer pulsirte. Pflichttreue wußte er zu vergelten, die Miethlinge im Amte schonte er nicht, mit gottesvergessenen Lehrern verfuhr er wie Dinter, der sein Vorbild gewesen zu sein scheint, mit unnachsichtlicher Strenge. Seines zuverläßigen Charakters wegen wurde er allgemein verehrt. Als Katechet stand er im besten Rufe. Auf klare religiöse Begriffe hielt und sah er beim Katechisiren. Praktisch, praktisch, verdeutlicht mit Beispielen aus dem praktischen Leben und befruchtet durch biblische Geschichten: das verlangte er. Die geistige Nährung der Kinder durch Dogmen, die das Gemüth erkälten, die Phrasenmacherei, die den Kopf verdunkele, waren ihm verdrießliche Dinge. In dieser Beziehung war es erklärlich, wenn er mit Gerlach's Unterrichte nicht einverstanden sein konnte. —

Um die Absicht der Lehrer in's Werk zu stellen, veranlaßte ich die Bildung eines Comité's, bestehend aus Geistlichen und Lehrern. Senior Krause an St. Bernhardin vertrat die Geistlichkeit. Es wurde eine Sammlung von Beiträgen zu einer Michaelis-Stiftung veranstaltet. Die Geistlichen und Lehrer der Provinz, besonders des Breslauer Regierungsbezirkes, steuerten so bei, daß an 1200 Thlr. dem Jubilar an jenem Tage eingehändigt werden konnten, und zwar zum Behufe einer Stiftung, deren Zweck dem Jubilar überlassen wurde, mit dem Wunsche, daß die Stiftung den Namen des Jubilars führe. Michaelis bestimmte den Zinsenbetrag — er ließ die Schenkung hypothekarisch auf sein eignes Haus eintragen — zur Unterstützung der würdigsten und bedürftigst besoldeten Lehrer

feines Verwaltungs-Departements im Breslauer Regierungsbezirke.
Die Verwaltung der Stiftung sollte bei seinem Ableben auf seinen
Nachfolger übergehen. Die Feier selbst ist in jener Schrift beschrieben, und es sind auch die gehaltenen geistsprühenden Reden
von Geistlichen und Lehrern darin aufgenommen. Da der Director
Gerlach bettlägrig erkrankt war, so hatte ich die Ehre, das Wort
im Namen des Seminars in und vor der großen Versammlung im
Garten des Jubilars zu führen. Was ich gesagt und wie ich es
gesagt, das ist in der angeführten Schrift zu lesen.

5. Bevor ich weiter berichte, will ich noch jenes Festes gedenken, das in ganz Deutschland vorher besprochen, und das in der
ganzen Lehrerwelt eine freudige Bewegung hervorbrachte: es ist

„Der hundertjährige Geburtstag Pestalozzi's
am 12. Januar 1846."

Konnte Breslau diesen Tag ohne Feier vorüber gehen lassen?
Breslau, an dessen Seminare, dem kath. und evang., Schüler des
großen Mannes gewirkt hatten, und wo noch ein Jünger dieser Schule
rüstig im Geiste Pestalozzi's amtirte, Seminar-Oberlehrer Rendschmidt? Da ich die Festangelegenheit in Verbindung mit Rendschmidt zu meiner Herzenssache gemacht hatte, so suchte ich die Feier
so imposant als möglich herzustellen. Sie fand in den großen Sälen
der Dom-Loge statt. Die Seminaristen trugen entsprechende Männer-
gesänge unter Leitung Richter's vor; Rendschmidt hielt jene vortreffliche Festrede, die in der Schullehrer-Zeitung abgedruckt ist und
von der auch besondere Abdrücke erschienen sind. An dem Feste betheiligten sich die Spitzen der Stadtbehörden, die Directoren der
höheren Schulanstalten, viele Lehrer derselben, sämmtliche Seminar-
Directoren und -Lehrer und viele Elementar-Schullehrer. Toaste,
vom General-Superintendenten Dr. Hahn, vom Gymnasial-Director
Dr. Schönborn, auch einer von mir, sämmtlich bezüglich auf den Ge-
feierten, trugen zur Erhöhung der Wichtigkeit dieses Tages bei.
Näheres über dieses Fest ist in der Schullehrer-Zeitung zu lesen.
Es war eins der schönsten Feste, das selbst nicht durch die Verstimmung, welche über bekannte Vorgänge im Seminar in den Gemüthern noch herrschte, beeinträchtigt wurde. Mit welchen Gefühlen
wir Seminarlehrer in der Versammlung gesessen haben, das wird
Jeder aus der Darstellung der spätern Vorgänge ermessen können.

13. Meine Lesebuch-Angelegenheit.

Es war zu meiner Kenntniß gekommen, daß man in Breslau
mit dem Gedanken umgehe, in den oberen Klassen der Elementar-

Schule ein Lesebuch, das den Zeitanforderungen zu entsprechen ge=
eignet wäre, einzuführen, und ein mir befreundetes Mitglied der
städt. Schulen=Deputation, das Kunde von meinem Vorhaben, den
seit Jahren aufgesammelten Stoff als ein 3. Lesebuch drucken zu
lassen, hatte, gab mir den Rath, mit dem Druck ungesäumt vorzugehen.
Da ich überreiches Material vorliegen hatte, so kam es nur auf
die Sichtung und Anordnung desselben an. Ich zögerte damit nicht,
zog dabei, wie ich schon erzählte, einen Mann zu Rathe und Hülfe,
der Muße und Geschick dazu hatte. Das Buch heißt

„**Deutsches Lesebuch für die Jugend im Alter von 11 bis 14 Jahren.
Eine Sammlung größtentheils neuer Lesestücke aus dem Natur-
und Menschenleben zur Bildung des Geistes und Herzens. Breslau, 1844. 576 S.**"

Ich ließ das Buch auf eigene Kosten drucken, übermachte nach
und nach die fertig gewordenen Bogen dem erwähnten Mitgliede der
städt. Schulen=Deputation, und erhielt von diesem die ermunternde
Versicherung von der Vortrefflichkeit der Lesestücke. Auch der Ma=
gistrat, dessen Chef damals der vortreffliche Pinder war, belobte
auf Grund des günstigen Urtheils, welches die Schulen=Deputation
abgegeben hatte, das Buch und verhieß die sofortige Einführung
in den Breslauer Schulen, sobald ich die Genehmigung des
Provinzial=Schul=Kollegiums zur Einführung nachgesucht und erhalten
haben würde. Dieser Modus erschien mir neu, jedoch entsprach
ich der Bedingung unverzüglich. Ich fürchtete keine abschlägliche Ant=
wort zu erhalten. Aber die Prüfung des Buches war auch dem
katholischen Regierungs=Schulrathe übertragen, dessen Urtheil gegen
das Buch ausfiel, „weil die Behandlung kirchengeschichtlicher Gegen=
stände in den Lesestücken 155 und 156 geeignet ist, mißliebige
Stimmungen der verschiedenen Glaubensgenossen zu erregen." Und
doch waren die mißfälligen Lesestücke aus Büchern genommen, die
bereits in vielen Schulen eingeführt waren, wie aus dem Erfurter
Lesebuch und aus dem kirchengeschichtlichen Lesebuche, vom Super=
intendenten Küster in Berlin verfaßt. Den Verfassern katholischer
Lesebücher ist es gestattet, Aeußerungen über die Reformatoren auf=
zunehmen, aber ein Lesebuch für evangelische Schulen soll seinen
protestantischen Charakter verleugnen. Die hohe Schulbehörde
rieth mir wohlwollend, ja machte es mir zur Pflicht, „das Blatt
mit den Seiten 275 und 276 durch einen Karton zu ersetzen, wenn
der Gebrauch des Buches in den Schulen nicht förmlich untersagt
werden soll. Dies galt auch für die Darstellung des Ablaßwesens
S. 393, bei welchem der damit getriebene Mißbrauch von dem
doctrinellen Sinne der Lehre nicht unterschieden ist, welche daher

neue Beschwerden von katholischer Seite über geflissentlichen Unglimpf und Nichtbeachtung aller über diesen Gegenstand zur Erlangung eines richtigeren Verständnisses der in Rede stehenden Vorgänge gegebenen Erläuterungen voraussehen läßt, wenn das Buch etwa in Simultanschulen katholischen Con-Revisoren zu Gesichte kommen sollte, weshalb wenigstens ein mildernder Zusatz im obigen Sinne angebracht werden muß, wenn das angedeutete Verfahren nicht eintreten soll." — Ich fand auf's Neue die Wahrheit des Wortes: „Wenn zwei dasselbe thun, so ist es nicht dasselbe," bestätigt. Dem Superintendenten ist gestattet, was dem Schulmann nicht erlaubt wird. Ein anderer gerügter Ausdruck auf Seite 275, betreffend die Bezeichnung der „unwürdigen Bevormundung" in den Verhältnissen der Regierung zu den Städten, ist in dem Lesestücke enthalten, welches in einem katholischen Lesebuche, das zu Köln am Rhein erschienen und das damals schon in mehreren Auflagen vorhanden war. Wir leben nun einmal in einer Zeit, in der auf Kosten der Wahrheit eine Zartheit in Wort und That gegen Nichtevangelische geboten ist. Hierzu kommt noch, daß Consistorialrath Menzel, dessen überaus zartes historisches Gewissen aus der Behandlung der Reformatoren in seiner „deutschen Geschichte" bekannt ist, der Dezernent in der Angelegenheit meines Lesebuches war. In Breslau ließ man sich durch die erwähnten Ausstellungen nicht beirren. Das Lesebuch wurde eingeführt, und viele andere Schulen thaten dasselbe, so daß die erste 5000 starke Auflage binnen Jahr und Tag vergriffen war. Entschädigt wurde ich für jene Verdrießlichkeiten durch die äußerst günstigen Urtheile zweier schles. Superintendenten, die jetzt Regierungsstellen bekleiden, und die die Einführung des Buches in ihren Schulen auf's wärmste befürworteten. Ich scheute die Kosten nicht und ließ jene Karton's drucken, legte vor dem Druck derselben die abgeänderten Stellen dem Herrn Rath Menzel vor, der sie acceptirte. Dessen ungeachtet hegte das Provinzial-Schulkollegium Bedenken, „Empfehlung und im Allgemeinen Genehmigung für das von mir verfaßte Lesebuch zu ertheilen". Unbegreiflich! Die Bedenken mußten aus einer hochgelegenen Quelle geflossen sein. Wie sich die Zeiten ändern! Damals lehnten die Regierungs-Kollegien aus Princip die Empfehlung jeder ihnen zugefertigten Schulschrift zur Einführung ab; jetzt empfiehlt man mit Nachdruck z. B. die sogenannten „Münsterberger Lesebücher"; und da jede solche nachdrückliche Empfehlung einem Befehl gleich zu achten ist: so ist das Schicksal aller Lesebücher, die nicht unter Redaktion der Seminare erscheinen, wären sie auch noch so vortrefflich, entschieden ein trauriges. —

Die zweite Auflage meines Lesebuches trat 1845 in's Leben,

wobei ich von dem freundlichen Anerbieten des Herrn Rath Menzel Gebrauch machte: mich „gern mit Rath und That zu unterstützen, um die Hindernisse zu beseitigen, welche zu seinem aufrichtigen Bedauern dem Eingange der ersten Auflage in die diesseitigen Schulen in den Weg getreten sind". Die zweite Auflage erfreute sich sogar der warmen Empfehlung des katholischen Seminar-Directors Barthel. (S. kath. Jugendbilder.) — Ich erzähle dies, um darzuthun, wie viel Kummer, Sorgen und Verdrießlichkeiten mir die Herausgabe dieses Lesebuchs verursacht hat, es war im eigentlichen Sinn des Wortes „ein Kind des Schmerzes und der Sorge." Das Buch fand zu meiner Freude nicht allein in Schlesien, sondern über dasselbe hinaus große Verbreitung. Die dritte Auflage erschien im Jahre 1851 in Breslau bei Leuckart, und ich kann mein Bedauern nicht unterdrücken, daß es den unablässigen Bemühungen der städt. Schulinspection in Breslau gelungen ist, dieses den Lehrern und Schülern liebgewordene Lesebuch zu verdrängen, um das „Münsterberger" in Eingang zu bringen, das in seiner ersten Auflage entschieden als eine nicht genügend gezeitigte Frucht der neuen Bestrebungen zu betrachten ist, wie die wiederholten Veränderungen, die bei neuen Auflagen vorgenommen worden sind, beweisen.

Um die Lücke auszufüllen, welche zwischen dem „Lesebüchlein für Kinder von 6—9 Jahren und dem von 11—14 Jahren vorhanden war, gab ich im Jahre 1845 das

> „Lesebuch für Kinder im Alter von 9—11 Jahren. Eine Sammlung von Lesestücken zu Denk-, Sprach-, Schreib- und Gedächtnißübungen und zur Bildung des Geistes und Herzens. Breslau, 284 S. 8""

heraus. Es liefert kernige Lesestücke von unsern besten Kinderschriftstellern. Auch dieses Buch fand Verbreitung. Die erste Auflage war gerade zu der Zeit vergriffen, da man die Münsterberger Lesebücher von oben herab so sehr begünstigte. Ich hatte nicht den Muth, eine zweite Auflage zu besorgen, neue Geldopfer zu bringen und theures Makulatur zu drucken. — Meine isolirte Stellung ist für die Herausgabe von Schulschriften nicht günstig.

Es ist in der That zu bedauern, daß so viele gute Lesebücher durch andere, neue, höhern Orts begünstigte, verdrängt werden, und so des Segens beraubt sind, den ihr Gebrauch stiften könnte. —

14. Meine Verwarnigung in Betreff der Schullehrer-Zeitung.

Die „Schles. Schullehrerzeitung" trat in Folge einer Berathung, welche auf dem „Lehrerfeste zu Hirschberg" im Jahre 1842 vor sich ging, in's Leben, und an die Stelle des „schles. Schulboten".

Die nachgesuchte Concession ging nach Erledigung einiger Vorfragen, die der Ober-Präsident v. Merckel an mich zu stellen für nöthig erachtete, ohne weitere Bedingung ein. Das Blatt sollte ein Organ der Lehrer in Schulangelegenheiten sein, von und für Lehrer geschrieben werden, und auch den pädagogischen Tagesfragen Rechnung tragen. Nachdem die Schullehrerzeitung ihre Spalten geöffnet hatte, gerieth sie mit dem „kath. Jugendbildner", einer kath. Zeitschrift, redigirt von dem Kaplan Licent. Lange in Breslau, in Konflikt. An dieser Zeitschrift arbeitete auch der damalige Seminar-Direktor K. Barthel, der, da der Redakteur L. durch Kränklichkeit verhindert wurde, die Redaktionsgeschäfte im Ganzen und Einzelnen zu besorgen hatte und eigentlich der Herausgeber war. Mein Verhältniß zu Barthel war stets ein freundliches gewesen. Unsere Bekanntschaft datirte aus jener Zeit, da er Ober-Kaplan in Neisse war, und wurde unterhalten und fortgesetzt auch in jenen Verhältnissen, da er als Pfarrer und Schul-Inspector im Haynau'schen, Director des Seminars zu Paradies im Posenschen amtirte, bis uns seine Berufung ans Breslauer katholische Seminar näher führte. Was er als fruchtbarer pädagogischer Schriftsteller leistete, erwarb ihm meine Hochachtung. Als Mitglied des „ältern Lehrervereins" war er mir sehr willkommen; die anregenden Besprechungen pädagogischer Thema's, an denen sich B. in erfreulicher Weise betheiligte, der Humor, welcher in der geselligen Unterhaltung von ihm ausging, übte eine gewisse Anziehung an dem Manne aus. Wir lebten in solcher Harmonie, daß der Einklang unserer Seelen uns zu dem brüderlichen „Du" führte. Uns beseelten gleiche Bestrebungen. Aus Barthel sprach immer mehr der Schulmann — der strebsame Pädagoge — als der katholische Priester. Von dem Zeitpunkte aber an, da Barthel seine Feder dem „kath. Jugendbildner" darbot, da ihm hier so bereitwillig eine Obergewalt eingeräumt worden war, tauchte er seine Feder in die mit Ironie und Sarkasmus geschwängerte Dinte und schrieb damit Artikel gegen einzelne Artikel der Schullehrerzeitung, die einer Verdächtigung der Gesinnungen des Herausgebers derselben ähnlich waren. Jene Artikel blieben nicht ohne Erwiderung." Wie Du mir, so ich Dir": das war die Parole in der Sache. Die Streitigkeiten zwischen den beiden Blättern erregte das Interesse der Leser, erzeugte aber eine Erkühlung unseres bisherigen guten Vernehmens und endlich eine Spaltung *). B. ging aber weiter. Die Angelegenheit wurde vor das Forum des Ministers Eichhorn

---

*) Als Barthel zum Regierungsrathe nach Liegnitz berufen worden war, schrieb er mir von da aus einen wahrhaft christlichen Versöhnungs-

gebracht. Die Folge war, daß das Königliche Provinzial-Schul-Kollegium veranlaßt wurde, den Herausgeber der Schullehrer-Zeitung ernstlich zu verwarnen. Das Geschäft wurde dem verst. Provinzial-Schulrathe, Herrn Konsistorialrath Menzel übertragen, der es in humanster Weise vollzog. Ich erlaubte mir, dem Herrn Kommissar schriftlich eine Verantwortung zu behändigen, die er unter Modificationen, die ihm benöthigt schienen, zu Protokoll nahm, wovon mir jedoch auf meine Bitte keine Abschrift, dem Regierungs-Prinzip gemäß, bewilligt wurde.

Es würde zu viel Raum einnehmen, wenn hier die bogenlangen Verhandlungen in ihrer Ausführlichkeit mitgetheilt werden sollten. Ich beschränke mich darauf zu bemerken, daß die Beschuldigungen, die Schullehrer-Zeitung betreffend, sehr große Uebereinstimmung mit den Angriffen hatten, die in dem „kirchlichen Anzeiger" hierselbst von einem gewissen K. und im „katholischen Jugendbildner" auf mich, den Herausgeber der „Schullehrer-Zeitung", abzielten. Es war von mir damals nicht klüglich gehandelt, daß ich mich zu „verantworten" suchte; ich hätte besser gethan, jene Zurechtweisungen demüthig hinzunehmen, wenn sie nur mit meinem Wahrheitsgefühl in Einklang zu bringen gewesen wären.

Denn von sehr betrübender, entmuthigender Art war der Bescheid des Ministers Eichhorn, der mir durch das Provinzial-Schul-Kollegium zuging. Dieser Bescheid liegt vor mir, und indem ich mich in demselben als in einem Spiegel beschaue, erschrecke ich über die Carricatur des Bildes, das mir hier von mir selbst entgegen tritt. Wahrlich, ich müßte mir total verachtungswürdig vorkommen, hätten mich damals solche Gesinnungen, wie die Vorhaltungen sie voraussetzten, beseelt und geleitet. Zwar blieb meine Amtirung unangetastet; aber daß ich mancher Feder in jener Zeit der freien Meinungsäußerungen und bei dem Mangel einer Vorschrift über die Zulässigkeit der Besprechung der in die Schulverhältnisse schlagenden Vorkommenheiten die Spalten der Schullehrer-Zeitung öffnete: das war der Vorwurf, den ich mir zugezogen hatte und der in meine Seele tief einschnitt. Shakespeare hat recht, wenn er sagt; „O wir bringen lauter Unkraut hervor, wenn uns keine Winde des Tadels durchwehen: uns unser Böses sagen, ist eben so gut, als uns umpflügen."—

Wie sich von selbst versteht, so blieb die drohende Verwarnung

brief, worin er mich seinen „schwergeprüften lieben Freund und Bruder" anredete und mir über Manches, seine damalige Handlungsweise betreffend, Aufschluß gab. Wir versöhnten uns vollständig und verkehrten mit einander hier in Breslau, wo er als Regierungsrath wirkte, in brüderlicher Einmüthigkeit. —

nicht ohne Einfluß auf den Geist der Schullehrer-Zeitung. Es lag mir Alles daran, dem Hohen Ministerium darzuthun, wie willfährig ich sei, von den nicht übel gemeinten Ausschreitungen zurückzukehren und in die genehme Bahn einzulenken. Dies geschah, konnte aber nicht ohne Beeinträchtigung des Interesses des Blattes geschehen. Wer die Schullehrer-Zeitung mit den Augen dieser Zeit liest, der wird es kaum begreiflich finden, wie das damalige Ministerium keine Freude an dem Streben der Lehrer haben konnte, sondern nur Gefährliches darin erblickte. Nicht die **Verdeckung**, sondern die **Aufdeckung** der drückenden Zustände in den Schulverhältnissen war die Aufgabe der „Schullehrer-Zeitung". —

IX.
Die Endschaft meines Wirkens am Seminar.

Motto: Gott hilft dem vertrauenden Menschen im Unglück, er hilft oft im Verborgenen und gibt ihm Stärke und Verstand zu tragen, zu leiden, was schier unglaublich scheint. Wenn's dann durchgestritten, wenn das gute Gewissen bewahrt ist, dann ist ihm himmelwohl.

Pestalozzi.

1. Vorgänge, welche die Auflösung des Seminars zur Folge hatten.

Ich habe in dem Bericht über den Fortgang der Wirksamkeit des Seminar-Directors Gerlach eine Unterbrechung eintreten lassen. Was ich dazwischen gelegt, fällt in dieselbe Zeit und mußte hier seine Stelle finden.

Wenn in der Atmosphäre in heißen Sommertagen sich eine Menge electrischen Stoffes angesammelt, so bilden sich Wolken am Horizonte, die sich zu Gewitterwolken zusammenziehen, und wenn durch die Bewegung der Luft die mit positiven und negativen Stoffen geschwängerten Wolken einander zugetrieben werden, so ist ein Gewitter im Anzuge, Blitz und Donner erschüttern die Gemüther. Aehnliches ereignete sich in der Atmosphäre des Seminars. Schwüle Tage hatten dieselbe in hohem Grade verunreinigt und ließen einen erschütternden Ausbruch befürchten.

Der 15. October, die Feier des Geburtstages des Königs, endete nicht zur Zufriedenheit des Directors. Es hatten sich Dinge zugetragen, die ihn zum Zorn reizten. Nicht lange darauf hatten sich zwei Seminaristen gegen den Lehrer der polnischen Sprache, Herrn Pohl, Widersetzlichkeiten erlaubt; sie wurden deshalb beim Director

16*

angezeigt, der im Ton der größten Erbitterung den Vorfall rügte, und die Conferenz zusammenberief. Hier wurde die Renitenz der angeklagten Seminaristen in einem Lichte dargestellt, wobei die vorgeforderten Angeklagten sich so wenig fügsam zeigten, weil sie im Recht zu sein glaubten, daß der Conferenz=Beschluß dahin lautete: die Entlassung der beiden Seminaristen zu beantragen. Unsere Bitte, davon noch abzustehen, fand kein Gehör. Die Kursus= Genossen reichten bei dem Director eine Bittschrift für ihre Mitgenossen ein, aber ohne Erfolg. — Im Geheimen wurde von den abschläglich beschiedenen Seminaristen eine „Beschwerdeschrift" gegen den Director entworfen — ein Werk der Nacht im eigentlichen Sinne des Wortes — und an das „Provinzial=Schul=Kollegium" abgeschickt. Die jungen Leute petitionirten um die Zurücknahme „der Verweisung" der beiden Zöglinge aus der Anstalt oder — „die Entlassung der Petenten". Welche Unbesonnenheit! Es war vorauszusehen, daß eine ungewöhnliche Strafe die Folge sein würde. Der damalige Oberpräsident v. Wedell war erst kurze Zeit in die Stelle des pensionirten Vorgängers v. Merckel getreten, und konnte mit den Zuständen des Seminars noch nicht so vertraut geworden sein, als es wünschenswerth und nothwendig gewesen wäre. Eine persönliche Besprechung mit dem Director mag zu der Verfügung: „Entlassung der Renitenten ohne Ausnahme" geführt haben. Aergeres konnte nicht geschehen. Selbst die betheiligten Seminaristen haben diese Verurtheilung nicht erwartet. Unsere Bestürzung war nicht gering und die Aufregung in den beiden nicht betheiligten Kursen der Seminaristen außerordentlich groß. Die Bemühungen von unserer Seite, den Director milder zu stimmen und ihn dahin zu bewegen, den Ausspruch des Oberpräsidenten rückgängig zu machen und bei demselben eine andere Strafe auszuwirken, wurden mit der Aeußerung erwiedert: „der Abgrund ist geöffnet, entweder sie oder ich stürzen hinein." Wie es gekommen, daß den Verwegenen doch noch die Frist von einem Tage gestellt und denjenigen Gnade für Recht verheißen worden war, die während dieses Zeitraumes ihren Fehltritt bereuten und Besserung gelobten, weiß ich nicht mehr mit Gewißheit anzugeben. Löschke war eifrigst bemüht, die Hartnäckigen zur Erklärung der Reue zu bewegen, aber bei 16—19 derselben war jede Bemühung vergeblich, so groß war die Erbitterung, die größere Hälfte dagegen fügte sich und erhielt — Verzeihung.

Unbeschreiblich ist das Aufsehen gewesen, welches der Vorgang in der Stadt gemacht hatte. Einzelne Familien nahmen sich der Verstoßenen an: ein Theil derselben verließ Breslau und kehrte zum Schrecken der Väter, Mütter, Lehrer 2c. in's älterliche Haus zurück, nicht wissend, was für einen Beruf sie ergreifen sollten, da sie aus dem Lehrerstande für immer verwiesen wurden. So hatte sich denn das Gewitter entladen, der Blitz hatte gezündet und arge Verwüstungen angerichtet.

Nachdem sich der Sturm, welcher durch das Haus gegangen war, einigermaßen gelegt hatte, wurde der Unterricht fortgesetzt, freilich in einer Stimmung von Seiten der Lehrer und Zöglinge, die nicht durch Worte dargestellt werden kann. Allmählich kehrte die Ruhe wieder ein, und Alles ging bestens von Statten, so daß die Worte vernommen wurden: „nachdem die Luft gereinigt, nimmt Alles den erfreulichsten Fortgang." Allerdings hatte die schreckliche Maßregel den Zurückgebliebenen eine Furcht eingejagt, daß sie wie Lämmer sich verhielten.

Wie der Vorfall in Berlin aufgenommen war, das bewies die nicht erwartete Ankunft des Ministerialrathes Herrn Stiehl in den ersten Tagen des December 1845, der mit verhängnißvollen Instructionen nach Breslau gekommen sein mußte. Der äußerst freundlich erscheinende Herr Geheime Rath beehrte auch mich mit einem persönlichen Besuche, wobei er mir ankündigte, daß er die Lehrstunden sämmtlicher Lehrer besuchen werde. Es würde zu weit führen, wollte ich Alles erzählen, wie der Herr Kommissarius sich in meinen Lehrstunden verhalten hat. Nur so viel bemerke ich, daß er scharfe Umschau unter den Zöglingen hielt. Im Rechnen diktirte er eine Aufgabe aus der Numeration — eine Zahl mit mehreren Nullen, eine Subtractions- und eine Multiplications-Aufgabe und ließ sich die Gründe der Rechnung angeben. Im Deutschen verlangte er die freie Aussprache über ein Thema, das mir nicht mehr gegenwärtig ist, tadelte aber die Unbeholfenheit im Ausdruck. Er ließ auch lesen und zwar aus dem auf dem Lehrtisch liegenden „Andachtsbuch für Seminaristen", und veranlaßte mich, mit den Zöglingen einen bestimmten Satz aus dem Pensum sprachlich und sachlich zu analysiren. Wenn hier das Ergebniß nicht seinen Erwartungen entsprach; so erlaubte ich mir, ihn darauf aufmerksam zu machen, daß er den jüngsten Kursus vor sich habe, der erst kurze Zeit den Seminarunterricht genossen hätte. — Es wurde an jeder Antwort gemäkelt und wiederholentlich getadelt, daß die Zöglinge sich zuviel mit dem „vielleicht," und mit dem „ich glaube", oder „ich meine" zu thun machen. Jede Antwort müßte in bestimmtester Form gegeben werden; nicht also: „Es wird vielleicht so lauten müssen", sondern: „es lautet so". Nicht: „ich glaube, der Begriff sei der", sondern: „der Begriff ist der" u. s. w. — Der entgegengesetzten Ansicht war der berühmte Benj. Franklin, dessen Bescheidenheit als Jüngling so weit ging, daß er es für anmaßlich hielt, so zu sprechen, wie hier von den Seminaristen verlangt wurde.

Auch die Arbeits-Zimmer erhielten einen Besuch, wo er die Arbeits-hefte sich vorlegen und über Manches Auskunft verlangte; bezügliche Bemerkungen mußten aufgeklärt werden, was Verlegenheiten bereitete.

Herr St. forschte auch nach der Lectüre der Zöglinge, und wollte erspüren, ob bei den Seminaristen auch die „Schullehrer-Zeitung" zu finden sei. Es ist an einzelne Zöglinge sogar die Frage gerichtet worden, ob sie nicht auch die „Schullehrer-Zeitung" zu lesen bekämen? Er hat hier keine verneinende Antwort er-halten. *) Die freundliche Gewandtheit, mit der Herr St., das was er wollte, ermittelte, bestach die Herzen und schloß sie auf.

Nachdem Herr St. so die äußere und innere Revision voll-zogen, konferirte er mit jedem Lehrer noch unter vier Augen, am längsten mit mir. Die Ergebnisse der Besprechungen wurden pro-tokollirt. Erst hier ging mir ein Licht über den Zweck seiner Sendung auf. Wenn er mir z. B. die vertraulichen Fragen in aller Gemüthlichkeit vorlegte: woher es denn komme, daß der Di-rector die Zuneigung der Zöglinge entbehre; welche Beweise von Zuneigung mir die Seminaristen gegeben? ob ich ihm nicht darüber etwas Specielles angeben könne, daß die Lehrer der Provinz freund-liche Gesinnungen gegen mich hegten? warum die „Schullehrer-Zeitung" jetzt so nüchternen Geistes sei, da sie doch früher einen so oppositionellen Sinn an den Tag gelegt u. dgl.? — so wußte ich, worauf es abgesehen war, und was die Glocke geschlagen habe. An Andeutungen, daß dem Seminar eine zweite Katastrophe bevorstehe, fehlte es nicht. Aus der Mittheilung, daß ich mich gegen einen Lehrer der Provinz, der von dem Director einmal unfreund-lich abgewiesen worden wäre, über den Director in mißfälliger Weise ausgelassen habe, ersah ich, daß ich fälschlicher Weise denuncirt worden sei. Ich erklärte, daß dies eine Lüge, und daß von mir gerade das Gegentheil geschehen sei. Der Lehrer heiße Tschampel und wohne in Quolsdorf bei Landeshut; diesen möge man befragen und vernehmen, mich ihm gegenüberstellen".

Noch muß ich erwähnen, daß der Herr Revisor mit besonderem Fleiße das ganze Protokoll-Buch des Seminars durchgesehen und daraus so viel Notizen mitgenommen hat, als ihm für seinen Zweck brauchbar geschienen.

---

*) Die Schullehrer-Zeitung erschien anfänglich unter Censur des Consist.-R. Falk, später unter der des äußerst gewissenhaften Herrn Regierungsr. v. Eberts. Ich kann mich über Nachsicht und Rück-sicht in dem Censurgeschäft der beiden Herren eben nicht beklagen.

2. Die Auflösung des evangelischen Schullehrer-Seminars zu Breslau.

1. Von welcher Art der Bericht über die Revision, welchen der Herr Geheime Rath Stiehl dem Minister Eichhorn abgestattet, gewesen sein muß, und welchen Vortrag dieser auf Grund dieses Berichtes Sr. Majestät dem Könige gehalten hat, ist aus der Kabinets-Ordre, welche an den Ober-Präsidenten v. Wedell gerichtet war, zu entnehmen. Dieser sendete am 29. Januar 1846 den Ober-Regierungsrath v. d. Heyden mit folgender Verfügung in die Anstalt:

„Se. Majestät der König haben Allerhöchst die sofortige Auflösung des hiesigen evangel. Schullehrer-Seminars zu befehlen geruht, indem Allerhöchstdieselben einen solchen Geist, wie er sich in den zuletzt stattgefundenen disciplinarischen Unordnungen, und nach der, in Folge derselben angestellten Revision, schon seit langer Zeit auch anderweitig in gedachter Anstalt gezeigt, als nicht mit dem Zwecke der Schullehrerbildung vereinbar erachten, für welche fernerhin in anderer Weise und unter angemesseneren Verhältnissen gesorgt werden wird. Die jetzt entlassenen Zöglinge des aufgelösten Seminars sollen nicht an und für sich durch ihre Entlassung vom Schulfache ausgeschlossen sein. Dem Allerhöchsten Befehle gemäß ist die Anstalt heute aufgelöst worden, was hiermit zur Vermeidung aller Mißdeutung zur öffentlichen Kenntniß gebracht wird.

Breslau, den 29. Januar 1846.

Der Königl. Ober-Präsident der Provinz Schlesien.

v. Wedell."

Am 29. Januar, Vormittags 10½ Uhr, wurden sämmtliche Lehrer in das Konferenz-Zimmer beschieden. Hier fanden sie den Herrn Ober-Regierungsrath v. d. Heyden und den Herrn Director G. — In feierlichem Tone verkündigte uns jener mit Berufung auf die Allerhöchste Kabinets-Ordre vom 23. Januar, wenn ich nicht irre, die sofortige Auflösung des Seminars. Die Zöglinge wurden nun aus den Lehrzimmern in den Musiksaal bestellt und die Kinder der Uebungsschule sofort entlassen. In äußerst humaner Weise ward auch den Seminaristen der Befehl Sr. Majestät von dem Herrn Kommissarius verkündet. Der Eindruck war ein gewaltiger, ein Eindruck, den kein Mund zu erzählen, den keine Feder zu beschreiben im Stande ist. Es war ein Schlag aus heiterm Himmel. Der Herr Ober-Regierungsrath v. d. Heyden, selbst davon ergriffen, äußerte, es sei dieß die schwerste Amtspflicht gewesen, die er je auszuführen beauftragt gewesen wäre. Die Lehrer tief erschüttert,

die Zöglinge ganz bestürzt, verließen den Saal; diese, um die Hiobs=
post nach allen Richtungen hin zu verbreiten und sich theilweise zur
Abreise bis zum 1. Februar, zu welcher jedem zwei Thaler behändigt
wurden, anzuschicken; jene, um im Konferenzzimmer die weiteren
Beschlüsse Sr. Majestät über sie selbst aus dem Munde des Herrn
Kommissarius zu vernehmen. Es geschah dies bei jedem unter vier
Augen in zartester Weise.

Am Abend desselben Tages versammelten sich die tieferschütterten
Zöglinge auf eigenen Antrieb nochmals im Musik= und Bet=
saale des Seminars und stimmten zum letzten Mal in diesen Mauern
das Lied: „Ein' feste Burg ist unser Gott" an, sangen
nochmals aus voller Seele und in wahrhaft erhebender Weise und
stärkten sich dadurch und durch ein von einem Zöglinge verfaßtes
und gehaltenes Gebet zur Ertragung des über sie verhängten Schicksals.
Am Schluß des Liedes loderte das Blatt, auf welchem das vor=
getragene Gebet gestanden, in hellen Flammen auf, was auf die
Zöglinge einen unvertilgbaren Eindruck machte. Mit nassen Augen
verließen sie den ihnen liebgewordenen Saal.

Hatte die Ausweisung jener Seminaristen schon das größte
Aufsehen in der Stadt gemacht, so wurde sie durch die Ausführung
der „Auflösung" ꝛc. in die größte Aufregung versetzt. Der sel. v. Merckel
lebte damals noch, und soll tief betrübt, im Zimmer auf= und abgehend,
laut ausgerufen haben: „Nicht möglich! Unerhört!" Der damalige
Regierungs=Assessor, spätere Regierungsrath und Polizei=Präsident und
jetzige Geheime Ministerial=Rath Herr v. Kehler war der erste, der
seine Ueberraschung und Theilnahme gegen seinen ehemaligen Lehrer durch
einen persönlichen Besuch zu erkennen gab. Der Oberst=Lieutenant a. D.
v. Hülfen, ein für das Unterrichts= und Erziehungswesen nicht
nur erwärmter, sondern erglühter Mann, der keine Sitzung der
pädagogischen Section unbesucht ließ, hier selbst Vorträge hielt, und
der sogar Mitglied des älteren Breslauer Lehrervereins geworden
war, war der zweite, der mit Thränen in den Augen bei mir er=
schien und mir, falls ich durch die Maßregel in Geldverlegenheit
gerathen sein sollte, seine Kasse zur Verfügung stellte. Hatte dieser
Herr doch mehremals den öffentlichen Seminaristen= und Kinder=
prüfungen seine Gegenwart geschenkt und waren ihm doch die besten
Urtheile über den Geist der Anstalt zugegangen!

Die städtischen Behörden: die Stadtverordneten=Versammlung,
damals unter dem Vorsteher des allgemein verehrten Herrn Justiz=
rath Gräff, und der Magistrat, damals unter ihrem überaus hoch=
geachteten Ober=Bürgermeister, Herrn Regierungsrath Pinder,
veranstalteten eine außerordentliche Sitzung, in der sich einstimmig

die größte Theilnahme kund gegeben hatte. Noch an demselben Abend ½10 Uhr erhielt ich von einem Mitgliede der Versammlung folgenden Brief:

"Es gereicht mir zur besonderen Freude, Ihnen, sehr geehrter Herr, anzeigen zu können, daß die Stadtverordneten in ihrer heutigen Versammlung beschlossen haben

Magistrat zu empfehlen, Sie und Ihren Kollegen Herrn Löschke in städtischen Schulen anzustellen, vorläufig Sie zu ersuchen, die durch Aufhebung des Seminars verwaiste Elementarschule zu übernehmen, unter allen Umständen Ihnen aber den durch Ihre Amtsentsetzung verminderten oder verlorenen Königl. Gehalt und Emolumente aus der Kämmerei-Hauptkasse bis zu einer anderweitigen definitiven Anstellung, auszahlen zu lassen.

Sie sehen, der liebe Gott läßt keinen Gerechten unterliegen. In aller Hochachtung und ausgezeichneten Werthschätzung

Ihr

ganz ergebener

C. A. Milde."

Was in dieser Sitzung des hochlöbl. Magistrats beschlossen worden sein mußte, ging aus folgendem Schreiben hervor:

Ew. Wohlgeboren ersuchen wir ergebenst, uns gefälligst mittheilen zu wollen, ob und welche definitive Entscheidung von Seiten des Königlichen Ministerii der geistlichen, Unterrichts- &c. Angelegenheiten über Ihre Stellung nach Auflösung des hiesigen evangelischen Schullehrer-Seminars, sowie über den ferneren Bezug Ihres Gehaltes und sonstigen Amts-Emolumente ergangen ist.

Breslau, den 18. Juni 1846.

Der Magistrat

hiesiger Haupt- und Residenzstadt.

Ja, Herr Oberbürgermeister Pinder ließ Herrn Löschke und mich zu einer persönlichen Besprechung zu sich einladen, und wenn etwas geeignet war, uns über unser Mißgeschick zu beruhigen, so waren es die wohlwollenden Gesinnungen, die wir aus dem Munde dieses so lehrerfreundlich gesinnten Herrn vernahmen.

Die Auflösung des Seminars hatte die Regulirung der beiden Uebungsschulen zur Folge. Mit der "Seminarschule" wurden nicht viel Umstände gemacht, denn sie war ja nur eine "Privatschule". Anders verhielt sich's mit der Freischule, über die man nicht ohne Weiteres den Stab brechen konnte. Die Regierung hatte die Verpflichtung, für den Unterricht wenigstens noch ein Vierteljahr aufzukommen. Aber woher die Lehrer nehmen, da die Lehr-Seminaristen ihrer Functionen entbunden waren. Der Magistrat überließ mir die Fürsorge, es wurden lehrberechtigte Persönlichkeiten gewonnen; aber die Regierung versagte mir und meinen Kollegen die weitere Mitwirkung.

Die Regulirung der bedeutenden Seminar-Bibliothek lag mir ob. Die Einpackung derselben in Kisten, begleitet von einem vollständigen Verzeichniß, war erfolgt. Die Seminar-Akten, die Folianten der Zeugnißbücher, die dicken Protokollbücher u. dergl., hatte der Director in Sicherheit zu bringen. Diese kostbaren Dokumente, diese Zeugen des Lebens des Seminars, die allmähliche Entwickelung der Anstalt zu der Höhe und zu dem Umfange, haben das Schicksal des Seminars erdulden müssen. Sie sind nämlich sammt und sonders wie sich herausgestellt hat, eingestampft worden, unstreitig auf höheren Befehl. Wenn auch nichts dagegen einzuwenden ist, daß veraltete nutzlose Seminar-Akten auf diese Weise beseitigt wurden, so bleibt es doch immer eine beklagenswerthe und in mehrfacher Hinsicht nicht zu rechtfertigende Thatsache, daß die mit so großer Sorgfalt geführten Protokollbücher, die mit größter Gewissenhaftigkeit ausgestellten Zeugnißbücher der seit seinem Bestehen im Seminar gebildeten Lehrer, so wie die Präparandenbücher, die so große Mühe verursachten, dem Schicksal des Einstampfens anheimfielen. Es sind daraus schon große Verlegenheiten entstanden. Ich erwähne nur den einen Umstand, daß die Seminar-Directoren außer Stande gewesen sind, verloren gegangene Zeugnisse zu ergänzen. Die Bittsteller hatten sich deshalb an mich gewendet, als wenn ich im Besitz dieser Abgangszeugnißbücher geblieben wäre! Unbegreiflich! —

Doch genug von diesen wenig erquicklichen, vielmehr erschütternden Mittheilungen. Ich kehre dahin zurück, daß mir der Herr Ober-Regierungsrath v. d. Heyden eröffnete, „daß ich bis auf Weiteres nicht allein in meiner Amtswohnung verbleiben, sondern auch mein Gehalt unverkürzt fortbeziehen dürfte.“ Ich hatte also nicht die trübe Erfahrung zu machen, der Kämmereikasse in die Hände sehen zu dürfen, wie mir in so löblicher und tröstlicher Weise in Aussicht gestellt worden war.

Dennoch war meine Lage eine trostlose, besonders trostlos durch die Unthätigkeit, zu der ich gleichsam verdammt war. Scholz arbeitslos sein: wie läßt sich das vereinigen! Mich überkam das Gefühl eines lebendig Begrabenen. Wenn die Wolken reden könnten, so würden sie erzählen, mit welchen thränenschweren Augen ich allmorgentlich zu ihnen aufgeblickt, wie oft ich den Gedanken zu Gott hinaufgeschickt: „Ich will doch sehen, wie lange und schwer du, gnädiger Gott, mein Vertrauen auf dich auf die Probe stellen wirst!“ Das gute Bewußtsein verlieh mir mehr und mehr Kraft zur Ertragung der Schmach, die mir angethan wurde.

2. Ich wurde nur gar zu bald in eine Thätigkeit versetzt, freilich in eine Thätigkeit der unangenehmsten Art, die den Geist anstrengte und das Gemüth aufregte. Was vorauszusehen und zu befürchten war: die öffentliche Besprechung der außerordentlichen Thatsache in Blättern nahe und fern, erfüllte sich in reichlichem

Maße. Was wir da zu lesen bekamen, war empörend, das Wahrheitsgefühl verletzend. Namentlich zeichneten sich „der rheinische
Beobachter“ und der „westphälische Merkur“ durch ihre famosen Unwahrheiten aus. Das Dintenfaß des Berichterstatters im „rheinischen
Beobachter“ hat, wie ich aus mehreren Ausdrücken ersehen konnte,
die noch frisch in meiner Erinnerung aus jener Unterredung im
Dezember des vergangenen Jahres waren, auf einem Büreau-Tische
in Berlin gestanden, und die scharf gespitzte Feder hat daneben
gelegen. Der „westphälische Merkur“ hat seiner Mission am wenigsten Ehre gemacht, denn nichts als „Lügen“ sind aus seinem Munde
gegangen, die er mit vollen Backen und im frechsten Tone austrompetete.

Nicht im Bewußtsein der Schuld, sondern angetrieben von dem
mir inwohnenden Wahrheitsgefühl griff ich zur Feder und schrieb
gegen jenen Verläumder folgende Broschüre:

**Zur Geschichte des aufgelös'ten Königl. evangel. Schullehrer-Seminars
zu Breslau. Eine nothgedrungene Abwehr der in einigen Zeitschriften gegen die Anstalt erhobenen Anklagen und Beschuldigungen.
VI. 45 S. gr. 8.**

Wenn ich den Inhalt derselben nach Verlauf von 14 Jahren
mit abgeklärtem Geistes-Blicke kritisch erwäge, so komm ich zu der
Ueberzeugung, daß der „heilige Geist“ mir die Feder geführt. Ich
wiederhole daraus das Vor- und das Schlußwort.

Das Vorwort lautet:

„Die erschütternde Nachricht von der plötzlich erfolgten Auflösung einer
der ältesten, größten und berühmtesten Lehrerbildungsanstalten des preußischen Staats — des evangelischen Schullehrer-Seminars zu
Breslau hat ihren Weg durch alle Zeitungen unseres Vaterlandes gemacht. Ueberall ist der Eindruck ein unbeschreiblicher. In allen Schichten
der menschlichen Gesellschaft fühlt man noch den Schlag, der alle Glieder
derselben durchzuckt hat, und wird ihn noch lange fühlen. Die wider-
sprechendsten Gerüchte durchziehen das Land. Die Lehrer, welche ihre
Bildung in dieser Anstalt erhielten und lebendige Zeugen von den Bestrebungen ihrer ehemaligen Bildner sind, fragen einander in großer
Bestürzung: wie solches in unserer Provinz und in unseren Tagen geschehen könne.

Man verlangt mit Recht eine offene, eine unparteiische, aus der unmittelbaren Umgegend kommende, auf eigene Anschauung, Beobachtung
und Erfahrung gegründete Darlegung des Vor- und Herganges der Thatsachen. Aber wer kann, darf und wird der Sache seine Feder leihen?
Ich habe länger als drei Jahrzehnde mit der Anstalt, der jetzt so
Betrübendes widerfahren ist, in Verbindung gestanden; ich kannte sie, als
noch der jetzige greise, geistesfrische Konsistorial-Rath Fischer Inspektor
des Seminars war (1811); ich bin Zeuge von der erfolgreichen, das
Seminar umgestaltenden Thätigkeit des Dr. Harnisch, der aller Zöglinge begeisterte Liebe besaß, gewesen (1822); stand mit dem unter sehr
kritischen kollegialischen Verhältnissen treu wirkenden Hientzsch in freund-

lichem Verkehr (1838); wurde unter dem milden, doch energischen Direktor, Pastor Schärf, den die Hochachtung und Verehrung der Zöglinge bei seinem Abgange nach Bunzlau begleitete (1838), hier angestellt und habe unter den betrübendsten Vorgängen unter den beiden Direktoren jüngster Zeit, der Pastoren Binner und Gerlach, genaue Kenntniß (1838—1846). Vor mir liegt ein 34jähriger Zeitraum der Geschichte des Seminars.

Es wird mir also ein Urtheil über die Vorkommnisse in unserer Anstalt zustehen; ich werde im Stande sein, einen mit der Wahrheit übereinstimmenden „Beitrag zur Geschichte des aufgelös'ten Seminars" zu liefern; ich muß und will es thun, damit Berichte, wie in dem „Westphälischen Merkur" und in dem „Rheinischen Beobachter" von der Nachwelt nicht als Geschichts-Dokumente betrachtet werden, die geeignet sein könnten, die nächste hohe Behörde des Seminars — das Königliche Provinzial-Schulkollegium — zu kompromittiren, das Lehrerpersonal in ein unverdientes Dunkel zu stellen, seine Gesinnungen zu verdächtigen, sein Wirken zu beschimpfen und seine Bestrebungen in den Staub zu ziehen. Die Wahrheit muß ans Licht, sollte sie auch durch das größte Dickicht der Entstellungen bringen müssen. Durchbricht doch auch die Sonne die vor sie in großen Massen sich lagernden Wolken und strahlt dann um so heller, daß man die Dinge in ihrer wahren Gestalt und Farbe erkenne. Die Wahrheit fragt nicht darnach, ob sie die Autorität dieser oder jener Person verletze oder aufrecht erhalte oder erhöhe; sie bemäntelt eben so wenig strafwürdige Handlungen von Seiten der Untergebenen, als Mißgriffe in der Leitung; aber sie zeigt offen und klar Grund und Folge der Thatsachen.

Das Wahrheitsgefühl ist ein heiliges Besitzthum, das man, besonders wenn es durch außerordentliche Ereignisse, die in entstellten Darstellungen der Geschichte übergeben werden, in lebhafte Bewegung gesetzt wird, nicht unterdrücken darf, ohne sich der Sünde des Undanks gegen Den, der die Brust damit erfüllt und beglückt hat, schuldig zu machen. Nein, dem Wahrheitsgefühl Stimme zu geben, das erfordert die Pflicht und das Gewissen. Wer auf dem Markt des Lebens durch die Presse verdächtigt und geschmäht wird, der darf nicht daheim bleiben und durch Schweigen jenen Verdächtigungen und Schmähungen den Stempel der Wahrheit aufdrücken. — Meine loyale Gesinnung lasse ich mir von Niemandem, er stehe niedrig oder hoch oder mitten, antasten. Wer aber meiner Darstelluug des Schicksals unseres Seminars wieder eine Opposition gegen die Staatsregierung unterlegt, der vergeht sich mehr an dieser als an meiner Person; denn er würde dadurch grade aussprechen, daß gewissen Blättern das Privilegium ertheilt worden sei, die Ehre Anderer zu verdächtigen, ohne daß der Angefochtene das Recht habe, sich auf demselben Wege zu vertheidigen. Gottlob, daß es nicht so ist. Der preußische Staat ist nach wie vor ein Staat der Gerechtigkeit.

Breslau, am Charfreitag 1846.

Das Schlußwort der Broschüre lautet:

Ich bin nicht mehr Seminarlehrer. Ich habe aufgehört, mitten in der vollsten Manneskraft aufhören müssen, Erzieher und Bildner von Jugendlehrern zu sein. — Ich scheide nach der Weisheit und dem Willen meines Königs und Herrn aus einem Wirkungskreise, in den mich Gott vor 12 Jahren durch die Königliche Staats-Behörde gesetzt hat und für den ich mich bei gereifteren Erfahrungen mehr und mehr berufen halten durfte.

Ich scheide mit Schmerz; mit Schmerz über das herbe Schicksal der Anstalt; mit Schmerz über den Verlust, den dadurch ein bedeutender Theil einer schönen Provinz erleidet; mit Schmerz über meine Entrückung aus dem mir theuern und werthen Berufe. — Ich scheide mit Dank; mit Dank gegen Gott, daß er mich in diesen Kreis des Lehrerlebens und Lehrerwirkens geführt; mit Dank gegen die hiesige Königliche Provinzial=Schulbehörde, die mich mit so vielem Wohlwollen und Vertrauen beglückt hat und mir stets mit Humanität begegnet ist; mit Dank gegen die Kollegen, mit denen ich 12 Jahre lang in Friede und Eintracht gearbeitet. — Ich scheide in Hoffnung; in der Hoffnung, daß Gott dem folgenreichen Ereigniß eine glückliche, die Lehrerbildung fördernde Wendung geben werde; in der Hoffnung, daß ans Licht kommen werde, was jetzt noch im Verborgenen liegt; in der Hoffnung, daß der erwachte bessere Geist unter den Lehrern sich immer mehr ausbreite, der Geist des zeitgemäßen Fortschritts rege bleibe, die tüchtige Gesinnung immer tüchtiger werde, und die Erkenntniß von einer wahrhaft christlichen und menschlichen Volksbildung den ganzen Lehrstand durchdringe und beseele. Ich scheide mit Wünschen; mit dem Wunsch, daß die Königliche Staatsbehörde in der Wahl solcher Männer, deren Händen Sie die Leitung einer Schullehrer=Bildungsanstalt anvertraut, glücklich sei, glücklicher als in der Jüngstzeit; mit dem Wunsch, daß die Männer, welchen die Lehrerbildung in Seminaren obliegt, Begeisterung für den Beruf in den jungen Männern erwecken; mit dem Wunsch, daß der Geist der Seminaristen sich als ein Geist wackern Strebens nach gründlichen Kenntnissen und nach Denk=, Gesinnungs= und Lehrtüchtigkeit bekunde.

Ich scheide endlich mit Erinnerungen. Ich blicke zurück. Vor mir liegt ein zwölfjähriger Abschnitt eines eigenthümlichen Lehrerlebens. Herausgehoben aus dem Kreise liebevoller Kinder, dankbarer Eltern, für die Schule eifrigst besorgter Männer trat ich hier (1834) ein. Mich begrüßten aber nicht die günstigsten Verhältnisse. Es war eine Zeit schweren Kampfes. Es galt die Einwurzelung eines auf gutem Boden gezogenen Baumes. Die Wurzeln suchten Wege in die Tiefe und hatten Steine zu überwinden; die Aeste und Zweige breiteten sich nach verschiedenen Richtungen aus, um gleichsam Alle mit Vertrauen und Liebe zu umfangen, und fanden in ungünstiger Witterung und in Stürmen allerlei Hindernisse. Die Gesinnung siegte. — Ich habe still geduldet, muthig gearbeitet, unverdrossen gewirkt, viel überwunden und — reichlich geerntet. Ich wurde bald heimisch im neuen Lande. Die Zöglinge näherten sich mir mit Vertrauen, gewannen mein Vertrauen und schieden von mir mit Liebe. Es ist nicht täuschender Ruhm, nicht eitle Prahlerei, was ich hier an der Grenze eines wichtigen Lebensabschnittes öffentlich ausspreche. Aber es ist Stolz, Stolz auf die durchlebte Zeit, Stolz auf die Liebe meiner Treuen. Die ältesten und jüngsten meiner Zöglinge fordere ich zu Zeugen, zu Richtern meines Strebens, meiner Denk= und Handlungsweise auf.

Mein Motto war: „Des Lehrers gerechteste Richter sind seine eignen Schüler." Dieses Motto begleitete mich in jede Lehrstunde; es war mein Revisor, mein wachsamer Revisor.

Tretet heran, geliebte ehemalige Zöglinge, jetzige Freunde und Mitarbeiter im Tempel der Jugendbildung! Schaart Euch im Geiste um mich, Euern ehemaligen Lehrer, Euern Freund, Euern Standesgenossen, Euern Mitkämpfer für Eure Interessen! Denkt an die schönen Stunden,

in denen mir die Freude zu Theil wurde, an der Entwickelung Eurer
Geisteskräfte, an der Veredelung Eurer Gesinnung, an der Begeisterung
für Euren Beruf, an der Tüchtigung für Euer Amt ein Scherflein bei=
zutragen! Waren es nicht schöne Stunden? Stunden geistigen Turnens,
der Geisteszucht und der Geisteserholung! Stunden gemüthlichen Froh=
sinns, herzstärkender Heiterkeit, wohlgesinnter Vertraulichkeit, gradsinniger
Offenheit! Das Motto: immer frisch und frei, dabei fromm und
froh, — es ward unter uns eine Wahrheit. — Wie gern wohnte
ich in den Uebungsschulen Eurem Unterrichte bei! Mit entzückender Freude
verließ ich das Lehrzimmer, wenn ich bei Einem oder dem Andern die
richtige Auffassung des Unterrichtsstoffes, die sorgfältige Beachtung ge=
gebener methodischer Winke und — eine eigenthümliche von selbstän=
digem Denken zeugende Ausführung wahrnahm. Ihr habt mir
das wol angesehen und oft genug gehört, wie verhaßt mir ein affen=
mäßiges Nachahmen dieser oder jener Eigenthümlichkeit eines Lehrers
war. Ich wollte es nie, daß man Einen von Euch meinen Nachtreter
nenne; aber ich sahe es gerne, wenn Euer Geist mit meinem Geiste
harmonirte, selbst wenn die Form mit der meinigen nicht übereinstimmte.—
Ich wurde unter Euch älter an Jahren, aber jünger am Geist, frischer
im Herzen, fröhlicher im Gemüth. Großer Segen. — Vielleicht sind
unter Euch nicht wenige, die auch von mir ernste, bittere Worte entgegen
nehmen mußten. Ich habe der Trägen nicht geschont, und für Schlecht=
gesinnte nie das Wort genommen; aber ich habe niemals unterlassen,
Wankende zu ermahnen, Strauchelnde zu festigen, auf Abwege Gerathenen
derb ins Gewissen zu reden, Entmuthigte zu ermuntern, Geängstigte zu
beruhigen, Rathlose mit Rath und That zu unterstützen. — Ist's nicht
so? — Sollte dennoch Jemand Grund zu klagen über mich haben —
hier ist meine Hand und mit ihr die Versicherung, daß ich Keinem einen
Stachel ins Herz legen wollte. — Mit wahrer Freude denke ich an die
Abschiedsworte, die Ihr jedesmal in der letzten Lehrstunde durch einen
Eurer Mitgenossen an mich richten ließet. Wie reich fühlte ich mich da!
Gedenkt Ihr aber auch der Worte, die ich Euch mit auf den Weg gab!
jener Worte, die Euch die gewissenhafteste Treue in der Führung Eures
Amtes und gegen König und Vaterland, die willige Fügung in die be=
rechtigten Anordnungen Eurer Vorgesetzten, die liebevollste Verträglichkeit
im Umgange mit den Personen Eures Ortes, Eurer Umgebung, den frei=
willigen Anschluß an die Gebildeten Eures Standes und andrer Stände,
den unermüdlichen Fortschritt in der Lehr= und Erziehungskunst, und —
die wärmste Betheiligung an den Angelegenheiten, welche das Wohl Eurer
Gemeinde, wie des ganzen Volkes betreffen, — so dringend an das Herz
legten, dabei stets „Gott zu fürchten", immer „Recht zu thun"
und dann „Niemand zu scheuen!" — —

Lebet wohl! Ihr wißt, ich gehörte niemals nur theilweise, sondern
immer ganz dem Lehrerstande an. Scheide ich auch aus meinem jetzigen
Wirkungskreise, so scheide ich doch nie aus unserem Stande. —

Mein Testament ist meine Liebe, meine volle, ungetheilte
Liebe; Eure Liebe, Euer treues Lehrerherz aber sei und
bleibe mein Asyl jetzt und immerdar."

Die Schrift hat mir viele Freunde erworben. Aufbewahrenswerth
ist folgender Brief des Herrn Ober=Regierungsrath v. d. Heyden:

„Ew. Wohlgeboren haben durch die gütige Uebersendung Ihrer
Schrift zur Geschichte des aufgelösten evangelischen Schullehrer=

Seminares an mich, und durch die herzlichen Worte Ihrer Widmung sich das gerechteste Anrecht auf meinen hochachtungsvollsten Dank erworben, den ich hier auszusprechen mir ganz ergebenst erlaube. Es ist natürlich, daß derjenige Auftritt, den Sie pag. 40 Ihrer Schrift mit so drastischer Wirkung auf den Leser, und in einer klassischen Form, vollkommen nach der Wahrheit schildern, Ihnen eine sehr schmerzliche Rückerinnerung stets gewähren muß, um so mehr ist es ein Zeugniß von einem hohen Sinne, wenn Sie demjenigen, den das Geschick ergriff, um ihn zum Werkzeuge einer Maßregel zu machen, die Ihnen so viel Weh bereitete, diejenige Gerechtigkeit widerfahren lassen, die er bescheiden für sich in Anspruch zu nehmen wagen darf, nämlich, daß er die Liebe nicht verleugnet, selbst bei Ausübung einer schweren Berufspflicht, die das erste und heiligste Gebot jeder christlichen Gesinnung ist. Die ewige Vorsehung führt allmächtig und unaufhaltsam den Zug ihrer ernsten und hehren Bestimmungen dahin über die Häupter der Sterblichen. Wie diese selbigen nicht aufhalten, dürfen sie ihn auch nicht meistern: im Ablaufe der Zeiten aber kommen durch die Wirkungen die wahren Bedeutungen der Vorfallenheiten an den Tag, und dann wird Jedem das Seine, denn nur Eins darf siegen und bestehen, die Wahrheit.

Mit vorzüglichster Hochachtung ꝛc.

Nicht minder kann ich ein Schreiben des verstorb. Stadtrath Warnke zurückhalten. Es lautet:

Euer u. s. w. ermangele ich nicht, hiermit meinen ergebensten Dank für das mir gütigst zugesandte Exemplar der von Ihnen herausgegebenen Schrift: „Zur Geschichte des aufgelösten Königl. evangelischen Schullehrer-Seminars zu Breslau" abzustatten.

Der Inhalt desselben, und ganz besonders der Schluß, hat mich tief ergriffen und auf's Höchste bewegt.

Ich habe in einen Spiegel geblickt, der mir ein, von dieser Seite bisher nicht gekanntes, wahres und treues Bild jener Anstalt geliefert hat.

Vor allem aber habe ich mich über den gesunden Sinn, der aus jeder Zeile des Werkes hervorleuchtet, — über den kräftigen Hauch, der darin weht, — über die körnige Sprache und die feste, sichere Hand, welche den Schleier gelüftet, — so wie über das fruchtlose Entgegentreten gegen Verdächtigung — recht innig gefreut. So etwas hört und liest man nicht alle Tage.

Wollte Gott, daß alle Lehrer, alle Bürger des preußischen Staates gleiche Gesinnungen im Herzen trügen: dann würde der „gesetzliche" Fortschritt nicht ausbleiben; dann würde es „vorwärts" gehen. Ueberschätzung, Ironie und Gemeinheit, wie sie an der Tagesordnung sind, schaden der guten Sache; Offenheit, Wahrheit und Edelsinn dagegen, das sind die prunklosen, aber guten Waffen, mit denen der redliche Deutsche kämpft. Sie haben solche ergriffen und angewendet, und der Sieg wird nicht ausbleiben.

Genehmigen Sie die Versicherung meiner größten Hochachtung, mit der ich bin u. s. w.

Die Stadtverordneten-Vers. aber ließ mir folgendes Schreiben zugehen:

Ew. Wohlgeboren dankt die Stadtverordneten-Versammlung für die Zueignung der von Ihnen verfaßten Schrift über die Auflösung des hiesigen evangelischen Schullehrer-Seminars. Es wird ihr zur Freude gereichen, die Gelegenheit bald eintreten zu sehen, wo Ihre Thätigkeit einer der städtischen Unterrichts-Anstalten zugeführt werden kann.

Breslau, den 28. Mai 1846.

Die Versammlung der Stadtverordneten.

Ich schweige von den zahlreichen Briefen, die ich aus vielen Gegenden nicht nur Schlesiens, sondern ganz Deutschlands erhielt.

Kaum war meine Broschüre zu Ende gebracht, so erschien bei Friedrich Hartknoch in Leipzig folgende Schrift:

„Die Keime zur Auflösung des königl. evangel. Schullehrer-Seminars zu Breslau. Oder die erste halbjährige Wirksamkeit des Seminar-Directors Herrn Friedrich Gerlach. Aus Rückerinnerungen und schriftlichen Aufzeichnungen dargestellt von einem ehemaligen Zöglinge der Anstalt.“

Der Verf. schließt sein Vorwort so: „Sind auf öffentlichem Wege Unwahrheiten zu Tage gefördert worden, so werde ich um so weniger Anstand nehmen dürfen, mit der Wahrheit öffentlich an's Licht zu treten.“

Der Verf. (sein Name ist Häusel, der zur Zeit im Trebnitzschen als Lehrer wirkte, hier nebenbei außerordentlich thätig für die Stolze'sche Stenographie war und jetzt als Lehrer in Hirschberg angestellt ist) hat hier eine meisterliche Darstellung der Zustände des Seminars geliefert. Ich muß jeden Schulfreund bitten, daß er die Schrift nicht ungelesen lasse. Hier sind Thatsachen aufgedeckt, die dem Herrn Stiehl und der obersten Schulbehörde ein anderes Licht aufzustecken geeignet sind, die aber auch jeden zu der schmählichen Ueberzeugung bringen, daß die Auflösung des Seminars eine der schmachvollsten Maßregeln war*); der ehrenwerthe Verf. schließt mit den schönen Worten:

„Keine Klage mehr über das Hinscheiden der Anstalt. Auch Sterben ist Gewinn. Das königliche Wort bürgt, „„daß für Schullehrerbildung auch fernerhin in anderer Weise und unter angemesseneren Verhältnissen gesorgt werden wird.““

Achtung und Vertrauen dem Staat.**)

---

*) Wenn Herr Pastor Löschke in Zindel bei Brieg seine schon im J. 1846 verfaßte und dem Minister Eichhorn vorgelegte umfassende Vertheidigungsschrift noch durch den Druck veröffentlicht, was er zu thun beabsichtigt; so wird er einen wichtigen Beitrag zur Geschichte des aufgelösten Seminars liefern und sich als Retter der Wahrheit den Dank der Mit- und Nachwelt erwerben.

**) Dies ist geschehen. Schlesien besitzt jetzt statt des Breslauer Seminars zwei Seminare in neuen Palastähnlichen Gebäuden zu Münsterberg und Steinau.

Aber immer noch kein Friede! Zu den Verläumdungen im "rheinischen Beobachter" und "westphälischen Merkur" kam noch ein dritter Kämpe. Ich meine den Privatgelehrten Dr. Rut= hardt in Breslau, bekannt durch seine umfangreiche Schrift, in welche er eine neue Methode des lateinischen Sprach= unterrichts anzubahnen suchte und zur Erreichung dieses Zweckes in= und auswärtige Regierungswege einschlug und später den Titel eines "Professors" erhielt. Dieser Herr war mit Gerlach eng befreundet, und da er zugleich das "evangel. Kirchen= und Schul= blatt" mit redigirte, so benutzte er diese Zeitschrift, um es mit einem Gewebe von Unwahrheiten in Bezug auf die Vorgänge im Seminar zu schmücken. Er wollte erfahren haben, daß ich eine Broschüre in Bezug auf die famose "Auflösung" des Seminars vom Stapel laufen lassen würde; der scharfsichtige Herr glaubte etwas gesehen zu haben, was gar noch nicht da war. Kurz es erschien ein Auf= satz aus der Feder dieses Herrn gegen mich — den er gar nicht kannte —, in so bissiger Weise, daß ein auswärtiger Freund mir Folgendes zu schreiben sich veranlaßt sah:

"Das ist ja ein . . . . . . —, der Dr. R. — Ich habe 2 Blätter seines durch und durch perfiden Aufsatzes gegen Sie gelesen — zufällig. Sein Stil ist der Regierungsstil; er besticht. Aber im 2. Blatt wird er schon matt. Den überwältigen Sie! Aber man sieht, auf was es abgesehen, welche Bosheit auf jener Seite ist. Den würde ich nicht schonen. —

Bleiben Sie nur fest! Nicht einen Schritt gewichen!"

Es bedurfte dieser Ermuthigung nicht. Ich war mit meinem Geschütz bereits in's Kriegslager gerückt und hatte einige Kartätschen gegen jenes fein gesponnene Lügengewebe losgelassen. Wer es noch nicht kennt, der lerne es kennen. Es führt den Titel:

Zur Geschichte des aufgelös'ten evangel. Schullehrer-Seminars zu Bres= lau. Zweites Heft. Erste und zweite Lieferung, enthaltend: eine Beleuchtung und Widerlegung der im evangel. Kirchen- und Schul= blatt von Dr. Gaupp u. Dr. Ruthardt gegen mich gerichteten An= griffe. Von Chr. G. Scholz.

Mein Kampfplatz war die "Schlesische Schullehrerzeitung", Jahrg. 1846 Nr. 10 — 12. Aus diesem Kampfe bin ich ehren= voll hervorgegangen, ich habe in ihm bestanden. Der Gegner hat geschwiegen und mich dadurch auch zum Schweigen gebracht. Ohne zu wissen, ob mein Gegner schon sein Pulver verschossen, schloß ich in Nr. 12 mit den Schlußworten aus dem Briefe des Herrn v. d. Heyden (S. oben! S. 255!)

Goldne Worte der Wahrheit! Aber der Kampf war doch noch

17

nicht zu Ende geführt. Bemerkenswerth ist es, daß weder mir noch dem Verf. der „Keime" auch nur ein Haar unserer freimüthigen Aeußerungen wegen gekrümmt worden ist. Vor diesem Kampfe reichte ich eine Beschwerdeschrift über die ungebürlichen Angriffe bei dem Minister Eichhorn ein und bat um rechtfertigenden Schutz gegen dieselben. Die Antwort vom 31. Juli 1846 lautete;

„————— Was Ihre Bitte um Schutz gegen angeblich in öffentlichen Blättern gegen Sie gerichtete persönliche Angriffe be= trifft, so werden Sie bei näherer Erwägung einsehen, daß Ihnen solcher nicht von mir gewährt werden kann; es kann Ihnen viel= mehr überlassen bleiben, in anderer Ihnen geeignet scheinender Weise den Ungrund der in öffentlichen Blättern gegen Sie er= hobenen persönlichen Beschuldigungen darzuthun oder sich an die Gerichte zu wenden."

Was ich gethan liegt vor. Vor die „Gerichte" habe ich die Angelegenheit nicht gebracht.

Jeder Unparteiische wird zugeben, daß die Erledigung dieser Streitigkeiten mich zur Genüge in Thätigkeit gesetzt hat. Aber noch sollte ich nicht zum Frieden gelangen. Ich wurde durch einen Aufsatz im „Janus" von Huber (22. Heft) abermals allarmirt, der mich, weil er aus der Feder eines alten geliebten Freundes Dr. W. H. gekommen sein sollte, mehr als die vorigen aufregte. In welchem Lager finde ich hier meinen theuren H. Hatte er nicht seinen alten treuen Freund und Bruder Rendschmidt in Breslau, von dem er die zuverläßigsten Nachrichten erhalten konnte? War denn sein Herz so von mir abgewandt, daß er keine Theilnahme mehr für den empfand, der ihm so viel Beweise seiner Treue gegeben hatte? Wahrlich, das schmerzte tief. Sollte ich nun meine Waffen gegen H. richten und ihm sagen, daß er sich in der Reihe der Lügner und Verläumder befände! Schon hatte ich mich dazu angeschickt, als mir die Nachricht zuging, daß ein anderer ehemaliger Schüler des Seminars es unternommen, seine Stimme gegen H. zu erheben. Ich wartete das Erscheinen der Schrift ab; ihr Titel ist: „Würdigung der im 22. Heft des „Janus" von Huber, angeblich von Dr. H. gegen das aufgelöste königl. evang. Schul= lehrer=Seminar zu Breslau erhobenen Anklagen und Beschuldigungen. Eine Stimme aus dem schles. Volksschullehrerstande. Motto: Apostel= geschichte 4, 20. Leipzig, 1847. Hartknoch. 32 S."

Der Verf. (Herr L. Leisner der Aeltere) führt eine gewandte und zugleich scharfe Feder. Es hat mir wehe gethan, daß hier unter Anderm Folgendes über H. gesagt werden mußte:

„Zwar ist es niederschlagend, in den Reihen der Feinde Männer zu erblicken, die in den kräftigsten Jahren ihres Lebens gegen eine Partei zu Felde zogen, für die sie als Anwalt öffentlich aufzutreten sich jetzt nicht schämen; zwar ist es betrübend, daß selbst H. in dem Lager der Gegner erscheint, um einer Anstalt, die von ihm als zartes Kindlein mit glühender Begeisterung gesäugt und auferzogen wurde, den Todesstoß zu geben; doch soll uns diese Erscheinung nie muthlos machen.

Zu Ihrer Rechtfertigung will ich mich zwar gern der Vermuthung hingeben, daß Sie mit unwahren Berichten hintergangen worden sind; doch das soll mich keinen Augenblick länger abhalten, Ihre maßlosen Anklagen als völlig grundlose zurückzuweisen. Gestatten Sie daher einer „zertretenen Schulmeisterseele", auf den Inhalt Ihres Aufsatzes etwas näher einzugehen.

Sie behaupten an dem schon angeführten Orte, daß das „sonst so berühmte evangelische Seminar in Breslau so tief gesunken" sei, daß es vor seiner Auflösung „unter Null" gestanden habe; Sie belieben die Hauptstadt Schlesiens ein „Mistbeet der Sclaverei der Leidenschaften", das Seminar ein „Schlangennest, das man auf jede Weise zu zerstören verpflichtet sei", zu nennen.

Um ein sicheres, der Wahrheit entsprechendes Urtheil über die Leistungen einer Unterrichtsanstalt zu fällen, ist es schlechterdings nothwendig, daß man dieselben aus eigener Anschauung kenne, da selbst auf Grund amtlicher Untersuchungen ausgestellte Berichte oft nur ein dürftiges Bild von demselben zu entwerfen geeignet sind. Herr Dr. H. hat nun, so viel mir bekannt, seit 1822 mit dem aufgelösten Seminar zu Breslau in keiner, wenigstens nicht amtlicher Verbindung gestanden, hat in jüngster Zeit den Unterrichtsstunden in demselben nie beigewohnt, wagt es aber dennoch, mit einer eigenthümlichen Dreistigkeit über die Wirksamkeit desselben den Stab zu brechen. Ich war drei Jahre lang Zögling der von ihm so arg geschmähten Anstalt, war drei Jahre lang Zeuge des rastlosen Strebens der an derselben angestellten Lehrer, die ihnen anvertrauten Jünglinge für ihren Beruf möglichst auszubilden, war drei Jahre lang Zeuge, wie jene zu manchen Zeiten oft mit Aufopferung ihrer Gesundheit den schweren Pflichten ihres Berufes nachzukommen sich eifrigst angelegen sein ließen; habe aber nie Gelegenheit gehabt, wahrzunehmen, daß dieselben irgend in ihrem Berufe lässig geworden wären. Jedes anbrechende Morgenroth fand sie größtentheils schon im Dienste der Anstalt. Sie geizten förmlich mit der Zeit. Ich kann ihnen daher mit gutem Gewissen, natürlich nur insoweit dies meinen beschränkten Ansichten nach zu beurtheilen vermag, das Zeugniß möglichst treuer Pflichterfüllung geben. Getrost können sie vor jedes gerechten Richters Stuhl treten, ohne vor dessen Urtheilsspruche zittern zu dürfen. Sollte ich ja gegen Jemand in dieser Hinsicht als Kläger auftreten, so könnte ich es nur gegen Herrn Director G. thun. Sein eigenes Bewußtsein muß ihm sagen, daß er bei Ertheilung der Pädagogik und Katechetik seinen Zweck in keiner Hinsicht erreichte, weil er diese Unterrichtsgegenstände beinahe ganz planlos ertheilte. In der Katechetik trug er z. B. jedes Lehrjahr von Ostern bis zur Fastnacht „Heilslehre" vor. Von der Entwerfung einer „Disposition", von der Durchführung eines Thema's war keine Rede. Die Psychologie wurde durch ihn ganz vernachläßigt. Als Student hat er bei Steffens über dieselbe Vorträge gehört. Jedenfalls mochte er, seit er dessen Hörsaal verlassen, sich mit dieser Wissenschaft als Candidat in Glambach bei Strehlen, als Rector in letzter Stadt und als Pastor in dem für die Geschichte der Pädagogik durch ihn merkwürdig gewordenen Lorenzberg nicht mehr beschäftigt haben, oder fürchtete er etwa die durch dieselbe zu erzielenden Resultate? Ich weiß es nicht, möchte es aber beinahe vermuthen. Die Folgen eines solchen Unterrichtsverfahrens zeigten sich auch recht deutlich. Ich erinnere ihn z. B. an die Ende Februar 1844 abgehaltene Abiturienten-Prüfung. Ja später mußte ihm sogar der Unterricht in der Pädagogik abgenommen und dem Lehrer Herrn Löschke übergeben werden. Trotzdem kann man aber doch nicht sagen, daß das Seminar in jüngster Zeit „unter Null" gestanden habe. In den Herzen der Zöglinge desselben brannte ein heiliges Feuer, das von den übrigen Lehrern der Anstalt nach Kräften unterhalten wurde. Erstere gingen größtentheils mit Begeisterung ihrem erhabenen Ziele, Menschenbildner im edelsten Sinne des Wortes zu werden, rüstig arbeitend entgegen. Ein Blick in das Haupt-Censurbuch der Anstalt würde jeden Zweifler zu der Ueberzeugung bringen, daß ich Wahrheit sage. Zudem wurde die freie Zeit im Seminar weise ausgebeutet. Auf Anregung des Musiklehrers Herrn Richter entstanden viele Gesang- und Musikvereine; Herr Löschke begeisterte uns für die Schriften deutscher Classiker und Herr Oberlehrer Scholz suchte uns für die anerkannten Pädagogen zu gewinnen. Das bei der Seminarbibliothek befindliche Verzeichniß ausgeliehener Bücher muß nachweisen, daß besonders die Schriften von Pestalozzi, Zerrenner, Dinter, Harnisch ꝛc. viel gelesen wurden. Herr Scholz II. veranstaltete im Sommerhalbjahre fast jeden Mittwoch- und Sonnabend-Nachmittag botanische Excursionen in die Umgegend von Breslau, an denen Viele jedes Mal freiwillig Theil nahmen. Außerdem besuchten von 1842 an einzelne Seminaristen in ihren Freistunden die öffentlichen Vorlesungen der Professoren Röpell, Kutzen, August Kahlert und Freitag. So ist mir z. B. aus jener Zeit ein Seminarist bekannt, der außer den Unterrichtsstunden im Seminar wöchentlich sechs Collegia auf der Universität hörte. Im Allgemeinen herrschte unter den Seminaristen eine große Vorliebe für die Musik, Naturwissenschaften, Geschichte und Sprachen.

Ja wahrlich, es war eine schöne Zeit gemeinsam geistigen Strebens, eine herrliche Zeit der glühendsten Begeisterung für das Hochziel naturgemäßer Menschenerziehung. Das aufgelöste Seminar zu Breslau darf sich seiner Zöglinge keineswegs schämen. Sie wirken mit äußerst geringen Ausnahmen, zum Segen des Vaterlandes erfolgreich in ihren Schulen und erfreuen sich des Wohlwollens der ihnen vorgesetzten Behörden. Wie kann nun eine Anstalt, die eine treue Pflegerin der Pädagogik war, die bis in die jüngste Zeit dem Lande anerkannt tüchtige Lehrer lieferte, wie kann eine solche Anstalt noch „unter Null" gestanden haben? Wie kann sie „ein Schlangennest, ein Mistbeet der Sclaverei der Leidenschaften" sein? Ich frage Sie, hochwürdiger Herr Pfarrer im Sachsenlande, antworten Sie, wenn Sie es können! Seit wann hat das evangel. Seminar zu Breslau, Sie müssen es wissen, denn Sie deuten es durch die Worte: „Das sonst so berühmte" x. zur Genüge an, aufgehört „berühmt zu sein? Seit wann haben sich Lehrer und Zöglinge so arger Pflichtverletzungen schuldig gemacht, so daß hier, wie Sie sagen, zum Aeußersten geschritten werden mußte? Glauben Sie etwa, daß die Glanzperiode in der Geschichte des evangelischen Seminars zu Breslau mit dem Jahre 1822 endet? Antworten Sie, ich fordere Sie nochmals dazu auf, besonders aber suchen Sie Ihren kecken Behauptungen durch beizubringende vollgiltige Beweise Glaubwürdigkeit zu verschaffen."

Es ist nicht zu meiner Kenntniß gelangt, ob H. für nöthig gefunden hat, etwas darauf zu erwiedern. Ein Besuch, dessen ich mich im Jahre 1849 von ihm erfreute, überzeugte mich, daß er mir seine alte Liebe bewahrt hatte. Hoffentlich hatte er die Ueberzeugung, daß das Seminar nicht zu dem geworden war, wozu der Leumund es gemacht hatte. — Ich bin mit ihm heute ganz ausgesöhnt.

3. So verstrichen schneller als ich geglaubt hätte, zwei volle Jahre. Ich fand Gelegenheit, meine Lehrlust in einer hiesigen Privat-Töchterschule einigermaßen zu befriedigen. Mein Gehalt wurde mir ungeschmälert fortbezahlt. Der Ministerialrath Herr Stiehl reiste in der Provinz umher, um für das zu Grabe gebrachte Seminar wieder eine Stätte der Wirksamkeit aufzufinden. Löwen,

ein Städtchen an der Neiſſe, nahe an der Eiſenbahn, ward auser=
koren und Herr Seminarlehrer B o ck aus Sachſen zu ſeinem
Director berufen; auch Kollege Scholz II. fand daſelbſt eine An=
ſtellung. Mein Kollege R i ch t e r wurde nach Halberſtadt an's Seminar
gefördert und Lö ſch ke hatte Ausſicht auf Ueberweiſung des Paſto=
rats in Zindel bei Brieg. Nur mit m i r war man noch in
Zweifel, was geſchehen ſollte.

Da endlich wurde ich am 8. Januar 1848 zu einer Ver=
handlung vom Ober=Regierungsrath v. d. H e yden zu demſelben
brieflich eingeladen. Dieſer war beauftragt worden, ſich von mir
ohne alle weiteren Ausführungen zum Protokolle geben zu laſſen:

„1. ob ich wegen einer anderweitigen Anſtellung im Schulfache
   Vorſchläge zu machen wiſſe?

und wenn ich dieſes nicht wiſſen ſollte:

„2. ob ich mich noch ferner weigere, auf meine Emeritirung mit
   der reglementsmäßigen Penſion einzugehen?

Wenn ich noch jetzt bei dieſer Weigerung beharren wolle, ſo
ſteht die Anſicht des Herrn Miniſters feſt, meine Ueberweiſung in
irgend ein V e r w a l t u n g s b u r e a u mit Bezug meiner bisherigen
Beſoldung allerhöchſten Ortes zu beantragen.“

Ich gab zu Protokolle:

„1. daß ich Vorſchläge zu einer Anſtellung im Schulfache vor=
   läufig noch nicht zu machen wiſſe, daß ich dergleichen vom
   Herrn Miniſter erwarte, wobei ich aber zugleich bemerke,
   daß mir der unverſchuldet verſagte Wirkungskreis am Se=
   minar nicht erſetzt werden könne;

2. daß ich eine Ueberweiſung in ein Verwaltungsbureau für
   eine D e g r a d a t i o n halte und entſchieden ablehnen müſſe;

3. daß ich mich der unfreiwilligen Emeritirung mit der regle=
   mentsmäßigen Penſion allerdings unterwerfen müſſe, jedoch
   nur unter der Bedingung, daß mir jetzt ſchon d i e reglements=
   mäßige Penſion bewilligt werde, auf die ich nach 50jähriger
   Dienſtzeit (in 14 Jahren) Anſpruch haben würde. Die Kräftig=
   keit und Lebensfriſche, deren ich mich noch erfreue, berechtigt
   mich zu der Hoffnung, daß ich bis dahin und darüber hin=
   aus mit ungeſchwächten Körper= und Geiſteskräften hätte
   wirken können.“

Was die Ueberweiſung in ein Verwaltungsbureau betrifft, ſo
gedachte ich des ehem. Schulrath R e t t i g, der Steuer=Kontrolleur
in Potsdam ward, und des ehemaligen hochverdienten Polizeipräſidenten
in Königsberg, v. Unruh, dem bei der Eiſenbahn eine Anſtellung ver=
liehen wurde.

Aber am 21. Februar 1848 wurde ich abermals von gedachtem Herrn v. d. H. vorgeladen. Die Erwiederung des Herrn Ministers auf meine Erklärung war eben eingegangen; dieselbe gehe nicht auf die wesentlichsten Punkte der Erklärung ein, sondern stelle wieder neue Gesichtspunkte über die bewußte Sache auf, worüber von mir eine neue Erklärung abzugeben sei.

Da erfuhr ich denn, daß mir, wenn ich die Anstellung in einem Verwaltungsbureau verschmähete, die Aussicht eröffnet werde, mich zu „pensioniren", zu welchem Behufe ich die nöthigen Papiere, die meine Amtszeit dokumentirten, vorzulegen hätte.

Die eingetretenen März-Ereignisse von 1848 gaben der Verhandlung ein seliges Ende. —

X.

Meine Betheiligung an den März-Bewegungen 1848.

Motto: Wie eine gewisse Hitze dazu erforderlich ist, die edelsten Früchte zur Reife zu bringen, so gehört auch Hitze der Anfechtung dazu, um unsern innern Menschen zur Reife zu bringen.   Tholuck.

Ehe ich hiervon Bericht erstatte, muß ich noch einmal in das Jahr 1844 zurückgehen.

Im Schlesischen Riesengebirge, in der Nähe von Hirschberg und in Hirschberg selbst, zeigte sich ein Leben, das der Staatsregierung eine mißfällige Richtung zu nehmen schien. Zur Erforschung der Quelle dieser Bewegung wurde ein schlauer Mann dahin gesendet, der unter dem Namen eines Maler Schmidt seinem Auftrage Genüge leistete. Dieser Herr aber war Niemand anders, als der bekannte, berühmte und be — Herr Stieber, der eine sehr scharfe polizeiliche Spürnase besaß. Der Papierfabrikant in Eisenberg bei Hirschberg Schlöffel wurde als der Hauptwühler zur Kenntniß der Behörde gebracht und sofort festgenommen und nach Breslau und von hier nach Berlin gebracht. Dieser allerdings sehr demokratische Mann war mit dem Lehrer Wander befreundet. Unter den Gegenständen, die man in der Tasche des Schlöffel fand, war auch ein Zettelchen von Wander, auf welchem die Worte standen, daß Schl., den ich früher nur einmal gesehen hatte, mir, dem

Seminar-Oberlehrer Scholz, sagen sollte, daß derselbe die von ihm, d. h. von Wander, an mich gerichteten Briefe vernichten möchte. Dieses Zettelchen ist gar nicht in meine Hände gekommen, und wenn der Inhalt zu meiner Kenntniß gelangt wäre, so würde ich keinen seiner Briefe verborgen haben. Nicht lange nachher ging mir von unbekannter Hand in einem versiegelten Briefe der Rath zu, meine Briefschaften in Sicherheit zu bringen. Ich traf nicht die geringsten Vorkehrungen. — Gleichzeitig erging von dem hiesigen Inquisitoriat an mich die Aufforderung, an einem bestimmten Tage und zu einer bestimmten Stunde im Inquisitoriat vor dem damaligen Stadtgerichts-Assessor Herrn Pratsch (jetzt Stadtgerichts- und Schwurgerichts-Director) zu erscheinen. Dieser sehr humane Herr eröffnete mir unter vier Augen, daß er beauftragt sei, mich über meine Bekanntschaft mit Wander und Schlöffel zu vernehmen und die Briefe von Wander, welche ich von demselben erhalten hätte, bis auf die neueste Zeit, in Verwahrung zu bringen. Zu dem Behufe wolle er sich persönlich mit mir in meine Wohnung begeben und, ohne Aufsehen zu erregen, den Auftrag ausführen. Meine unbefangene Bereitwilligkeit und Ruhe schien den Herrn Pr. zu freuen. Der letzte von W. erhaltene Brief, worin er mir seine Festnehmung anzeigt, und mir das Verhalten seiner Kinder dabei beschrieb, lag noch offen auf meinem Schreibpulte. Die andern Briefe wurden ebenfalls herbeigebracht. Herr Pr. durchflog mit seinem Blicke einzelne Briefe. Ich konnte Allem mit der größten Ruhe zusehen, denn es war auch nicht ein Brief politischen Inhalts in meinen Händen, nur pädagogische Uebelstände, Unzufriedenheit über Vorgänge im Bereich der Schule u. dgl. war der Inhalt der Briefe von Wander. Mit Pr. in das Inquisitoriat zurückgekehrt, wurde die Verhandlung einem Schreiber zu Protokolle diktirt, mir vorgelesen und der Eid über das Ausgesagte abgenommen. Die Briefe verblieben in den Händen des Gerichts und wurden nach Berlin gesendet, wo sie noch liegen. Auch ist weder Herrn W. noch mir in Folge dieser Briefe etwas widerfahren, ein Beweis, daß der Inhalt nicht sträflich befunden worden ist. Ebenso hat es sich mit meinen Briefen an W. verhalten, falls dieselben, wie zu vermuthen ist, ebenfalls vom Gericht in Beschlag genommen und durchgesehen worden sind. Das Begebniß war weniger beängstigend als verdrießlich. Die Befürchtung einiger Freunde, worunter selbst ein Jurist, daß ich möglicher Weise aus dem Inquisitoriat nicht mehr zurückkehren würde, beschlich mich nicht, weil ich mir keines Vergehens bewußt war.

Was nun die März-Ereignisse betrifft, so wurde ich von denselben mit berührt. Schon der Umstand, daß der Ministerwechsel

auch das Ministerium Eichhorn betraf, brachte in meine Angelegenheit eine andere Wendung. Von den drei politischen Klubs, die
sich hier bildeten, gehörte ich dem konstitutionellen Klub an,
der seine Versammlungen im Wintergarten hielt. Die Mitglieder dieses Klubs gehörten zur gemäßigten Partei. Den demo-
kratisch-konstitutionellen und den demokratischen Klub
habe ich nur einmal besucht, um mich von dem Geiste, der darin herrsche,
zu überzeugen. In keiner Versammlung bin ich als Redner aufgetreten; es mangelte an denselben keineswegs, z. B. der verstorbene Ober-Staats-Anwalt Fuchs, der Professor Dr. Baltzer, der
Judenprediger Dr. Geiger, der Professor Dr. Röpell (der eine
Zeitlang Präsident des Vereins war), der Dr. Ludwig Hahn (der
unlängst aus Paris gekommen war), u. A., waren die Hauptsprecher;
auch wäre ich sehr ungeschickt im politischen Reden gewesen.
Die Vorträge aber waren für mich sehr belehrender, kenntnißerwei-
ternder und aufklärender Art. Das aufregende Element, welches
in den andern beiden Klubs hervortrat, sagte meinem Wesen nicht
zu, so geistreich und gewandt die Redner auch waren. — Doch ich
will mich hier nicht darauf einlassen, jene Zustände zu schildern,
sondern beschränke mich blos auf die von dem Kultus-Minister Graf
v. Schwerin angeordnete „Provinzial-Lehrer-Konferenz",
welche aus frei gewählten Lehrern als Deputirte aus allen Kreisen
der Provinz beschickt worden war, und die im September abgehalten
wurde. Ich bemerke, daß ich nicht Mitglied dieser Konferenz,
sondern nur mit Rendschmidt zum Beisitzer in zwei einzelnen
Kommissionen eingeladen war. Ehe die Konferenz zusammentrat,
wurde mir der ehrenvolle Auftrag zu Theil, eine „Denkschrift" zu
verfassen, die zur Grundlage der Verhandlungen dienen sollte. Diese
wichtige Arbeit erschien unter dem Titel:

„Denkschrift über die Wünsche und Anträge der Volks-Schullehrer
Schlesiens, betreffend die Reorganisation des Volksschulwesens.
Den Hohen National-Versammlungen in Frankfurt und Berlin
ehrerbietigst überreicht von 2250 schles. Volksschullehrern. Breslau.
In Kommission bei P. Th. Scholz. 64 S. gr. 8. 1848."

Ich kann wol gestehen, daß mir diese Schrift nicht geringe
Arbeit verursacht hat. Die Konferenz machte sie zu der ihrigen,
d. h. sie bekannte sich zum Inhalt derselben. Auch in Berlin und
Frankfurt a. M. wurde sie beifällig aufgenommen. Wie es in dieser
Konferenz zuging, darüber hat Herr Dr. Hahn, der damals die
Zeitungs-Berichte geliefert, treuen Bericht erstattet. Das Lob, welches
er der Versammlung ertheilt hat, ist gedruckt zu lesen und gewiß
zutreffend. Die „Beschlüsse der Provinzial-Lehrer-Konferenz" haben

bleibenden Werth und sind neuerdings im 4. Heft des „Neuen schles. Schulboten" von Hinke I. wieder aufgenommen und dadurch in frische Erinnerung gebracht worden.

Ich darf hier nicht unerwähnt lassen, daß die Provinzial-Lehrer-Konferenz auch in einer Petition an das Ministerium von Schwerin den Antrag zur „Reactivirung" des Seminar-Oberlehrers Chr. G. Scholz und des Seminarlehrers Julius Löschke gestellt hat.

Mit Wehmuth denke ich an jene „Allgemeine Lehrer-Konferenz" zurück, die ich vor der Abfassung der Denkschrift veranstaltet hatte. Die Kreis-Lehrer-Konferenzen sollten ihre Wünsche in Betreff der Verbesserung ihrer äußeren und inneren Verhältnisse entwerfen und mir zusenden; ich hatte dieselben mit einander zu vergleichen, zusammen zu fassen und in der erwähnten Konferenz zu berathen und festzustellen. Es waren viele auswärtige Lehrer, evang. und kathol. Konfession, anwesend. Um Zeit zu sparen, wurde ein Comité gebildet, das der Versammlung vorsitzen sollte. Alles war in bester Weise geordnet: Rendschmidt, noch ein paar kathol. Mitglieder und 3—4 evang. auswärtige Lehrer wurden von mir in das Comité gewählt. Das war freilich nicht konstitutionell; ich hatte das Versehen gemacht, die Versammlung über die Wahl der Comité-Mitglieder abstimmen zu lassen und wurde deshalb hart angegriffen. Kurz es trat von Vornherein eine Mißstimmung ein, das Comité wurde zwar geduldet, aber es gefielen sich manche der Anwesenden in verletzender Opposition; es ging mehreren nicht demokratisch genug zu, so daß ich der Heftigkeit der Opposition zu weichen entschlossen war. Leider hatte ich den Schmerz zu überwinden, unter den Gegnern auch ein paar erbitterte ehemalige geliebte Schüler zu erblicken. Nur auf Zureden der übrigen Comité-Mitglieder verharrte ich als zweiter Vorsitzender, denn Rendschmidt war erster. — Wollte ich hier Spezialitäten des Vorgefallenen erwähnen, so würde das kein erquickliches Bild von dem damaligen Geiste, der sich nicht ohne Grund bei den so oft getäuschten Lehrern kund gab, liefern. Aber ich will nur erwähnen, daß der Lärm in der Gesellschaft den höchsten Grad erreichte, als von dem konstitutionellen Klub eine gedruckte Einladung zum Anschluß an seine Bestrebungen einging. Mehrere Lehrer aber waren Mitglieder eines der andern Klubs, welche die Sache so ansahen, als wäre die Vertheilung der Exemplare eine von mir schon im Voraus abgekartete Sache gewesen. Man beeilte sich die Verwirrniß dadurch zu vergrößern, daß von der andern Seite ebenfalls ein gedrucktes Programm zur Gewinnung zu ihrer Partei vertheilt wurde. Kurz, das Resultat der Berathung war kein befriedigendes, und daraus sollte nun etwas Ganzes zusammengestellt werden. Ich fühlte, daß ich der Beschwichtigung solcher Regungen nicht gewachsen war und bereute es hinterher, daß ich mich bei der Sache mitbetheiligt hatte. Nur der Gedanke, daß ich eine gute Sache zu vertreten und zu fördern beabsichtigte, machte mich stark. Von diesem Tage an aber zerfiel die Lehrerschaft in die konstitutionell und demokratisch gesinnte Lehrer-Partei, wovon die letzteren die ersteren anfeinden zu müssen glaubten. Der unheilvolle Einfluß dieser politischen Zerwürfnisse hat sich jahrelang gezeigt, und ist auch heute noch nicht ganz überwunden. Ich lebe heute noch der Ueberzeugung, daß die demokratisch gesinnten Lehrer es mit der S a c h e gut gemeint haben; aber sie gingen in ihrem Eifer zu weit, weil sie Andersgesinnte, namentlich ältere Lehrer, für Feinde der Bestrebungen, bessere Zustände herzustellen, hielten. Der Partei-Eifer führte zum Fanatismus, und der wirkt nirgends unheilvoller, als im Lehrer-Beruf. Das hat auch Diesterweg e r f a h r e n und darum die Lehrer gewarnt, sich an politischen Partei-Zwecken irgendwie zu betheiligen. Es ist nicht zu befürchten, daß ähnliche Zustände je wiederkehren und daß Lehrer durch dieselben aus ihrem stillen Wirken gerissen werden. —

Zu jener Zeit bildete sich auch ein „Schlesischer Central-Lehrer-Verein“, dessen Zweck kein andrer war, als die Lehrer in dem angeregten und aufgeregten Geiste frisch zu erhalten und darin zu stärken. Der Zutritt war ein freiwilliger. Er zählte konstitutionell und demokratisch gesinnte Lehrer, jene jedoch in der Minderzahl. Es ging in diesem Verein sehr lebhaft zu. Wurden auch nur Debatten über Schulverhältnisse geführt, so geschah dies doch selten in solcher Weise, daß das Ergebniß alle Parteien befriedigt hätte. Da die Wogen der Strömung sehr hoch zu steigen schienen, so hielten wir drei: Rendschmidt, Knie und ich — es für rathsam, in diesen Central-Lehrer-Verein einzutreten, um theils durch unsere persönliche Gegenwart, theils durch das Wort die aufwallenden Gemüther möglichst zu dämpfen oder in Schranken zu halten. Wir sahen uns dabei nicht selten einer unliebsamen Behandlung ausgesetzt. Die Verhandlungen wurden nicht allein in einem aufgeregten, sondern in einem aufreibenden Geiste geführt. Wollte man sich nicht um alle Ruhe des Gemüths bringen und in verbissenes Wesen gerathen, so that man nicht nur klug, sondern auch weise, die Versammlung gar nicht zu besuchen, sondern gemüthlich im Kreise der Seinigen zu verbleiben. So erging es meinem Freunde Rendschmidt nach seiner Rückkehr von der „Konferenz der Seminar-Direktoren und -Lehrer in Berlin, unter Vorsitz des Herrn Stiehl“. Er wurde aufgefordert, dem „Central-Lehrer-Vereine“ Mittheilungen darüber zu machen. Diese fanden jedoch so viel Widerspruch, grade von jungen, unerfahrenen, aber sich sehr weise dünkenden Lehrern — einer — Namens T...k. — ist bereits ein Opfer seines Eifers geworden, daß sich Rendschmidt gemüßigt sah, die Mittheilungen nicht mehr fortzusetzen. Auch Knie und ich waren schon vorher ausgeschieden, den Central=Lehrer=Verein seinem Schicksal überlassend. Eine der interessantesten Versammlung fand nach der Rückkehr des Lehrer Gollnisch aus Striegau von der großen Dresdner Lehrer-Versammlung im Monat August des Jahres 1848 statt. Gollnisch berichtete treu und wahr.

Zu dieser Versammlung in Dresden war auch ich, ohne Verabredung mit Herrn Gollnisch und Wander, die ich daselbst antraf, gereis't. Es war ein Hochgenuß, diese großartige Versammlung, an der sich über 830 Lehrer betheiligten, kennen zu lernen. Direktor Lebedur aus Magdeburg, Zeiß aus Jena und einige Andere waren auch herbeigeeilt.

Die Versammlung wurde echt konstitutionell geleitet.

Die Dresdner Schulmänner besaßen darin eine gewisse Routine, da die Konstitution in Sachsen früher als in Preußen ins Leben getreten war. Die Debatten leitete ein zum Präsidenten der Gesellschaft gewählter Lehrer Zschetzsche, ein junger, höchst gewandter Präsident. Sein Stellvertreter war der Direktor Berthelt, ein sehr besonnener, ruhiger, lieber Mann. Die Gegenstände der Besprechung schlugen meist in das sächsische Schulwesen. Nach meinem Gefühl schickte es sich nicht, daß die die Konferenz gastweise besuchenden Lehrer sich in die Debatten mischten. Dr. Lebedur aus Magdeburg, Zeiß aus Jena, Wander aus Hirschberg und Gollnisch aus Striegau fanden sich dazu angeregt, auch einmal das Wort zu nehmen. Wander sprach über Emancipation recht gut, über die Erziehung zur Humanität, und für die Erhebung der Schule zur Staats=Anstalt. Am Schluß der ganzen Versammlung, in der die Seminar=Einrichtungen in Berathung traten, und nachdem Direktor Hientzsch aus Potsdam seine Stimme über diesen Gegenstand erhoben hatte, wurde ich durch den Präsidenten der Gesellschaft dringend ersucht, meine Ansichten über die „Schullehrer-Seminare" und meine Erfahrungen aus meinem Seminar=Leben zum Besten zu geben. Das that ich denn. Meine Mittheilungen regten Hientzsch zu einer Erwiderung an, die Wander in seiner eigenthümlichen sarkastischen Weise zu Entgegnungen veranlaßten, die Hientzsch zu verletzen schienen; auch Gollnisch sprach Anklagen, das Breslauer Seminar betreffend, aus, namentlich über den so häufig vorgekommenen Lehrerwechsel und die Uebertragung des Unterrichts an unerfahrene Candidaten des Predigtamtes, die in mir der Ueber-treibung wegen Mißbehagen hervorriefen. Meine Auslassungen be-trafen die Schattenseiten der Internate und die richtige Behand-lung der Seminaristen. — Wer sich für jene Versammlung interessirt, der lese die stenographirten Berichte, die unter folgendem Titel er-schienen sind: „Verhandlungen der zweiten allgemeinen sächsischen Lehrer-Versammlung zu Dresden, am 3., 4., 5. und 6. August 1848." Grimma, Verlags-Comptoir. 1848, N. 8. 270 S. Sie enthält des Interessanten viel, sehr viel. Noch bemerke ich in Bezug auf jene Versammlung, daß sie mit einem merkwürdigen Abendver-gnügen „im großen Garten" schloß. Hier konnte man sich ge-müthlich unterhalten. Mehrere Redner bestiegen die Tribüne und jeder sprach in seiner Weise. Die Comité-Mitglieder baten mich, ein Hoch auf den Minister v. d. Pfordten (jetzt in Baiern) aus-zubringen, kein Widerstand befreite mich von diesem Toaste. — Ich übergehe Nebensächliches und gedenke hier nur noch jener Bekannt-schaften mit Jul. Kell, Thomas aus Leipzig, Dr. Fricke, Berthelt, Lansky, Jäkel, Zschille, Dr. Köchly, Zschetzsche, Steglich, Kämmel, deren Freundschaft ich gewann.

XI.

Meine Mission nach Berlin im Jahre 1849 und deren Erfolg.

Motto: Wer siegen will, muß wagen,
Wer hoffen will, muß tragen.
In Schmerz das Herz wird stark und groß
Aus Leid und Wehen
Wird Lust entstehen,
Wie Frühling aus des Winters Schooß.

1. Zwei Audienzen und ihre Ergebnisse.

1. Wir waren in das Jahr 1849 getreten. Das brachte mir manches Weh und Ach! Ich trug mich lange Zeit mit dem Gedanken, eine Reise nach Berlin zu unternehmen, um mich dem neuen Kultusminister v. Ladenberg persönlich vorzustellen und Erkundigungen über meine Zukunft bei demselben einzuziehen. Es verschob sich aber die Ausführung. Die Zusammenkunft der Seminar-Schulmänner war bereits festgesetzt. Von Breslau aus war Rend-

schmidt einberufen, der Aelteste in jener Konferenz. In Breslau hatten eine Anzahl Schulmänner den Entschluß gefaßt, an den König eine Dank-Adresse für die die Schulen und ihre Lehrer betreffenden §§. der Verfassung zu richten. Es war bekannt geworden, daß ich nach Berlin reisen würde und daß Rendschmidt schon daselbst weile. Da wurde ich denn ersucht, eine Dank-Adresse, die, wenn ich nicht irre, Herr Hahn redigirt hatte, mitzunehmen und mit Rendschmidt gemeinschaftlich die Lehrer beim Könige persönlich zu vertreten. Ich überlegte lange, ob dies nicht ein Wagniß sei, das höchsten Ortes übel aufgenommen werden könnte. Indeß nahm ich die mit 80 Namen bedeckte Adresse an mich und mit mir nach Berlin; wo ich mich mit dem Abgeordneten Herrn Milde berieth, der sich sehr freute, daß von Seiten der Breslauer Schulmänner dieser Schritt gethan worden sei; er zeigte mir die Wege, welche eingeschlagen werden müßten, um vor Se. Majestät zu gelangen. Ich legte die Abschrift der Adresse beim Minister-Präsidenten Grafen v. Brandenburg nieder und bat um eine Vermittelung der persönlichen Ueberreichung derselben.

Die Antwort lautete:

„Ew. Wohlgeboren beehre ich mich im Auftrage des Herrn Minister-Präsidenten Grafen v. Brandenburg ergebenst zu benachrichtigen, daß des Königs Majestät die Deputirten der Lehrer in Breslau heute Mittag um ½2 Uhr auf dem Königlichen Schlosse hierselbst zu empfangen geruhen wollen.

Berlin, den 17. Januar 1849.   H. (?)
    An   Regierungs-Assessor.
die Herren Seminar-Oberlehrer Scholz
    und Rendschmidt hierselbst."

Sogleich begab ich mich in das Ministerial-Gebäude, wo die Sitzungen der Seminar-Deputirten stattfanden, zu Freund Rendschmidt. Es war kein Augenblick zu verlieren und Rendschmidt hatte sich zur Vorstellung noch in Positur zu werfen. Wir fuhren in einer Droschke vor das Königliche Schloß und ließen uns hier den Ort anweisen, wo Se. Majestät uns zu empfangen geruhen wollte. Ich vermag keine Beschreibung von den Gefühlen, die mich durchdrangen, zu geben. Der Gedanke, vor Se. Majestät stehen zu dürfen, erregte Empfindungen der Ehrfurcht, wie ich dieselben bisher noch nie gekannt hatte. „Nehmen Sie", sagte ein Herr aus der Umgebung des Königs, „Ihre Plätze hier ein, aus jenem Gemach wird Se. Majestät kommen und an Sie herantreten." Da öffneten sich die Flügelthüren, und Se. Majestät näherte sich uns bis auf zwei Schritt der Entfernung und redete uns mit den Worten

an: „Was ift Ihr Begehr?" — Ich rollte die Adreffe auf und
fprach: „Geruhen Allerhöchftdiefelben Folgendes allergnädigft ent=
gegen zu nehmen!" und las nun — ich zweifle nicht — mit be=
bender Stimme die kurze Adreffe, deren Inhalt ich hier nicht wie=
dergeben kann, und legte die Rolle in die Hand Sr. Majeftät
ehrfurchtsvoll nieder, die Ihm abgenommen wurde.

Se. Majeftät fprach hierauf einige ernfte Worte huldvoll, etwa
folgende, die wir uns bald nach der Audienz notirt hatten:

„Ich freue mich, daß die Breslauer Lehrer ihre Gefinnung
in diefer Weife zu Meiner Kenntniß bringen. Die Lehrer haben
fich im Ganzen in der Zeit der Aufregung gegen Meine Regie=
rung nicht fo verhalten, daß ich Meine Zufriedenheit aus=
fprechen könnte. Ich will Ihnen nicht zum Vorwurf machen,
was Ihre Berufsgenoffen verfchuldet, aber es ift Mein ausdrück=
licher Wille, daß aus den Seminaren Lehrer hervorgehen, die
Meine Regierung refpectiren und daß die Seminare dahin
wirken."

Hierauf richteten Se. Majeftät huldvoll einige Fragen an jeden
von uns, und fragte nach der Lage der Seminargebäude, nach der
Dauer unferer Wirkfamkeit und erwähnte bei mir auch der „Unord=
nung", die in dem evangel. Seminare vorgekommen, ohne auch nur
eine Miene der Ungnade zu zeigen oder ein Wort des Mißfallens
laut werden zu laffen; ich beftätigte: „ja, es find leider Ungehörig=
keiten vorgekommen."

Da ich einmal den ganzen Vorgang erzählt, fo will ich auch
noch mittheilen, welche Gedanken mich bei und zu diefem Schritte
leiteten.

Bei unferer Anmeldung durch den Minifter=Präfidenten müffe,
dachte ich, Sr. Majeftät über unfere Perfönlichkeiten fchon im Vor=
aus die erforderliche Kenntniß mitgetheilt worden fein. Geftatten
unter diefen Vorausfetzungen Se. Majeftät mein Vortreten, fo
ift das ein ficheres Zeichen von der Allerhöchften Huld, das Gegen=
theil würde mir gezeigt haben, daß meine Perfon Sr. Majeftät
mißfällig fei. Auch darauf mußte ich gefaßt fein, daß ich von Sr.
Majeftät über die Vorgänge im Seminar gefragt werden könnte. —
Das Ergebniß der Vorftellung war mir der beglückendfte Beweis
von der fortdauernden Huld und Gnade des Königs. — Nur eine
Zeitung, die „Kreuzzeitung", hat mir in einem Schmähartikel, der
aus einer Breslauer Feder gekrochen, den Vorwurf der „Dreiftig=
keit" gemacht. Freilich, ein mit dem Bewußtfein der Sträflichkeit
belafteter Knechtsfinn würde das nicht gewagt haben.

Ich blieb ein paar Tage in Berlin und hatte die große Freude,

sämmtliche Seminar-Deputirte, die sich des Abends bei ....
zur gemüthlichen Unterhaltung eingefunden hatten, persönlich kennen zu lernen. Bei der einen Zusammenkunft war auch Diesterweg zugegen. Es war ein höchst unterhaltender Abend. Diesterweg
regte beständig zum Sprechen an. Fürbringer, Bormann,
Hinze und Diesterweg verhandelten das Thema: „Ob nicht
der Unterricht in der Volksschule nach der Verfassung einen andern
Charakter haben müßte, als der bisherige?" Die Meinungen kreuz-
ten sich zum Theil. Und als die Reihe an mich kam, erklärte ich,
daß in den preußischen Schulen nach wie vor unterrichtet und erzogen werden müßte, bis die Verfassung real geworden sei, d. h.
bis sie uns durch den Geist derselben das Bildungsziel gesteckt habe.
Bis jetzt sei „Entwickelung und Bildung des Geistes und Herzens
der Jugend" die Aufgabe der Schule gewesen und das wird ihre
Aufgabe auch sein, wenn die konstitutionelle Verfassung ins Leben
getreten sein wird. — Am zweiten Abend der Versammlung, während
meiner Anwesenheit, fehlte Diesterweg, dagegen fand sich der Ge-
heim-Rath Stiehl ein. Er schien nicht wenig verwundert, mich
in Berlin zu sehen, und unterhielt sich mit mir längere Zeit in
freundlicher Weise, ohne daß ich mich an den Gegenstand mit Deutlichkeit erinnern könnte.*)

Der Hauptzweck meiner Reise nach Berlin ist schon oben angegeben worden. Meine Anmeldung wurde vom Minister gütigst
angenommen und die gehorsamste Bitte um eine Audienz gnädigst
gewährt. Vor derselben bemerkte ich, daß Herr Geh. Rath Stiehl
längere Zeit mit dem Minister verkehrte, und daß ich bald darauf
vorgelassen wurde. Ich kann die herablassende Art, mit welcher
Se. Excellenz sich mit mir zunächst über den Geist, der unter den
Lehrern der Provinz herrsche, und die Wünsche, die sie ausgesprochen, über die Hoffnungen, die sie in Betreff ihrer Verhältnisse
hegten 2c., unterhielten, nicht genug rühmen. Was meine Angelegenheit
betrifft, so erlaubte ich mir die gehorsamste Bitte, mir gütigst zu sagen,
ob etwas und was gegen mich vorliege, das die hohe Staats-
behörde bestimme, mich so lange in Zweifel über meine Zukunft
zu lassen. „Es liegt nichts gegen Sie vor", sagte huldvoll der
Minister, „aber theilen Sie mir Ihre Wünsche in Betreff Ihrer
Zukunft mit", setzte er fort. Meine Wünsche gingen nun dahin

---

*) Die Lehrer-Konferenz in Landeshut, die viele mir befreundete
Mitglieder zählte, veranlaßte mich zur Mittheilung der Schilderung jener
Seminar-Männer, die zur Berathung über eine Reform der Schullehrer-
Bildung einberufen waren. Dem Gesuch bin ich nachgekommen.

aus, mir 1) in Breslau einen Wirkungskreis, dem ich gewachsen sei, anzuweisen, mich 2) so lange im vollen Genusse des Amtseinkommens zu lassen, bis eine Anstellung erfolgt sei, und endlich 3) in einer bei der in Aussicht gestellten Einrichtung von Kreis-Schul-Inspector-Stellen, die mit praktisch gebildeten Schulmännern besetzt werden sollten, meiner gnädigst gedenken zu wollen. Der Herr Minister hatte die Gewogenheit hierauf zu erwiedern, daß diese Wünsche erfüllbar sind, und daß er dahin wirken werde, daß sie erfüllt werden. Wann die Kreis-Schul-Inspector-Stellen in's Leben treten werden, das könne er freilich jetzt noch nicht mit Gewißheit bestimmen; aber zur Ausführung kommt der schon fertig liegende Plan. Dann wüßte er nicht, was meinem Verbleiben in Breslau entgegenstehen sollte. „Reisen Sie," so schloß er, „in Gottes Namen nach Hause und rechnen Sie auf meine Mitwirkung zu einer angemessenen, Ihnen zusagenden Anstellung."

So war denn der Zweck meiner Reise in sehr befriedigender Weise erreicht: 1) von Sr. Majestät allergnädigst zur Vorstellung angenommen und huldreich entlassen, 2) von Sr. Excellenz dem Minister v. Ladenberg die Gewährung meiner Bitten in sichere Aussicht gestellt, und 3) daneben die interessante Bekanntschaft der Seminar-Deputirten gemacht. Außerdem zähle ich zu jenen wichtigen Erlebnissen noch den Besuch, den ich dem Provinzial-Schulrath Otto Schulz abgestattet, der auch nicht unterlassen hatte, das Breslauer todt gemachte Seminar in ein übles Licht zu stellen, in Folge dessen er sich von der „Schles. Schullehrer-Zeitung" eine Abfertigung mußte gefallen lassen. Nachdem wir uns noch über manche Schulangelegenheiten unterhalten, schied ich von dem würdigen Herrn in recht angenehmer Stimmung. Daß mein Verkehr mit dem braven Diesterweg ein sehr lebhafter war, versteht sich von selbst. Seine Befürchtungen, den einen Zweck meiner Reise betreffend, verwirklichten sich leider gar bald.

2. Kaum einige Tage von Berlin zurückgekehrt, erhalte ich ein Schreiben vom Königl. Provinzial-Schul-Kollegium, worin Hochdasselbe mir die Annahme der Oberlehrerstelle am neu eingerichteten Seminar zu Steinau anträgt. Ich konnte diesen Antrag nicht in Uebereinstimmung mit den Hoffnungen, die der Herr Minister in mir erweckt hatte, bringen, antwortete deshalb dem Königl. Provinzial-Schul-Kollegium noch nicht entschieden ablehnend, berief mich auf die mündliche Erklärung des Herrn Ministers und bat, mir noch so lange Frist zu lassen, bis ich die Rückantwort von Sr. Excellenz erhalten haben würde. Es ist viel hin und her geschrieben worden; ich wurde fort und fort zu einer bestimmten Entscheidung gedrängt. Ich lehnte ab. — Aus dem ersehnten, endlich eingegangenen Ministerial-

Schreiben ersah ich denn, daß der Herr Minister nicht abgeneigt sei, bei Organisation der neuen Schulbehörden meine Anstellung als Schul=Inspector, oder in anderer zulässiger und geeigneter Weise herbeizuführen, daß er aber jetzt schon, ehe noch die Grundzüge jener Organisation feststehen, nicht im Stande wäre, mir eine bestimmte Aussicht zu eröffnen. Der Herr Minister mißbilligte die persönlichen und anderweiten Gründe meiner Ablehnung nicht, gab mir aber zur Erwägung, daß die Nothwendigkeit eintreten würde, mein seither mir in vollem Betrag gewährtes Gehalt nach Maßgabe der Aller=höchsten Verordnung vom 14. Juni v. J. (1848) auf das für zur Disposition gestellte Beamte gesetzlich bestimmte Maß zu beschränken, bis meine anderweite Wiederanstellung erfolgen kann. Nur in der Erwartung, daß meine Anstellung bald erfolgen werde, ist jene Maß=regel noch ausgesetzt worden. Der Seminar=Director Gerlach war schon seit einem Jahre auf Wartegeld gesetzt worden.

Noch war es nicht „zu spät“, die Ablehnung zurückzunehmen; aber wie „der Zug des Herzens des Schicksals Stimme ist,“ so siegte hier die Abneigung des Herzens vor jenem Verhältnisse über die Annahme. Meine Vorstellungen von meiner amtlichen Stellung in Steinau waren zu trübe, die traurigen Erfahrungen, die ich früher am Seminar unter drei Directoren der auffallend=verschiedensten Art gemacht, lebten zu frisch in meiner Seele, die Entsagung auf alle die geistigen Genüsse, die mir Breslau darbot, und die Trennung von all' den Vereinen, in denen ich mitwirkte, erschien mir zu schmerz=lich, als daß ich mich in meinem Alter in die neuen Verhältnisse zu einem freudigen Wirken hätte einleben können. Dazu kam, daß es mir an Gelegenheit, meine Gaben und Kräfte zum Besten An=derer zu verwenden und zu verwerthen, keineswegs fehlte. Von den mir von den städtischen Behörden schriftlich gegebenen Verheißungen und erregten Hoffnungen verwirklichte sich freilich keine einzige. Man hatte mich zwar gewürdigt, über diese oder jene Schul=Angelegenheit mein Gutachten abzugeben; man betraute mich mit dem Revisorat über die sechs Kleinkinderbewahranstalten, so wie über die beiden Fröbelschen Kindergärten — Zeit und Kräfte in Anspruch nehmende Aemter; man hatte es früher gern gesehen, wenn ich den Verlegen=heiten in Betreff der Vertretungen in den Schulen durch Semina=risten zu begegnen bereit, und wenn ich in die Seminar=Freischule mehr Schüler aufnahm, als ich verpflichtet war u. s. w., u. s. w.: aber als die Gelegenheit sich darbot, mir bei der neuen Organisation der hiesigen Töchterschule einen Wirkungskreis, der mir halb und halb zugesichert gewesen, zu überweisen, da mußte ich die Schmach erleben, auf mein Bittgesuch, zu dem mich einflußreiche Personen

ermunterten, abschläglich beschieden zu werden*); ja, einer der
Stadträthe, dessen Namen ich hier verschweige, war so offen und
frei, mir bei einer Visite zu sagen, daß, wenn zwischen zwei Männern,
von denen der eine im vorgerückten, der andere im jüngeren, kräftigsten Alter sei, zu wählen wäre, der erstere bei der Wahl wol
billiger und gerechter Weise nachstehen müßte. Das wußten die
Väter der Stadt doch auch schon früher; aber es war der Mann
nicht mehr an der Spitze der städtischen Behörde, dessen Stimme
von Einfluß war, dessen Wohlwollen ich mich erfreute und der mir
außer der mündlichen Zusage folgende Worte schrieb:

„— — — und bitte ich in Erwiederung desselben nur, daß Sie
guten Muthes seien und auf eine zufriedenstellende Lösung der
Verhältnisse fest vertrauen wollen. Ihre schriftl. Erklärung vom
26. Jan. finde ich vollkommen Ihrer würdig und freue mich derselben, wie Ihrer ganzen bisherigen Wirksamkeit." —
Wenn mir die Versammlung der Stadtverordneten eröffnete:

„Es wird ihr zur Freude gereichen, die Gelegenheit bald eintreten zu sehen, wo Ihre Thätigkeit einer der städtischen Unterrichts-
Anstalten zugeführt werden kann",
so ist auch diese Freude nicht verwirklicht worden. Auch jene begeisterte Stimme, die mir ihre Theilnahme brieflich zugehen ließ,
und die mir später, als ich für die Rettung der Wahrheit in die
Schranken trat, mich auf die Achsel klopfend, zurief: „Brav, stehen
Sie fest, der Rücken ist Ihnen, wie Sie ja wissen, gedeckt!" ver-
stummte gänzlich.

Das sind freilich Erfahrungen, die sich im Leben mancher Personen wiederholt haben, daß nämlich auf Menschenwort nie fest
zu vertrauen sei, was mir Freund Harnisch, als er mich 1849
besuchte, ebenfalls bemerklich machte. Mein Vertrauen auf Menschenwort hatte durch solche Erlebnisse mehr und mehr abgenommen, das
Vertrauen auf Gottes Hülfe dagegen ward fester und fester; und
es hat mich niemals, wie jene Menschenverheißungen mehrmals, getäuscht. „Dem Herrn mußt du vertrauen, wenn dir's soll wol
ergehn, auf ihn nur mußt du bauen, wenn dein Werk soll be-
stehn." So war's. Ich fühlte damals leider noch gar zu lebhaft,
daß mein Geist und Herz noch Jünglingsfeuer besaß, daß mein ge-
reiftes Mannesalter mir ein bedeutendes körperliches, durch die Schul-

---

*) Zu allen meinen früheren Stellungen im Amte bin ich aufgefordert
und berufen worden; hier allein, wo man meine Leistungen genugsam
kannte, zog ich mir die Demüthigung zu. Aus dem Umstande, daß der
Magistrat durch die Zeitungen zu Bewerbungen aufforderte, hätte ich merken
können, was die Glocke geschlagen.

arbeit gestähltes Maß von Kraft und Ausdauer gestattete und eine Arbeitskräftigkeit mir eigen war, in der ich viele um ein ⅓ jüngere Berufsgenossen überbot — als daß mich jene runde Erklärung des Herrn Stadtrath H. nicht so unangenehm überrascht haben sollte.

Hätte einer meiner Gönner im Rath der Stadt gegen mich so viel Wohlwollen gehegt und mir ohne Hehl und Fehl gesagt, daß man einen Mann zur Organisation und Leitung der Töchterschule suche, der auch im Französischen und Englischen didaktische Tüchtigkeit und Geschicklichkeit aufweisen könne, dazu jünger als ich sei; so würde ich vor jener kühlen, mich schmerzlich berührenden Zurückweisung meiner Bewerbung bewahrt geblieben sein. Aber ich litt damals an einer Verblendung, in der ich des Bibelwortes: „deine Gedanken sind nicht meine Gedanken und deine Wege sind nicht meine Wege" nicht eingedenk war. — Heute hebe ich Herz und Hände empor und danke dem Vater der Liebe, Güte, Gnade und Weisheit, daß er die Herzen der Väter dieser Stadt damals von mir abgelenkt und mich so auf eigne Füße gestellt hat, denn in Gottes weisen Rath war über mich und meine Kräfte bereits verfügt, und das Wort des frommen Liederdichters: „Mein Glück wird unter deinem Segen blühn" hat sich an mir verwirklicht. Wie kurzsichtig ist doch der Mensch, welcher glaubt, „seines Glückes Schmied" allein sein zu können! (S. weiter unten.)

3. Das Maß trauriger Erlebnisse war jedoch noch nicht gefüllt. Es traten neue literarische Kämpfe ein, denen ich mich nicht zu entziehen vermochte. Harkort, der von den Lehrern hochverehrte Kämpfer für die Besserstellung der Lehrer und für die Hebung des Schulwesens, hatte in dem Treiben der Lehrer eine gefährliche Ausschreitung erkannt und deshalb ein Sendschreiben an dieselben gerichtet. Ich ließ in die „Schullehrer=Zeitung" ein Schreiben an Harkort aufnehmen, das mich in Mißkredit bei den demokratisch-gesinnten Lehrern, Wander an der Spitze, brachte. Wander trat in einer Weise gegen mich auf, die mich irre an ihm machte, und die in mir den betrübenden Gedanken hervorrief, daß W's Freundschaft gegen mich wol keine aufrichtige gewesen sein müsse. Nicht allein in den schles. Blättern, auch auswärts am Rhein fand ich mich durch ihn oder von ihm als einen, der in das Lager der Reaction übergegangen sei, verdächtigt. Und doch enthielten alle jene Artikel nur Erdachtes, nichts als Erdachtes. Ich erwähne nur, daß man behauptet hatte, an der „Schullehrer=Zeitung" arbeiteten Ludwig Hahn, der für den ärgsten Reactionär gehalten wurde; und doch hatte Hahn keinen einzigen Artikel in das Blatt geliefert. Und wenn der sonst von W. belobte Harkort zu den „Reactionären"

gestellt wurde; so kann man daraus erkennen, zu welcher Verblendung der demokratische Lehrer-Fanatismus geführt zu haben schien. Wander schien seine damaligen Ansichten wol für die einzig richtigen zu halten, und jede Ansicht und Meinung, die von der seinigen, vielleicht nur in der Form abwich, verwerflich zu finden. Nimmt Jemand aber das Recht für sich in Anspruch, seine eigene Meinung und Grundsätze zu haben, warum wird dieses Recht Anderen streitig gemacht? Die Kränkungen, die mir bereitet wurden, haben an meinem Lebensmarke genagt. Auch Anderen waren die Anfeindungen von der größten Bedenklichkeit, z. B.: der Landeshuter Lehrer-Conferenz, die mir immer sehr befreundet war; sie wendete sich durch ihren Vorsteher in der Angelegenheit an mich, um Aufschlüsse bittend. Ich würde keinen Anstand nehmen, meine Antwort hier mitzutheilen; aber ich fürchte, der Umfang derselben dürfte ermüden. Daß der Eindruck auf die Konferenzmitglieder ein versöhnender gewesen, ist mir brieflich versichert worden. —

Es ist unendlich zu beklagen, wenn ein Mann von solcher Kraft dieselbe nicht auch in angemessener Weise zur Geltung bringt. Thorheit ist es, die Dinge und Umstände nach seinem Sinne gestalten zu wollen, besonders wenn die Mittel und Wege, die eine Neugestaltung herbeiführen sollen, nicht gut gewählt sind. — Die „Gesinnungstüchtigkeit" ist ein treffliches Wort, aber welche Leute beanspruchen den Begriff desselben nicht! Der blutrothe Demokrat wie der krasseste Reactionär und stolzeste Aristokrat handeln aus „Gesinnungstüchtigkeit" so, wie sie eben handeln. Wer als Demokrat, oder als Reactionär, oder als stolzer Aristokrat auf seinem Sinne beharrt, der hält sich und wird von seinen Gesinnungsgenossen für „gesinnungstüchtig" gehalten. Nun gibt es eine „Gesinnungstüchtigkeit", die nicht den einseitigen Standpunkt einer Partei einnimmt, sondern sich darin zeigt, daß man human und gerecht gegen Andersdenkende und Andershandelnde ist, das Gute, das Andere in ihrer Weise erstreben, auch anerkennt, das Falsche und Irrthümliche derselben mit unparteiischem Sinn prüft, und nöthigenfalls tadelt, aber ohne jene Bitterkeit, die das Herz verwundet, ohne den Geist zu heilen von dem Falschen und Irrthümlichen. W. ist als Schulmann einer von jenen, die beim Unterricht nach dem Grundsatz der Entwickelung der Geisteskräfte verfahren, und er besitzt darin eine anerkennenswerthe Fertigkeit. Warum geht er nicht den Spuren der Entwickelung seines Geistes und Herzens nach und gibt ihnen die rechte Richtung? Er würde dann dem Sarkasmus seine Bitterkeit benommen und denselben mehr und mehr geläutert haben. Der Witz erlustiget allerdings die Leser; aber es wird dadurch das nicht erreicht, was bezweckt wurde. Oft tritt die entgegengesetzte Wirkung hervor, besonders wenn die Bespöttelung ernste Dinge betrifft. So weit ich W. auf dem praktischen Gebiet des Unterrichts begegnet, habe ich mich seiner Leistungen innigst gefreut und freue mich noch heute derselben, denn sie zeugen von lichten pädagogischen Einsichten und von großer didaktischer Geschicklichkeit; aber mit der Polemik, in der er das ihm falsch Erscheinende bekämpft, kann ich mich nicht befreunden. Auch der Schriftsteller muß an seiner Selbsterziehung d. h. an seiner Selbstveredlung unablässig arbeiten. Sollten W. diese Worte zu Gesichte bekommen, so mag er sie nicht anders deuten, als sie gemeint sind. Ich trage keinen Groll in meinem Herzen gegen den ehemaligen Freund Wander und will auch keinen Groll gegen den jetzigen Gegner Wander in's Grab nehmen. *) Ich schreibe diese Worte in seiner unmittelbaren Nähe in Marienthal (2. August 1860) und freue mich, ihn noch einmal in Hermsdorf, wenn auch nur vorübergehend, und von ihm vielleicht unerkannt, gesehen und mich von seinem Wohlbefinden überzeugt zu haben. Wir haben manche Wandelungen auf dem Gebiete erlebt und — überwunden. Mit dem Bewußtsein, in dem Erziehungs- und Bildungsprincip: Erziehung des Menschen zur Gottähnlichkeit im Geiste des größten Erziehers der Menschheit, Jesus, und dessen treuen Geistessohn, Pestalozzi — unwandelbar geblieben zu sein, will ich von hinnen gehen.

2. Meine literarische Thätigkeit in dieser bewegten Zeit.

Was meine literarische Thätigkeit während der soeben geschilderten Erlebnisse betrifft, so besteht sie außer den Redaktionsgeschäften, die mir durch die Schles. Schullehrerzeitung verursacht wurden, in der Herausgabe folgender Schulschriften:

„Materialien zur Bildung des Zahlenverstandes der Jugend. Auch unter dem Titel: 100 Aufgaben aus dem Gebiete der Gleichungen in Nachbildungen und mit elementarischen Berechnungen. 1. Sammlung. 36 S. 2 Sgr. — 2. Sammlung (unter demselben Titel) ebenfalls 100 Aufgaben enthaltend. 32 S. 2 Sgr. — 1848.“

Diese „Materialien“ enthalten Aufgaben aus dem Gebiete der Gleichungen 1. Grades, sind also algebraischer Natur. Der Zweck derselben ist auf dem Titel angegeben. Die mit einem fetten Anfangsbuchstaben gekennzeichneten Aufgaben dienen als Musteraufgabe,

---

*) Vielleicht erleben wir es noch, daß eine persönliche Annäherung das frühere freundschaftliche Verhältniß wieder herstellt.

denen fünf bis zehn andere nachgebildet sind, um den Schüler im
Lösen derselben zu üben. Die Lösung der Musteraufgaben ist im
Anhange blos durch den Gang der Fragen angedeutet; von den
nachgebildeten Aufgaben sind nur die Fazite angegeben. Für ge-
förderte Schulen liefern sie gewiß sehr zweckmäßigen Stoff zur Bildung des Zahlenverstandes.

„Die Zahldenkübungen in elementarischer Allseitigkeit, mit den Zahlgrößen von Eins bis Hundert angestellt und als ein Beitrag
zur Vereinfachung des Rechen-Unterrichts herausgegeben. XVI.
124 S. gr. 8.‟

„Die Anfänge der Bruchrechnungen als Zahldenkübungen in elementarischer Allseitigkeit mit den Zahlen von Eins bis Hundert angestellt und als ein Beitrag zur Vereinfachung des Rechenunterrichts herausgegeben. VII. 64 S.‟

Diese beiden Schriften sind als ein Ergebniß veränderter Ansichten über den ersten Unterricht zu betrachten. Man hatte es in
öffentlichen Blättern getadelt, daß die ersten Uebungen im Rechnen
zu sehr nach gewissen Kategorien, nach den vier sogenannten Grundrechnungsarten angestellt würden; es sollte vielmehr jede Zahl von
Eins bis Hundert als ein Individuum behandelt werden, bevor das
Rechnen, nach den Grundrechnungsarten geordnet, gelehrt werde. Die
Sache hat viel für sich. Grube hatte bereits eine Schrift darüber
herausgegeben; ich kannte sie noch nicht, als ich mein Manuscript
in die Druckerei sandte, war aber über das beifällige Urtheil, welches
derselbe über die „gelungene Arbeit‟ aussprach, sehr erfreut.

Das Bruchrechnen war in dieser Art noch nicht behandelt, und
ich muß die Gelungenheit der Darstellung selbst loben. Es liegt
ein großer Fleiß in dem Werkchen.

Als beide Schriften fast vergriffen waren, veranstaltete ich eine
völlige Umarbeitung derselben und gab diese vor Kurzem in Form
von Uebungs- d. h. Aufgabebüchern heraus, und zwar unter folgendem Titel:

„Neue Rechenschule oder Zahldenkübungen. I. und II. Stufe: das
Rechnen mit Zahlen bis Hundert. III. Stufe: das Rechnen mit
Zahlen bis Tausend und darüber hinaus. IV. Stufe: das Rechnen
mit Bruchzahlen.‟

Es liegt in diesen Heftchen ein großer Reichthum wohlgeord-
neter Aufgaben, die den Schüler zur Selbstständigkeit im Rechnen
nöthigt und dem mechanisirenden Verfahren keinen Vorschub leistet.
Ich kenne den Erfolg des Gebrauchs aus meiner Töchterschule.

Mit den vorerwähnten Schriftchen steht in Verbindung:

„Der neue Rechenlehrmeister oder Anleitung zum verstandbildenden Rechenunterricht. 1. Heft."

Die Abhandlung erschien im „praktischen Schulmann" von Lüben, ist aber auch als besonderer Abdruck durch die Buchhandlung Maruschke und Berendt in Breslau zu beziehen. Die Fortsetzung der Arbeit hängt von der Dauer meines Lebens ab.

Vor der Herausgabe der „Neuen Rechenschule" und des „Neuen Rechenlehrmeisters" ließ ich drucken:

„400 Rechen-Aufgaben aus dem Gebiet von Eins bis Hundert in ungewöhnlichen Formen als Zahldenkübungen bearbeitet. 64 S. Breslau."

„Die Fazite der 400 Rechenaufgaben theilweis mit Auflösungen. Der Ertrag zu einem wohlthätigen Zweck. IV. 32 S. Breslau."

Durch dieselben bezweckte ich, darzuthun, daß es gar nicht nöthig sei, unsere Schüler mit großzahligen Aufgaben zu ermüden, und daß das Zahlengebiet bis Hundert eine Fülle von Stoff enthalte, der, wenn er gehörig verarbeitet wird, den Zweck des Rechenunterrichts, das Denken in Zahlen, erfüllt. Freilich muß der Lehrer die Kunst des Entwickelns verstehen. Selbst Nichtanfänger haben an der Lösung der Aufgaben zu arbeiten.

Während ich am Seminar wirkte, war ich eifrigst bemüht, das schriftliche Rechnen von sogenannten Regeldetri-Aufgaben in der möglichst einfachen Form mit Umgehung der schwierigen Lehre von den Zahlverhältnissen und Zahlproportionen zu treiben, und zwar in der Bruchform. Ohne vorher irgend eine Schrift darüber gekannt zu haben, wurde ich auf den Bruchansatz durch die bekannte Basedow'sche Regel geleitet. Hier wird nämlich jede Aufgabe aus der zusammengesetzten Regeldetri nach Proportionen in säulenförmiger Ordnung berechnet, so daß die dividirenden Zahlen links, die multiplicirenden Glieder rechts zu stehen kommen. Gibt man dieser Säulenform die wagerechte Richtung, so, daß die linke Reihe unter, die rechte über den Bruchstrich zu stehen kommt, so hat man den Bruchsatz. Es fehlte nur noch die Begründung ohne auf die Proportion zu basiren. Diese stellte sich mir durch die mündliche Lösung, wobei man auf die Einheit zurückgeht, heraus. Meinen Seminaristen gefiel der Bruchansatz ungemein; mehrere baten mich, eine Anleitung darüber in Druck zu geben, wiewol ich schon in meinem Rechenlehrer, 1. Theil, bei der neuen Bearbeitung der Brüche das Wesentlichste darüber gesagt hatte.

Die unfreiwillige Muße, die ich nach der Auflösung des Seminars hatte, bewog mich zur Ausarbeitung und Herausgabe folgender Schrift:

„Die Dreisatzrechnung im weitesten Umfange oder die bürgerlichen Rechnungsarten in Bruchform dargestellt und als ein Beitrag zur Vereinfachung des Rechenunterrichts für Lehrer und Schüler herausgegeben. II. 108 S. Breslau, 1850."

Dazu:

„Fazitbüchlein zur Dreisatzrechnung. Enthaltend über 3000 Fazite zu 600 Aufgaben. Mit erläuternden Bemerkungen. 48 S."

Diese Bearbeitung der Regeldetri zog mir an Diesterweg einen heftigen Gegner auf den Hals, mit dem ich einen harten Kampf zu bestehen hatte. Der Kampf war darum hart, weil es ein Kampf mit Diesterweg war, hart, weil es die Widerlegung einer schmerzlichen Beschuldigung betraf und weil ich fühlte, daß Diesterweg nicht Sieger bleiben dürfe und könne. Es war aber auch ein ehrenvoller Kampf, weil er mit Anstand und Würde, mit Ehrlichkeit und Offenheit geführt wurde. Folgende Schrift gibt davon Zeugniß:

„Reaction auf dem Gebiete des Unterrichts, oder Diesterweg und Scholz. Mit besonderer Beziehung auf die „Dreisatzrechnung" von Scholz."

Diesterweg stellte mich als einen Reactionär auf dem Gebiet des Rechenunterrichts dar, hob meine früheren Leistungen hervor und wollte in der Darstellung der Dreisatzrechnung in Bruchform die Wiedereinführung des mechanisirenden Rechnens gefunden haben. Es ist mir gelungen, dieses Vorurtheil gänzlich zu bekämpfen und die Beschuldigung von mir zu wälzen. Ich bin durch diesen Streit genöthigt gewesen, tiefer in die Sache einzugehen und habe dadurch keinen geringen Gewinn an Einsicht und Geisteskraft davon getragen. Meine „Dreisatzrechnung" hat sich Bahn gebrochen, die Proportionen sind aus dem Felde geschlagen zum Segen der Schulen, ihrer Lehrer und Schüler. In allen pädagogischen Zeitschriften dagegen erschienen außerordentlich belobigende Beurtheilungen von meiner Schrift.

XII.

Meine Erlebnisse vom Jahre 1850—1861.

Motto: Die Kleinen fangen gar nicht an, aus Furcht vor
Hindernissen;
Die Mittelmäßigen hören auf, begegnend Hinder-
nissen;
Die Großen aber halten aus — trotz tausend
Hindernissen.

Dem Muthigen gehört die Welt.
Friedrich Wilhelm IV.

1. Trübes und Betrübendes in den Lehrerverhältnissen.

Nachdem ich die Wahrheit des Bibelwortes: Verlaß dich nicht
auf Menschen 2c. 2c. an mir bestätigt gefunden hatte, da galt es
den Entschluß zu fassen, mir selbst mit der Hülfe des Herrn einen,
wenn auch nur kleinen Wirkungskreis zu gründen, in dem mein
Thätigkeitstrieb einigermaßen Befriedigung fände. Die Staatsbehörde hatte es mir, da ich den Antrag des Amtes in Steinau abgelehnt, anheim gestellt, mich in Ruhestand, oder auf Wartegeld
setzen zu lassen. Mein Gewissen und die mir noch innewohnende
Arbeitskraft und Arbeitslust bewogen mich, den „Ruhestand" auszu-
schlagen, und das „Wartegeld" anzunehmen. Durch das Ruhestands-
geld hätte ich mich selbst für „dienstunfähig" erklärt, was Undank
gegen Gottes Gnade und Gabe gewesen wäre; durch das „Wartegeld" dagegen blieb mit Aussicht, noch eine Anstellung beanspruchen
zu können und auch die Staatsbehörde hatte das Recht, Dienst-
leistungen von mir zu fordern. Freilich mußte ich mir eine Ver-
minderung meines bisher bezogenen Amts-Einkommens um 230 Thlr.
gefallen lassen. Dazu kam, daß das Lieblingswerk des Herrn Ministers
v. Ladenberg, die Errichtung von Kreis-Schul-Inspektor-Stellen, von
den Kammern vertagt wurde und daß er selbst seine hoffnungsreiche
Wirksamkeit als Kultus-Minister aufgab (— wir wissen warum? —)
und dem Regierungsrath v. Raumer Platz machte. Dieser Ministerwechsel war ein Sieg der Reaction; für die Lehrerwelt war dieser Sieg ein Schlag, ein Vernichten aller Hoffnungen. Trauer
zog in die Herzen der Lehrer ein. Auch ich war davon tief ergriffen. Man denke sich nur meine Lage, meine zerronnenen Aus-
sichten! Ein anderer Geist war eingekehrt — eine Niedergeschlagenheit — lag auf den Gemüthern der Lehrer in Folge von Maßregeln, die der Minister von Raumer gegen die Lehrer getroffen

hatte. An dem Minister des Innern v. Westphalen fand Herr v. Raumer einen treuen Gesinnungsgenossen und Collegen. Die Ueberwachung der Lehrer wurde verschärft, die Gesinnung sogar in Zucht genommen. Entsetzungen von den Aemtern, Verweigerungen der Uebernahme von Aemtern waren an der Tagesordnung. Die sorgfältigste Erforschung, welche Lehrer sich an den März-Ereignissen und wie sie sich daran betheiligt haben, zu welcher der politischen Parteien sie sich gehalten und noch halten, wie sie sich bei den Wahlen der Abgeordneten benommen, welcher religiösen Richtung sie dienen, ob sie mit Freigemeindlern, d. h. mit Deutsch-Katholiken befreundet sind und verkehren: das und noch vieles Andere wurde den Unterbehörden zur Ermittelung und Berichterstattung anbefohlen. Auf die geschickteste und treueste Amtsführung wurde ein geringerer Werth gelegt, als auf die Hinneigung zur reactionären Partei.

Kurz es wurden Entsetzen erregende Zustände durch die getroffenen Maßregeln herbeigeführt. Verdächtigungen über Verdächtigungen.*)

Die Einschüchterung der Lehrer ist vollständig gelungen, der ausgestreute Same des Mißtrauens trägt seine Distelfrüchte. An Pharisäern unter den Berufsgenossen fehlt es nicht, an Schlauköpfen noch weniger. Und so nehmen wir denn mit Betrübniß wahr, daß Keiner dem Andern traut, daß selbstsüchtige Zwecke verfolgt werden, daß die Flügel des strebenden Geistes gebrochen und jeder frühere ideale Aufschwung an der Hemmkette festgebannt liegt. Daß ich solche Zustände und Erscheinungen erleben mußte, das schnitt tief in das 50jährige Lehrerherz! Gottlob, daß das Jahr 1861 das Fünklein Hoffnung wieder etwas angefacht hat.

---

*) Selten hat es einen Hochgestellten gegeben, der sein Ohr nicht den Verdächtigungen geliehen hätte; aber von einer Ausnahme muß ich erzählen. Der edle Graf v. Burghaus auf Laasan wendete sich brieflich an mich, ihm über einen Lehrer, der im Jahr 1845 das Seminar in Breslau besucht, in Betreff seines Verhaltens Auskunft zu geben. Der junge Mann habe sich um eine Stelle seines Patronats beworben, die er ihm geben wollte, wenn er nicht erfahren hätte, daß er im Jahre 1848 als aufregender Redner in Volksversammlungen aufgetreten wäre. Ich war erfreut, dem edlen Grafen erwiedern zu können, daß der in Rede stehende Lehrer einer der gutmüthigsten und stillsten Seminaristen gewesen wäre, und daß ich sehr zweifle, daß ihm die Gabe der Rede über Nacht gekommen sei, so hoch und wüthend auch die Wogen der Strömung jener Zeit gewesen sein mögen. Ein Lamm kann kein Löwe, noch weniger ein Tieger werden. Der Herr Graf forschte weiter nach, und das Ergebniß war, daß er mir freudevoll die Nachricht geben konnte, der junge Mann sei unschuldig in Verdacht gerathen, und daß er (der Graf) ihm die Lehrerstelle zugesagt habe. Wie beglückte mich diese edle That!

Gründung einer Bildungs-Anstalt
für Lehrerinnen und Erzieherinnen (Gouvernanten) und deren Fortentwickelung.

1. Unter so bewandten Umständen war es ein „glücklicher Griff", daß ich noch unter Herrn v. Ladenbergs Verwaltung mir die Genehmigung zur Errichtung einer Bildungsanstalt für Lehrerinnen und Erzieherinnen, die Schlesien mangelte, erbat. Wie dieser Gedanke und der Entschluß und Plan zur Ausführung in mir entstanden, darf ich nicht geheim halten.

In meiner früheren Stellung als Seminarlehrer hatte ich die Pflicht, die uns von der Königlichen Regierung überwiesenen jungen Gouvernanten in meinen Fächern zu prüfen. Bei diesen Prüfungen stellte sich die große Mangelhaftigkeit in der practischen Vorbildung deutlich heraus. Mit einiger Kenntniß der franz. und engl. Sprache, der deutschen Literatur kommt eine Lehrerin nicht weit. Im Lehrverfahren zeigte sich gänzliche Prinziplosigkeit; in der Methode des Rechnens wie im Leseunterricht hatte ich es mit gänzlich Unwissenden und Ungeschickten zu thun. Während der Zeit der „unfreiwilligen Muße" wendeten sich einzelne junge Mädchen einer Töchterschule mit der Bitte an mich, sie in der Unterrichts-lehre — Dialektik (!) nannten sie die Kunst — zu unterweisen. Es geschah dies kurz vor der abzulegenden amtlichen Prüfung, die damals im kath. Seminar unter Vorsitz evangel. und kathol. Regierungs-Commissarien abgehalten wurde. — Mein Wunsch, daß mir der auch schriftstellerisch berühmte Vorsteher eines Töchter-Instituts hier in Breslau, das in seiner Selekta sich mit der Vorbildung zu Gouvernanten befaßte, einige Lehrstunden übertragen möchte, blieb unberücksichtigt und unerfüllt. Inzwischen erkrankte er und wurde in das Jenseits abgerufen. Warum sollte ich seinen berühmten Namen verschweigen! Rösselt's Verdienste um die Schulwelt bleiben im besten Andenken; er war ein Mann wohlwollenden Herzens. —

2. Ich habe schon oben erwähnt, daß mir die Freude zu Theil geworden war, in einer hiesigen höheren Töchterschule einige Lehrstunden ertheilen zu dürfen. Die Vorsteherin, Fräulein Pehmler, hatte mich mit diesem Vertrauen beehrt und ich war bemüht, ihr meine Zeit und Kräfte in elf Lehrstunden wöchentlich zu widmen. Die Vorsteherin, eine Berlinerin, gehörte zu den intelligentesten Personen ihres Geschlechts und ihres Berufes, kenntnißreich, lehrgeschickt, belesen, und recht beredt, letzteres in solchem Grade, daß derselben in der

Unterhaltung der Stoff nicht ausging. In unseren Grundsätzen der Erziehung und des Unterrichts stimmten wir meistentheils überein.

Mich ihrer Gunst und ihres Vertrauens erfreuend, machte ich sie mit meinen Gedanken und Plänen in Betreff der Lehrerinnen-bildung bekannt und vertraut und suchte zu erforschen, ob ihr der Anschluß des Lehrerinnen-Seminars an ihr Töchter-Institut genehm gewesen sein würde. Die Idee erzeugte bei ihr eine wahre Begeisterung für die Sache. Und nun erst wendete ich mich an den Herrn Kultus-Minister v. Ladenberg in dieser Angelegenheit. Aus dem Rückschreiben des Herrn Ministers ging hervor, daß ein gutachtlicher Bericht vom Königl. Provinzial-Schul-Kollegium eingefordert worden war. „Das Bedürfniß der Errichtung eines Lehrerinnen-Seminars für Schlesien muß anerkannt, Ihre wissenschaftliche Befähigung zur Leitung einer solchen Anstalt nach Ihrer bisherigen Lehrthätigkeit darf wol angenommen werden", so heißt es in dem Ministerial-Reskript. Die Zweckmäßigkeit des von mir beabsichtigten Unternehmens fand der Herr Minister aber darum bedenklich, weil, so heißt es im Reskript, „die Schul-Anstalt des Fräulein Pehmler, mit welcher Sie das Seminar in Verbindung zu setzen wünschen, unter den höheren Töchterschulen Breslau's durch ihre bisherigen Leistungen nicht eine so bedeutende Stellung einnimmt, daß jene Verbindung an und für sich die Zuversicht eines gedeihlichen Erfolges der beabsichtigten Seminar-Stiftung gewähren könnte. Um erst näher beurtheilen zu können, in wie fern die zu errichtende Anstalt dem Zwecke der gründlichen Ausbildung von Lehrerinnen wirklich dienen könnte, würde daher vor Allem die Einreichung eines Lehr- und Lectionsplans, so wie die Angabe der Lehrer, welche Sie an der Anstalt zu beschäftigen gedenken, erforderlich sein. Ich veranlasse Sie deshalb, Sich in den angegebenen Bezeichnungen näher gegen das Königl. Provinzial-Schul-Kollegium zu äußern." — Auf das Gesuch um eine Geldunterstützung wurde ich abschläglich beschieden.

Frl. Pehmler veranlaßte nun den Revisor ihrer Anstalt, Herrn Gymnasial-Director Dr. Fickert, den Standpunkt der Töchter-Schule darzulegen, und darzuthun, daß sie nur in der geringeren Frequenz den andern, viel älteren Töchterschulen nachstehe, in den Leistungen aber nicht hinter dieselben gestellt werden dürfe. Von meiner Seite wurde der begehrte Unterrichts- und Lectionsplan entworfen und eingereicht. Ich ließ diese Arbeit später drucken und und unter folgendem Titel erscheinen:

„Unterrichtsplan für eine vier- bis achtklassige Schule, beziehentlich höhere Töchterschule in Verbindung mit einer Bildungs-Anstalt für Lehrerinnen und Erzieherinnen oder auch für eine Knaben-Mittelschule. Breslau 1853. Quer-Folio, 3 Bg. eng gedr."

Der Unterrichtsplan ist in tabellarischer und darum in recht übersichtlicher Form abgefaßt. Da ich in jener Zeit von der Liegnitzer Stadtverordneten-Versammlung mit dem Auftrage beehrt wurde, zur Organisation der neuen Bürgerschule einen Unterrichtsplan in möglichst vollständiger Weise anzufertigen, so entsprach ich dem Gesuch durch Ueberreichung des Manuskripts des obigen Plans, der sich des Beifalls erfreute ꝛc.

Unterm 21. Oktober 1850 benachrichtigte mich ein Reskript des Königl. Provinzial-Schul-Kollegiums:

„wie es nach der auch Seitens des Kgl. Ministerii der geistlichen, Unterrichts- und Medizinal-Angelegenheiten, in Folge unseres desfallsigen Berichtes unterm 12ten d. Mts. zugegangenen Eröffnung an und für sich keinem Bedenken unterliegt, zu gestatten, daß in einer höheren Töchterschule oder in Verbindung mit derselben Jungfrauen sich auch für das Lehramt vorbereiten. Eine solche Anstalt erhält aber dadurch den Charakter eines Seminars nicht in der Art, daß sie in unser Ressort fiele. Es steht demnach lediglich der Königl. Regierung zu, die Concession zur Ertheilung von Privat-Unterricht in den von Ihnen beabsichtigten Grenzen zu ertheilen. Wollen die in dieser Art vorgebildeten Jungfrauen demnächst die Prüfung als Lehrerinnen ablegen, so sind sie in der Art, wie alle andern privatim vorgebildeten Schulamts-Candidaten zu prüfen."

Demnach wurde es mir anheimgestellt, mich wegen der Ertheilung der gedachten Concession an die hiesige Regierung zu wenden.

Auf meine an die Königl. Regierung gerichtete Eingabe wurde ich dahin beschieden:

„daß Sie, da nach den Bestimmungen der Königl. Staats-Ministerial-Instruktion vom 31. Dezember 1839 Gesuche um Concessionen zur Ertheilung von Privat-Unterricht bei der Ortsschulbehörde anzubringen sind, welche zur Ertheilung eines widerruflichen Erlaubnißscheines berechtigt ist, hiernach sich in dieser Angelegenheit an die erst genannte Behörde zu wenden haben. Dieser wird sodann obliegen, Ihren Plan zu prüfen und insofern sie wider die Ausführung kein Bedenken findet, Ihnen den vorschriftsmäßigen Erlaubnißschein in gleicher Art, wie solches für andere qualificirte Lehrer an Privat-Instituten geschieht, zu ertheilen, wobei es sich übrigens von selbst versteht, daß sich die Aufsicht

des Revisors der Anstalt sich auf die hierdurch herbeigeführte
äußere und innere Erweiterung der letzteren erstreckt."

Dieser Anweisung gemäß wendete ich mich sofort an den Breslauer
Hochlöblichen Magistrat, und erhielt folgenden Bescheid:

„ — — daß die Königl. Regierung das von Ihnen errichtete
Lehrerinnen-Seminar bei der engen Verbindung desselben mit der
Pehmler'schen Töchterschule nur als eine obere Klasse dieser Anstalt betrachtet wissen will und daher den Antrag auf Ertheilung
einer besonderen Concession abgelehnt hat. Wir haben daher
heute Herrn Director Dr. Fickert Mittheilung dahin zugehen
lassen, daß die Pehmler'sche Töchterschule durch Errichtung einer
oberen Klasse, in welcher Lehrerinnen und Erzieherinnen gebildet
werden sollen, erweitert worden sei, auch demselben Abschrift des
von Ihnen entworfenen Lehrplans, nachdem derselbe von unserer
Schulen-Deputation gebilligt worden, übersendet." (10. Mai 1851).

Wenn Jemandem die Verhandlungen einem „Schicken von Herodes
zu Pilatus" ähnlich sein sollten, so habe ich nichts dagegen; es war
dort und damals, wie hier und jetzt in der Ordnung. Hätte ich
den Ausgang abwarten wollen, so wäre die Anstalt ein Jahr später
ins Leben getreten. Aber bald nachdem ich vom Minister Aussicht
auf Genehmigung erhalten hatte, glaubte ich Anstalten zur Ausführung machen zu dürfen. Ohne angefochten zu werden ließ ich eine
Anzeige von meinem Vorhaben in die Zeitungen aufnehmen, welche
den Erfolg hatte, daß sich neunzehn junge Damen zur Aufnahme
meldeten*).

*) Die Grundzüge des Lehrerinnen-Seminars waren und sind folgende:
§. 1. Das höheren Orts genehmigte Lehrerinnen-Seminar des Unterzeich-
neten hat den Hauptzweck, junge, befähigte weibliche Personen für das
Lehr- und Erziehungsfach wissenschaftlich und praktisch vorzubilden; und
den Nebenzweck, erwachsenen, für die Jugendbildung überhaupt sich
interessirenden Mädchen eine ihrer weiblichen Lebensbestimmung entsprechende höhere Ausbildung zu geben. §. 2. Jede der Aufzunehmenden muß
einer im guten Rufe stehenden Familie angehören, mindestens 16 Jahr
alt, von körperlichen Gebrechen frei, mit gutem Auffassungs- und Denkvermögen begabt und für den Beruf begeistert sein. §. 3. In Kenntnissen
und Fertigkeiten soll die Aufzunehmende der besten Schülerin der obern
Klasse einer guten höheren Töchterschule nicht nachstehen. Einige Fertigkeit im Klavierspiel und Gesangsfähigkeit ist wünschenswerth. §. 4. Die
Seminaristinnen erhalten in Vor- und Nachmittagsstunden Unterricht: in
der Religion (Bibelkunde, biblische Geschichte, Kirchengeschichte, Katechis-
mus- und Liederkenntniß), im Deutschen (Grammatik und Stil, Literaturgeschichte), im Französischen (Grammatik, Literatur, Conversation), im
Englischen (wie im Französischen), in der Geographie, Geschichte,
Naturgeschichte, Naturlehre, so wie in der Größenlehre (Zahl-
und Raumlehre) im Schreiben, Zeichnen und Gesange, in der

Als Lehrer waren gewonnen; Dr. Paur (Geschichte, Geographie, Literatur und Stil), Prediger Knüttell (Religion), Privatlehrer Hägele (Französisch), Lehrer Dr. Schottky (Englisch). In den Vormittagsstunden wohnten die jungen Damen dem Unterricht der I. Klasse hospitirend bei, der in den Händen wissenschaftlich gebildeter Männer lag. Nur die Nachmittagsstunden, in welchen die

---

Unterrichts= und Erziehungskunde (theoretisch und praktisch). §. 5. Der Bildungskursus ist für die Gutvorgebildeten und Befähigteren auf 2 oder 3 Jahre festgesetzt. Nur so vorgebildete junge Damen, die in allen Fächern den Anforderungen des Seminars entsprechen, können in kürzerer Zeit das Ziel erreichen. §. 6. Die Aufnahme findet jährlich zu Ostern und Michaelis statt. §. 7. Jede hat ein Probe=Vierteljahr zu bestehen, in welcher Zeit sich herausstellen soll, ob die Aufgenommene die erforderliche Vorbildung und Fähigkeit und Lust zur Fortsetzung des Seminar=Unterrichts besitzt. §. 8. Die Meldung zur Aufnahme muß bis Mitte März, oder Mitte September geschehen. Der schriftlichen Meldung muß das Geburts=Attest (ohne Stempel), ein ärztliches Attest über die körperliche Befähigung zum Lehrerberuf, das Schulzeugniß und ein Genehmigungs=Attest von Seiten des Vaters oder des Vormundes beigefügt sein. §. 9. Auswärtige müssen in Breslau bei anständigen Familien wohnen, oder sich in Pensionate, die ihnen von dem Dirigenten der Anstalt empfohlen werden, begeben. §. 10. Jede der Aufgenommenen gibt eine eigenhändige Erklärung zu den Akten, dahin lautend, daß sie mit den Statuten der Anstalt hinreichend bekannt sei und sich denselben gemäß in allen Stücken verhalten wolle. §. 11. Diejenigen, welche sich als ungeeignet für den Lehrerberuf erweisen, oder solche, welche durch ihr Verhalten irgendwie die Unzufriedenheit des Lehrer=Kollegiums und des Vorstehers sich zugezogen haben, werden nach vorangegangenem Konferenz=Beschluß zum Austritt aus der Anstalt veranlaßt. §. 12. Die Lehrübungen der Seminaristinnen werden unter Aufsicht und Leitung des Vorstehers mit besondern dazu bestellten Mädchen (Mittwochs und Sonnabends Nachmittag von 2—4 Uhr), angestellt. §. 13. Jede Seminaristin muß zu den Lehrstunden pünktlich erscheinen und sowol hierin, wie in jeder andern Beziehung den jüngern Schülerinnen als Muster dienen. Unregelmäßiger Besuch der Lehrstunden ist unzulässig. §. 14. Keine Seminaristin darf sich der staatlichen Prüfung unterwerfen wollen, wenn der Vorsteher findet, daß ihre Befähigung den Forderungen der „Instruction des Königlichen Provinzial=Schul=Kollegiums für Schlesien vom 3. Februar 1852" noch nicht entspricht. §. 15. Die geldlichen Bedingungen sind folgende: Jede Seminaristin zahlt 1) jährlich 36 Thlr. in vierteljährlichen Terminen zu 9 Thlrn. praenumerando, 2) 1 Thlr. Eintrittsgeld, 3) 1 Thlr. zur Bestreitung des Heizungs=Materials, 4) ½ Thlr. Dintengeld und zur Ergänzung der Utensilien, 5) 12 Sgr. zur Vergrößerung der Bibliothek. Außerdem übermacht jede als Lehrerin wirkende ehemalige Schülerin den ersten erworbenen Thaler der Seminar=Schulkasse zur Vergrößerung der Seminar=Bibliothek, die von den Seminaristinnen selbst verwaltet wird. §. 16. Der Austritt vor Beendigung des Bildungskursus muß drei Monate vorher geschehen, oder es werden die §. 15. bezeichneten Verbindlichkeiten erfüllt.

Schulzimmer leer standen, fand der wissenschaftliche Unterricht der Schülerinnen bei genannten Herren statt. Es ist nicht zu bestreiten, daß das blos hospitirende Theilnehmen am Unterricht der I. Klasse etwas sehr Langweiliges und Ermüdendes haben mußte; aber ich konnte beim besten Willen kein Zimmer im Institut des Frl. Pehmler ausfindig machen, wo sie während der Schulstunden hätten unterrichtet und geübt werden können! Dennoch war das Hospitiren für die Seminaristinnen von großem Nutzen; sie fanden darin nicht allein eine Erneuerung ihrer früher gewonnenen Kenntnisse, sondern konnten dieselben auch mehr und mehr befestigen, wie auch in vieler Hinsicht erweitern. Es lag im Plan, daß das erste Jahr ausschließlich wissenschaftlicher Unterricht und positive Kenntnisse gewonnen wurden, im zweiten Jahre traten dazu noch die praktischen Lehrübungen. Der Fleiß der jungen Damen war sehr löblich, die Fortschritte so bedeutend, daß nach Verlauf eines Jahres eine Prüfung gewagt werden konnte, die von den angesehensten Persönlichkeiten der Stadt der Aufmerksamkeit gewürdigt wurde.

3. Daß die Verbindung des Seminars mit der Pehmler'schen Töchterschule nur ein Jahr bestehen würde, glaubte ich vor Jahr und Tag nicht fürchten zu müssen. Und doch geschah es. Frl. Pehmler fand in dem Verhalten einzelner junger Damen gegen sie nicht genug Respekt; sie beanspruchte ein ergebenes, devotes Benehmen, wie sie es von ihren Schulmädchen gewohnt war. Es gelangten Beschwerden über Beschwerden über die Seminaristinnen und von diesen über Frl. Pehmler an mich. Die Unzufriedenheit steigerte sich bis zu dem Grade, daß sie mich veranlassen wollte, eine der Seminaristinnen, die zu den tüchtigsten gehörte, aber ein ebenso entschiedenes Wesen als die Vorsteherin besaß und dabei schon in den 30er Jahren war, zu entlassen, was statutenwidrig war. Denselben Antrag stellte sie später in Bezug auf eine andere der besten Seminaristinnen, so daß ich in die Besorgniß versetzt wurde, es werde sich nach und nach das Seminar auflösen, denn der Unmuth der Seminaristinnen hatte schon sehr überhand genommen. Ich ging daher mit mir zu Rathe. Der Riß hatte einmal begonnen, und es war vorauszusehen, daß es dabei nicht bleiben würde. Es wurden Unterhandlungen mit einer andern Vorsteherin, Frl. Jäger, eingeleitet, und da diese sich bereit zeigte, unter den bereits festgesetzten Bedingungen*) meine Seminaristinnen anzunehmen, so voll-

---

*) Ich gab nämlich 11 Stunden wöchentlich in der Schule unentgeltlich und beanspruchte blos ein Zimmer für den Nachmittags=Unterricht und das ruhige Hospitiren der Seminaristinnen in der I. Klasse der Schule.

zog ich sofort die Trennung und machte davon dem Magistrate Anzeige. Das Honorar für den Unterricht (2½ Thlr. monatlich) nahm
ich ein und honorirte davon. meine Mitarbeiter. Daß ich dabei Opfer
zu bringen hatte, ist leicht zu entnehmen, besonders bei der geringen
Anzahl von Schülerinnen und des billigen Honorars wegen.

Den Anschluß an die Jäger'sche Töchterschule schien ich nicht
bereuen zu dürfen. Frl. Jäger besaß zwar nicht jenen eminen-
ten Geist, wie Frl. Pehmler, aber sie gewann die Herzen der jungen Damen durch ihr mildes Wesen. Es verstrich ein Jahr „in
Fried' und Freud', frei von Streit und Leid". Die jungen Damen
hospitirten nach wie vor in der I. Klasse, empfingen nach wie vor
ihren besondern Unterricht in den Nachmittagsstunden und übten sich
im Lehren theils im Jäger'schen Institut, theils in der evangel.
Vereinsschule, deren Vorstandsmitglied ich seit ihrer Gründung im
Jahre 1845 zu sein die Ehre habe.

4. Der erste zweijährige Bildungskursus nahte seinem
Ende. Von den 19 aufgenommenen Lehrschülerinnen unterwarfen
sich 14 der amtlichen Prüfung und zwar im Königl. Schullehrer-
Seminar zu Steinau a. O. In Steinau? Ja, so war die Bestimmung getroffen, seit die Einrichtung, daß evangel. Examinandinnen, nachdem das evangel. Schullehrer-Seminar in Breslau
vernichtet worden, im hiesigen katholischen Schullehrer-Seminar
von den Lehrern desselben vor einer aus evangel. Provinzial-Re-
gierungs-Schulräthen bestehenden Kommission geprüft werden mußten,
vom Hohen Ministerium aufgehoben worden war. Nicht ohne bange
Besorgnisse von meiner Seite (aus mehrfachen Gründen) und nicht
ohne Zaghaftigkeit von Seiten der jungen Damen wurde die Reise
nach Steinau unternommen. Meine persönliche Begleitung dahin
gewährte ihnen Muth und Trost. Seufzen und Thränen wechselten
mit Aeußerungen der Heiterkeit, ja Lustigkeit ab, wie Regenwolken
mit Sonnenblicken am Himmel. Daß keiner der Schulräthe aus
Breslau und Oppeln der Prüfung beiwohnte, erweckte in mir eigenthümliche besorgliche Gedanken, die ich vor meiner Umgebung zu unterdrücken mich bemühte. Der Liegnitzer Regierungs-Schulrath Herr Consistorialrath Siegert, seiner wahrhaft christlichen Humanität und
seines lehrerfreundlichen Sinnes wegen im besten Rufe stehend, war
zum Vorsitzenden der Prüfung berufen. Die Prüfung nahm einen
günstigen Verlauf, wozu sehr viel die große Freundlichkeit und Milde
der Herren Examinatoren beigetragen hat. Das Ergebniß war ein
eben so erfreuliches als ermuthigendes: sechs bekamen im Zeugniß
das Prädikat „recht gut bestanden", vier „gut bestanden", zwei
„im Ganzen gut bestanden" und zwei „bestanden". Das von der

Königl. Regierung ausgestellte Prüfungszeugniß berechtigte die ersten
zehn zu Vorsteherinnen einer höhern Töchterschule. Der Jubel
der jungen Damen war groß, meine Freude nicht gering und der
Eindruck auf den nächstjährigen Kursus ein ermunternder.

Was in der jungen Anstalt in jener Zeit geleistet worden,
welches Ziel sie sich gesteckt hat, das habe ich in folgender Piece
dargestellt:

„Bericht über den ersten zweijährigen Bildungs-Cursus des mit der
Jäger'schen Töchterschule als obere Klasse verbundenen Seminars
für Lehrerinnen und Erzieherinnen zu Breslau. 16 S. gr. 8."

Die Schrift enthält eine kurze Abhandlung über die Bildung
der Mädchen zu Lehrerinnen, theilt die „Grundzüge" der Anstalt
mit, berichtet über die Thätigkeit des Lehrerpersonals, so wie über
die Besuche aus der Ferne von Seiten sachkundiger Männer, z. B.
des Seminar-Director Thilo aus Erfurt (damals), des Ober-Hof-
prediger Benatier aus Groß-Glogau, des Pastor Dr. Münzen-
berger aus Lübeck, des Seminar-Director Bock aus Münsterberg, des Regierungs-Schulrath Bellmann. Dr. Münzen-
berger, der beinahe 23 Jahre hindurch Jungfrauen zu Lehrerinnen und Erzieherinnen ausgebildet, wurde von mir veranlaßt, den
Seminaristinnen in einem besonderen Vortrage über den Anfang
und Fortgang seiner Anstalt, so wie über die Erfahrungen in seinen
Bestrebungen Mittheilungen geben zu wollen, was am folgenden
Tage geschah. Der Vortrag war in jeder Beziehung anregend,
ermunternd und lehrreich.

So war denn nichts verabsäumt worden, was die Ausbildung
der uns anvertrauten Jungfrauen zu fördern geeignet war. Gottes
Segen begleitete unser Unternehmen und unsere Bestrebungen. Fast
Alle erhielten bald nach ihrer amtlichen Prüfung Wirkungskreise als
Gouvernanten und bewährten sich in denselben durch ihre Leistungen.

Die von mir öffentlich veranstalteten „Lehrproben" bewirkten,
was sie sollten. (S. w. u.!)

Wenn bei mir diese Erstlinge meiner geistigen Pfleglinge und
jetzigen Colleginnen in besonderem und unvergeßlichem Andenken geblieben sind, wenn ich sie heute meine liebe „alte Garde" nenne,
die mit mir lebte, strebte, hoffte und kämpfte, die allen Folgenden
die Bahn eröffnete und Andere nach sich zog; so wird man dies
ganz in der Ordnung und in meinem Herzen begründet finden;
man wird es mir nicht verargen, wenn ich dem auswärtigen Rufe,
in der großen Handelsstadt H. die Leitung eines zu gründenden Seminars zu übernehmen nicht folgte, sondern meinen Getreuen treu
blieb. — Darin bestärkte mich noch mehr das Jahr 1853, in wel-

chem meine erste viel und schwer geprüfte, treue Lebensgefährtin aus der irdischen Heimath in die himmlische abgerufen wurde.

5. Für den erfreulichen Fortgang meines Unternehmens spricht die Thatsache, daß ich zu Michaelis dieses Jahres (1853) wieder elf junge Lehrschülerinnen zur amtlichen Prüfung in Steinau entlassen und dahin begleiten konnte. Die Rückerinnerung an diese Prüfung ist weniger in Betreff des Ausfalls derselben, als vielmehr der Erfahrungen anderer Art wegen nicht süß. Unter dem Vorsitz der Herren Räthe Wachler aus Breslau, Siegert aus Liegnitz, Schultz aus Oppeln und des Herrn Dr. L. Hahn ging die Prüfung ernst und würdevoll vor sich; sämmtliche Examinandinnen erhielten das Zeugniß der „Reife", und zwar sechs das Zeugniß „gut bestanden", fünf das Prädikat „bestanden" und wurden für „befähigt erklärt, als Lehrerinnen angestellt zu werden." Tief erschüttert von der eindringlichen Schluß- und Entlassungsrede eines der Herren Commissarien aber kehrten die „Geprüften" und „Bestandenen" zu mir in das Gasthaus zurück. Untröstlich! Was mir daraus mitgetheilt wurde, war wohl geeignet, mich selbst nachdenklich zu stimmen. In Bezug auf jenes Erlebniß sprach ich drei Tage später nach den abgelegten, sehr gelungenen „Lehrproben" in Gegenwart des Herrn Dr. H... unter Anderem Folgendes:

„Wer das Hohe erreichen will, der muß das Höchste erstreben." Sie haben die Bedeutsamkeit dieses inhaltreichen Gedankens schon damals erkannt, und werden jetzt noch mehr von der Wahrheit desselben überzeugt sein. Lassen Sie denselben nicht außer Acht, sondern nehmen Sie ihn zu Ihrem Motto bei allen Ihren Bestrebungen. Suchen Sie das Höchste nicht in einem Uebermaße von nützlichen Kenntnissen oder in der Meisterschaft gewisser Fertigkeiten und Geschicklichkeiten. Sie wissen, daß man der kenntnißreichste, scharfsinnigste und geschickteste Mensch sein kann, der die Bewunderung Anderer erregt, ohne das zu sein, was den eigentlichen Werth und die Würde des Menschen bedingt. Wo die Gottesfurcht mangelt, da ist das Höchste nicht Gegenstand des Strebens gewesen. Wir haben uns bemüht, Ihren Blick auf dieses Höchste zu richten, Ihnen Gott und Jesum Christum, den Anfänger und Vollender unsers Glaubens recht lebendig ins Herz zu prägen und zum Bewußtsein zu bringen. Wenn es gleich nicht immer und allezeit in stereotyp gewordenen Formen und Ausdrücken geschah, so doch durch Vorführung der Sache, durch die That, durch unser eignes Leben. Ohne uns zu Richtern Ihrer religiösen Grundlage und ihres religiösen Lebens aufzuwerfen, so glauben wir Ihnen doch das Zeugniß geben zu müssen, daß der lebendige Glaube an Gott, den Schöpfer Himmels und der Erden, und an Jesum Christum den Sohn Gottes, so wie an den heiligen Geist, die Kraft von Oben, nicht blos in das Herz tief eingegraben, sondern mit demselben recht eigentlich verwachsen ist — er ist, wenn ich mich hier eines zwar modernen aber sehr bezeichnenden Wortes bedienen darf, ein naturwüchsiger. Von gottesfürchtigen Eltern erzogen, von gottesfürchtigen Lehrern in der Kindheit unterrichtet, von gottesfürchtigen Predigern in die Christenheit eingeführt — und von denselben am Altare und von der Kanzel herab auf das Eine, was Noth thut, hingewiesen: wie wäre es möglich, daß der „lebendige Glaube" aus ihrem Herzen gewichen, und Sie nicht auf dem „Wege des Heiles" wären. Nein, meine theuern, geliebten Töchter! Unsere Ueberzeugung steht fest. Wer wie Sie fast ausschließlich sich mit den Mitteln, die zum Heile führen, befaßt; wer wie Sie mit eisernem Fleiße sich mit dem Geiste der Bibel vertraut, und den Kern unserer Kirchen= lieder, so wie die Lehren des Katechismus zu seinem Eigenthum gemacht: der hat nicht nur etwas, sondern viel, hat Alles was dem Glauben Leben giebt; die Heimsuchungen des Lebens werden das Leben des Glaubens wach und frisch erhalten. So gehen Sie denn hin! Reden Sie nicht viel von dem Wege des Heils, aber wandeln Sie denselben und führen Sie die Ihnen anvertrauten Kindlein ohne Wortmacherei auf demselben. Führen Sie nicht in beredter Weise den lebendigen Glauben auf der Zunge, aber bewähren Sie ihn durch die That in allen Lebensverhältnissen. Bewah= ren Sie Ihren Glauben als ein heiliges Gut, lassen Sie sich dieses Gut nicht antasten noch entreißen. Trauen Sie denjenigen am wenigsten, die am meisten vom Glauben reden. Ueber den Glauben reden und Glau= ben haben: das sind himmelweite Verschiedenheiten. Wie an deren Liebe zu zweifeln ist, die viel von der Liebe reden, so mag der Glaube derer keinen tiefinnerlichen Grund haben, die denselben Anderen absprechen, weil er sich nicht in stereotypen Formen kund giebt. — Sie sehen meine Theuren, wes das Herz voll ist, deß geht der Mund über. Sie kennen mich und wissen, wie das Gesagte zu nehmen ist; ich kenne Sie und weiß, daß es Ihnen nicht an Glaubensstärke fehlen wird, wenn Gott der Herr Ihnen Kämpfe auferlegen sollte.

So geht denn hin in alle Welt, lehret die Kindlein halten das Wort Got= tes und taufet sie mit dem Geist der Erkenntniß, der Liebe und des Glaubens im Namen Gottes des Vaters, des Sohnes und des heiligen Geistes."

Ausführliches darüber liefert der gedruckte

„Bericht über die Schülerinnen, welche vom Jahre 1851—1853 sich in der Seminarklasse der Jäger'schen Töchterschule zu Lehrerinnen und Erzieherinnen ausgebildet haben. 16 S. gr. 8.

Herrn Dr. H. überraschte der Ausfall der Lehrproben, daß er an mich mit der freundlichen Bemerkung herantrat: „Ich erkenne aus diesen Lehrproben die Damen nicht wieder, mit denen ich vor drei Tagen in Steinau amtlich zu verkehren Gelegenheit hatte." Das ist leicht erklärlich, erwiederte ich: hier fühlen sich die Prüflinge heimisch; dort dagegen vor acht fremden Herren, die ihnen auf den Zahn fühlen sollten, gleichsam auf der Folterbank. Bei der freundschaftlichen Beziehung, in welcher ich damals zu diesem Herrn stand, nahm ich den Wink: „So lange Sie Lehrer an Ihrem Se= minar haben, wie — (er nannte mir dieselben —), werden Sie bei allen Opfern an Geld, Zeit und Kraft nicht volle Anerkennung in maßgebenden Kreisen finden; nehmen Sie die Herren — (er nannte mir die Personen —) und Sie werden sich der bereitwilligsten Unterstützung erfreuen" — dankbar entgegen, erklärte aber, daß ich

mich in den pädagogischen Grundsätzen in Uebereinstimmung mit
diesen Mitarbeitern fände, daß dieselben von den Seminaristinnen
aufrichtig verehrt würden, und daß ich deshalb nach wie vor mit
ihnen zu wirken entschlossen sei. — So blieb es, und ich freue
mich noch heute über meine Festigkeit in den Grundsätzen, nach
welchen ich mein Werk fortsetzte. Der Himmel schloß die Schleusen
seines Segens über die Anstalt auf; die Muthmaßung des Herrn
Dr. H. verwirklichte sich gottlob nicht. Mit jeder folgenden
Prüfung schien die Sonne heller und erwärmender im Examinations-
zimmer vom grünen Tische in die Herzen der zaghaften Prüflinge.
Die Examinatoren wie die Commissarien wurden von den Examinandinnen je öfter je mehr „bis in den dritten Himmel erhoben". Und
wenn die Zaghaftigkeit vor dem Examen auch nicht ganz zu bewältigen war, so verminderte sie sich doch nach und nach in bedeu-
tendem Grade, und zwar in Folge der Schilderungen der vom
Examen zurückgekehrten geprüften Mitschwestern. Jeder abgehende
Cursus ebnete dem folgenden die Bahn. Was mich betrifft, so
habe ich oft genug Gelegenheit gehabt, die Gerüchte, welche sich
über die Art dieser Prüfungen der Lehrerinnen verbreitet hatten,
mit Entschiedenheit zu widerlegen. Es ist mir ein Bedürfniß, es
hier auszusprechen, daß mit der größten Humanität in der Behandlung der weiblichen Prüflinge die möglichste Gerechtigkeit in
der Beurtheilung der Kräfte an's Licht getreten ist. Mit wenig
Ausnahmen stimmte das Urtheil der Herren Examinatoren und
Commissarien mit denen der Lehrer meiner Anstalt überein. Es
gehört zu den Unmöglichkeiten, Allen Alles recht zu machen, und
das Werk der Prüfung wird nirgends ein vollkommen gerech-
tes sein, besonders wenn demselben nur so kurze, kaum genügende
Zeit gewidmet wird und werden kann.

6. Die Weiterentwickelung der jungen Anstalt machte, trotz
der bedeutenden Erschwernisse in der Verwaltung, mit jedem Jahre
innerlich und äußerlich Fortschritte. Die Anmeldungen erfolgten in
dem Maße, daß ich veranlaßt war, nicht nur in eine Aufnahme zu
Michaelis, sondern auch zu Ostern einzugehen. So entstanden zuerst
zwei, später drei und endlich gar vier Abtheilungen (Kurse). Der
Mangel einer hinlänglichen Lokalität, und die je länger je mehr
fühlbar gewordene Abhängigkeit von den äußeren Verhältnissen,
waren Hemmschuhe, die den Seminarwagen in seinem Fortgange
behinderten, mich mit Sorge und Kummer belasteten und mir viele
schlaflose Nächte verursachten. Die Schülerinnen wissen es, denn es
sind auch ihre Erlebnisse, wie ich mit ihnen in den Schulstunden,
in denen ich in der Schule nicht Unterricht gab, in ein freies Lokal,

das sich uns in der „evang. Vereinsschule" darbot, schnellfüßig wanderte, dann wieder zurück in die Töchterschule kehrte; oder wie nach eingeholter Genehmigung beim Präsidium ein Zimmer des Lokals in der Börse — der „schles. Gesellschaft für vaterländische Kultur" benutzt, wie um das praktische Lehren und Unterrichten kleiner Kinder kennen zu lernen, eine Vertheilung in die sechs „Klein-Kinder-Bewahranstalten", zu deren Revisor ich vom Magistrat berufen worden war, getroffen werden mußte. Das waren jedoch nur äußere Erschwernisse und Hemmnisse, die blos körperliche Anstrengungen verursachten und die, der vielen Bewegung wegen, der Gesundheit der jungen Damen zuträglich waren. Angreifender für mich waren die innern Hindernisse, die in dem Verhältniß zur Vorsteherin ihren Grund hatten. Dieses Verhältniß war äußerlich keineswegs ein unfreundliches; aber es entging mir die Wahrnehmung nicht, daß sie, beeinflußt von ihrer nächsten Umgebung, sich durch mich in mancher Beziehung in ihrer Würde als Vorsteherin beeinträchtigt sah. Ich konnte es nicht beseitigen, daß die Seminaristinnen mich als den Mittelpunkt des Seminars betrachteten und die Vorsteherin etwas vernachläßigten, was böses Blut machte. So weit übte ich mich in der Selbstbeherrschung und Selbstverleugnung, so weit gab ich in der Abhängigkeit nach, daß die Honorarszahlungen der Seminaristinnen an die Vorsteherin geleistet werden mußten, daß sie ihnen darüber quittirte, daß ich aus ihren Händen dann das Geld in Empfang nahm, um das Honorar an die Lehrer, die ich für den Unterricht gewonnen hatte, zahlen zu können; so weit ließ ich mich herbei, zuzugeben, daß ich ohne ihr Vorwissen keiner Seminaristin die Aufnahme gestatten sollte und daß sie bei der Aufnahmeprüfung persönlich beiwohnen müßte. Es versteht sich von selbst, daß die öffentlichen Anzeigen, obgleich von mir verfaßt, nicht von mir ausgehen durften, und daß mein Name in dieser Angelegenheit öffentlich nie ohne den ihrigen erscheinen sollte. Ich mache ihr daraus keinen Vorwurf, denn sie war zu dieser Handlungsweise berechtigt; das Seminar galt in den Augen der Behörden als die obere Klasse; ich besaß streng genommen keine andere Berechtigung als die anderer Lehrer der Anstalt, wenn gleich es nahe lag, daß mein Zurücktreten von der Wirksamkeit in dieser obern Klasse die gänzliche Auflösung der Seminarklasse zur Folge gehabt haben würde. Ein solches Aufgeben aller Selbstständigkeit stimmte durchaus nicht zu meinem Wesen als Mann; ich litt unendlich im Geist und Gemüth, aber es galt, das Opfer der begonnenen Sache zu bringen. Selbst die städtische Behörde fand, in Folge eines Reskripts der Königl. Regierung, daß ich zu selbstständig handele, und daß ich nicht befugt sei, das Seminar selbstständig zu verwalten. Alle Welt aber wußte es, hat es doch selbst die Königl. Regierung durch die an mich adressirten Prüfungszeugnisse der Abiturientinnen thatsächlich bekundet, daß die sogenannte obere Klasse — die Seminarklasse — unter meiner Leitung stand und bestand. Wie große Demüthigung mir auferlegt wurde, das kann ich durch Schriftstücke dokumentiren. Welche Kämpfe ich zu bestehen hatte, das kann mein verehrter Freund Dir. Dr Kletke, der Revisor der Anstalt war, bezeugen. Auf die Zurückdrängung meiner Persönlichkeit war es abgesehen. ——

Demungeachtet arbeitete ich mit Beharrlichkeit dahin, jene Seminarklasse zur Selbstständigkeit zu erheben und reichte bei der Königl. Regierung das Gesuch ein, die Prüfung der Abgehenden hier in Breslau zu gestatten, was durch eine zu aufrichtige Aeußerung in meinem Bittgesuch zu den oben angedeuteten Maßnahmen Veranlassung gab; ich strebte darnach, das Seminar an die städt. Töchterschule zu St. Maria Magdalena zu bringen, was dem Magistrat nicht angemessen und zulässig erschien; ich bat später um die Concession zur Errichtung eines Lehrerinnen-Seminars und einer eignen Mädchenschule, verbunden mit einer neuen Klein-Kinder-Bewahranstalt, in welcher ich nach Fröbel's Grundsätzen den „Kindergarten" in's Leben treten lassen wollte, und legte einen vollständig ausgearbeiteten Lehrplan vor, wurde aber in freundlichster Weise abschläglich beschieden, wohlerwogen und — versteht sich wohlbegründet, wie die Aktenstücke nachweisen.

Man wird wol in die Wahrheit meines Geständnisses keinen Zweifel setzen, wenn ich hier bekenne, daß ich durch das Mißlingen der besten Absichten an mir irre wurde; aber mein Herz ließ sich nicht entmuthigen, mein Verstand nicht beirren, meine Willenskraft nicht schwächen. Es gilt, dachte ich, so lange aufrecht zu stehen, bis es einer höheren Gewalt, als der menschlichen, gefällt, mich meiner Thatkraft gänzlich zu berauben. Hatte ich doch bis jetzt aus dem Widerstande, mit dem ich bei mancher meiner Unternehmungen kämpfen mußte, immer neue Kraft gewonnen. Gott will es so, darum füge dich, schicke dich in die Zeit, es ist noch nicht aller Tage Abend, harre der Zukunft, aber lege die Hand nicht in den Schooß, unterbreite deinem Verstande kein Ruhekissen, lege deinen Willen nicht an die Kette! Solche Stimmen sprachen zu laut in meinem Innern, als daß ich sie hätte ignoriren dürfen und können.

7. Mitten in der trübsten Zeit, als sich meine hoffende Seele mit dem Gedanken unablässig beschäftigte: Seminar — muß

liebes Seminar! Sein oder Nichtsein? Mit dir leben
oder mit dir sterben!: da trat ein rettender Engel in dem verstorbenen Stadtschulrath Frobös bei Gelegenheit der letzten Prüfung in der Jäger'schen Töchterschule an mich heran und theilte mir
vertraulich mit, daß sich jetzt eine Gelegenheit zur Erfüllung meines
Wunsches darböte, indem Dr. Scheder, der ein kleines Töchterinstitut
leitet, eine Anstellung in Thüringen erhalten und deshalb sein Institut in andere Hände übergehen lassen wolle. „Thun Sie, was
Sie nicht lassen können, und rechnen Sie auf meine Bevorwortung
Ihres Antrages beim Magistrat. Sie haben lange genug geharrt
und — geduldet." Ein Händedruck war der Dank für diesen
Wink. Schon am folgenden Tage wurde der Vertrag mit Herrn
Dr. Scheder eingeleitet und abgeschlossen. Die Anstalt gehörte freilich
zu den winzigen, die ursprünglich größere Schülerzahl war bis
auf 24 zusammen geschmolzen; aber es war doch eine selbstständige Anstalt, aus der etwas gemacht, die gehoben werden konnte,
und deren Uebernahme und Verwaltung mich von den lästigen Fesseln
der Abhängigkeit von einer, wenn gleich an sich achtungswerthen
Dame als Vorsteherin, befreite.

Das geschah zu Ostern des Jahres 1855. Die Trennung
von der Jäger'schen Töchterschule erregte Sensation. Die Königl.
Regierung genehmigte meine Uebernahme der Dr. Scheder'schen
Anstalt. Die Osterferien wurden nun zur Instandsetzung der Schulzimmer verwendet, das Seminar-Lehrzimmer wurde eingerichtet, neue
Lehrkräfte für die Schule mußten gewonnen werden, wobei ich die
vorzüglichsten Kräfte der im Seminar ausgebildeten Lehrerinnen heran-
zog; nicht entsprechende Lehrer und Lehrerinnen entließ ich; auch eine
neue Klasseneinrichtung war nothwendig. Die Schule wuchs nach
und nach von 24 bis auf etwa 45; sie war zwar kleinzählig, das
Seminar dagegen erhielt einen ungewöhnlichen Zuwachs, so daß die
Zahl kaum untergebracht werden konnte, sie belief sich nämlich auf 55.

Mit diesem Vorgange trat das Seminar in eine neue Ent-
wicklungsphase. Die Seminaristinnen jubelten vor Freude und
mochten wol auch an mir wahrgenommen haben, daß das Blut
nunmehr in meinen Adern leichter pulsirte. Welch' ein herrliches
Gefühl ist doch die Freiheit, die Selbstständigkeit! Wer sie nicht
entbehrt hat, weiß sie nicht zu schätzen.

Diese rasche Wendung der Dinge ereignete sich, nachdem ich
kurz vorher zum Erstenmale mit einem Kursus in Bunzlau
zur Prüfung gewesen. Es war nämlich die Nothwendigkeit eingetreten, daß jährlich zwei Mal Abgangsprüfungen, zu Michaelis und
zu Ostern, anberaumt wurden. Stolzenburg stand damals noch

als Director den Anstalten (des Seminars und des Waisenhauses)
vor. Die persönliche Bekanntschaft mit diesem Herrn war für
mich von besonderm Interesse. Ich fand in ihm mir gegenüber
gemessenen Ernst mit Milde gepaart und erfreute mich des Wohl=
wollens, daß er mich mit Freund Prange nach Gnadenberg zum
Gottesdienste (es war ein Sonntag) begleitete, woran auch meine
Prüflinge Theil nahmen, denen sämmtlich das Zeugniß der „Reise",
und die Censuren genügend, oder gut, oder recht gut ertheilt
worden waren. Zum Erstenmale sahen wir hier, Stubba, Prange
und ich, einander seit 1833 von Angesicht zu Angesicht wieder.

Das Jahr 1855 verstrich unter der Neuheit der Verhältnisse
in fabelhafter Schnelligkeit, getragen von Hoffnungen allerlei Art,
nicht ahnend, was das Jahr 1856 über mich und meine Wirksam=
keit verhängt und vorbehalten hatte. Es war auch in anderer, in
häuslicher Beziehung ereignißreich, ereignißvoll.

8. Der Prediger Knüttell, der neben seinem geistlichen Amte
vor drei Jahren die Töchterschule des verstorb. Prof. Rösselt, seiner
Kränklichkeit wegen, in sehr heruntergekommenem Zustande übernommen,
und der unter äußeren Schwierigkeiten erst nach Verlauf von zwei
Jahren eine größere und einträglichere Frequenz erzielt hatte, erkrankte
am Typhus, dem er unterlag — ein schmerzlicher Verlust für seine
Wittwe, seine Schülerinnen, bei denen er sehr beliebt war, und für
seine Freunde. Die Wittwe konnte und wollte die Anstalt als Vor=
steherin nicht leiten. Man sah sich nach geeigneten Bewerbern um,
und Probst Krause, der Revisor der Anstalt und mein Freund
war, machte mich, bei Gelegenheit meines Besuches bei ihm, auf die
Absichten der Wittwe aufmerksam, indem er hinzusetzte: „Sie sind
der rechte Mann für diese Schule, und ich will das Wort für Sie
nehmen, wenn Ihre Kräfte zur geforderten Summe (er nannte sie) aus=
reichen." Die Summe machte mich zwar nachdenklich, aber ich erklärte,
die Sache in Ueberlegung zu nehmen und gab am folgenden Tage die
entscheidende bejahende Antwort. Der Vertrag wurde zwischen uns
förmlich geschlossen, und nachdem ich der gerichtlichen Bestätigung
harrte, ward ich von einem Hausfreunde der Wittwe durch die
Hiobspost überrascht, daß ich mir eine Erhöhung (von erheblicher Art)
gefallen lassen müßte; es sei dies keine unbillige Forderung, wie die
Kassenbücher des Verstorbenen nachweisen. Ich erbat mir Zeit zur
Ueberlegung und kam zu dem Resultat: wenn die Frequenz der
Schule auf der Höhe verbleibt, wenn ich mein Seminar und den
größten Theil meiner jetzigen Schule dazu bringe: so kann ich das
Opfer wol bringen. Aber wer giebt mir die Garantie, daß der
status quo sich nicht zu meinem Nachtheil verändere? Diese Be=

denklichkeiten verstand der erwähnte Hausfreund zu zerstreuen. Im Vertrauen auf Gott und auf meine Thätigkeit willigte ich in die beträchtliche Summe, die ich kaum zu nennen wage, ein. „Um Gottes Willen, was haben Sie gemacht!" rief mir Freund Krause zu. „Durch!" dachte ich und halste mir die Sorgen auf, aus denen ich, wie es den Anschein hatte, nicht herauskommen sollte. — Ich übergehe die vielen Verdrießlichkeiten, die mir nachträglich noch vor der Uebernahme von jener Seite her bereitet wurden.

„Mein Glück wird unter deinem Segen blühn!" So war es. Den kummervollen Stunden, Tagen und Wochen folgte die Freude einer gesteigerten Frequenz der Schule. Die Verbindung mit dem Seminar erhob die Anstalt zu einer sogenannten großartigen. Die schöne, prachtvolle Räumlichkeit gestattete eine Vermehrung der Klassen von 5 auf 7, und zwar durch Theilung der überfüllten Klassen III. und IV. Ich strebte darnach, eine Musterschule nach meinem Sinne herzustellen, behielt alle mitwirkenden Lehrkräfte und vermehrte dieselben noch durch Gewinnung neuer. Mein Unverheirathetsein und der Umstand, daß die Schule mehrere Töchter aus der höheren Aristokratie erhielt*), erheischte nach dem Rath eines Freundes, der auch zur Aristokratie gehörte, die Anstellung einer Dame als Directrice, und es wurde mir sehr nachdrücklich eine adelige Dame, die in einer Provinzialstadt Schlesiens einer höheren Töchterschule vorstand, der feineren franz. Sprache mächtig, als Schriftstellerin vortheilhaft bekannt und in den Lebensformen gewandt sei, empfohlen, welche unter nicht leichten Bedingungen für mich gewonnen wurde, die aber meinen Erwartungen nicht entsprach und ihres vorgerückten Alters und ihrer Kurzathmigkeit wegen nicht zu leisten vermochte, was sie selbst wollte und sollte. Auch in anderer Hinsicht war die Auflösung des Verhältnisses noch vor Ablauf des Vertrages wünschenswerth und nothwendig, die auch mit Opfern von meiner Seite eintrat. Ueber den vorgefundenen Standpunkt der Schule schweige ich am liebsten, weil ich nicht die Meinung erwecken will, als gereiche das, was ich in den oberen Klassen in vielen Gegenständen vermißte, dem seligen Knüttell zum Vorwurf. Er hat in so kurzer Zeit das Möglichste geleistet; für schlecht vorbereitete Schülerinnen, die seiner Schule zugeführt worden waren, ist er nicht verantwortlich

Gottlob, daß ich eine Schule nach meinem Sinn organisiren konnte, und die Organisation hatte mich dem Ziele, eine Musteranstalt erstehen zu sehen, schon recht nahe geführt. Mein Streben

---

*) Die verwittwete Frau Prediger K. ist adeliger Abkunft.

geht dahin, innerhalb der Schranken zu bleiben, welche durch die Fassungskraft der Schülerinnen gezogen ist, die Kindlichkeit zu wahren und zu pflegen, den anständig heitern Sinn zu nähren, und Blasirtheit, Eitelkeit, Verschrobenheit nicht zu begünstigen und Scheinbildung und Flitterwerk fern zu halten. Den Wechsel im Zu- und Abnehmen der Schülerzahl habe auch ich kennen gelernt; aber wenn die Schule auch nicht äußerlich gewachsen ist — was nicht einmal der Räumlichkeit und des Princips wegen zulässig wäre — so hat sie doch innerlich, d. h. geistig auf einen um so erfreulichern Höhepunkt gebracht werden können. Was die Schule geworden ist, den reellen Standpunkt, den sie errungen hat, verdanke ich den mitwirkenden Kräften, die durch ihr freundliches Entgegenkommen in geschickter Weise mir meine Ideen ins Leben zu bringen halfen. Es unterrichten gegenwärtig 20 Lehrer und 11 Lehrerinnen an meiner Schule. Revisor der beiden Anstalten ist Herr Prediger David, der sich durch seine Milde, Freundlichkeit und durch das Interesse, welches er an dem Gedeihen der Anstalt nimmt, der Achtung und Verehrung erfreut.

9. Zu meinem lieben Seminar zurückkehrend, berichte ich noch Folgendes: Es ist oben der öffentlichen „Lehrproben" gedacht worden, welche die Seminaristinnen zu geben veranlaßt wurden. Sie sind nicht mit den „Lehrübungen" zu verwechseln. Letztere bilden einen wesentlichen Theil der Seminarthätigkeit und werden wöchentlich zwei Mal, Mittwoch und Sonnabend von 1½ bis 4 Uhr, mit Kindern aus der „evangel. Vereinsschule" unter meiner Aufsicht und Leitung angestellt. Bei vier Lehrübungs-Cursen kommt jeder Cursus monatlich zwei Mal daran. Die zu behandelnden Thema's werden am Tage vorher von mir gewählt und vertheilt. Nach der Größe der Zahl der Uebenden richtete ich die Zeit, in welcher das Thema erledigt werden muß; gewöhnlich sind dazu 10—12 Minuten bestimmt. Bei der Wahl der Thema's findet die größte Abwechselung statt. Religion, Deutsch, Geschichte, Geographie, Naturgeschichte, Naturlehre, Formlehre, Memorir-Uebungen sind jedes Mal vertreten. Anleitung zur Behandlung wird in der „Unterrichtslehre" gegeben. Bei den Uebungen mache ich Notizen, die nach den Uebungen mit den Seminaristinnen besprochen werden. Anfänglich ließ ich längere Zeit, wenigstens ½ Jahr verstreichen, ehe ich die prakt. Uebungen vornehmen ließ; jetzt wird schon nach ¼ Jahr, ja sogar schon nach 6 Wochen des Eintritts, mit den Lehrübungen begonnen, versteht sich von selbst, daß die Uebenden bis dahin mit dem Wesentlichen der „Fragebildung" vertraut gemacht werden, und

daß stets vom Leichten zum Schweren fortgeschritten wird, Religions=
thema aber bleiben noch ausgeschlossen.

Was die „Lehrproben" betrifft, so sind dieselben als das Er=
gebniß der Lehrübungen zu betrachten; denn sie sollen darthun,
was durch die letzteren angestrebt und erzielt worden ist. Grund=
sätzlich suchte ich von demselben allen Flitterstaat, alles Scheinwesen,
jede Abrichterei fern zu halten. Die Thema's mußten neu und
durften noch niemals in den Lehrübungen von den in den Lehr=
proben auftretenden Lehrschülerinnen behandelt worden sein; auch
wurden ihnen ganz andere Kinder zugeführt; es durfte nur gelehrt
werden, entweder durch Fragen entwickelnd oder vortragend,
je nachdem es das Thema erheischte. Die jungen Damen sollten zeigen,
welche Anleitung zum Unterrichten ihnen gegeben worden, und wie
sie später bei selbstständigem Wirken verfahren würden. Eine tüch=
tige Vorbereitung, worüber sie vor der Abhaltung der Lehrprobe
Rechenschaft ablegen mußten, war, versteht sich von selbst, unerläß=
lich. Alles das hier erwähnte war im gedruckten Programm aus=
gesprochen, um dem Vorurtheil, als sei die Lehrprobe etwas „Ein=
gehetztes" zu begegnen. Nun, Ihr Lehrproben=Schülerinnen, sagt,
war es anders, als ich berichte? Alles wurde von ihnen aus=
geführt, vom Anfangsgebet bis zum Schlußgebet. Dieser Schul=
Actus gehörte zu den feierlichsten Stunden; er war geeignet,
die Lehrjüngerinnen zu heben, ihr Selbstvertrauen zu beleben. Stets
waren die großen Examinations=Säle zu St. Maria Magdalena,
oder zu St. Elisabeth, oder im Schulgebäude zum heiligen Geiste
bis auf den letzten Platz gefüllt, mit sichtbarer Theilnahme aufmerk=
sam die Sache verfolgend. Ich kann es mir nicht versagen, das
Programm zweier solcher Lehrproben aus den Jahren 1855 und
1853 hier einzuverleiben.

I. Lehrproben des jüngeren Seminar-Cursus.

(Die Lehrschülerinnen sind erst ½ Jahr im practischen Cursus.)
Gebet.

Themata: 1) Simon der Gerechte, 300 Jahr vor dem Messias.
2) Erklärung des achten Gebotes durch eine Erzählung. 3) Sechs
Wirkungen der Furcht. 4) Besprechung des Inhalts eines senten=
ziösen Satzes. 5) Bilden von Wörtern in genetischer Folge. 6) Vor=
führen franz. Wörter, a. mit dem stummen, b. geschlossenen
und c. offenen e. 7) Uebertragung eines deutschen Satzes ins franz
zösische. 8) Besprechung abgebildeter Gegenstände. 9) Entwicke=
lung und Lösung der Rechenaufgaben aus den Gleichungen.
10) Veränderungen einer vierstelligen Zahl durch Versetzen der

Ziffern und dividiren derselben. 11) Mehrseitige Betrachtung einer Bruchzahl. 12) Eine Wanderung durch Breslau. 13) Reise von Breslau nach Danzig. 14) Die Blücherstatue in Breslau. 15) Die Statue Friedrich des Großen in Breslau. 16) Ueber das Kernobst. 17) Ueber das Steinobst. 18) Ueber das Schalobst. 19) Ueber die Wolken, a. in der Natur, b. im Menschenleben. 20) Ueber Blumen, a. in der Natur, b. auf den Fensterscheiben, c. in der Sprache.

(Die Proben wurden mit 6—15jährigen Schülerinnen abgelegt.)

Schlußgebet. —

II. Lehrproben der Abiturientinnen.

Gesang, a. Choral, b. dreistimmiger Chor von Gluck: „Leih aus Deines Himmels Höhen."

Gebet.

Themata: 1) Betrachtung und Besprechung eines Bildes, darstellend Jesum als Kinderfreund. 2) Die bibl. Frauen, vorzüglich des Neuen Testaments. 3) Eine Zusammenstellung nicht biblischer, aber historisch merkwürdiger Frauen. 4) Die Eigenthümlichkeit der hebräischen Poesie, mit besonderer Berücksichtigung des 23. Psalms. (Gesang: „der Herr ist mein Hirt", von Klein 2c.) 6) Erklärung bildlicher Ausdrücke (Metaphern) überhaupt und der in dem vorigen Psalm vorkommenden, als Uebung im Deutschen. 7) Eine Uebung im Französischen für 3 Schüler=Abtheilungen. 8) Eine Uebung im Englischen. 9) Eine Schreibleseübung, verbunden mit Denkübungen. 10) Eine Uebung im Kopfrechnen mit drei Schüler=Abtheilungen. 11) Berechnung des Flächen=Inhalts eines Gartens. 12) Ein geographisches Charakterbild von Asien, mit besonderer Berücksichtigung des Ethnographischen. 13) Ein Spaziergang in die Physik und Chemie. 14) Die Baumwelt der Erde. 15) Eine Reise von Breslau nach Augsburg.

Gesang: „Wie lieblich sind Deine Wohnungen", von B. Klein.

Gebet. Schlußwort. Schlußgesang: Nun danket Alle Gott.

Ueber meine Absichten bei Veranstaltungen der Lehrproben haben sich sehr verschiedene Meinungen kund gegeben. Man hat mich getadelt, daß ich den jungen Damen solche Zumuthungen auferlege, und mir die Verletzung des weiblichen Zartgefühls zum Vorwurf gemacht, man 2c. 2c. Und doch liegt in den Beschuldigungen eine gänzliche Verkennung meiner wahren und richtigen Absichten. Zunächst wollte ich die jungen Damen an das öffentliche Auftreten gewöhnen, dem sie sich nicht entziehen dürfen, wenn sie als dereinstige

Lehrerinnen öffentlich examiniren müssen. Hauptsächlich aber sollte gezeigt werden, was gut geschulte, in der Lehrkunst unterrichtete und geübte Damen zu leisten vermögen, mit welcher Lehrbegabung sie der Schöpfer ausgerüstet hat, die irrthümliche Meinung, als könne eine Lehrerin nicht mit Gründlichkeit unterrichten, sollte thatsächlich widerlegt werden. Dieser Zweck ist durch die Lehrproben erreicht worden. Doch will ich nicht verheimlichen, daß ich durch die öffentlichen Lehrproben, andere weibliche Kräfte für den Beruf zu gewinnen hoffte, und auch hierin habe ich mich nicht getäuscht. Es sollte jedes Mädchen zur Lehrerin erzogen werden, es ist das ihr eigentlicher Beruf; jedes Mädchen ist von Geburt aus zur Lehrerin bestimmt, dieser Bestimmung darf sie nicht entfremdet, sie muß derselben vielmehr zugeführt werden, sie darf am allerwenigsten davon abgelenkt werden. Diese Thätigkeit verträgt sich mit allen übrigen Verrichtungen in der Hauswirthschaft. — Wenn ich in den letzten Jahren die Lehrproben ausfallen ließ, so geschah dies, weil mir die Benutzung der Prüfungssäle der Gymnasien und Realschulen versagt oder sehr erschwert wurde.

Ueber einen Punkt muß ich mich noch äußern.

Der in der Anstalt herrschende Geist kann ein ausgezeichneter genannt, der hervortretende Lerneifer der jungen Damen als die Frucht des anregenden Unterrichts betrachtet werden. Den Vorwurf, daß die Anstalt die Lehrschülerinnen zu stark in Anspruch nehme und so die Gesundheit derselben benachtheilige, widerlegt am schlagendsten der heitere Sinn, welcher die Schülerinnen durchweg beseelt, so wie das eigene Geständniß derselben, daß die Seminarzeit die glücklichste ihres bisherigen Lebens gewesen. Ist doch keine in Folge des Fleißes im Studiren dem Siechthum verfallen, keine einer Krankheit erlegen; im Gegentheil haben viele durch die regelmäßige, zweck- und zielbewußte geistige Thätigkeit ihre Gesundheit gekräftigt. Nur den nicht hinreichend vorbereiteten Damen verursacht das Schritthalten mit den Befähigteren größere Anstrengung; auch das Drängen der Eltern oder Vormünder nach Abkürzung des Bildungskursus nöthigt manche zu verdoppeltem Fleiße, wobei leider die Nachtzeit geopfert wird. Die Lernstoffe wollen und müssen denn doch geistig verarbeitet werden; die künftige Lehrerin soll auch den Lehrstoff beherrschen und sich außerdem noch ein verständiges Lehrverfahren aneignen. Das ist aber ohne Zeit nicht möglich. Naturwidrig, und darum gefährlich, ist jede Verfrühung, besonders auf dem Gebiet der Lehrerbildung. Die Anstalt will der Menschheit dienen und dadurch dem Gottesreich förderlich und dienstlich sein; sie thut, was sie kann; was sie aber nicht thut, das will sie auch nicht thun. Mir ist sie ein heiliges Gut, zu dessen Verwalter ich von Gott berufen bin und für das ich mein Leben einzusetzen den Muth hatte; aber zu einer Abrichtung zum Lehrgeschäft, oder zur Zustutzung zum Examen kann und werde ich meine Hand nie bieten, aus Respekt vor der Würde des Berufs und vor der Verantwortlichkeit hienieden und dort oben.

10. Die Anstalt hat während ihres Bestehens (vom Oktober 1850 an) 250 Lehrschülerinnen aufgenommen, von denen (bis zu Michaelis 1861) 175 in den Königlichen Seminaren zu Breslau, Bunzlau, Münsterberg und Steinau die amtliche Prüfung abgelegt haben. Unter dieser Zahl waren nur zwei, die noch nicht für hinlänglich vorbereitet befunden wurden, welche später sich aber nochmals prüfen ließen und für reif erklärt wurden; 50 haben die Censur „sehr gut bestanden", 93 „gut bestanden" und 33 „genügend bestanden". Ich bin 9 Mal im Steinauer, 3 Mal im Bunzlauer und 3 Mal im Münsterberger Seminar mit den Lehrschülerinnen gewesen. Von den 15 kathol. Lehrschülerinnen sind die meisten im hiesigen kathol. Seminar geprüft worden und haben gute Censuren erhalten. Fast alle Seminaristinnen gehören den gebildeten Ständen an. Es sind adelige, Prediger=, Lehrer=, Kaufmanns= und höhere Beamtentöchter. —

Die meisten, welche die Prüfung abgelegt haben, wirken in Familien, mehrere privatisiren, einige haben keine Stellen angenommen, mehrere sind in Privat=Töchterschulen beschäftigt. Der größte Theil hat in Schlesien einen Wirkungskreis erhalten, ein paar sind nach Paris, ein paar nach London gegangen, um sich in den fremden Sprachen noch mehr auszubilden, einzelne wirkten im Posenschen, selbst in Polen, auch sogar in Ungarn (Pest, Groß=Beesterel), mehrere sind bereits glückliche Ehegattinnen und Mütter, andere harren noch im Vorzimmer der Ehe, d. h. sind Bräute. —

Die Reisen in jene Städte sind zwar mit mancherlei Beschwerden und Kosten verknüpft gewesen; aber sie gehörten zu den interessantesten, die wir mit einander machten. Die jungen Damen erschlossen sich bei dieser Gelegenheit so, daß ich Blicke in ihr Inneres schicken konnte, die mir sichere Aufschlüsse über das Wesen und die Charaktereigenthümlichkeit einer jeden verschaffte. Andererseits trat das väterliche Verhältniß von meiner Seite mehr an den Tag und wurde bei den jungen Damen befestigt. Es gestaltete sich zu einem so innigen, daß sie keine Examen=Reise machen zu können glaubten, wenn nicht ihr „alter Schulmeister" sie begleitete. Ich gestehe gern, daß es mir eben so unmöglich erschienen ist, sie in den Tagen der Sorge, Angst und Noth zu verlassen, ihnen und mir zum Trost folgte ich, wohin sie zur Prüfung gingen. Daß ich den Prüfungen selbst nicht beiwohnte, versteht sich von selbst; und wenn es zulässig gewesen wäre, ich würde bestimmt darauf Verzicht geleistet haben. Meine persönliche Begleitung verschaffte mir aber auch die Gelegenheit, den Männern äußerlich näher zu treten, mit denen ich innerlich, wenn auch nur mittelbar durch meine Schülerinnen in geistigem Verkehr stand. Ich meine die Herren Prüfungs-Commissarien: Wachler, Bellmann, Siegert, Schultze, Stolzenburg, Baron und die Seminar-Directoren und Collegen: Woepcke*), Bock, Jungklaaß, Stubba, Prange, Karow I. und II., Menges, Scholz, Richter, Wende, Mettner, Förster.

Einer eigenthümlichen Erweisung von Liebe und Anhänglichkeit meiner lieben Seminaristinnen muß ich noch gedenken. Wer mir die Ehre gibt, mich zu besuchen, dem fällt die Gallerie von Gruppenbildern junger Damen auf, womit die vier Wände des großen Empfangszimmers bedeckt sind; es sind Photographien, darstellend die einzelnen Curse der Abiturientinnen. Die Zahl derselben hat sich bereits so vermehrt, daß ich, wenn es mir vergönnt sein sollte, das Bildungsgeschäft von Gouvernanten fortzusetzen, die Wände eines zweiten Zimmers den neuen Bildergruppen zu weihen genöthigt wäre. Diese Bilder sind mir sehr liebliche und liebe Erinnerungen an die jungen Colleginnen, unter denen und mit denen ich so manche angenehme Stunde verlebt, die mir so viel Freude durch ihr treues und segensreiches Wirken bereitet, deren Glücklichsein auch mein Glück ist, deren Wolken an ihrem Lebenshimmel auch meinen bewölkt. Möchte am Abend meines Lebens — der Tag fängt an sich zu neigen — sich die Sonne bei ihrem Untergange eines heitern Himmels erfreuen.

11. Bei der Menge verschiedener Urtheile über die Befähigung weiblicher Persönlichkeiten zur Lehrthätigkeit würde es befremden, wenn ich in „meinen Erlebnissen als Schulmann" die Sache mit Stillschweigen überginge. Man wird, das bezweifle ich nicht, mein Urtheil, das sich auf eine vieljährige Erfahrung gründet, für gewichtig halten und darauf etwas geben, besonders da mir in dem Umstande, daß ich früher als Seminarlehrer Jünglinge zu Lehrern ausbilden half, mehr als manchem Anderen eine Vergleichung männlicher und weiblicher Lehrkräfte und Leistungen zu Gebote steht. Ich will mich unparteiisch darüber aussprechen, was mir die Beobachtung, Erwägung und Erfahrung der Angelegenheit an die Hand gegeben.

---

*) Einer von den Männern, die auf mich eine große Anziehungskraft ausgeübt haben, — ein Mann, auf den jenes Wort: „Siehe ein rechter Israelit, in dem kein Falsch ist", Anwendung findet.

Was die psychologischen Pädagogen über den Unterschied der männlichen und weiblichen Geisteskräfte in ihren Schriften wohlbegründet aufgestellt, muß ich als Wahrheit anerkennen. Es besteht zwischen beiden eine Verschiedenheit, die aber keines der beiden Geschlechter zu einer Bevorzugung berechtigt. Nach Gottes Schöpferweisheit sollen die Geschlechter in ihren Kräften sich gegenseitig ergänzen. Der beste Vater kann seinen Kindern ohne die Mutter nicht eine gute Erziehung geben, die strengste und beste Mutter ebensowenig ohne den Vater. Aber es gibt ein Alter des Kindes, in welchem der Mutter der Vorrang gebührt, in welchem die Einwirkung des Vaters zurücktritt, und ein Alter, in welchem die Mutter lieber dem Vater den Vorrang überläßt. Beobachten wir eine sorgsame Mutter bei der Pflege ihres Kindes, so wird uns die Art und Weise, wie sie mit dem Kinde umgeht, wie sie mit ihm spricht, wie sie seine Spiele leitet, sich in seine Anschauungsweise versetzt, seine Aufmerksamkeit zu erregen weiß, seine Sprache bildet, auf sein Gemüth einwirkt u. s. w., zu der Ueberzeugung führen, daß ihr der Schöpfer die Gabe, erziehend zu lehren und lehrend zu erziehen, in hohem Grade verliehen hat, eine Gabe, in der sie den Vater übertrifft und durch die, wenn sie noch mehr gepflegt und ausgebildet würde, noch Größeres, Höheres geleistet werden könnte. Da jedes Mädchen die Bestimmung hat, Mutter zu werden, und zu sein, so ist auch jedem Mädchen die Gabe, Kinder leiblich und geistig zu pflegen und zu heben angeboren. Der Franzose L. Aimé-Martin hat vollkommen Recht, wenn er in seiner Preisschrift: „Die Civilisation des Menschengeschlechts durch die Frauen c." sagt: „Es müssen alle Mädchen unterrichtet und zu Lehrerinnen erzogen werden, damit sie einst ihre Kinder recht bilden; die Mädchen bilden heißt aus jedem Hause eine Schule machen und die Welt kultiviren." — Den großen Einfluß der Mutter auf die Erziehung und Entwickelung selbst des männlichen Kindes haben alle bedeutenden Männer anerkannt und laut verkündet, ich nenne nur: v. Göthe, Jean Paul, Steffens, Kotzebue, Napoleon u. A.

Wenn das nicht in Abrede gestellt werden kann, so wird man wol kein Bedenken tragen, den Mädchen den Vorzug einer größeren Lehrbegabung, folglich auch die Lehrbefähigung einzuräumen. Darin bin ich auch in meinem Lehrerleben, und durch die ausschließliche Beschäftigung mit der Ausbildung von Mädchen bestärkt und gefestigt worden. Aber so wie die Mutter auf den ersten Bildungsstufen nicht zu ersetzen ist, nicht entbehrt werden kann, so muß die Wirksamkeit des Vaters in den späteren Bildungsstufen vorherrschend sein, die der Mutter zurücktreten.

Es sind aber nicht alle Mädchen erkoren, ihre ursprüngliche Bestimmung zu erreichen; sie behalten nichts desto weniger ihre Befähigung zum Lehren und zum Erziehen.

Was durch eine gewissenhafte, gründliche Vorbildung weiblicher Persönlichkeiten zu Lehrerinnen erzielt werden kann, das ist mir je länger, je mehr zur Gewißheit der obigen Behauptungen und Voraussetzungen erwachsen. Mit vernünftiger, d. h. psychologischer Erwägung der weiblichen Eigenthümlichkeiten im Wesen und Charakter der jungen Damen, habe ich mein Streben dahin gerichtet, bei ihrer Ausbildung zu Lehrerinnen in keinem Lehrgegenstande geringere Leistungen zu fordern, als von einem Seminar-Jünglinge bei seiner Entlassung gefordert wird, nämlich gründliche Kenntniß des Lehrstoffes, Beherrschung desselben und methodische Behandlung eines jeden Lehrgegenstandes. Bevor diesen Ansprüchen auch in praktischer Beziehung nicht Genüge geleistet war, entließ ich keine zur Prüfung, oder empfahl sie nicht zur Annahme eines Wirkungskreises. Ich erließ meinen Seminaristen selbst nicht die Uebung in der entwickelnden Fragekunst und war unnachsichtlich in der richtigen Fragebildung; ich habe da die schönsten Früchte geerntet. Man wird es vielleicht bezweifeln, wenn ich hier berichte, daß sie in der Zahl- und Formlehre die schwierigsten Aufgaben aus den Gleichungen des ersten Grades elementarisch und aus der Berechnung der Längen, Flächen und Körper zu entwickeln verstanden. In der Unterrichtslehre griff ich in alle Gebiete, und da ich in der praktischen Behandlung eines jeden Gegenstandes zu Hause, in keinem ein Fremdling bin, so konnte ich ihnen die Anleitung zum Lehren nicht nur mündlich, sondern auch thatsächlich geben. In jedem Gegenstande wurde die Behandlung auf allgemeine und besondere Lehrgrundsätze zurückgeführt. Selbst in der Religion, dem subtilsten Lehrgegenstande, ließ ich die entwickelnde Lehrform anwenden, und mit erbaulichen Ansprachen abwechseln. —

Daß ich auf richtigem Wege gewandelt, davon hat mich die Praxis überzeugt. Ich habe an meiner Töchterschule ehemalige Schülerinnen und auch andere, die sich nicht einer Seminarbildung erfreuten, als Lehrerinnen neben einander fungiren gesehen, und da einen gar merklichen Unterschied wahrgenommen.

In „freiem Vortrage" suchte ich bei den Seminaristinnen eine möglichst hohe Stufe zu erreichen. Meine Mitarbeiter unterstützten mich darin in ihren Lehrfächern. Es sind seltene Leistungen zu Tage gefördert worden. In der Redegewandtheit übertrafen die Seminaristinnen die intelligentesten Seminaristen. Die Fertigkeit im Französischen und Englischen wirkte dabei vortheilhaft mit.

20*

Wenn ich nun auch einräume, daß die weiblichen Persönlichkeiten, wenn sie eine zeitgemäße, gründliche Vorbildung in einer Anstalt, die unter der Leitung eines praktisch durchgebildeten, tüchtigen Mannes steht, genossen haben, sich wenigstens zu derselben Lehrtüchtigkeit eines Lehrers entwickeln; so will ich damit nicht gesagt haben, daß sie große Massen von Kindern, z. B. Schulklassen von 60—80 Mädchen zu beherrschen im Stande sind, es auch nicht gerathen finden, sie mit 5—6 Stunden in voller Klasse zu belasten. Zu solcher anstrengenden Thätigkeit reichen die physischen Kräfte nicht aus, und da Damen weit mehr mit ihrem Herzen in der Schule arbeiten als der Mann, bei dem der Verstand vorwaltet, so greift der Unterricht auch mehr die weiblichen Nerven an. — Ferner hat die Ansicht Festigkeit gewonnen, daß Damen nur für Mädchen von 5 bis 12 Jahren, und auch für Knaben von 5 bis 9 Jahren so trefflich, ja trefflicher geeignet sind, als Männer; der höhere Unterricht aber z. B. in der Religion, Literaturgeschichte, Geschichte, Naturwissenschaft, Rechnen, Stil, muß Männern übergeben werden, d. h. Männern, die eines solchen Unterrichts für Mädchen von 12 bis 16 Jahren würdig sind.

Uebrigens stimme ich dem greisen Dr. Arnold bei, wenn er in seiner jüngsten Schrift sagt:

„Man hat manchmal den Frauen die Fähigkeit abgesprochen, gute Lehrerinnen werden zu können, weil sie den Unterricht nicht gründlich und wissenschaftlich zu ertheilen vermöchten. Das ist vollkommen wahr, wenn sie nicht zu diesem Geschäfte hinlänglich ausgebildet werden, wie auch Männer es sonst nicht können. So gründlich vorgebildet, wie die Lehrer der Knaben, brauchen sie auch nicht zu werden, da ihre Schülerinnen auch nicht den Weg der Gelehrsamkeit betreten sollen; jedoch so weit, daß sie mit Einsicht und in zweckmäßiger Weise zu lehren in den Stand gesetzt sind. Ihr sicherer Takt und ihr natürliches Gefühl leiten sie auch besser als die Männer, welche Alles nur rationell und bewußt treiben wollen. Wenn diese einer falschen Theorie verfallen sind, so gleicht das nicht leicht ein natürliches Gefühl aus. Zudem „gehört das Gleiche zu Gleichem", es versteht sich einander besser, schließt sich leichter an einander an, somit auch die Schülerin an die Lehrerin. Für den höheren Unterricht und auch für manche Zweige des mittleren, werden jedoch auch männliche Lehrer zweckmäßig unterrichten, nur nicht junge Kandidaten bei den reiferen Mädchen."

12. Ich kann mich von dem Bericht über mein Seminar nicht trennen, ohne meinen Mitarbeitern, die mir mein Werk fördern halfen,

ein Wort der Anerkennung in „meinen Erlebnissen als Schulmann"
hinterlassen zu haben.

In der Wahl der Lehrer bin ich immer glücklich gewesen.
Oben an steht Dr. Paur, der von Anfang an bis zu seinem Abgange nach Görlitz durch seinen vortrefflichen Unterricht in der Literatur, im Stil, in der Geographie und Geschichte sich die Achtung,
ja die Verehrung aller Seminaristinnen erworben hatte. Hägele,
Königk, Silbergleit, Dr. Schönermark, Dr. Görlitz,
Dr. Schottky stehen hinsichtlich ihres gründlichen Unterrichts im
Französischen und Englischen in dankbarem Andenken. Dr. Behnsch,
der mit ganzer Hingebung sich der Anstalt von 1855 an gewidmet
und den Seminaristinnen durch den Unterricht in der franz. Sprache,
im Englischen und im deutschen Stil theoretisch und praktisch förderlich gewesen ist, hat in dem Erfolge seines Wirkens den schönsten
Lohn geerntet. Die Gottesgelehrten Prediger Knüttell, Prof.
Dr. Neumann, Pastor Jentsch und Senior Penzig erschlossen
den Heilsbegierigen das Reich Gottes, erweiterten die Erkenntniß
Gottes, befestigten sie im Glauben an die erlösende Kraft des Wortes
vom Kreuz und erwärmten die Herzen für das Heilige und den Heiligen. Diak. Hesse führte sie in den anmuthigen Wald der deutschen Literatur und wirkte durch seine geistvollen, anregenden Vorträge und Vorlesungen aus den Klassikern auf die Bildung des Schönheitssinnes, auf das richtige Verständniß unserer klassischen deutschen
Dichterwerke hin. Dr. Rhode war eine Zeitlang bemüht, seine
kirchen-historischen Kenntnisse zu verwerthen. Dr. Fechner verstand es, die jungen Damen durch seinen Unterricht in der Geschichte (nach dem Abgange des Dr. Paur) zu fesseln und ihnen Liebe
für diesen Gegenstand zu erwecken, so wie nach ihm Herr Dr. Stein
sie für die Geschichte (incl. Kulturgeschichte) und Geographie zu
begeistern weiß. Prorector Dr. Marbach, Dr. Milde und
Dr. Fiedler bestrebten sich, mit anerkennenswerthem Erfolge die Seminaristinnen in die Geheimnisse der Natur einzuführen und ihnen diese
zu erschließen*). Wätzold, Fritsch und v. Kornatzki ließen sie
das Gebiet der Kunst betreten, erstere beiden das der Töne, letzterer das des Zeichnens. In der franz. Conversation haben die
Französinnen Mlle. Boulot, L. Dandrifosse und Chevallier,
so wie Herr Bragard Lust und Liebe zu der Sprache erweckt und
zur möglichsten Fertigkeit gesteigert; und schließlich meine Frau**)

---

*) Auch Dr. M. Karow widmete ein Jahr hindurch seine Lehrkraft
dem Seminar und zwar in der deutschen Literatur.

**) Daß zur erfolgreichen Verwaltung zweier so wichtiger und um-
fassender Anstalten die rüstigste Kraft eines Mannes nicht ausreiche, in-

nicht zu vergessen, die im Unterricht in der Kalligraphie, sowie in der Zahl- und Formenlehre erfreuliche Resultate erzielte. Was mich betrifft, so liegt mir der Unterricht in der Bibelkunde, in der deutschen Grammatik, Zahl- und Raumlehre, in der Schulkunde und Unterrichtslehre, so wie die Abhaltung der Lehrübungen ob.

Wenn das Seminar sich der Anerkennung eines guten Rufes nach Außen hin erfreut — und das ist der Fall, wie die Gesuche um Lehrerinnen, die an mich aus aller Herren Länder ergehen, bezeugen, so daß die meisten Seminaristinnen schon vor Ablegung der amtlichen Lehrerprüfung für Wirkungskreise gewonnen waren; so verdankt die Anstalt diese Auszeichnung der erfolgreichen Mitwirkung genannter Lehrer und Lehrerinnen.

Um das Fortbestehen dieser meiner Schöpfung trage ich große Sorge, falls mir es versagt werden sollte, mit der nothwendigen rüstigen Kraft für sie wie bisher zu wirken. Vor etwa zwei Jahren hatte diese Sorge den Gipfelpunkt erreicht. Eine trübe Ahnung durchzog meine Seele. Ich wollte die Zukunft des Seminars gern noch bei Lebzeiten gesichert sehen, wie ein Vater die seiner Kinder, und reichte beim Magistrat das Bittgesuch ein, die Anstalt unter seine Fittige zu nehmen und sie den hiesigen städtischen Bildungsanstalten unter gewissen Bedingungen einzureihen. Meine Hoffnung auf die Gewährung dieser Bitte war — ich gestehe es offen — nicht sonderlich stark — obgleich ich mich zweier sehr ermunternder Belobigungs-Rescripte von Seiten des Magistrates — mein Seminar betreffend — erfreute. Das Seminar besteht freilich nicht im Interesse der Stadt Breslau, sondern in dem der Familien meist außerhalb Breslau's. Warum sollte sich die städtische Behörde für das Fortbestehen interessiren? Ich bekam einen ganz kurzen ab-

---

dieser Ueberzeugung bestärkte mich jeder neue Lebensmorgen. In einer Mädchen-Bildungsanstalt kommen mancherlei Dinge zu Tage, die vor das Forum des ernstesten Mannes nicht gebracht werden können. Es beschäftigte mich jetzt der Gedanke ernstlich, jenes Bibelwort: „Es ist nicht gut, daß der Mensch (Mann) allein sei, ich will ihm eine Gehülfin machen (zuführen)", zu verwirklichen. Eine Gattin, wie ich sie für mich und meine Lebensverhältnisse wünschte, führte mir wirklich Gott in der Lehrerin der weiblichen Handarbeiten an meiner Schule zu, in der ich mich, wie die Folgezeit gelehrt hat, in keiner Beziehung getäuscht habe. Wir leben glücklich, im rechten und wahren Sinne des Wortes, denn wir finden unser Glück nur in Gott, in uns selbst und in dem Weinberge, in den uns der Herr als Arbeiter gestellt hat. Die von mir bald erkannte Lehrbegabung meiner jungen Frau steigerte sich zu einer seltenen Lehrtüchtigkeit, die sie, nach vorangegangener wissenschaftlicher Ausbildung und „sehr gut bestandener" amtlichen Prüfung nicht „unter den Scheffel stellt."

ſchläglichen Beſcheid. Da trat wieder recht lebendig und in ſeiner ganzen Kraft vor meine Seele jener herrliche Gedanke Paul Gerhard's:

> „Ihm, ihn laß thun und walten,
> Er iſt ein weiſer Fürſt
> Und wird ſich ſo verhalten,
> Daß du dich wundern wirſt,
> Wenn er, wie ihm gebühret,
> Mit wunderbarem Rath
> Die Sach' hinausgeführet,
> Die dich bekümmert hat."

So ſei denn, liebes Seminar, der Fürſorge Deines Gottes anheimgeſtellt, wenn ich nicht mehr Dein Fürſprecher werde ſein können. Ich kann ſterben, meine Liebe aber bleibt Dir, ſie ſtirbt nicht, kann nicht ſterben, ſo lange Du exiſtireſt.

3. Meine anderweitige Thätigkeit und erlittene directe und indirecte Verunglimpfungen in dieſer Zeit.

1. Rückert ſagt uns zum Troſt: „Sei gut, und laß von dir die Menſchen Böſes ſagen. Wer eigne Schuld nicht trägt, kann leichter fremde tragen."

Die gewaltſame Vernichtung des lebenskräftigen, kerngeſunden evangel. Schullehrer=Seminars zu Breslau war von unermeßlicher Tragweite. Gewiſſe Männer haben daraus Geſchichten nach ihrem Sinn gemacht. Wenn alle hiſtoriſchen Thatſachen in Geſchichts= werken auf ähnlichen Entſtellungen reſp. Lügen beruhen, ſo muß das Vertrauen zur „Wahrheit der Geſchichte" ſchwinden.

Bei meiner Anweſenheit in Berlin im Jahre 1849, als die Seminar=Directoren= und Lehrer=Konferenz abgehalten wurde, mußte ich Dinge über das Seminar vernehmen, die mich in Erſtaunen ſetzten, deren Wahrheit ich entſchieden nicht nur beſtreiten, ſondern widerlegen konnte.

Wenn aber ſogar in Schriften, die den Titel: „Geſchichte der Pädagogik" führen, offenbar Falſches, Unwahres berichtet wird, ſo iſt es unmöglich, die Feder ruhen und durch Schweigen die Lüge zur Wahrheit erheben zu laſſen. So wird z. B. in Friedrich Körner's Pädagogik meiner Wenigkeit auch mit einigen Worten gedacht. Der Verfaſſer läßt mich als Oberlehrer am Bunzlauer Seminar wirken; er berichtet, „daß ich gegenwärtig von meinem Amte entfernt worden ſei, während doch das Amt von mir entfernt worden iſt; er be= hauptet ferner, „daß von mir bei den Lehrern Schleſiens der Ra= tionalismus vertreten geweſen ſei, wozu ich um ſo weniger berufen

war, da ich kein Theologe bin." Diese Beschuldigung ist aus der
Luft gegriffen, denn ich habe in dem „Schulboten" nicht den reli-
giösen Theil zu vertreten gehabt, das war Sache meines Freundes
Handel; auch ist von mir am Seminar kein Religionsunterricht
ertheilt worden, der lag in den Händen der Theologen Schärf, Gerlach, Löschke, und für die „schles. Schullehrerzeitung" ist aus meiner
Feder keine Abhandlung über Religion oder über einen religiösen
Gegenstand geflossen. Woher hat Körner solche Unwahrheiten? Die
Verfasser der „Geschichte der Pädagogik" sollten doch vor Allem
sich der Wahrheit befleißigen und nicht leichtfertig der Zukunft etwas
übergeben, das der Wahrheit entbehrt. Der Gedanke: „wenn man
in diesem Falle so Unwahres berichtet, wie mag es da wol mit dem
übrigen Inhalt des Buches stehen?" liegt sehr nahe und hat sich
leider auch meiner bemächtigt. Da habe ich denn gefunden, daß
Körner der Vorwurf trifft, nicht mit schriftstellerischer Gewissenhaftigkeit seine „Geschichte der Pädagogik" geschrieben zu haben. —
    Noch toller und gewissenloser aber hat ein anderer Schrift-
steller „Geschichte gemacht" und die Welt gründlich belogen. Ich
meine den berühmten Wolfgang Menzel in Stuttgart, der in
seinem Buche: „Geschichte der letzten 40 Jahre von 1816 bis 1856"
auch Breslau in das Bereich seiner Lügenberichte resp. Lügengeschichte
gezogen hat. Man kann es nur Dank dem Herrn Haupt-Pastor
Dr. C. Krause in Hamburg (früher Probst in Breslau) wissen, daß
er es unternommen, dem Herrn Wolfgang Menzel in Stuttgart in
den Hamburger Nachrichten 1857 Nr. 202 den Kopf zu waschen
und das Breslauer ehemal. Seminar mit seinen Lehrern gegen die
Anklagen, Schmähungen und Verleumdungen zu vertheidigen. Wenn
Menzel berichtet: „Das Breslauer Schulseminar war so gegen das
Christenthum fanatisirt, daß es gänzlich aufgelöst werden mußte",
so widerlegt Dr. Krause die Behauptung durch folgende Mittheilung,
die der Wahrheit ganz und gar entspricht:

„Man muß Zeuge jener Zeit gewesen sein, muß die betreffende Anstalt
selbst und ihre wackeren christlichfrommen Lehrer so gekannt haben, wie
ich, um die ganze Niederträchtigkeit dieser Verleumdung zu erkennen, um
zu wissen, welche andere Motive der Auflösung zu Grunde lagen. Die
Schuld angeblicher Fanatisirung gegen das Christenthum könnnte doch
nur den Lehrern beigemessen werden. Sie leben aber alle noch, und die
Stellungen, welche sie einnehmen, bezeugen deutlich, wie grundlos jene
Angabe ist. Der Director, eben wegen seines orthodoxen Eifers zu
diesem Amte berufen, ist noch Pastor in Schlesien (Garnisonprediger in
Cosel); der Religionslehrer Löschke, Pastor in Zindel bei Brieg (durch
die Regierung dahin befördert), Oberlehrer Scholz I. auf Wartegeld gesetzt, steht jetzt einer höheren Mädchenschule und einem Lehrerinnen-Seminar in Breslau vor (mit Genehmigung des Hohen Ministeriums und

der Königl. Regierung), Scholz H. ist jetzt Oberlehrer an dem Königl. Seminar zu Münsterberg und E. Richter ist Königl. Musikdirector an dem Seminar zu Steinau. — Hätte der Herr M. sich auch nur ein wenig informirt, so hätte er erkennen müssen, daß diese Ehrenmänner ihre jetzige Stellung in Preußen wahrlich nicht als Prämie für den von ihnen angeblich bei ihren Schülern erweckten Fanatismus gegen das Christenthum erhalten haben können, und daß, wenn solche Schuld auf ihnen gelastet hatte, auch nicht ein Stückchen Brot ihnen geblieben wäre."

Mein verehrter Freund, Herr Hauptpastor Dr. Krause, der mir hier in Breslau so viele Beweise seines Wohlwollens und seiner liebevollen Theilnahme bei den mir widerfahrenen Unbillen gegeben hat, wolle mir gestatten, ihm hier ein Wort des Dankes für den Tribut, den derselbe der Wahrheit durch obige Widerlegung der Menzel'schen Verleumdungen gebracht hat, zuzurufen. „Wer so Lügen frech redet" und dies unter dem Deckmantel des Christenthums, wie Herr Menzel thut, „der wird nicht entrinnen" ..

Welche Meinung ungünstiger Art über die Seminarzustände Breslau's beim verstorbenen Kultus-Minister v. Raumer sich eingenistet, geht aus der Anklage hervor, die der Verstorbene im Abgeordneten-Hause bei Gelegenheit des Antrages, den Herr von Bodelschwingh in Betreff der im Budget aufgeführten Zahlung des vollen Gehaltes der ihres Amtes enthobenen Schulmänner Diesterweg in Berlin und Scholz in Breslau stellte, aussprach.

Die Auslassungen des Herrn Ministers waren so gravirender Art für die am Seminar zu Breslau wirkenden Lehrer und lernenden Zöglinge, daß ein Deputirter Schlesiens, der verstorbene edle Appellations-Gerichts-Präsident Wenzel sich nicht enthalten konnte, der Wahrheit die Ehre zu geben und die Mittheilungen des Ministers für Uebertreibungen zu erklären. Wenn der verst. Minister v. R. genauere Kenntniß von den Thatsachen, von denen ich selbst erst heute zu berichten im Stande bin, gehabt hätte; so würden von ihm nicht so arge Beschuldigungen öffentlich in der Kammer ausgesprochen worden sein.

Durch eine mir völlig neue „Enthüllung" des verst. O.-R. v. d. Heyden ist nicht allein die Bedeutung der prophetischen Schlußworte im Briefe desselben (S. S. 255.) aufgehellt, sondern es ist mir auch ein Licht darüber aufgegangen, wie die Stelle in die Präsidial-Verfügung (S. 247): daß „sich schon seit langer Zeit auch anderweitig ein Geist in gedachter Anstalt (im Seminar zu Breslau) gezeigt hat, der nicht mit dem Zweck der Schullehrerbildung als vereinbar zu erachten ist", hineingekommen. Im Breslauer Seminar ist während meines 12jährigen Wirkens an demselben nichts vorgekommen, was jene Beschuldigung rechtfertigt. Es sind mir aber Seminare bekannt, in denen Dinge sich zugetragen, welche die Vorgänge im Breslauer Seminar weit übertroffen haben, und doch bestehen die Seminare in allen Ehren. —

Ja Diesterweg wurde von Herrn v. R. als ein „Verfinsterer der Lehrer" (!) bezeichnet. Dieser Ausspruch ist einzig in seiner Art. Wie hell muß es bei einem Manne sein, der Diesterweg einen „Verfinsterer" zu nennen sich gedrungen fühlt *). Selbst der Apologet des Hrn. v. Raumer sagt in seiner Schrift: „Der Staatminister v. Raumer," daß die Vorgänge auf einzelnen Seminaren bis zur Schließung und Auflösung führten, daß die Mißstände der Seminarbildung allgemein empfunden wurden, daß sprichwörtlich die Halbwisserei, der Dünkel, das anmaßliche und selbstgerechte Wesen eines normalen Seminarjüngers,

---

*) „——„Diesterweg's Lieblingsmotto ist: „Wahrheit gegen Freund und Feind." Wer den Mann nur gesehen und gesprochen, oder mit ihm im Verkehr gestanden, der wird gefunden haben, daß er sich dieses Mottos nicht als Phrase bedient. D. ist ein Phrasen-Feind. Er hat sich in den Dienst der „Wahrheit" gestellt, nicht in den der Phrasen; auf die Erforschung der Wahrheit ist sein Leben und Streben gerichtet. Ohne Licht keine Wahrheit, ohne Wahrheit keine Klarheit. Darum stehen bei D. diese Drei: Licht, Wahrheit und Klarheit im unzertrennlichen Bunde. Im Gefolge dieser Drei befindet sich die Aufrichtigkeit als Grundzug des Charakters dieses Mannes. D. verbrämt seine Ueberzeugung von der erworbenen und gewonnenen Wahrheit nicht; er spricht sie ohne Schminke aus; er denkt wie er spricht, und spricht, wie er denkt. Von ihm gilt's nicht, was Einer einmal bekannte: „Was ich glaube, sage ich nicht, was ich sage, glaube ich nicht." Er mißbraucht die Sprache nicht dazu, seine Gedanken zu verbergen; es ist ihm unmöglich, sie nicht zu offenbaren. D. wäre ein schlechter, ja der schlechteste Diplomat. „Durch" — denkt er, wie der ehrenhafte Ministerpräsident v. Brandenburg, der auch ein schlechter Diplomat war, und deshalb ein Opfer seiner diplomatischen Ehrenhaftigkeit geworden ist. Was D. besonders achtungswerth, ja ehren- und verehrenswerth macht, das ist seine „thatkräftige Gesinnung", auf der,

der in der dumpfen Luft seiner engen Schulstube auf Reformen und Weltverbesserung sann, geworden sei." Abgesehen davon, daß manche Reform ihren Ursprung in der dumpfen Luft der engen Schulstube gehabt, so fragt man billiger und gerechter Weise, weshalb daraus dem Lehrer ein Vorwurf gemacht wird? Aus der reinen Luft des Ministersaales sind auch Reformen hervorgegangen, die der dumpfen Luft in der engen Schulstube nicht zuträglich waren und darum reformirt werden mußten.

2. Meine Mitgliedschaft des Vorstandes der seit 1844 ge-gründeten evangel. Vereinsschule, die mit drei Mädchen er-öffnet wurde und jetzt schon über 328 Schülerinnen mit 4 Lehrern und 4 Lehrerinnen zählt, hat mir die Freude gewährt, die Schule aufkeimen und sich bis zur vollen Blüthe entwickeln zu sehen. Diese Mädchenschule sollte den Töchtern aus gemischter Ehe die Gelegen-heit verschaffen, sich die Bildung anzueignen, die sie in dem Kloster der Ursulinerinnen zu finden glaubten, wo aber evangelische Mädchen Gelegenheit fanden, dem evangelischen Glauben untreu zu werden. Die Königl. Regierung genehmigte meinen Eintritt als technisches Mitglied des Vorstandes. Mehrere Jahre hindurch war mir das Geschäft der Aufnahme der Schülerinnen anvertraut, ein Geschäft, das mich die sonderbarsten Verhältnisse in den Ehen kennen lehrte. Gottes Segen ruhte sichtbar auf dieser Anstalt, die sich bereits zu einer Mittelschule erhoben und sich dahin er-

---

wie jüngst eine fürstliche Dame ausgesprochen, „Gottes Segen ruht." — Und von dieser thatkräftigen Gesinnung D's liegen die Beweise offen-kundig da. Wie warm schlägt sein Herz für das deutsche Volk und ins-besondere für das Gedeihen der Schulen, für die Verbesserung der äußeren Lage der Lehrer, für eine höhere, gediegenere Lehrerbildung. „Bildung verleiht Macht." Mangel an Bildung führt zur Brutalität, zur Unver-nunft, zur Entwürdigung des göttlichen Ebenbildes im Menschen. In diesem Streben ist D., so lange er im Schulwesen durch Wort und Schrift arbeitet, sich treu geblieben. In den guten, wie in den bösen Tagen seines bewegten Lehrerlebens wankte und schwankte er nicht, er opferte seine Ueberzeugung weder den äußeren Bedrängnissen, noch den Verlok-kungen; er stand und steht fest und wird fest stehen. Diese Zuverläßig-keit erhält ihm das Vertrauen unter den Lehrern. Er hat gerade nicht Ursache sich über die Lehrer, wie sich dieselben in der verhängnißvollen Zeit gezeigt haben, zu freuen; aber die trüben Erfahrungen haben ihn nicht entmuthigt, nicht ermüdet, das Wort für die Lehrer zu nehmen; er hat nicht wie jener schles. Lehrer klagend ausgerufen: „ich sterbe an der Lethargie, an der Gesinnungslosigkeit meiner Standesgenossen." D. ar-beitet mit unverdrossener Zähigkeit an der Ermannung des niedergehal-tenen Lehrerstandes, an der geistigen Ermannung der Lehrer des deut-schen Volkes, denn er ist der Ueberzeugung, daß nur ein geistesfrischer Lehrer-stand ein gesinnungskräftiges deutsches Volk heranzubilden im Stande ist.

weitert hat, daß auch Schulgeld zahlende Schülerinnen aufgenommen werden. Ist meine Wirksamkeit bei dieser Anstalt auch nur eine indirecte, so ist sie nichts desto weniger für mich von großem Interesse. Ich bin dadurch in den Kreis edelgesinnter, für den evangelischen Glauben erwärmter Männer, wie Probst Krause, Justizrath Fischer, Pastor Letzner, Probst Schmeidler, Kaufmann Grund, Dr. Groeger gezogen worden und habe Gelegenheit gehabt, auch ein Scherflein zur Erreichung des Zweckes der Anstalt beizutragen. Hohe Verdienste um das materielle Gedeihen — den nervus rerum des Instituts — hat sich unser Schatzmeister Herr Grund erworben, der unermüdlich Sorge für das Fortbestehen der Schule trägt. Dadurch, daß sich etwa 15—20 Kinder aus dieser Schule freiwillig in ihren Freistunden am Mittwoch und Sonnabend Nachmittag von 1½ bis 4 Uhr zu den Lehrübungen meiner Seminaristinnen einfinden, wird die Bildung dieser Kinder noch mehr gefördert. Steigert sich die Frequenz der Schule in dem bisherigen Maße, so wird in einem Dezennium die vierklassige Mädchenschule zu einer sechsklassigen sich erweitert haben. —

3. Die Organisirung, Leitung und Weiterentwickelung zweier bedeutsamen Töchter-Bildungsanstalten und die damit verbundene eigene Lehrthätigkeit hat mich nicht behindert, auch noch in anderer Weise wirksam zu sein.

Ich erwähne die hiesigen „sechs Klein-Kinder-Bewahranstalten", gegründet, gehegt und gepflegt von einem Verein wohlwollender und wohlthätiger Damen und Herren. Seit sechsundzwanzig Jahren selbst Mitglied dieses Vereins und seines Vorstandes, verwaltete ich auch das mir vom Magistrat übertragene Amt eines Revisors bis zum Jahre 1858, von wo an ich es freiwillig niederzulegen durch die wachsende Arbeit an meinem Institute bewogen wurde, blieb aber Mitglied des Vereins und Ausschuß-Mitglied des Vorstandes. Ich lernte als Revisor ein Gebiet der Erziehung kennen, das mir neue Seiten der Erziehungsthätigkeit zeigte, die mich in nicht geringem Grade interessirten. Wie schwer es ist, eine Masse von 60—80 kleiner Kinder von 3—6 Jahren mehrere Stunden des Tages (von 8—12 und von 2—5 Uhr) zu beschäftigen, mit welchen Schwierigkeiten die rührigste und rüstigste Lehrerin zu kämpfen hat, um den Zwecken der Anstalten zu genügen, welche Geduld die richtige Behandlung dieser größtentheils aus der niedern Volksklasse stammenden Kinder erheischt, welche Erfolge erzielt und mit welchen Mitteln sie erzielt worden sind: alles das war geeignet, meine pädagogischen Studien zu erweitern. Die mir daraus erwachsenen Revisor-Geschäfte waren nicht gering, kaum zu beschwichtigen.

Zur Zeit, da die v. Raumer'sche Periode in der Verwaltung des Kultus-Ministeriums noch nicht eingetreten war, hatten andere Wohlthäter gebildeter Stände zwei „Kindergärten" nach Friedrich Fröbel'schen Grundsätzen ins Leben gerufen und zwei bei Fröbel ausgebildeten Kindergärtnerinnen übergeben. Auch von diesen Kindergärten war ich Revisor. Es war eine herzinnige Freude in einem solchen Kindergarten zu verweilen und Lehrerinnen und Kinder in ihren Thätigkeiten zu beobachten. Es mußte mich daher mit Schmerz erfüllen, als der Befehl erging, auch in Breslau, wie überall im Preuß. Staate, diese Kindergärten ohne Weiteres zu schließen. Aber ich freue mich, was ich hier gesehen und gehört, und noch mehr freue ich mich, daß ich die Auferstehung der Fröbel'schen Kindergärten im Preuß. Staate noch erlebt, und daß man auch in Breslau daran denkt, die Gräber dieser Kindergärten wieder zu öffnen. — Friedrich Fröbel, — der Gestorbene — er ist wieder auferstanden!*)

4. Meiner Arbeitslust suchte ich auch neben der Thätigkeit auf dem großen Arbeitsfelde meiner beiden Institute am Schreibtisch zu genügen. An Stoff fehlte es nicht. Die Wahrnehmung, wie man in unsern Töchterschulen die Töchter in die Werke der Dichtkunst einführte, brachte mich auf den Gedanken, in einem Versuch zu zeigen, wie die Grundsätze der entwickelnden Elementar-

---

*) Einige Artikel, die von mir, um das Publikum für die „Klein-Kinder-Bewahranstalten" und die „Kindergärten" zu gewinnen, in den hiesigen Zeitungen erschienen sind, haben mir die Bekanntschaft dreier hohen Standespersonen erworben, die ich hier nicht übergehen kann. Es ist dies zunächst Frau Baronin von Marenholz. Diese geistvolle Dame aus Dresden beehrte mich auf ihrer Reise durch Breslau nach Altwasser mit einem Besuche, den ich in Altwasser in den Ferien erwiederte, und die auf ihrer Rückreise auf meine Veranlassung meinen Seminaristinnen und den Lehrerinnen und Lehrern der Klein-Kinder-Bewahranstalten einen zwei Stunden langen höchst anregenden Vortrag über die Bestrebungen Friedrich Fröbels hielt, mit dessen Ideen, Grundsätzen und deren Ausführung sie sich vollständig vertraut zeigte. Sie gewann Aller Herzen für die Sache. Wollte ich hier Alles niederschreiben, was diese für das Wohl einer guten Kindererziehung der niedern Stände unermüdlich bedachte Dame mit mir in Altwasser und Breslau durchgesprochen, wie freudig erregt sie war, als sie aus meinen Auslassungen über die Nothwendigkeit der Zubildung von Dienstmädchen zu einsichtsvollen Kindermädchen durch praktische Vorträge über erziehliche Gegenstände entnahm, daß mein Standpunkt in Betreff der Kinderpflege auch der ihrige sei; so würde ich ein bogenreiches Buch schreiben müssen. Nicht genug, daß sie überall persönlich wirkte, sie schrieb in freien Stunden auch ihre Ideen nieder; sie las mir aus ihrem voluminösen Tagebuch sehr ausführliche Aufsätze des geistreichsten Inhalts vor. Ihre geistige Thätigkeit, die Reinheit ihrer Gesinnung, die Anmuth ihres Wesens, der Widerwille gegen das stolze aristokratische Benehmen, erregten meine Bewunderung, ihre

Pädagogik nach Pestalozzi auf diesem Zweig des Unterrichts in Ausführung gebracht werden können. Ich ließ als Manuscript für meine Töchterschule das 1. Heft folgender Schrift drucken:

"Grundlage zu den deutschen Dichtungsarten. Ein Lehr-, Lern- und Uebungsbuch für mittlere Klassen höherer Töchterschulen. 1. Heft. Enthaltend: das Gnomen, Epigramm, Sonett und die Elegie. gr. 8. 44 S."

Die Nöthigung zur Selbstthätigkeit des Lernenden, die Ausscheidung des Ueberflüssigen aus der Verslehre (Metrik), die Einprägung der besten Stücke aus der Dichtkunst, das richtige Verständniß derselben, die Erweiterung und Bereicherung des Gedankenkreises der Mädchen, die Bildung des Schönheitssinnes ist der Hauptzweck der eingeschlagenen Methode. Die Lehrerin der 3. Klasse meiner Töchterschule hat vier Jahre hindurch diesen Leitfaden mit dem erfreulichsten Erfolge benutzt und die Liebe und Lust der 9—10 Mädchen für diesen Gegenstand erweckt und genährt. Zur Fortsetzung der Arbeit fehlt mir Zeit und Muße.

Die "Unterrichtslehre", welche ich den Seminaristen zu geben hatte, führte mich auch auf das Gebiet der "Fragebildung", die ich bei so vielen Lehrern (an höhern und niedern Schulen und auch Geistlichen) vernachläßigt fand, auf die aber, seit ich das Lehreramt bekleidete, von mir der größte Fleiß verwendet worden ist. Der gute Erfolg des Unterrichts hängt hauptsächlich von der Fertigkeit,

---

Begeisterung für die Ausführung der Fröbel'schen Ideen erfüllte mich mit aufrichtiger Hochachtung. Ihr ganzes Sein und Wesen ging darin auf. Ohne zu ruhen und zu rasten, bereiste sie große Städte z. B. Berlin, Hamburg, Paris und London und was sie hier für die Sache gewirkt, davon haben die Zeitungen berichtet. Durch diese verehrte Frau wurde ich einer Freundin von ihr, der Frau Gräfin v. Poninska geb. Gräfin v. Dohna zugeführt, indem sie mir die Druckschrift derselben (leider ist mir der Titel des Buches nicht erinnerlich) in deren Auftrage überreichte, eine Schrift, durch die sie ihr großes Herz für die Abhülfe des Proletariats darlegt und den hohen Standespersonen offen die Wahrheit sagt, und ihnen vorhält, wie viel sie verschulden. Später beehrte sie mich mit einem persönlichen Besuch, und veranlaßte mich, auch in Breslau zu Stande zu bringen, was durch sie anderweitig bereits geschehen sei, nämlich einen Platz zur Herstellung eines großen Gebäudes zur Aufnahme so armer Leute, die keine gesunde Wohnung sich miethen können. Wir durchschritten miteinander die Kloster- und Vorwerksstraße, und wenn wir auch einen Platz gefunden hätten, so würden doch die Mittel zum Bau nicht zu ermitteln gewesen sein. Diese sollten durch einen Verein geschafft werden. Selten ist bei einer Dame ihres Standes eine so philantropische Gesinnungsart anzutreffen. Ganz eben so trefflich denkt und wirkt ihr Gemahl, der mich wiederholt besucht und mehreremal an mich in Wohlthätigkeitsangelegenheiten geschrieben hat.

die Frage nach Form und Inhalt richtig zu bilden und dem Schüler vorzulegen, ab. In der Anleitung zur Katechifirkunst wird diesem Gebiete, wie billig, auch Aufmerksamkeit gewidmet, aber nicht genügend elementarisch-praktisch ausgeführt. Ich machte mich an die Hervorhebung dieses wichtigen Theils der Katechetik und schrieb folgendes Schriftchen:

„Kurze Anleitung zur Fragebildung. Ein Beitrag zur Förderung der Fragekunst für Lehranfänger. Breslau. Leuckart. gr. 8. 56 S."

Aus der Praxis hervorgegangen, hat ihre Durcharbeitung den Seminaristinnen großen Nutzen gewährt. Auch in öffentlichen Blättern wurde sie freudig begrüßt, günstig recensirt und sogar in der „Unterrichtslehre" von Bormann freundlichst empfohlen. Den Seminaristinnen gab meine Fragebildung den Maßstab zur Beurtheilung der Fragen anderer Lehrer. —

Die Erfahrung, daß troß der sorgfältigsten Behandlung der Saßlehre, bei den schriftlichen Arbeiten die Saßzeichen-Anwendung auffallend vernachläßigt wurde, führte mich zu dem Gedanken, den Versuch zu machen, die Saßlehre an die Saßzeichenlehre anzuknüpfen, also grade umgekehrt als bisher zu verfahren. Nach einer möglichst gründlichen Ausführung, vom Elementar-Standpunkt aus betrachtet, sah ich mich vergeblich um. „Ans Werk", dachte ich, thue, was du nicht lassen kannst! Da entstand an meinem Schreibtisch folgendes Schriftchen:

„Uebungen in der Anwendung der Saßzeichen." Breslau. Leuckart, gr. 8. 24 S."

Sie ist durch und durch praktisch und nach den Grundsäßen der Pestalozzischen Elementar-Methode gearbeitet, geht vom Beispiele aus, läßt die Anwendung der Saßzeichen von den Schülern selbst finden und liefert darauf viel des inhaltreichsten Stoffes zur Uebung. Ich habe ganz günstige Erfolge erzielt und bin von der Zweckmäßigkeit des eingeschlagenen Weges immer mehr überzeugt worden.

Im April des Jahres 1853 stand ich am Grabe meiner ersten Gattin, im August desselben Jahres erhielt ich die schmerzliche Kunde von dem plötzlich erfolgten Tode meines braven Freundes, des Seminar-Oberlehrers Felix Rendschmidt. Zum Andenken an ihn schrieb ich:

„Zur Erinnerung an Felix Rendschmidt. Mit dem Motto: „„Das Gedächtniß des Gerechten bleibt im Segen."""

Was ich den Landeshuter Lehrer-Konferenz-Mitgliedern (in dem schon oben angedeuteten Briefe) über Rendschmidt im Jahre 1849 mittheilte, kann ich auch hier wiederholen: Keiner meiner Freunde hat mir so viel Theilnahme an meinen Lebensschicksalen bezeugt, als dieser brave Mann. —

„Was Rendschmidt betrifft," schrieb ich in jenem Berichte, „so ist derselbe bekannt genug. Sie wissen, daß er ein Pestalozzianer, das will sagen, ein freisinniger, ein moderner Pädagoge ist, ein Mann ohne Falsch, zwar nicht wortreich, aber auch nicht gedankenarm. Er sagt nicht Alles, was er denkt, aber was er sagt, das hat er gedacht und bedacht. Er gehört zu den freien Katholiken, die dem Prinzipe huldigen, das im Glauben Anderer zu achten, was sie selbst nicht glauben oder nicht glauben dürfen. Daß er für die Emancipation der Schule ohne Trennung von der Kirche ist, wissen die Lehrer; für Simultan-Seminare wäre er, wenn wir 25 Jahre in der Neuzeit hinter uns hätten. Uebrigens stimmt er für eine gründliche Bildung und für den gemäßigten Fortschritt."

Ein Jahr später stand ich an seinem Grabe in Friedland bei der feierlichen Einweihung des Denkmals, welches ihm die Liebe und Dankbarkeit seiner Schüler und Freunde gesetzt hatten.

Von dem Herausgeber der „Gallerie bekannter Schulmänner, Tonkünstler ꝛc." Herrn Dr. Heindl in Augsburg wurde ich zu wiederholten Malen angegangen, ihm für seine Gallerie meine Biographie zu übergeben. Wie schwer es gehalten, dem Gesuch des Herrn Dr. Heindl zu willfahren, das kann derselbe bezeugen. Ich lieferte ihm folgende Skizze, von der auch besondere Abdrücke veranstaltet wurden:

„Biographie des Chr. Gottl. Scholz, Seminar-Oberlehrers in Breslau. Augsburg, 1858".

Das Schriftchen kann als Vorläufer der vorliegenden „Erlebnisse" betrachtet werden; als solchen habe ich es bereits bezeichnet, und das Urtheil meiner wahren Freunde (z. B. Diesterwegs) über diese Skizze ermuthigte mich zur Vollendung dieser „Erlebnisse".

In den freien Tagen und Wochen, die sich mir in der Ferienzeit darboten, habe ich mich dadurch geistig restaurirt, daß ich Briefe pädagogischen Inhaltes verfaßte, in denen ich meine vieljährigen Erfahrungen, die zur Reife gediehen waren, niederlegte, deren Anzahl auf bis beinahe 50 gestiegen ist. Ohne die Absicht, damit in die Oeffentlichkeit zu treten, ging einer nach dem andern am Schreibtisch aus der Feder hervor, die ich in der „pädagogischen Section der schles. Gesellschaft für vaterländische Cultur" zum Vortrage und zur Besprechung brachte. Ich wurde von Freunden ermuntert, diese Arbeit nicht in den Schreibtisch einzusperren, sondern in Freiheit durch den Buchhandel zu setzen. — Da habe ich denn sieben Briefe in die Welt geschickt und dem 1. Hefte den Titel:

„Briefe über Unterricht und Erziehung, an eine junge Lehrerin gerichtet. Breslau, Maruschke u. Berendt. 1860. gr. 8."

gegeben. Daß ich sie an eine junge Lehrerin gerichtet, darf und wird den nicht befremden, der da weiß, daß ich mit meinen ehemaligen Seminaristinnen in lebhaftem Briefwechsel stehe. Wenn ich nun auch nicht in so umfangreichen Briefen mit ihnen verkehre, so lag doch der Gedanke sehr nahe, daß ich in Mußestunden das in Briefform brachte, was ich in meinen Lehrstunden mit ihnen besprochen und behandelt hatte. Mehrere dieser Briefe las ich ihnen vor und wurde ersucht, dieselben in Druck zu geben. Von der Aufnahme dieses ersten Heftes hängt die Förderung zum Druck der übrigen Briefe ab. —

So mir die Liebe und Gnade Gottes noch meine irdische Lebenszeit verlängert, will ich noch das gesammelte Material für die Rechenübungen ordnen und durch die Druckerpresse in die Welt gehen lassen.

4. Gegenwärtig beschäftigen mich mehr als je die „Regulative“, besonders seit die Denkschrift des Ministers: „Die Weiterentwickelung der drei preuß. Regulative von 1854 durch den Geheimen Ober-Regierungsrath Stiehl“ neuen Zündstoff in die Schulwelt geworfen hat. Die darin ausgesprochene Herabwürdigung resp. Verwerfung der Thätigkeit und der Leistungen in den Seminaren vor 1850 ist geeignet, eine wahrheitsliebende Natur in Aufregung zu versetzen. —

Ich war stets bemüht, mich mit den Regulativen in Einklang zu bringen, was ich an meinen Seminaristinnen bewiesen habe.- Obgleich sie für meine Lehrerwirksamkeit weniger maßgebend waren und von mir ohne Gefahr ignorirt werden konnten, so nahm ich sie doch in das Feld meiner pädagogischen Studien auf. Mit vielem konnte ich mich vollständig einverstanden erklären, und das war gerade jener Theil, der aus der pestalozzischen Schule stammt. Vieles aber wollte in meinem Kopfe keinen haltbaren Platz finden; überall wurde es verdrängt. In eine eigenthümliche Stimmung versetzte mich die Ergiebigkeit des Bodens der Regulativ-Pädagogik. Wie die Pilze schossen die Auslegungen der Regulative, die Bearbeitung der Lehrwege, nach den Grundsätzen der Regulative verfaßt, hervor.

Ich bewunderte die Geschmeidigkeit und die Productivität der federgewandten Schulmänner aller Klassen. Die Dauer ihrer Schriften erfreuten sich aber, mit geringen Ausnahmen, nur einer Lebenslänge, die der einer Alltagsfliege gleich zu achten ist. An Gegnern, principiellen Gegnern der Regulative, fehlt es nicht, weder an offnen noch an versteckten. Der Kampf um das Sein und Nichtsein der Regulative findet kein Ende; er wird und muß fortgeführt werden, bis das „verheißene Unterrichtsgesetz", im Feuer des Landtages geläutert, ins Leben getreten ist, ein Unterrichtsgesetz, das nicht ausschließlich ein Werk des Verfassers der jetzigen Regulative ist. Es muß durch und durch ein neues Werk sein, ein Werk, das nicht im Widerspruch mit der Bildungshöhe des Volkes unserer Zeit steht.

Wenn ich oben erwähnte, daß die Stiehl'sche Denkschrift: „Die Weiter-Entwickelung der Regulative zc." neuen Zündstoff in die Schulwelt geworfen habe; so meine ich die in der genannten Schrift enthaltenen „Berichte der beiden Königl. Provinzial-Schul-Kollegien von Brandenburg und Schlesien (Potsdam — Breslau)". Ich hatte die Gedanken, welche durch diese Berichte in mir hervorgerufen worden waren, bereits niedergeschrieben, als mir die Broschüre meines ehemaligen Kollegen, Herrn Pastor Löschke zu Zindel bei Brieg: „Das Streben des ehemaligen evangel. Schullehrer-Seminars zu Breslau zc." zu Händen kam. Die große Uebereinstimmung dieser Schrift mit meiner Arbeit, die selbst Herrn Löschke erfreulich überrascht hat, bestimmt mich, dieselbe vorläufig noch im Pulte zu behalten, obgleich sie noch Seiten zur Sprache bringt, die L. absichtlich nicht in den Bereich seiner Schrift gezogen. Die Anerkennung, die der wackere Mann weithin als „Retter der Wahrheit" gefunden hat, möge ihn, außer dem Bewußtsein, das Rechte gethan zu haben, für manche Verunglimpfungen, die ihm von gewisser Seite her, selbst von einzelnen Verkündigern der Wahrheit, angethan worden, entschädigen. Der friedliebende Löschke that, was er nicht lassen konnte und durfte; und hätte er noch länger geschwiegen, so würden Andere vielleicht noch schärfer geredet haben. Welcher Ehrenmann könnte auch zu solchen Beschuldigungen schweigen! Wer könnte es ertragen, daß ein Dokument einem zukünftigen Verfasser der „Geschichte des Schulwesens" überliefert werde, das ein so karrikaturartiges Bild von der Thätigkeit und den Leistungen der Seminare vor der Regulativ-Zeit zu liefern geeignet wäre. Weniger die Regulative selbst, als vielmehr die Art und Weise, wie dieselben von amtlicher und nicht amtlicher Seite her zur Geltung und Ausführung gebracht worden sind, hat den großen Zwiespalt in der Schulwelt erzeugt, der noch durch amtliche Berichte, wie die erwähnten, vergrößert worden ist. Was mein Verhalten in Bezug auf die ursprünglichen Regulative betrifft, so bin ich im Großen und Ganzen niemals als ein erbitterter Gegner derselben aufgetreten. Das Gute derselben ist von mir nie verkannt worden; aber es war mir unmöglich, dieselben buchstäblich in Ausführung zu bringen, und mit der nach allen Seiten hin so dehnbaren sprach=

lichen Fassung*) derselben konnte ich mich nicht befreunden. Gegen Einzelnes mußte ich mich negirend verhalten, und, merkwürdig genug, sind dies gerade die Punkte, in welchen der jetzige Herr Kultus=Minister die ersehnten Modifikationen angeordnet hat, die uns Schulmänner auf den schon früher eingenommenen Standpunkt stellen, mit Ausnahme der Lieder, welche in ihrer alten Leseart dem christlich gebildeten Gefühl unserer Zeit widerstreben, die Erbauung stören und dem Lehrer die Erklärung ungemein erschweren.

Ich schließe mit dem aufrichtigen Wunsche, daß zur Zwiespältigkeit in der Schulwelt von den Seminaren und von den grünen Tischen aus fernerhin nicht neue Veranlassung gegeben werde. Ohne die Einigkeit durch das Band des Friedens und der Liebe kann kein Segen auf dem heiligen Werk der „Menschenbildung" ruhen. Fort also mit dem Zwange in Bezug auf die Regulative! Sie sind und können nicht das „Evangelium der Pädagogik" sein, weil sie den Partikularismus begünstigen und aus jener einseitigen Richtung entsprungen sind, die nicht Gemeingut der Menschheit im Sinne Jesu werden kann, wird und darf.

Prüfet aber Alles, und das Beste behaltet. —

---

*) d. h. man kann Alles, was man will, aus den Regulativen machen.

Berichtigung.

S. 178 Z. 12 v. o. muß es heißen· Eine Fakultät der Universität st. „Der Dom in Breslau."

Schlußwort.

Wo Gott die Hand dir reget,
Zur Arbeit selbst Grund leget,
Da fügt Er Segen bei;
Kehrt Er ab Sein Gesichte,
So wird das Werk zunichte,
Wie gut und klug der Meister sei.

So bin ich denn in der schriftlichen Darstellung meiner „Erlebnisse als Schulmann" während eines Zeitraumes von 50 Jahren praktischer Wirksamkeit als Lehrer bis zu dem heutigen Tage vorgeschritten! In welch' feierliche Stimmung finde ich mich da versetzt! Ich soll Abschied nehmen von einem 50jährigen Lehrerleben, und auch Abschied nehmen von dem zweitmaligen Lehrerleben, das ich am Schreibtisch mit der Feder in der Hand zurückgelegt und vollbracht! Wie groß ist doch die Gnade Gottes, daß er mir die Kraft verliehen, auch dieses zweitmalige Leben zu vollenden. Wird Gottes Segen auf dieser Arbeit ruhen? — „Thu' nur das Rechte in deinen Sachen, das Uebrige wird Gott schon selber machen."

Blicke ich nochmals zurück auf die ganze Zeit, welche das vorliegende Buch umfaßt, so treten deutlich die Spuren der leitenden Fürsorge Gottes in den Vordergrund. Wenn der Frühling meines irdischen Daseins auch von einer scharfen Luft durchzogen war, die dem fröhlichen Aufkeimen der Kräfte Hindernisse bereitete; wenn in dem Sommer meiner Lebens=

jahre auch die Hitze oft sehr drückend gewesen ist, welche die
Zeitigung mancher Frucht verfrühete; wenn der Herbst dieser
Wallfahrt auch von den heftigsten Stürmen begleitet war, die
den Baum zu entwurzeln und zu Grunde zu richten drohten:
so klärte sich doch im Winter meiner Lebenstage der Himmel
auf, die Sonne zeigte mir ihr freundliches Antlitz, spendete mir
ihre erwärmende Kraft, und die Gegenwart sühnte die Herb-
heit der Vergangenheit wieder aus, so daß sich der Winter
des Lebens zum Frühling desselben gestaltete.

Die Lebenskräftigkeit, deren ich mich am Ende meines
70. Lebensjahres noch erfreue; die Arbeitslust, die mir die
Tage des Alters in so reichem Maße versüßt; das Bewußtsein,
daß ich am Baue des großen Domes der Menschheit kein
unnützer Handlanger gewesen: dies und vieles Andere ist
nicht mein Verdienst, es ist das Gnadengeschenk Gottes, für
das ich Ihm den Dank nur stammeln kann. Wer ist es, der
mir die Kraft verleiht, jetzt noch vom Morgen vier Uhr bis
in den späten Abend anstrengend geistig wirksam sein zu
können; wem verdanke ich die Möglichkeit, öfter zwei bis drei
Stunden ununterbrochen lehrthätig zu sein; woher kommt mir
die Frische, mit welcher ich von den Geisteswerken, die der
Buchhändlertisch darbietet, Kenntniß nehmen kann und durch
diesen Genuß den Geist zu befruchten und das Gemüth zu
erquicken; wer schenkt mir jene Heiterkeit des Geistes, die selbst
mitten in den Trübsalen bald wiederkehret; durch wen wird
mir die Liebe und Anhänglichkeit zu Theil, die mir die Jugend und treugesinnte Freunde so reichlich an den Tag legen?:
Du bist es, Gott und Herr der Welt, und dein ist
dieses Leben; Du bist es, der es mir erhält, und
mir's jetzt neu gegeben. Gelobet seist du Gott der
Macht, gelobt sei deine Treue!

Wie viel könnte ich noch von meinen anderweitigen Erlebnissen mittheilen, die den „Schulmann" weniger angehen und
doch in sein Leben gehören! Ich müßte aber eine zweite Schrift
von gleichem Umfange verfassen, wollte ich der Welt offenbaren,

was ich als Gatte, Familienvater *), Verwandter (Bruder **), Schwager ꝛc.), als Gemeindemitglied ꝛc. erlebt. Welch rauhe Winde sind über mein Haupt gegangen, welche Schweißtropfen hat die Schwüle und Hitze der Tage erzeugt! Wie hat der Kummer und die Sorge mein Haar vor der Zeit gebräunt und gebleicht! Auch in diese herbe Schule hat mich der Vater im Himmel geführt. Was ich in dieser gelitten, durch eignes Verschulden gelitten: alles kam von Gott, dessen Ruthe ich heute küsse. Es war niemals etwas so schlimm, das nicht zu etwas gut gewesen wäre.

Und nun, ihr Lieben, die ihr hier das vielbewegte Leben eines einfachen Schulmannes kennen gelernt habt, so weit es in Worten gezeichnet werden konnte, möchte euch dasselbe doch ein Lebensspiegel sein und euch zu einem Strebeziel ermuntern und ermuthigen. Ich habe versucht, euch im Schrift= wort mein Inneres zu konterfeien. Wollt ihr der innern Anschauung durch eine äußere zu Hülfe kommen, so wendet das Blatt nach links um, und schaut hier ein Bild, das aus der Holzschneidekunst hervorgegangen ist. Möchte das Bild dem Wort, wie das Aeußere dem Innern, entsprechend befunden werden. Fändet ihr doch auch das Voß'sche Motto auf mich anwendbar! — Ich bin — ich wiederhole es — nur ein ein= facher Schulmann. Was ich erreicht, dahin kann Jeder ge= langen, wenn er will. Haltet mich für keinen begabten Mann, dem Alles leicht geworden, was er geleistet. Nein, meine Lieben, Alles und Jedes ist mir schwer geworden und ist nur durch eisernen Fleiß zu Stande gekommen. Mein Grundsatz war: „Willst du das Hohe erreichen, mußt du das

---

*) Von vier Kindern, die mir Gott geschenkt hat, sind drei im frühesten Lebensalter gestorben, das vierte Kind, ein Sohn, lebt in weiter Ferne von mir, in Nordamerika.

**) Ich erfreue mich noch eines Bruders, der Lehrer in Schmiede= berg ist, ein Mann von vortrefflichem Herzen, von dem Schmiedeberg's Be= wohner sagen: er habe keinen Feind, er werde von Allen geachtet und geliebt; ein zweiter Bruder — (Stiefbruder) wirkt als Lehrer in Ottag bei Ohlau.

Höchste erstreben." Ich bin fern davon, zu glauben, ich habe das Hohe erreicht, ich sei nun ein Fertiger.

An diejenigen, die da meinen sollten, ich hätte nicht Dinge und Ereignisse erneuern sollen, die lieber mit dem Mantel der Liebe hätten zugedeckt werden und bleiben sollen, richte ich die Bitte, zu erwägen, wie viel Unheil uns schon „der Mantel der Liebe" gebracht hat, und wie es durchaus nicht dem Vorbilde unseres Meisters und Heilandes entspricht, der Schwarzes nicht für grau und Graues nicht für weiß erklärt. „Erlebnisse" ohne Wahrheit! — dazu konnte ich mich nicht verstehen; sie (die Wahrheit) in Verhüllungen zu geben, entspricht meinem Charakter nicht. Das Gesagte werde ich vertreten, neue Angriffe bekämpfen, und wenn ich erliegen sollte, muthig dafür dulden. Ich fürchte nicht, irgend Jemanden zu nahe getreten zu sein und verletzt zu haben. Sollte dies doch der Fall sein; so erkläre ich, daß ich das nicht gewollt und bitte, es mir zu vergeben. Jeder thue, was er kann und darf; denn „wer thut, was er kann und darf, ist werth, daß er lebt."

„Meine Erlebnisse als Schulmann."

Von Chr. Gottl. Scholz, Oberlehrer. Breslau 1861. (Selbstverlag und in Commission bei Maruschke & Berendt.) — Referent hat lange kein Werk gelesen, das ihn als Lehrer und als Bewohner Breslau's so interessirt hat, wie diese „Erlebnisse" des Oberlehrers Scholz. Die 50jährigen Erfahrungen eines reichen Lehrerlebens, in einfacher zu Herzen gehender Sprache geschildert, mit den trefflichsten pädago= gischen Lehren und Bemerkungen durchwebt — sie geben bei der Stellung des Verfassers und bei den eigenthümlichen Schicksalen, die ihn, der nie aus seiner Lehrersphäre herausgetreten, trotzdem betroffen, zugleich ein Bild von den Wandlungen, welche das preußische Unterrichts= wesen im Laufe eines halben Jahrhunderts erfahren. So ist dies Werk nicht eine einfache Biographie, sondern ein wichtiger Beitrag zu einer zukünftigen Geschichte dieses Unterrichtswesens, um so wichtiger, da der Verfasser bei der größten Milde der Beurtheilung mit wahrhaft herodotischer Treue und Gewissenhaftigkeit er= zählt. Von großem Interesse sind die Mittheilungen über die älteren Schulmänner, welche den Verfasser, der jetzt freilich selbst zu den ältesten und erfahrensten Pädagogen gehört, in das Lehrerleben einführten, wie denn andererseits über die zahlreichen Schüler, welche er selbst zu tüchtigen Lehrern gebildet, ferner über die verschiedensten Stellungen, die er im Lehrfache eingenommen, und über die Schulanstalten, wie er sie gefunden und verlassen. Daß ein so durchgebildeter und für seinen Beruf wahr= haft erglühter Pädagog auch einmal zur Unthätigkeit — wenigstens als öffentlicher Lehrer, denn als Schriftsteller blieb er immer thätig — ver= urtheilt wurde, beweist wohl am besten, daß es in Preußen wirklich einst eine Zeit gab, in welcher Etwas faul war im Bereich des Unterrichts= und Erziehungswesens. Die Auflösung des Breslauer Lehrer=Seminars, dieses Ereigniß, das Alle tief erschütterte, die an der Entwickelung des preußischen Schulwesens regen Antheil nahmen, war der Mittelpunkt jener Reaction, die gegen das frische und geistige Leben der Altenstein= schen Periode gerichtet war. Die objectiv gehaltene, wahrheitsgetreue Erzählung dieser Vorgänge bildet, speciell für uns Breslauer, einen der interessantesten Abschnitte in den vorliegenden „Erlebnissen". Indem wir das Werk allen Lehrern, Pädagogen, überhaupt Freunden des Unterrichtswesens auf das dringendste empfehlen, wollen wir noch bemerken, daß der Verfasser, auch hier seine bekannte Liebe zu den Lehrern bethätigend, dasselbe zum Besten schlesischer Lehrer=Wittwen= und Waisen=Unterstützungs=Kassen herausgegeben hat.

(Breslauer Zeitung.) △ —n.

Druck von W. G. Korn in Breslau.

Lightning Source UK Ltd.
Milton Keynes UK
UKHW010630170119
335514UK00003B/104/P